KB033364

다 빈치의 유산

숨겨진 과학과 인간의 신비

다빈치의 유산

빌렌트 아탈레이 지음 | 채은진 옮김

MATH & THE MONA LISA

말·글빛냄

HITO O AKIRAMENAI SOSIKI
by HR Institute Co., Ltd
Copyright ⓒ 2007 HR Institute Co., Ltd
All rights reserved.

Originally published in Japan by JMA Management Center Inc., Japan.
Korean translation rights ⓒ 2008 Words & Book Publishing Co.
Korean translation rights arranged with JMA Management Center Inc., Japan
through THE SAKAI AGENCY and PLS Agency.

이 책의 한국어판 저작권은 PLS 에이전시를 통한
저작권자와의 독점 계약으로 말글빛냄에 있습니다.
저작권법에 의해 한국 내에서 보호를 받는 저작물이므로 무단전재와 복제를 금합니다.

군인이자 정치가이며 아버지였던 멋진 한 남자,
케말 아탈레이(Kemal Atalay, 1910~2003) 장군을 추억하며

프롤로그
Prologue

1950년대 후반 영국의 과학자이자 작가인 스노우(C. P. Snow)는 케임브리지대학에서 양분된 두 지식인 문화에 관해 강연한 바 있다. 여기서 두 문화란, 예술가나 작가를 포함한 인문주의자들의 문화와, 자연과학자나 수학자 등으로 이루어진 과학자들의 문화를 말한다.[1] 스노우는 두 집단 간의 의사소통 문제에 관해 언급하면서, 좋게 말한다 해도 경직되어 있다고밖에 볼 수 없으며 나쁘게 말하면 소통 자체가 존재하지 않는다고 주장했다. 21세기의 문이 열린 지금도, 스노우가 말한 두 문화 사이의 단절에 관한 논의는 계속 진행되고 있다.

나의 개인적인 관심은 언제나 다양한 분야에 걸쳐 있다. 나는 예술가이기도 하고 때로는 고고학자이기도 하며, 우선적으로는 원자물리학과 천체물리학, 핵물리학 등에 관해 가르치고 연구하는 물리학자다. 예술가로서 나는 몇몇 전시회에 작품들을 전시했고 런던과 워싱턴 D.C.에서 개인전을 열기도 했다. 그리고 나의 석판화 컬렉션 중 몇 작품은 버킹엄 궁(주영 미국 대사였던 월터 애넌버그Walter Annenberg가 영국 여왕에게 선물로 증정했다)과 백악관, 스미스소니언협회(Smithsonian Institution)에 기증되었다. 물리학자로서는 조지타운, 버클리, 프린스턴, 옥스퍼드 등의 대학과 프린스턴고등연구소(Institute for Advanced Study)에서 학생들을 가르쳤다. 나는 생각하기를 좋아하는 한 사람으로서 두 문화를 모두 향유하며 살고 있다.

500년 전 이탈리아에는 다양한 분야에서 전문성을 발휘하는 많은 지식인들이 있었고, 그 중에는 여러 분야에 걸쳐 놀라우리만치 뛰어난 재능을 보이는 이들도 있었다. 서구의 '르네상스인'이라는 말은 바로 이런 인물들을 지칭하기 위해 생겨난 표현이다. 대표적으로 레오나르도 다 빈치는 누구보다 이러한 정신을 훌륭히 구현해 냈으며, 실제로 이 표현을 넘어선 인물이었다. 그는 자신이 몰두하고 있던 무수한 분야에서 그야말로 최고의 자리를 지키고 있었다.

레오나르도는 말하자면 파트타임 예술가로서 약 20점의 그림을 그렸는데, 현재 남아 있는 그림은 12점이다. 그리고 이 가운데 출처가 확실한 그림은 7점에 불과하다. 그럼에도 그는 예술가로서 가장 많이 기억되고 있다.

사실, 역사상 세 번째로 위대한 예술가가 누구냐에 관해서는 의견이 분분할 수 있다. 렘브란트나 라파엘로라고 말하는 사람도 있을 테고 모네 혹은 피카소라는 의견도 있을 것이다. 그러나 첫 번째와 두 번째는 이론의 여지가 없다. 1, 2위 자리를 다투는 인물들은 언제나 레오나르도와 미켈란젤로다. 이 두 사람의 영향력, 즉 선구자적인 역할은 그만큼 중대한 의미를 지닌다.

공학자로서 레오나르도가 남긴 수많은 실제 발명품과 발명 구상도들은 수백 년 후에 등장하는 기술들을 예시하고 있다. 레오나르도는 미래를 발명하고 있었던 것이다. 다시 말해, 그는 최초이자 최고의 미래학자였다고 할 수 있다.

그러나 그의 천재성 가운데서도 가장 놀라운 부분은, 그의 주된 작업 방식에서 실제로 현대 경험과학의 방법론이 이미 나타나고 있었다는 점이다. 그런 이유로, 과학자들 사이에서 새로이 제기되고 있는, 레오나르도가 최초의 근대 과학자였다는 견해에 나 또한 동의하는 바이다.

물론 레오나르도보다 더 위대한 과학적 유산을 남긴 인물들도 있었다. 과학사에서 보면 갈릴레오나 뉴턴, 아인슈타인이 훨씬 더 두각을 나타냈다. 그러나 이들은 과학 분야에서만 두드러진 활약을 보였을 뿐이다. 이들은 전례 없는 발견을 하고 그 결과물을 책으로 출판했다. 레오나르도가 살던 시대에는 인쇄술이 아직 완전히 발달되지 않았던 터라, 그는 『신성 비례De divina proportione』라는 책에 삽화를 넣는 정도에 그쳤다. 그의 노트에서 볼 수 있는 과학적 구상들이 당시 출판물로 발표되었다면 현재와 같은 과학 및 기술 수준은 아마도 1~2세기 전에 달성되었을 것이다.

레오나르도의 방식   예술가인 동시에 과학자, 공학자였던 레오나르도의 놀랍도록 다양한 관심 분야는 화려한 융단을 이루는 한 올 한 올의 색실에 비유할 수 있다. 각 분야의 본질적인 역학을 밝히고 그들 사이의 관계를 정립하는 것이 그의 탐구과제였으며 이를 위해 그가 택한 방법은 체계적인 실험이었다. 과학 및 공학을 연구하고 이따금씩 예술작품을 창조했던 레오나르도는 삶의 모든 면면에 있어서 완벽한 과학자로서의 역할을 수행했다. 그리고 그가 이룩한 놀라운 성과들은 대부분 다양한 아이디어의 조화와 융합에서 비롯된 것이다. 레오나르도가 취했던 방식의 핵심 요소는 바로 과학과 예술의 뛰어난 조화, 그리고 광범위한 분야 간의 통합이다.

레오나르도가 태어난 후 550여 년이 지난 지금 우리는 회화, 건축, 조각, 음악, 수학, 물리학, 생물학, 공학 등 다양한 분야에 걸쳐 다시 한 번 과학과 예술의 일치를 보기 위해, 그리고 여러 문화 사이에 존재하는 불화합의 요소들을 최대한 제거하기 위해 레오나르도의 방식을 활용하고 있다.

우리는 예술가와 과학자의 관심사 가운데 공통된 주제와 기반을 탐색하고 그들이 채택하는 표현 방식들을 조사한다. 그러려면 근대 과학과 수학의 요소들을 이용하여 예술과 자연의 기초를 이루는 원근법, 비례, 패턴, 형태, 대칭 등을 분석해야 한다. 하지만 그 전에 짚고 넘어가야 할 점은, 예술가들의 경우 대개 언제나 무의식중에 (그러나 직관적으로) 이러한 기술적 장치들을 작품에 불어넣으며, 또한 이 장치들은 자연의 잠재적인 메시지로서 채택될 때가 많다는 사실이다. 레오나르도의 경우 예술은 물론 과학에 있어서도 이러한 장치들을 충분히 인지하고 사전에 고려하여 적용했을 가능성이 크다. 이 점은 현대 과학에서도 마찬가지다. 수학적인 밑바탕과 대칭의 원리는 단순히 유용한 도구가 아니라 필요 불가결한 요소이기 때문이다.

이 책의 각 장은, 수의 개념이 출현한 문명의 새벽에서부터 과학이 탄생한 고대 그리스에 이르기까지 기초 과학의 발달 흐름에 따라 전개된다. 우리는 이슬람 학자들이 수행한 중대한 역할을 살펴보게 될 것이다. 이들은 르네상스 학자들에게 고대 철학자들의 지식을 전해 주는 교량 역할을 했을 뿐만 아니라 효과적인 과학 및 수학적 도구들을 고안해 내기도 했다.

또한 이 책은 르네상스 시대를 거쳐 17세기 과학혁명에 이르는 여정으로 우리를 안내할 것이다. 그 가운데 우리는 갈릴레오가 밝혀 낸 진자의 법칙과 자유낙하의 법칙, 뉴턴이 밝혀 낸 만유인력의 법칙과 미적분법 등도 살펴보게 될 것이다. 레오나르도의 과학적 방법론은 20세기까지 이어져, 아인슈타인이 상대성이론을 세우고 뛰어난 재능을 갖춘 젊은 물리학자들이 양자역학의 체계를 발전시키는 데 영향을 끼쳤다.

레오나르도의 작업 방식, 그리고 예술가이자 과학자, 공학자로서 그가 남긴 유산을 살펴보기 위해서는, 먼저 예술과 과학의 기초를 이루고 있는 과학적·수학적 구조를 확립하고 예술가와 과학자들이 자연을 묘사하는 데 이용하는 다양한 접근법을 밝혀야 한다.

따라서 이 책 전반에 걸쳐 레오나르도의 방식, 즉 '모델'이 통합적인 주제 역할을 하고 있기는 하지만, 전적으로 레오나르도만을 다루고 있는 것은 총 세 개의 장에 불과하다. 그러나 만약 그가 현재까지도 살아 있다면 다른 여러 장들도 그에게는 흥미진진한 읽을거리가 되었으리라 생각한다. 전형적인 미래학자였던 레오나르도는 이 책에 실린 전체적인 내용을 근대 과학자의 관점에서 파악했을 것이다.

이 책은 예술을 통해 과학을 설명하고 과학을 통해 예술을 설명하며, 두 분야의 통합이라는 더 큰 목표를 향해 나아간다. 레오나르도의 작품들이 지니는 영원성과 포괄성은 작품 자체에서도 자연스럽게 드러난다. 그러나 통합의 실마리를 제공하는 레오나르도의 방식을 살펴보면, 첫째 그의 그칠 줄 모르는 지성 즉 비범한 정신을 느낄 수 있고, 둘째 그의 예술작품을 구성하는 아이디어들이 어디에서 비롯된 것인지 알 수 있다. 그리고 궁극적으로는 그의 예술을 다각도로 감상할 수 있게 된다.

차 례

다 빈치의
유산

우리 손에 닿는 강물은 흘러간 강물의 끝자락이자 흘러오는 강물의 시초다.
이처럼 강물은 현재의 시간과 함께 흘러간다. 가치 있게 보낸다면, 인생은 길다.
— 레오나르도 다 빈치

1 피렌체의 레오나르도, 가치 있게 보낸 삶
Leonardo Fiorentino A Life Well Spent

중세 말 르네상스 초기, 이탈리아에서는 많은 변화가 일어났다. 중상주의 경제의 부활, 자국어 문학의 출현, 고전적인 학문 전통을 회복하기 위한 최초의 진지한 노력 등이 이에 속한다. 서민의 삶과 운명이 지주 귀족 계급의 손에 달려 있던 봉건주의는 그 지배력을 잃기 시작했다. 그리고 신성로마제국과 로마 가톨릭교회는 점차 사회적·정치적 안정을 제공할 수 없게 되었다. 전제군주제가 프랑스와 영국에서 특히 중요하게 부각되었고, 이탈리아에서는 도시국가가 정치 조직의 우선적인 형태가 되었다.

이탈리아 중북부에 위치한 도시국가 피렌체(Florence)는, 새로이 일어난 지칠 줄 모르는 인문주의 정신, 즉 인간을 만물의 척도로 여기는 고전적 이념 회복을 외치는 선도자적 역할을 수행했다. 그리하여 피렌체는 르네상스 유럽에서 명백히 지적인 수도로 자리 잡게 되었다. 피렌체는 문학 분야(페트라르카Petrarch, 단테Dante, 보카치오Boccaccio 등)에서 탁월한 성과를 보였지만 가장 눈에 띄는 분야는 회화와 조각, 건축이었다. 천재적인 화가 조토(Giotto)가 바로 이 주목할 만한 시기에 등장한 인물이다. 이후 100년 사이에 화가 마사초(Masaccio), 건축가 알베르티(Alberti)와 브루넬레스키(Brunelleschi)가 출현했으며, 15세기 막바지에 이르러 타의 추종을 불허하는 세 명의 예술가 레오나르도(Leonardo), 미켈란젤로(Michelangelo), 라파엘로(Raphael)가 혜성처럼 무대에 등장했다.

이와 같은 폭발적인 변화에 촉매 역할을 한 것은 1455년 요하네스 구텐베르크에 의한 활판인쇄술의 발명이었다.[1] 인쇄혁명 이전 유럽의 도서관들은 3만 권의 책을 보유하고 있었으나, 50년 안에 300만 권까지 늘어났다. 또한 르네상스 유럽에서는 지리적인 발견들도 행해져, 인간에게 알려진 세계의 범위가 극적으로 확대되었다. 종교개혁은 다양한 종파를 양산함으로써 지적인 동요에 더욱 불을 붙였다. 결정적으로 르네상스 예술가들이, 자연을 이상화하거나 교회의 방침에 따라 표현하기보다는 있는 그대로 묘사해야 한다는 필요성을 느끼게 되면서, 근대 과학이 시작되는 계기가 마련되었다.

르네상스로 인한 지적 환경의 변화는 로마와 밀라노, 베네치아로 급속히 퍼져 나갔다. 이탈리아의 발전을 가속화한 한 가지 요소는 1453년 오스만 투르크의 콘스탄티노플 정복과 함께 따라왔다. 다수의 위대한 비잔틴 학자들이 이탈리아 인문주의자들의 초청을 받고 이탈리아로 이주해 왔으며, 이들 가운데는 테오도르 가차(Theodore Gaza), 요한 아르기로풀로스(John Argyropoulos), 그리고 누구보다 큰 영향력을 떨친 드미트리우스 칼콘딜레스(Demetrius Chalcondyles)도 있었다. 이 학자들은 고전적인 학문 전통 회복을 위해 최초로 진지한 노력을 기울였으며, 이탈리아 인문주의자들이 콘스탄티노플에 보관된 고전 그리스 문헌 및 원고들을 접할 수 있도록 제공해 주었다.

문명의 발달에 관해 논할 때는 반드시 대학의 출현을 짚고 넘어가야 한다. 11세기가 끝나갈 무렵 대학의 선행 형태라 할 수 있는 스투디아 제네랄리아(studia generalia)가 처음으로 볼로냐에 세워졌다.[2] 뒤이어 12세기에는 파리, 옥스퍼드, 모데나(Modena), 파르마(Parma)에 이런 학교들이 세워졌으며, 13세기에는 케임브리지, 파도바(Padua), 시에나(Siena), 페루자(Perugia), 팔레르모(Palermo)에도 세워졌다. 대학은 르네상스를 일으킨 것이 아니라 반대로 르네상스로 인해 상당한 이익을 얻었다. 유럽에서 대학이 설립된 것은 이탈리아가 최초였지만, 이 대학들이 아리스토텔레스의 저작을 기초로 하는 학문 전통으로부터 자유로워진 것은 가장 마지막이었다. 이탈리아 대학들의 원칙은 고대 철학자 풍의 엄격한 지적 담화를 부활시키는 데는 도움이 됐으나, 대개 이론에 치중하여 신학적인 논쟁에만 초점을 맞출 뿐이었다. 따라서 학문적 전통을 내세운 이탈리아 대학들의 때이른 출현은, 이탈리아의 과학 발전과는 상관이 없는 일이었다고 봐야 한다.[3]

레오나르도 다 빈치의 개인적인 삶에 관해서는 알려진 바가 그리 많지 않다. 가장 먼저 그의 전기를 집필한 조르조 바사리(Giorgio Vasari)에 따르면, 그는 보기 드물게 뛰어난 외모에 체격도 좋고 매력과 기품이 넘쳤으나 그 어디에도 자신의 명확한 모습을 남기지 않았다고 한다. 레오나르도의 초상이 유력시되는 그림은 붉은 분필로 그려진 것인데, 19세기 중반 토리노(Turin)에서 발견되었으며 많은 사람들이 이 그림을 레오나르도가 노년에 그린 자화상이라 믿고 있다. 두 눈은 보는 이를 빠져들게 만드는 힘을 지니고 있으며, 뛰어난 통찰력을 가진 심리학자와 예술가만이 포착해 낼 수 있는 지혜와 슬픔, 날카로운 지성을 동시에 발산하고 있다(화보1). 레오나르도의 초상으로 보이는 또 다른 그림 역시 노년의 모습을 담고 있는데, 색 분필로 옆모습을 표현한 이 초상화는 그의 제자 가운데 한 명이 그린 것이라 여겨진다. 워싱턴 국립미술관의 데이비드 앨런 브라운(David Alan Brown)은 이 작품의 주인공이 틀림없는 레오나르도라고 주장한다.

레오나르도가 살았던 67년간은 잦은 전쟁과 정치적·사회적 격변으로 얼룩진 시기이기도 했지만, 그리스의 황금기 이후로 비할 바 없는 예술과 지성이 흘러넘친 시대이기도 했다. 레오나르도는 르네상스 정신을 구체화한 인물이다. 생전에 그는 제2의 피오렌티노(Fiorentino, 피렌체 사람이라는 뜻)로 알려져 있었으나, 16세기 후반 조르조 바사리가 그의 이름을 '레오나르도 다 빈치(Leonardo da Vinci)'라고 명시했다.

레오나르도의 출생지가 어디인지는 정확히 알려져 있지 않다. 그러나 여러 전기작가들은 그가 1452년 4월 15일 피렌체 변두리에 있는 빈치 근처의 토스카나 마을 안치아노(Anchiano)에서 태어났다는 설득력 있는 주장을 펴 왔다. 레오나르도는 세르 피에르 디 안토니오 다 빈치(Ser Piero di Antonio da Vinci)와 시골 처녀 카테리나(Caterina) 사이에서 태어난 사생아였다. 이 젊은 남녀는 결혼을 하지 않았고, 어린 레오나르도는 생애 첫 5년 동안 어머니와 할머니, 그리고 안치아노에서 온 농부와 함께 살았는데, 어머니는 결국 이 농부와 결혼했다. 한편 세르 피에르는 동등한 신분의 여자 도나 알비에리(Donna Albieri)와 결혼했는데, 부인이 불임이라는 사실을 안 후에야 레오나르도의 법적 후견인이 되었다.

이후 10년간 레오나르도는 빈치에 있는 아버지 집안에서 살았으나 정식 가족으로 받아들여지지도 못했고 명망 있는 가명(家名)의 혜택을 받지도 못했다. 지그문트 프로이트(Sigmund Freud)를 비롯한 많은 저술가들은, 어린 레오나르도가 어머니와 외할머니 집안에서, 그리고 후에는 양어머니와 양할머니 집안에서 거의 숭배에 가까운 관심을 받았을 것이라고 주장해 왔다. 이런 요인들이 그의 남다른 정신세계와 예민한 감수성, 초인적인 추진력, 탁월한 지성, 그리고 확실치는 않으나 가능성이 짙어 보이는 동성애적 성향을 이루는 요소로 작용했을 수 있다는 것이다. 모두 추측일 뿐이지만 말이다.

　세르 피에르는 결국 두 번의 결혼을 더 했고 열두 명의 자식을 더 낳았으나, 그 중 누구도 레오나르도에 버금가는 재능을 보이지 않았을뿐더러 문명사에 조금의 발자취도 남기지 못했다. 레오나르도의 이복형제에 관해서는 거의 언급된 바가 없지만, 1504년 세르 피에르가 77세의 나이로 세상을 떠났을 때 이복형제들은 교묘한 음모를 꾸미며 레오나르도에게 아버지의 유산을 조금도 나눠주지 않았다고 한다.

　레오나르도가 적자로 태어났다면 그의 아버지와 할아버지, 그리고 증조할아버지와 마찬가지로 공증인이 되도록 훈련받았을 것이다. 그러나 서자에게는 그러한 선택권이 열려 있지 않았다. 레오나르도는 '재택 학습'이라고 할 수 있는 일종의 개인 교습을 받기는 했지만 정식 교육은 받지 못했다. 그가 받았던 비정규 교육에는 라틴어나 그리스어 학습이 포함되어 있지 않았고, 그는 고전 학자들의 저서를 원어로 읽을 수 없다는 사실에 부족함을 느꼈던 것으로 보인다. 정식 교육을 받지 못한 탓에 그는 수많은 위대한 고전 사상의 세례를 받을 수 없었지만, 동시에 그릇된 사상으로부터는 안전할 수 있었다. 레오나르도는 대학 교육을 받지 못했지만 바로 그 때문에 대학 교육에 오염되지도 않았던 것이다.

어린 레오나르도의 진로를 선택하는 일은 그의 아버지로서는 난감한 일이었다. 하지만 레오나르도는 어려서부터 미술과 음악에 재능을 보였기 때문에 세르 피에르의 결정은 의외로 간단해졌다. 레오나르도는 15세 되던 해에 아버지 가족과 함께 피렌체로 거처를 옮겼고, 2년 뒤에는 유능한 금 세공사이자 조각가, 화가인 안드레아 델 베로키오(Andrea del Verrocchio)의 작업실에 도제로 들어갔다. '진실의 눈'이라는 뜻의 이름을 가진 베로키오는 당시 피렌체에서 가장 영향력 있는 예술가 가운데 한 사람이었다.

레오나르도는 베로키오의 작업실에서 재능을 꽃피우며 앞으로 전 생애를 통해 도움이 될 기술들을 계발했다. 그는 이곳에서 원근법과 구도의 최신 원리뿐만 아니라, 희토류 원소(rare-earth element)를 갈아 물감을 만드는 기술과 붓을 만드는 기술, 그리고 청동을 주조하는 기술까지 터득했다. 그는 빛과 그림자를 이용해 표현하는 명암법(chiaroscuro)과, 분필의 획을 고르게 섞어 윤곽을 희미하게 하고 안개 같은 그림자를 만드는 스푸마토(sfumato)기법도 스승에게서 배웠는데, 후자는 베로키오가 직접 고안한 처리법이다. 레오나르도는 또한 해부학 이해의 중요성도 익혀 인체를 내부에서부터 쌓아 올릴 수 있게 되었다. 하지만 레오나르도가 밝혀진 사실을 토대로 삼고 싶어한다는 것은 처음부터 분명한 일이었고, 따라서 예술의 모든 요소를 이용한 실험이 그의 작업 방식(modus operandi)으로 자리 잡았다.

레오나르도의 도제 생활 초기에 베로키오는 그에게 〈그리스도의 세례 Baptism of christ〉(피렌체 우피치미술관 소장)의 무릎 꿇은 두 천사 가운데 한 천사를 맡겼다. 스승이 제자에게 보조 인물을 그리도록 지정해 주는 것은 흔히 있는 일이었으나, 이것은 베로키오에게 있어 치명적인 실수였다. 레오나르도가 그린 한 천사가 바로 이 그림의 감상 초점이 되었기 때문이다. 베로키오는 레오나르도의 재능에 압도되어 다시는 붓을 들지 않았다.

레오나르도는 어린 시절 출생지인 토스카나에서 초록빛 가득한 언덕에 오르며 자연에 대한 호기심과 열정을 갖게 되었고, 예술가로서 또 과학자로서 자연을 주의 깊게 바라보았다. 언덕에 있던 '신비한 동굴(mysterious cave)'은 그에게 지질학에 대한 일생의 열정을 심어 주었다.[4] 실제로 이러한 언덕에서의 탐험을 통해 그는 지구가 당시 알려져 있던 것보다 훨씬 오래되었다는 확신을 갖게 되었다. 보편적 믿음을 뛰어넘은 관찰력으로 일찍부터 하나의 위업을 달성한 것이다.

그의 풍경 스케치 가운데 가장 먼저 알려진, 펜과 잉크로 그린 1473년 습작(피렌체 우피치미술관 소장)은 그가 피렌체에 살던 21세 때 그린 것으로, 언덕 꼭대기에서 바라본 아르노강 유역을 묘사하고 있다. 이 그림에는 흠잡을 데 없는 원근법, 제도술, 명암법 등 예술적인 장치들이 가득 담겨 있다. 그러나 물리학자의 눈으로 멀리서 바라본 빛의 밝기 변화, 지질학자의 눈으로 본 암석의 구조 또한 빼놓을 수 없는 부분이다.

그는 노트에 암석을 분류하고 그 기원에 관해 기록하면서 퇴적암을 구분해 놓았는데, 이는 지질학 및 분류법이 창안되기 훨씬 이전의 일이다. 그는 암석의 줄무늬와 층을 보고(수평선을 띠는 것도 있고 비스듬한 형상을 보이는 것도 있었다), '융기' 절차를 거쳐 암석이 형성되었을 가능성을 생각해 보기도 했다. 산맥의 형성은 융기라는 부수적인 절차를 통해 이루어진다는 사실을 입증한 판구조 이론(plate tectonics)을 4세기나 앞지른 것이다. 레오나르도의 스케치와 몇몇 유명한 걸작을 보면 지질학적으로 흥미로운 지형들이 인상적인 배경을 이루고 있다.

자연의 비밀을 탐색한다는 점에서 자연과학이 레오나르도에게 숭고한 동기였다면, 발명품들을 고안하여 삶을 좀더 효율적이고 편안하고 흥미진진하게 만든다는 점에서 응용과학 역시 마찬가지였다. 그러나 자연의 고유 발명품들이 단연 가장 아름답다는('부족함도 없고 지나침도 없이') 신념에는, 자연 고유의 창조물들을 모방하려는 시도에서 출발해야 한다는 뜻이 담겨 있었다. 그는 "새들이 날 수 있다면 인간도 날 수 있어야 한다"고 쓴 바 있다. 이러한 믿음은, 인간을 하늘 높이 데려가 줄 수 있는 기계들을 창조하는 데 평생 관심을 쏟도록 그를 자극했다. 그의 마음속에 있던 발명품들 가운데 일부는 제작되었을 수도 있겠지만, 대부분이 단지 이론으로만 남았다. 그가 미리 형상화했다는 사실을 보여 주는, 그의 노트를 가득 채운 설계도들과 여러 가지 발명품들, 예컨대 자전거와 자동차, 탱크, 접을 수 있는 다리, 낙하산, 잠수용 마스크, 화염방사기, 가위, 잠수함 등에 그의 착상들이 남아 있다.

과학적 호기심을 충족시키기 위해, 그는 탄도 실험을 거쳐 발사 궤도를 측정하고 고생스러운 해부 작업을 통해 해부학적 구조를 이해했다. 뚜렷한 경계 없이 다재다능했던 그는 해부학자, 식물학자, 기하학자, 물리학자, 건축가, 기계공학자, 수력공학자, 토목기사, 심지어 항공기술자에 이르기까지 다양한 역할을 수행했다. 해부학 및 식물학 실험 대상을 그린 스케치들은 그 예술적 기교와 통찰에 있어서 특히 비길 데가 없었고, 경우에 따라서는 2~3세기 동안 이를 능가할 상대가 없을 정도였다.

레오나르도의 스케치를 보면 명암법에 하향 사선(왼쪽 위에서 오른쪽 아래로 기울어진)이 사용된 것을 알 수 있다. 학자들은 대개 이것이, 그가 왼손잡이였거나 양손잡이였다는 증거라고 믿는다. 그는 또한 거울문자

(mirror text)를 사용한 것으로도 유명한데, 오른쪽에서 왼쪽 방향으로 쓰는 글씨는 선천적인 왼손잡이에게 더 자연스럽다. 왼손으로 쓰면 펜을 밀지 않고 당기게 되므로, 새로 쓴 글자가 번지는 것을 피할 수 있기 때문이다. 레오나르도는 노년의 남자를 그린 스케치에 주석을 달 때 특유의 거울문자를 사용했다(그림 1-1). 왼쪽에 있는 그림은 오른쪽에 있는 원본을 디지털 방식으로 반사시켜 제작한 것으로, 라틴어 필기체가 평범하게 기록되어 있다. 오른쪽 그림에서 여러 구획을 구분 짓고 있는 기호들 역시 거울문자로 표현되어 있는데, 이 기호들도 왼쪽 그림에서는 그 의미가 분명하게 드러난다.

레오나르도는 평생 독신으로 지냈으며, 어쩌면 여성과 성관계조차 맺은 적이 없을 수도 있다. 그에게 자식이 있었다는 흔적을 어디에서도 찾아볼 수 없기 때문이다. 그는 단지 주문받은 초상화의 모델로서만 여성에게 관심을 가졌던 것으로 보인다. (그 중 세 작품은 서양미술의 중추를 이루는 명작이 되었다.) 미술사학자들은 그가 동성애자였을지 모른다는

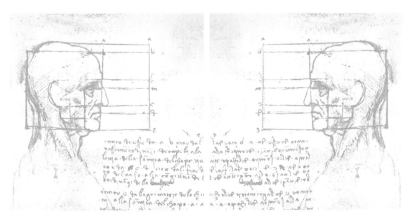

그림 1-1 (오른쪽) 레오나르도가 그린 노년 남자의 옆모습 초상. 거울문자로 주석을 달았다. 윈저성(Windsor Castle) 왕립도서관 소장. (왼쪽) 디지털 방식으로 만들어 낸 반사 이미지.

의심을 오래도록 품어 왔다. 레오나르도가 살던 시대에는 스승과 도제 사이의 관계가 아마도 매우 일반적이었을 것이며, 1476년 4월 9일 레오나르도는 공중도덕을 담당하는 피렌체의 야간경찰(Ufficiali di Notte)에 익명의 제보로 고발되어 남색(男色) 혐의를 받기도 했기 때문이다. 결국 증거 부족으로 혐의는 벗을 수 있었지만, 레오나르도는 그 대가로 견딜 수 없을 만큼 괴로운 시기를 보내야 했다. 일을 제시간에 끝내지 못한다는 평판이 점점 퍼진 탓도 있겠지만, 이 사건이 결정적인 이유가 되어 부유한 귀족들의 초상화 주문이 끊겨 버린 것이다.

피렌체 예술가들에게 있어서 꿈의 후원자라 할 수 있었던 '위대한' 로렌초 데 메디치(Lorenzo de' Medici)는 1481년 교황 식스투스 4세(Sixtus IV)로부터, 새로 건립된 시스티나성당(Sistine Chapel)의 벽화 공동 작업을 위해 피렌체의 일류 화가들을 보내 달라는 요청을 받았다. 로렌초는 이 청을 받아들여 보티첼리(Botticelli), 기를란다요(Ghirlandaio), 페루지노(Perugino), 피에르 디 코시모(Piero di Cosimo), 코시모 로셀리(Cosimo Rosselli)로 구성된 팀을 구성했으나 레오나르도의 이름은 의도적으로 제외시켰다.

같은 해 7월 레오나르도는 〈동방박사의 예배 *Adoration of the Magi*〉를 그리라는 요청을 받아들여야 했는데, 여기에는 '모든 도구를 스스로 조달하고 24개월, 늦어도 30개월 안에는 그림을 완성해야 한다'[5]라는 조건이 붙어 있었다. 시일 내에 마치지 못하면 보수를 지불하지 않겠다는 것이었다. 평소와 마찬가지로 그는 일을 미루다가 제시간에 작업을 끝내지 못했고, 따라서 보수도 받지 못했다. 그러나 이 그림은 미완성이었음에도 구상 면에서 너무나 훌륭하고 혁명적이어서, 당시 사람들은 (시스티나성당 벽화를 그리고 돌아온 그의 경쟁자들까지도) 그 앞에 서서 위엄에 눌린 듯 꼼짝할 수가 없었다.

1482년, 레오나르도는 피렌체에서 지난 몇 년간 겪은 굴욕에 낙심하여 밀라노로 거처를 옮겼다. 당시 예술가들 사이에서는, 밀라노의 군주 루도비코 스포르차 공(Duke Ludovico Sforza)이 아버지를 추모하는 기념비로 거대한 청동 기마상을 세우고 싶어한다는 소문이 돌고 있었다. 레오나르도는 스포르차 공에게 서신을 보내 궁정 기술자 직을 지원하면서, 건물이나 위생시설, 가반교(可搬橋, portable bridge), 무시무시한 여러 가지 무기들을 설계할 수 있다고 적었다. 그가 예술가이기도 하다는 점은 추가적으로만 언급했을 뿐이다.

레오나르도는 고용되어 밀라노로 옮겨갔고, 그로부터 16년을 그곳에서 보냈다. 스포르차는 예술가와 지식인들을 데려와 롬바르디아의 시골 지역에 있는 부유한 도시를 피렌체와 맞먹는 문화 중심지로 변모시키는 계획에 착수했다. 레오나르도와 동시대에 밀라노에 있었던 사람 가운데는, 후에 로마의 성베드로대성당(Saint Peter's Basilica)을 설계한 건축가 브라만테(Bramante)와, 레오나르도가 삽화를 넣은 책『신성 비례*De divina proportione*』를 저술한 수학자 루카 파치올리(Luca Pacioli)도 있었다.

레오나르도는 이 거대한 청동 기마상을 통해 그의 예술적 노력에 대한 최고의 영예를 얻을 수 있을 거라고 생각했다. 작업을 시작해도 좋다는 루도비코의 최종 승낙을 받자 그는 생각해 두었던 무수한 후보작들을 정리하여 신속하게 설계를 완성했다. 그는 열정적으로 일에 매달려 진흙으로 실제 크기 모형을 조각함으로써, 청동으로 완성품을 주조할 준비를 마쳤다.

그러나 무슨 운명의 장난인지, 바로 그때 프랑스군이 밀라노를 포위 공격하기로 결정한다. 더 좋은 무기를 갖춘 적군을 저지할 도리가 없자 절망한 루도비코는 청동 기마상 주조에 할당했던 금속을 회수하여 대포 제작에 사용했다. 그래도 밀라노군은 프랑스군을 막을 수가 없었고, 적군은 무난히 도시로 진격해 들어왔다. 프랑스군의 눈앞에 레오나르도의 진흙 모형이 나타나자, 그들 중 가스코뉴 지방 출신 궁수들은 당장 이 모형을 사격 연습용으로 삼았다. 레오나르도는 자신의 꿈이 수치스러운 종말을 맞는 광경을 보고 매우 낙심했지만, 그가 할 수 있는 일은 하나도 없었다.

그는 급속도로 멸망해 가는 스포르차 왕조의 생존을 위한 필사적인 몸부림을 이해했다. 루도비코는 스위스의 창병(槍兵)으로 위장하여 달아나려 했으나 프랑스군에게 붙잡혀 지하감옥에 갇혔고, 그곳에서 삶의 마지막 10년을 보냈다. 그러는 동안 레오나르도는 조수 안드레아 살라이(Andrea Salai)와 수학자 친구 루카 파치올리와 함께 처음에는 만토바(Mantua)로 이동했다가 다시 베네치아로 옮겨가 그곳에서 몇 개월을 보냈다. 『신성 비례』의 씨앗이 뿌려진 시기가 바로 이때쯤이었을 것이다. 1509년 베네치아에서 출판된 이 책은 기하학적 형태와 무늬에 대한 레오나르도의 평생에 걸친 관심을 잘 나타내 주고 있다. 이 그림들은 개인적인 낙서였으나 결과적으로는 인쇄물로 출판되었다.

1482년부터 1500년까지 밀라노에서 보낸 이 기간은 레오나르도에게 있어서 발명의 절정기였으며, 특히 과학과 공학 분야에서 두드러진 성과를 보였다. 프랑스군이 밀라노를 함락시키고 도시의 시민들이 루도비코를 추방하자, 레오나르도는 이 도시와 함께 거의 600플로린(florin)에 달하는 금액을 단념해야 했다. 일을 하면서 마지막 2년간 보수를 받지 못한데다 청동 기마상은 완성할 수도 없게 되어 버렸기 때문이다.

그는 몇 점의 그림을 제작했는데, 그 중에는 단 세 작품밖에 없는 불후의 여인초상화 가운데 두 번째 그림인 〈흰 담비를 안고 있는 여인*Lady with the Ermine*〉(체칠리아 갈레라니Cecilia Gallerani의 초상화)도 있었고, 케네스 클라크(Kenneth Clark)가 '유럽 미술의 주춧돌'이라 평한 〈최후의 만찬*Last Supper*〉도 있었다. 뿐만 아니라 그는 마음속에 있는 발명품들을 노트나 낱장의 종이에 그려, 무수히 많은 스케치들을 모아 두기도 했다.

레오나르도는 피렌체로 돌아가 잠시 머물렀다. 작가들과 시인, 미술가, 건축가들은 그를 중요한 인물로 대접했으나, 그보다 젊고 재능도 뛰어난 조각가 겸 화가 미켈란젤로에게 하는 것만큼 그에게 아첨하지는 않았다. 그는 밀라노에서처럼 콘스탄티노플에서도 궁정 기술자 직을 맡아 오스만제국 술탄(Sultan, 이슬람 최고 통치자의 칭호—옮긴이) 바예지드 2세(Beyezid II)의 초상화를 그리게 될 수도 있었다. 이 지원서에 그는 골든혼(Golden Horn) 다리와 그보다 훨씬 광대한 보스포루스해협(Bosporus)을 가로지르는 부교(浮橋)의 예비 설계도를 첨부했다. 그러나 그의 지원은 받아들여지지 않았고, 레오나르도는 우르비노(Urbino)로 가서 그곳의 새로운 군주 체사레 보르자(Cesare Borgia)의 후원을 받으면서 일하게 되었다.

레오나르도는 보르자에게서, 이탈리아의 흩어진 도시국가들을 통합할 수 있는 가능성을 보았다. 또한 그는 우르비노에서 니콜로 마키아벨리(Niccolò Machiavelli)를 만나 친분을 쌓았는데, 『군주론*The Prince*』은 마키아벨리가 주로 보르자의 업적을 모범으로 하여 저술한 책이다. 그러나 채 5년이 지나지 않아, 보르자 가문의 난폭한 전제정치에 환멸을 느낀 레오나르도는 우르비노를 떠나기로 결심한다.

마키아벨리를 통해 레오나르도는 피렌체에서 작품 의뢰를 받았고, 그와 미켈란젤로는 베키오궁전(Palazzo Vecchio) 홀 양쪽 벽에 각자 하나씩 벽화를 그리기로 되어 있었다. 그 중 레오나르도가 맡았던 대벽화 〈앙기아리 전투*Battle of Anghiari*〉는 1440년 동명의 전투에서 피렌체가 밀라노를 상대로 거둔 승리를 기념하기 위한 것이었다. 몇 가지 착상이 그의 노트에서 형태를 잡아가기 시작했으나, 안타깝게도 의뢰는 철회되었다. 르네상스의 두 거장이 그린 벽화들을 같은 공간에서 동시에 볼 수 있는 가능성은 나타나자마자 사라져 버리고 만 것이다.

이후 레오나르도가 몇몇 도시에서 머물렀던 기간은 더 짧았다. 1506년 그는 밀라노를 점령한 프랑스인의 초청을 받고 밀라노로 돌아갔으며, 그곳에서 루이 12세는 그에게 궁정 화가 겸 기술자 자격을 부여하면서 한동안 그의 보호자이자 후원자가 되었다.

레오나르도가 훗날 자신에게 영속적인 영향을 미치게 되는 두 젊은이를 만난 것이 바로 이 무렵이었다. 한 명은 파비아대학의 젊고 유능한 해부학 교수 마르칸토니오 델라 토레(Marcantonio della Torre)였는데, 그는 이후 레오나르도의 해부학 연구에 어느 정도 방향을 제시해 주었다. 그리고 또 한 사람은 패기 넘치는 젊은 예술가 프란체스코 멜치(Francesco Melzi)로, 레오나르도의 집 주인 지롤라모 멜치(Girolamo Melzi)의 아들이었다. 후에 레오나르도의 도제이자 가장 가까운 제자가 되는 젊은 멜치와의 관계는 거의 부자관계와도 같은 상호 헌신으로 해석되고 있다.

그가 두 번째로 밀라노에 머문 기간은 6년에 불과하다. 프랑스군이 파비아 전투에서 패하고 물러가자 스포르차의 상속자인 막시밀리아노(Maximiliano)가 도시의 지휘권을 차지했는데, 그는 장차 이 도시에 예술이나 학문, 혹은 다재다능한 천재가 필요하다고는 거의 생각하지 않았기 때문이다.

레오나르도는 교황 레오 10세의 요청을 받아들여 1513년 로마로 갔다. 그러나 그가 그림을 그리는 대신 새로운 종류의 유약(釉藥)을 제조하는 데 열중한 것이 또 한 번 일신상의 몰락을 불러왔고, 그 결과 교황의 관심은 젊은 라파엘로의 재능으로 옮아갔다. 얼마 지나지 않아 레오나르도는 뇌졸중 후유증으로 오른쪽 팔이 부분적으로 마비되어 사실상 화가로서의 삶을 이어갈 수 없게 되었다.

1516년 프랑스의 왕 프랑수아 1세(Francis I)는 레오나르도와 친분을 맺고, 이 나이든 예술가와 두 명의 조수를 프랑스로 초청했다. 그리하여 레오나르도와 그의 추종자들은 이탈리아를 떠나 파리에서 남쪽으로 약 100킬로미터 떨어진 앙부아즈(Amboise)로 향했다. 그는 짐을 가득 싣고 여행길에 올랐는데, 직접 쓴 원고와 소장하고 있던 책들, 〈성 안나와 성모자 *Virgin and Child with Saint Anne*〉와 〈세례요한 *Saint John the Baptist*〉(현재는 〈바쿠스 *Bacchus*〉로 알려져 있음)의 대략적인 스케치, 그리고 10년 전 피렌체에서 그린, 그가 결코 떼어 놓지 않았던 한 점의 그림 〈모나리자 *Mona Lisa*〉도 물론 가져갔다. 이들은 왕의 거처인 앙부아즈 성 근처 클루(Cloux)에 있는 영주 저택에 머물렀다.

레오나르도는 그로부터 3년 후 1519년 5월 2일에 숨을 거두었다. 그는, 레오나르도의 죽음이 임박했다는 소식을 듣고 파리에서 급히 달려온 왕의 헌신적인 보살핌 속에서 눈을 감았다. 거의 대가를 바라지 않았던 너그러운 후원자 프랑수아 1세는 〈모나리자〉를 유산으로 받았고, 레오나르도의 원고와 책들은 멜치에게 증여되었다.

가장 훌륭한 형태의 그림은 그 그림이 모방한 대상과 가장 닮은 그림이다.
— 레오나르도 다 빈치

2 과학과 예술의 합류점
The Confluence of Science and Art

예술가와 마찬가지로 과학자도 자연을 사랑한다. 예술가가 상상력과, 끌이나 붓을 다루는 솜씨에만 구속을 받는 것처럼 과학자는 상상력과, 수학을 다루는 솜씨에만 구속을 받는다. 예술가가 심상과 은유를 사용하듯 과학자는 숫자와 수학적 계산을 사용한다.[1] 예술가는 작품의 사소한 세부 사항들보다 전체에 더 관심을 두며 과학자는 자연법칙의 상세한 내용보다 보편성에 더 관심을 둔다. 그러나 이처럼 전체를 설명하려는 노력은 우주의 아주 작은 부분인 지구를 자세히 관찰하는 데서 시작된다. 그동안 밝혀진 바와 같이 자연은 기본적으로 대칭을 이루고 있으며 단순하면서도 보편적이어서, 우리는 그 '아름다운 법칙'이 자아내는 화려한 융단의 형상을 볼 수 있다. 물리학자 리처드 파인먼(Richard Feynman)의 말을 빌리자면, "자연은 가장 긴 실을 이용해 융단을 엮어 내기 때문에 그 작은 단편 하나하나에 융단의 전체 구조가 나타난다."[2]

수학자와 물리학자들이 결코 부인할 수 없는 사실은 수학 안에 고유의 아름다움이 존재한다는 점이다. 이것이 바로 수학 속의 미학(aesthetics of mathematics)이다. 또한 우리는 어떤 환경에서든 원근감이나 비례, 대칭을 수학적으로 표현할 수 있으며, 따라서 예술은 수학적으로 표현 가능한 면들을 지니고 있는 셈이다. 수학적으로 표현 가능한 대칭이 존재하므로 '자연의 수(nature's numbers)' 또한 존재한다. 이러한 개념들은 미학 속의 수학(mathematics of aesthetics)으로 통한다. 수치로 환산된 개념들을 서로 연계시키면 다양한 수학적 정교화 단계를 거쳐 공식으로 나타낼 수 있다. 이 책에서 수학적인 근거 자료들은 몇 가지 등식으로 구체화되어 권말에 실려 있다.

피보나치수열(Fibonacci Series)은 황금 분할(golden section) 또는 '신성 비례'로 표현되는 동적 대칭의 개념을 낳았는데, 사실 피보나치 자신은 예상치 못한 일이다. 레오나르도가 『신성 비례』라는 책에 삽화를 실은 것은 피보나치가 이 수열을 공식화하고 300년이 지난 후의 일이었다. 그러나 과학과 예술의 융합이라는 개념에는 피보나치의 수학과 레오나르도의 예술 외에도 많은 요소들이 담겨 있다. 여기에는 건축과 천문학, 생물학, 화학, 지질학, 공학, 수학, 철학, 물리학 등도 포함되는데, 다시 말해 레오나르도 다 빈치의 엄청난 관심 범위가 모두 포함되는 것이다. 레오나르도에게는 그 모든 분야가 같은 나무에서 뻗어 나온 가지들과 같았으며, 이 나무는 하나의 위대한 통일 구조, 즉 우주였다.

자연에 존재하는 생물과 무생물 모두에서 우리는 육안으로 식별할 수 있는 대칭 형태들을 보게 된다. 그리고 우리의 지각능력을 넘어선, 극히 미세하거나 극도로 거대한 대상에서도 이와 같은 형태, 대칭, 질서가 종종 나타나곤 한다. 예컨대 태양충의 미세소관(microtubule) 횡단면을 10

만 배 확대했을 때 나타나는 나선(螺旋)은 그 비율과 형태에 있어서 숫양의 뿔에서 볼 수 있는 나선과 흡사하다. 이 형태를 다시 수십억 수백억 배 확대하면 나선은하(spiral galaxy)의 나선팔(spiral arms)과 흡사해진다. 극히 미세한 대상을 관찰할 때 이용할 수 있는 기구는 전자현미경, 또는 그보다 강력한 사촌뻘인 주사터널현미경(STM)일 것이다. 그리고 극도로 거대한 대상을 관찰할 때는 광학망원경이나 전파망원경을 이용해야 할 것이다.

X-선 회절 기술을 이용하여 우리는 육안으로도 파악되는 결정(結晶) 내 대칭 구조를 살펴볼 수 있다. 결정학자들은 이 기술을 통해 2차원에서는 5가지 브라바이스격자(Bravais lattice) 혹은 공간격자(space lattice) 유형이 나타날 수 있으며, 3차원에서는 14가지 유형이 나타날 수 있음을 확인했다. 모든 2차원 유형과 일부 3차원 유형은 인간의 예술적 창조물에서도 발견된다. 결정학이 과학의 범주에 포함되기 1,000년 전 무어인(Moorish) 예술가들, 특히 인간의 형상을 만드는 일이 금지되어 있었던 수니파 이슬람 예술가들은 신비로운 서예 및 기하학적 디자인들을 만들어 냈는데, 이 디자인들을 통해 우리는 그들이 공간격자를 직관적으로 이해하고 있었음을 알 수 있다. 그라나다의 알람브라궁전(Alhambra Palace)과 코르도바의 대사원(Great Mosque)에 있는 모자이크와 돌조각은 공간격자를 가장 극적으로 보여 주는 예다.

자연에 내재된 대칭을 인식하는 일은 물리학과 수학의 새로운 법칙을 찾아내는 데 있어서 중요한 요소로 작용한다. 물리학자는 물리법칙에서 대칭을 보지만, 완벽한 대칭보다는 부분적이거나 불완전한 대칭에 더 관심을 두는 경우가 많다. 자연법칙에 관한 더 심층적인 내용과 더 근본적인 혹은 깊은 식견을 찾을 수 있는 원천이 바로 불완전한 대칭 구조이기 때문이다. 예술에서도 마찬가지다. 초점의 위치가 중심에 있을 때보다는 중심에서 벗어났을 때 한층 더 흥미를 자극하는 법이다.

근대 물리학자들은, 자연법칙과 전혀 관련이 없어 보이는 요소들로 구성된 가장 추상적이고 난해한 순수수학 분야들 가운데 일부가 실제로는 기본적인 물리법칙의 기초가 된다는 사실을 깨달았다. (선형대수학linear algebra과 미분기하학differential geometry, 대수적 위상수학algebraic topology이 바로, 이론물리학자들로 하여금 자연의 기본 작용을 나타낼 수 있도록 도와주는 세 가지 수학 분야다.) 이 경험으로 인해 '수학 속의 미학'이라는 말이 생겨나고 물리학자들 사이에 다음과 같은 믿음이 지속되게 된 것이다. 수학은 미묘하게 숨겨진 법칙들을 풀어내고 특정 실험 결과의 원인을 설명할 수 있게 해 주며, 더 유익하게는 아직 관찰되지 않은 결과까지도 예측할 수 있게 해 주는 도구라는 믿음 말이다.

그러나 자연의 법칙을 설명하는 데 어째서 이처럼 놀라운 수학의 유효성이 필요한지에 관해서는 아직 아무런 설명도 이루어지지 않았다. 20세기 최고의 이론물리학자 가운데 한 사람으로 누구보다 박식한 프린스턴의 유진 위그너(Eugene Wigner)는 이렇게 쓴 바 있다. "물리법칙을 공식화하는 데 수학언어가 기적적으로 꼭 들어맞는다는 것은, 우리가 이해할 수도 없고 받을 자격도 없는 굉장한 선물이다. 우리 모두는 이 선물에 감사하고 이 선물이 장래의 연구에서도 유효하기를, 그리고 길이길이 우리에게 기쁨을 안겨 주기를 바랄 것이다. 설사 당혹감까지 함께 안겨 준다 해도 말이다. 또한 이 선물이 계속해서 다양한 분야의 학문들로 뻗어 나가기를 바랄 것이다."[3]

1978년에 그린 나의 잉크 스케치에서 볼 수 있는 위그너는, 과학이 우주의 수학적 본질에 관한 의문을 풀어내지 못한 것을 가리켜 "치욕……

그림 2-1 프린스턴의 노벨상 수상자 유진 위그너의 초상화. 저자가 그린 잉크 스케치, 1978.

인간 이해력의 막대한 결함"이라고 평했다. 이 주제에 있어서 위그너보
다 설득력 있게 말할 수 있는 사람은 아무도 없었을 것이다. 누구도 그만
큼 자랑스럽고 불손하게 말할 권리를 얻지 못했으며, 또한 그보다 부드

럽고 겸손한 태도를 갖출 수도 없었기 때문이다. 그의 가장 중대한 작업은, 군론(group theory)을 도입한 물리학과 그에 따른 대칭의 문제들을 소개하는 일, 다시 말해 우리의 자연 탐구에 탁월한 공헌을 한 것으로 드러난 형식주의를 소개하는 일이었다.[4]

대칭은 조화와 균형, 비례 등의 감각을 만들어 내기도 하지만, 연립주택이나 동일한 조각상들의 끝없는 행렬같이 지나치게 많은 대칭은 부정적인 감정적 영향을 미칠 수도 있다. 이와 유사하게 '비대칭'은 불일치나 균형의 결여감 같은 느낌을 불러일으킬 수 있다. 하지만 어떤 경우, 예컨대 (매끄러운 구체球體와 대조되는) 달걀의 모양에서 볼 수 있듯 비대칭은 해방감과 자유, 신비감 등의 긍정적인 감정 반응을 일으키기도 한다. 그로 인해 우리는 오로지 완벽한 대칭만을 봐야 한다는 편견에서 해방되어 알프스산맥을 진귀하고 아름다운 자연의 창조물로 여기게 된 것이다.[5] 마찬가지로, 가장 훌륭한 시각예술 및 음악작품들에는 반복적인 규칙이 나타나지 않는다. 사실상 '단조로움'이라는 개념은 예술적·사회적 혐오 대상 가운데 하나이기 때문이다. 17세기 셰익스피어와 동시대에 살았던 한 젊은 시인은 다음과 같은 말을 남겼다.

의상에 스며 있는 달콤한 무질서는
옷에 활기를 불어넣는다.
무심하게 매어 놓은 구두끈에서
나는 야성적인 정중함을 본다.
한 치의 어긋남 없이 정확한 기교보다
내게는 더 매혹적이니.
— 로버트 헤릭(Robert Herrick, 1591~1674)

똑같은 양식을 보이는 자연적·예술적 현상들의 예를 일일이 나열하여 제시하는 것이 이 책의 목적은 아니다. 이 책에서는 그보다 기본적인 대칭 및 패턴들을 세밀히 살펴보고, 전혀 다른 규모에서 유사한 형태를 만들어 내는 요인들을 조사해 보고자 한다. 또한 우리는 미학과 그 기초를 이루는 수학의 개념도 검토해 볼 것이다. 이러한 작업을 위해서는 서로 합류점(confluence)을 보인다고 여겨지는 수학과 과학의 상호 역학관계와, 더 작게는 대칭을 선호하는 인간의 잠재적인 심리를 연구해 보아야 한다.

관찰의 힘

근대 과학의 수행에 필수적인 관찰 기술들은 르네상스 예술가들이 도입한 기술로부터 전해 내려온 것이다. 사람들은, 과학의 가장 위대한 발견은 과학 그 자체라고 말하곤 한다.[6] 그러나 예술가야말로, 자연을 모방하려는 시도를 통해 자연을 보이는 그대로 관찰하는 법을 가장 먼저 터득한 사람들이었다. 그리고 예술가에게 있어 르네상스 시대의 가장 위대한 발견은(사실 재발견이라고 해야 옳겠지만), 인간이 만물의 척도라는 고전 사상의 보편적인 개념이었다.

레오나르도가 태어나기 25년 전, 소수의 안목 있는 예술가들은 올바른 시각으로 자연을 관찰하고 표현하고자 새로운 접근법을 발전시키기 시작했다. 그러나 레오나르도는 직선원근법이라는 기술을 창안했으며, 또한 파트타임 예술가로서 단 몇 작품을 제작했으면서도 역사상 가장 유명한 두 작품(〈최후의 만찬〉과 〈모나리자〉)을 그려 냈다. 뿐만 아니라 그는 생각할 수 있는 모든 주제에 관해 수천 장에 달하는 개인적 관찰 내용과 생각들, 그리고 스케치들을 남겼다. 레오나르도의 과학적·기술적 업적을 지난 몇 년간 검토해 온 과학자들, 즉 물리학자, 수학자, 공학자, 천문학자, 식물학자들은 결국 레오나르도가 '최초의 근대 과학자'라는 결론에 도달했다.[7] 그의 방법론은 갈릴레오가 이룩한 성과를 1세기 이상 앞지른다. 그리고 무엇보다, 그가 제기한 독창적인 질문과 통찰력 있는 해법들은 500년이 지난 지금까지도 우리에게 깊은 인상을 주고 있다.

조각은 과학의 모델

어떤 철학자는, 과학은 유일한 분석 과정이며 예술은 유일한 통합 과정이라는 진부한 견해를 내세운다. 이 상투적인 견해에 따르면 과학자는 대상을 분해하고 예술가는 대상을 한데 모으는 셈이다. 야콥 브로노프스키(Jacob Bronowski)는 이러한 오해에 대해, 실상 과학자는 두 과정 모두에 관여하며 이는 예술가 역시 마찬가지라는 반론을 제기한다. 과학자와 예술가 모두에게 있어서 창조력은 자연을 유심히 관찰하고 분석하는 데서 시작되며, "자연에서 그대로 드러나는 한계와 본질을 창조적인 정신이 능가하는 형태"를 한데 모음으로써, 즉 통합함으로써 끝을 맺는다는 것이다.[8] 브로노프스키는 조각을 과학의 모델이라고 본다. 페이디아스(Phidias, 고대 그리스의 조각가―옮긴이) 이후로 조각가들은 아무렇게나 자른 석재에서 조각상을 떠올렸다. 거친 석재로부터 금방이라도 튀어나올 듯한 형상을 보았던 것이다. 다음은 미켈란젤로가 남긴 글이다.

우리 안의 신성한 무언가가 얼굴을 빚어내려 하면

뇌와 손은 하나가 되어

약하기 그지없는 모형으로부터

예술의 자유로운 힘으로 돌에 생명을 불어넣는다.

뛰어난 예술가들은 우리에게 일깨워 준다.

거친 돌을 감싸고 있는 마법을 풀어내는 일이야말로

뇌를 돕는 손이 할 수 있는 전부임을.[9]

마찬가지로 과학자들은, 마치 물리법칙이 유일한 형태로 이미 존재하고 있으며 단지 이를 발견하거나 자연으로부터 끌어내기만 하면 되는 것처럼 작업을 수행한다.

그러나 사실 울퉁불퉁한 석재에서 나타나는 조각상이 그렇듯 물리법칙도 명확한 형태로 존재하지는 않는다. 다른 조각가의 손을 거치면 석재는 필연적으로 다른 형태를 띠게 된다. 그리고 다른 과학자의 손을 거친 법칙 역시 다른 형태로 나타나게 마련이다. 궁극적으로는 일치한다는 증명이 가능하다고 해도 말이다. 질문이 얼마나 정확하게 제기되느냐에 따라 결과는 다르게, 즉 올바르게 나타날 수 있다.

급진적 환원주의

특정 분야들, 특히 예술과 과학에서 진보의 과정에는 그 진보에 대한 진정한 이해가 형성되기까지 충돌과 급격한 전진, 그리고 때때로 이에 역행하는 퇴보 등 많은 변화들이 수반된다. 지나친 단순화의 위험을 무릅

쓰고 나는 여기에 두 가지 상반된 관점을 제시한다.

영국 BBC 방송의 시리즈 〈커넥션Connections〉에 출연했던 제임스 버크(James Burke)는, 문명 진보의 뿌리에는 점진적인 상승의 단계가 있다고 주장했다. 반면 한때 버크의 동료였던 브로노프스키는 그보다 앞서 방영되었던 시리즈 〈인간 등정의 발자취The Ascent of Man〉에서, 진보는 현상의 전환, 즉 개혁의 형태로 일어난다고 밝힌 바 있다. 이 책의 논점은 두 가지 유형의 변화 모두 필요하다는 것이다. 분명 단계적인 변화가 표준적인 유형으로 통하기는 하지만, 단계적인 진보에 얼마간의 질서를 부여하기 위해서는 급진적 환원주의(radical reductionism), 즉 통합도 주기적으로 필요하다.

이러한 유형의 변모는 과학과 예술, 그리고 여타 다른 영역들에서도 마찬가지로 일어났다. 브로노프스키는 이에 관해 다음과 같이 간략하게 표현했다. "과학과 예술이 사회적인 현상이기는 하지만 이 두 영역에서 혁신은, 올바른 눈으로 무질서에서 깊고 새로운 통일성을 인지할 때 비로소 이루어진다."

급진적 환원주의는 과학과 예술에서 각각 다른 목적으로 일어난다. 과학에서 급진적 환원주의는 법칙을 환원하여 그 본질을 드러내려는 시도로 나타난다. 물리법칙의 결합이나 통합은 곧 하나의 근사한 형식주의, 소위 물리학의 성배(Holy Grail)로의 급진적인 환원을 의미한다.

예술에서 환원주의는 자연스러우면서 가장 건전한, 즉 진보적인 방식으로 일어났다. 예술에서의 환원주의는 17세기 베르메르(Vermeer)에 의해 진행되다가, 19세기 위대한 색채화가 터너(J. M. W. Turner)에 의해 추진력을 얻고, 20세기에 이르러 마크 로스코(Mark Rothko) 같은 기하학적 추상파 화가들에 의해 완전한 결실을 맺게 되었다. 그러나 이 운동은 그보다 훨씬 이전, 미켈란젤로가 위대한 예술 인생의 막바지에 이르러 '노예(Captives)'라 불리는 여러 점의 조각상들을 제작함으로써, 다듬어지지 않은 석재에서 인간의 형상을 이끌어 냈을 때 이미 시작되었다. 이 조각상들은 현재 피렌체의 아카데미아미술관에 소장되어, 〈다비드 David〉 상이 있는 곳으로 이어지는 긴 공간에 일렬로 늘어서 있다. 또 다른 후기 작품 〈론다니니의 피에타Rondanini Pieta〉(c. 1550~53)에서 미켈란젤로는 사실주의를 버리고 인물들의 팔다리를 길게 표현함으로써, 작품에서 자연보다는 예술이 먼저 느껴지는 매너리즘(Mannerism) 양식을 취했다. 이 작품들은 마치 슈베르트(Schubert)의 〈미완성 교향곡〉처럼 완성되지 않은 듯하면서도 더할 나위 없이 훌륭하게 완성되었다. 미켈란젤로가 세상을 떠나고 불과 반세기 후 렘브란트(Rembrandt)는 예술사에서 가장 영향력 있는 초상화들을 그리기 시작했는데, 여기에서 그는 섬세한 붓 터치와 정확하고 자세한 세부 표현을 버리고 여러 겹의 굵은 붓놀림으로 대상의 영혼과 성격을 담아냈다.

예술과 과학에서 종교가 수행하는 모호한 역할

과학과 예술이 영감과 창조성이라는 측면에서 유사점을 공유한다고는 해도 이들 사이에는 명백한 차이점들 역시 존재한다. 이 책에는 우리가 수학적 용어로 표현하는 대칭과 비례를 예술가들이 의식적으로 사용하는 경우도 실려 있지만, 대다수의 예술작품들은 직관적이고 감정적인 방식으로 만들어지며 상상력과 주관성을 바탕으로 창조된다. 수학적 표현에 대한 관심은 들어 있지 않다. 그리고 바로 그 점 때문에 훌륭한 것이다. 과학자들에게도 과학적 혹은 물리적 직관과 상상력은 강력한 자산이 될 수 있지만, 그들은 분석과 객관성에 의지해야 한다는 제약을 받으며 감정을 멀리한다. 과학적 원리에 의해, 그리고 근본적으로는 물리법칙에 의해 그어진 경계 안에서 활동하는 것이다. 예술가들이 종교적 영감의 도움을 받는 것은 허용될 수 있는 일일 뿐만 아니라, 역사적으로 종교는 예술의 원동력이 되어 내용과 주제를 제공하기도 했다. 또한 성직자들의 후원도 종종 있었다. 실제로 거의 모든 불후의 예술작품과 건축물들이 신(들)의 이름으로 창조되었다.

그런데 르네상스 시대에 예술과 종교는 다시 분리되기 시작했다. 레오나르도가 '세 여인'을 모델로 타의 추종을 불허하는 심리학적 초상화들, 즉 〈지네브라 데 벤치*Ginevra de' Benci*〉, 〈체칠리아 갈레라니*Cecilia Gallerani*〉, 〈모나리자*Mona Lisa*〉를 그림으로써, 일반적으로 용인되는 표준이었던 종교예술로부터의 탈피가 또다시 시작된 것이다. 17세기 초에 이르러 렘브란트와 베르메르 등 위대한 네덜란드 예술가들은 종교적인 대상보다 비종교적인 대상에 더욱 관심을 보였다. 그리고 오늘날에는 세속적이든 비세속적이든 훌륭한 작품은 말 그대로 훌륭한 작품으로 평가된다.

예술과 달리 과학은, 훨씬 자유롭고 개화되었다고 여겨지는 이 시대에도 기껏해야 종교와 공존할 수 있을 뿐이다. 그리고 과거에 이 둘은 적대관계에 있었다. 심지어 고대에도 과학과 종교의 관계는 적대적인 본질을 확연히 드러내고 있었다. 페리클레스(Pericles)의 조언자였던 자연철학자 아낙사고라스(Anaxagoras)는 판테온의 신들을 비웃은 죄로 군중에 의해 교수형을 당할 뻔했다. 페리클레스가 중재에 나선 덕분에 다행히 유배 정도로 그쳤지만, 그는 종교적인 견해 때문에 박해를 받은 최초의 지식인 가운데 한 명이 되었다. 중세에도 교회의 권위에 도전하는 철학자들에게는 비슷한 위험이 도사리고 있었으며 이러한 상황은 르네상스 시대까지 그대로 이어졌다. 현대에 있어서 과학과 종교의 혼합은 진지한 과학자에게는 저주와도 같을 것이며, 종교근본주의자에게도 실망스러운 일일 것이다. 예컨대 창조과학(creation science)은 사실상 논리적으로 모순을 지닌 개념이다.

17세기 과학혁명을 이끈 위대한 두 과학자 뉴턴과 갈릴레오는 모두 신앙심이 깊었는데, 물리학 실험을 행할 때 이들의 탐구 방식은 오늘날의 과학자들과 다를 것이 없었다. 다시 말해 그들은 과학에 종교를 개입시키지 않았다. 근대 과학은 종교와 분리되어 세속적인 방식으로 행해진다. 오늘날 순수과학자들 가운데서도 깊은 종교적 관점을 지닌 사람들을 볼 수 있지만 그들도 과학과 종교를 혼합하지는 않는다. 과학과 종교를 융화시킬 합당한 방법은 없는 듯하다. 간단히 말해서 어느 쪽도 다른 한 쪽을 통해 분석될 수 없다. 각자가 특유의 믿음을 요구하기 때문이다. 과학의 경우, 첫째로 자연법칙이 존재하며, 둘째로 이 자연법칙을 과학으로부터 끌어낼 수 있으며, 셋째로 수학적 표현이 가능하다.

우주의 질서, 즉 코스모스에 대한 은유로 과학자들은 신의 이름을 떠올리는 경우가 많았다. 아인슈타인은 1930년 프린스턴대학에서 초청강연을 하면서 이 점에 대해 그의 모국어인 독일어로 다음과 같이 표현했다. "Raffiniert ist Herr Gott, aber Böshaft ist er nicht(신은 짓궂은 장난을 치기도 하지만 악의는 없습니다.)!" 우리에게는 풀어야 할 자연법칙들이 있다. 쉬운 작업은 아니지만, 자연은 『이상한 나라의 앨리스』에 나오는 심술궂은 여왕과는 달라서 도중에 게임 규칙을 바꾸지는 않는다. 양자역학(quantum mechanics) 발전에 있어 중심적인 역할을 한 폴 디랙

(Paul Dirac)은 '아름다운 등식(beautiful equations)'의 가치에 관해 자주 언급한 것으로 유명하며, 또한 이런 말을 남기기도 했다. "신은 누구보다도 위대한 수학자다." 그러나 위의 내용에서 볼 수 있듯, 아인슈타인과 디랙에게 신은 곧 우주의 질서였다.

신에게 올리는 질문

CBS 지사와의 인터뷰 건으로 오하이오 클리블랜드에 갔을 때의 일이다. 나는 우주의 탄생과 종말에 관해 이야기하면서, 듣는 이들 가운데 누구의 종교적 감수성도 무시하지 않으려 정신을 바짝 차리고 있었다. 그러나 시청자 전화 참가 프로그램의 성격상, 나는 꼼짝없이 곤란한 질문에 부딪히고 말았다. "물리학자는 과학과 종교를 어떻게 조화시킵니까?"

나는 우주의 기원에 대한 물리학자의 관점을 설명하기 위해 그곳에 간 것이지, 만물의 체계에 있어서 신이 갖는 위치를 설명하러 간 것은 아니었다. 나는 반사적으로 불쑥 이렇게 말했다. "물리학과 종교의 역할은 직각을 이룹니다. 각각 독립적인 선상에 있는 것이죠."

사회자들은 어리둥절하여 내 말의 의미를 이해하려 애쓰는 듯했다. 그리고 나도 내 말의 의미를 이해하기 위해 애쓰고 있었다. 얼마간의 시간을 벌기 위해, 혹은 대답하기 어려운 질문으로부터 관심을 돌리기 위해 나는 전자석(electromagnet)을 발명한 19세기 위대한 물리학자 조셉 헨리(Joseph Henry)에 관한 이야기를 꺼냈다.

1846년 포크(James K. Polk) 미 대통령은 런던 왕립학회(Royal Society)에 서신을 보내 세계 최고의 과학자가 누구인지 물었다. (당시 왕립학회는 과학적인 문제들에 관한 정보센터 역할을 하고 있었다.) 포크는 이렇게 설명했다. "그 과학자에게 워싱턴 D.C.의 스미소니언협회 (Smithsonian Institution) 소장 직을 제의하고자 합니다."

왕립학회는 프린스턴대학의 물리학 교수 조셉 헨리를 일류 과학자로 지목하여 답장을 보냈다.[10] (이 무렵에는 마이클 패러데이Michael Faraday 역시 영국에서 활동하고 있었으며, 조셉 헨리보다 훨씬 두드러진 과학적 성과를 보이고 있었다. 그러나 영국인들은 분명 자국의 최고 과학자를 미국의 구석진 곳으로 보내고 싶지 않았던 것이다.)

포크는 즉시 보좌관을 프린스턴으로 급파하여 헨리에게 소장 직을 제의했다. 보좌관이 도착했을 때 헨리는 그의 전자석들 가운데 하나를 가지고 실험을 하려고 막 준비하던 참이었다. 헨리는 포크의 보좌관에게 실험을 함께 지켜보자고 권했다. 그런데 잠시 후 실험을 갑자기 중단하더니 "증인을 몇 명 더 부릅시다"라고 제안했다. 그러고는 복도로 나가 몇 명의 대학원생들을 불러 모았다. 모두가 호기심 어린 눈으로 지켜보는 가운데 전원을 켜기 직전 헨리는 이렇게 말했다. "이제 우리는 신께 한 가지 질문을 드리려 합니다. 그분께서 답을 주실 때 우리가 놓치지 않도록 기도합시다."

헨리는 과학적 실험 수행을 신에게 올리는 질문이라고 정리했다. 창조자의 위대함과 비범한 재능이 궁극적으로 자연법칙에 구현된 것이며, 그는 바로 이 법칙들을 이끌어 냄으로써 신을 경배하고 있었던 것이다. 신이 답을 내려 준다고 생각하기는 했지만 그는 과학적인 방법에 따라 그 질문들을 올렸으며, 이 방법은 17세기에 형태가 갖춰지고 그 시대의 위대한 초기 과학자들이 따랐던, 그 중에서도 갈릴레오와 뉴턴이, 그리고 그들 이전에 레오나르도가 따랐던 것과 같은 방법이었다.

이와 같은 자연 탐구 방식에 신이나 창조자, 혹은 다른 어떤 초자연적인 힘이나 존재에게 간청하는 의식이 필요한 것은 아니었다. 다만 헨리는 공교롭게도 과학자로서 굉장한 재능을 얻게 된 독실하고 순진한 사람이었을 뿐이다. 헨리가 (혹은 마찬가지로 신앙심이 깊었던 패러데이 역시) 실험을 행할 때, 그 탐구 방식은 오늘날의 과학자가 취할 법한 방식과 조금도 다를 바가 없었다. 이들은 과학과 종교를 혼합하지는 않았다. 궁극적으로는 두 사람 모두, 자연의 진리와 아름다움을 밝혀 내는 일이 곧 신을 찬미하는 일이라고 굳게 믿었다 해도 말이다.

고생물학자 스티븐 제이 굴드(Stephen Jay Gould)는 저서 『영원한 바위들 *Rocks of Ages*』에서 과학과 종교의 영역을 다음과 같이 비교했다. "과학의 그물 혹은 교도권(magisterium, 교황과 주교가 신자들에게 복음을 전하고 도의적인 가르침을 베풀 수 있는 권한—옮긴이)은 경험적인 영역에 걸쳐 있다. 즉, 우주를 이루고 있는 것은 무엇이며(사실) 이렇게 움직이는 이유는 무엇인지(이론) 연구하는 분야가 과학이다. 하지만 종교의 교도권은 근원적인 의미와 도의적 가치에 관한 의문들을 그 범위에 두고 있다. 따라서 이 두 교도권은 겹쳐지지 않는다…… 과학에서는 바위의 나이(the age of rocks)를 가르치지만 종교에서는 영원한 바위(the rock of ages, 예수 그리스도)를 가르친다. 과학은 하늘이 어떻게 움직이는지 연구하지만 종교는 어떻게 하면 하늘나라에 갈 수 있는지 연구한다."[11]

레오나르도는 (그가 신자가 아니었다는 증거는 어디에도 없지만) 당대의 사상가들 중에서 가장 신앙심이 없었고, 과학에 있어서든 예술에 있어서든 작업을 하면서 신의 가호를 빈 적이 없었다. 그럼에도 불구하고, 그는 서양미술에서 가장 중요한 두 점의 종교적 작품 가운데 하나인 〈최후의 만찬〉을 그렸다. (다른 한 작품은 미켈란젤로의 시스티나성당 천장화이다.) 그는 맹목적인 믿음이 실험적·수학적 논증을 거스르는 다른 분야들에 대해서도 반대를 표명했다. 예컨대 그가 공개적으로 불신한 점성학은 후대의 과학자 케플러와 갈릴레오조차 거부하지 않은 학문이며, 그가 부인한 연금술은 뉴턴이 은밀히 받아들인 학문이다. 그런 점에서 레오나르도의 관점은 17세기 과학혁명의 선각자들보다도 훨씬 현대적이었던 셈이다.

수학의 원리는 최고의 진리를 내포하는 연속 및 불연속적인 수들과 관계된다.
2×3이 6보다 큰지 작은지, 혹은 삼각형 내각의 합이 두 직각의 합보다 큰지 작은지
의문을 품는 사람은 없다. 모든 억측은 영원한 침묵 속에 잠기고
수학이라는 과학은 지지자들의 총애 속에 평화를 누린다.
지성에만 호소하는 망상적인 과학 분야에서는 불가능한 일이다.
— 레오나르도 다 빈치

3 수를 이용한 그림
Painting by Numbers

레오나르도는, 실험과 수학적 논증을 통해 과학적 진리를 추구하기보다
그 과학적 진리를 찾음으로써 자기반성을 꾀하는 지식인들을 비난하곤
했다. 레오나르도보다 400년 후에 나타난 걸출한 물리학자 켈빈 경(Lord
Kelvin) 또한 과학자들을 대표하여 정확성의 필요를 다음과 같이 표명했
다. "당신이 말하는 주제를 측정하여 숫자로 나타낼 수 있다면 당신은 그
주제에 관해 어느 정도 알고 있는 셈이다. 그러나 측정할 수 없고 숫자로
나타낼 수도 없다면 당신의 지식은 빈약하고 시원찮은 수준에 지나지 않
는다."

지식은 '빈약'할지 모르나 경험은 풍부할 수 있다. 켈빈 경이 선언한
내용은 과학에 대한 진리이며 바로 이런 맥락에서 과학이 행해져야 한
다. 그러나 그 절대론자적인 본성으로 인해 과학은 예술 종사자들의 격
렬한 반대에 부딪힐 것이며, 사실 그래야 마땅하다. 키츠(Keats)의 송시

나 셰익스피어의 소네트, 베토벤의 교향곡이 지니는 아름다움과 힘을 수로 환산하여 평가하는 일은 신성 모독이나 다름없을 것이다. 그럼에도 건축과 조각, 시, 음악에는 수학적으로 표현 가능한 면들이 있어서 작품의 구조를 설명하는 데 도움이 된다. 그리고 회화와 같은 그래픽아트에도 특히 원근법과 비례, 대칭, 형태 등의 문제에 있어서 수학적으로 나타낼 수 있는 면들이 있으며 화가들은 작품에 (의도적이든 아니든) 이런 면을 담는다. 그림에 숫자를 넣어야 수를 이용한 그림이 되는 것은 아니다.

켈빈 경의 말이 인본주의자들에게 끔찍하게 들릴 수 있는 것과 마찬가지로, 18세기 영국 정치가 에드먼드 버크(Edmund Burke)가 주장한 "모든 위대함 가운데 정확할 수 없는 것은 자연이다"라는 말은, 전후관계 없이 본다면 과학자들에게 비난받기 딱 좋은 무의미한 잠꼬대에 불과할 것이다.

'수를 이용한 그림'은 상상만큼 터무니없는 일이 아닐 수도 있다. 레오나르도는 스스로 그 형식을 고안하여 조수들에게 그가 미리 스케치하고 번호를 매겨 둔 작품의 부분을 그리도록 할당했다. 바티칸 궁전 천장에 그림을 그릴 때 미켈란젤로 역시 번호를 매겨 13명의 조수들이 자신만의 화법을 발휘할 수 있도록 구역을 분할해 주었다. 하지만 나는 이러한 의미로 수를 이용하려는 게 아니다. 그보다는 예술과 과학에서 수학적 표현이 가능한 면을 찾아내는 데 수를 이용하려는 것이다. 수와 수학은 과학에 없어서는 안 되는 요소이며, 예술과 과학의 합류점을 찾으려 할 때는 반드시 두 분야에서 수학적으로 나타낼 수 있는 공통 기반을 탐색해야 한다.

캐나다 중북부의 슬래비 인디언(Slavy Indian)들은 수의 개념을 추상한 일이 없다. 그들은 수량을 표현할 때 네틀로(Netlo)라는 단어의 음절을 균형에 맞게 늘임으로써 수량의 근사치를 전달한다. 거위를 몇 마리 잡았느냐고 물었을 때 그들이 하는 대답은 우리에게는 다소 엉뚱하게 느껴질 수도 있다. 거위를 한두 마리 잡았다면 그들은 '네틀로'라고 대답할 것이다. 여러 마리 잡았다면 '네에~틀로'라고 표현할 것이다. 그리고 한 무리를 통째로 잡는 성과를 올렸다면 '네에에에……틀로!'라고 외칠 것이다. 그런데 슬래비 인디언들은 이런 표현만 듣고도 사냥한 양을 파악하여 그에 따라 갈채를 보내거나 동정을 표한다. 슬래비 인디언들의 이러한 관습은, 강세의 위치에 따라 한 가지 말로 다른 의미들을 전할 수 있는 경우를 연상시킨다. 예를 들어 '꽤 많은', '꽤 많은', '꽤 많은'이 모두 다른 의미를 지니는 것처럼 말이다.[1]

　뉴기니와 북부 보르네오의 원주민들에게서도 추상적인 수 개념은 나타나지 않았다. '개 한 마리'에 해당하는 단어와 '개 두 마리'에 해당하는 단어가 따로 있을 수도 있다. 그리고 두 마리 이상의 무리를 가리킬 때는 셋이나 넷, 다섯 등의 구별 없이 또 전혀 다른 단어를 사용하는지도 모를 일이다. 남아프리카 칼라하리 사막의 부시먼들은 비슷한 사물을 한 쌍씩 배열하여 다섯 쌍, 즉 총합 열이 되게 만든다. 그 이상의 수는 너무 많아서 셀 수 없기 때문이다.

수의 기원

수학은 단지 숫자로만 이루어지는 것이 아니다. 숫자의 추상적 개념과 이 숫자에 기본적으로 작용하는 공식, 즉 덧셈·뺄셈·곱셈·나눗셈에 의해 수학이 탄생하는 것이다. 약 3만 년 전 구석기 시대 선조들도 그때부터 이미 숫자로 계산을 하고 심지어 이 숫자들을 그룹으로 묶기도 했다는 흔적이 있다. 말하자면 기본적으로 수의 단위를 사용했다는 것이다. 1937년 체코슬로바키아에서 발굴된 늑대 정강이뼈에는 선을 다섯 개씩 묶어 가지런히 새겨 놓은 자국이 있다. 현대에 비공식 여론조사에서 적은 수의 표를 셀 때 세로 선을 네 개 긋고 이 선을 가로질러 수직으로 다섯 번째 선을 긋는 방식과 비슷하다. 그들은 5단위로 혹은 5진법으로 수를 세었던 것이다. 여러 가지 단위로 실험을 해 보았으나 그 중 몇 가지가 다른 단위에 비해 더 자연스러웠고 따라서 더 오래 남은 것으로 보인다.

수학사학자 칼 보이어(Carl Boyer)[2]에 따르면, 수량 계산법을 사용하는 것으로 확인된 아메리카 인디언 300부족 가운데 약 3분의 1은 10단위(10진법)를 사용하고, 다른 3분의 1은 5단위와 10단위를 결합하여 사용하며, 약 10퍼센트는 20단위(20진법)를, 극소수(약 1퍼센트)는 3단위(3진법)를 사용한다고 한다. 진화를 통해 우리는 양손에 다섯 손가락씩 총 열 손가락과 이에 더해 열 개의 발가락을 갖게 되었기 때문에 5진법과 10진법, 20진법이 자연스럽게 느껴지고 3진법이나 4진법, 7진법 등은 부자연스럽게 느껴지는 것이다.

고대 메소포타미아의 계산법   바빌로니아(Babylonia)인들과 그 이전의 수메르(Sumer)인들에게 일반적인 단위는 60(60진법)이었다. 하지만 60단위에 대한 착상이 어디에서 왔는지는 시간의 안개에 가려 잊혀졌다. 아마도 60단위는 역사의 곳곳에서 발견되는 5단위와 12단위(12진법)의 혼합으로 형성되었을 것이다. 어쩌면 1년을 360일로 정했던 관습에서 비롯된 것일 수도 있다. 혹은 60이 1, 2, 3, 4, 5, 6 모두로 나누어지기 때문이었는지도 모른다. 비록 60진법은 먼 과거 속으로 사라졌지만 그 흔적은 지금까지도 남아 있다. 1분이 60초로, 한 시간이 60분으로 이루어진 것 등을 통해 그 흔적을 확인할 수 있다.

BC 4000년경부터 수메르의 필기자들은 진흙 위에 설형문자(cuneiform)라는 양식으로 글을 쓰고 계산을 했다. 이 방식은 놀랍도록 장수하여 2000년 후까지도 여전히 사용되었다. 가장 오래 전에 행해진 것으로 알려진 두 나라 간의 평화협정은 다양한 설형문자로 기록되었는데, 이 점토판은 이스탄불 고고학박물관에 소장되어 있다. 설형문자로 새겨진 수 체계는 〈 와 | 로 이루어져 있으며 이는 각각 10과 1을 의미한다. 기입할 때는 60^0, 60^1, 60^2, 60^3, 60^4, …… (혹은 각각 1, 60, 3600, 216000, 12960000, ……) 등을 세로로(오른쪽에서 왼쪽으로 읽는다) 배열한다. 따라서 기호들이 〈〈〈|||〔공백〕〈〈|||과 같이 그룹을 이루고 있으면 $33 \times 60 + 23 \times 1 = 2003$이라는 의미가 될 수 있다. '될 수 있다'라고 표현한 이유는 승수들이 쉽게 60^3과 60^2으로 대체되어 $33 \times 216000 + 23 \times 3600$, 또는 7210800이 되었을 수도 있기 때문이다.

바빌로니아인들은 자릿값(place value) 체계를 사용하기는 했지만 0에 해당하는 기호는 가지고 있지 않았다. 당시 환경을 생각해 보면 그 이유를 짐작해 볼 수 있는데, 그들은 '무(無)'를 나타내는 기호를 만들어야 할 필요를 느끼지 못했던 것이다. 그러나 로버트 캐플란(Robert Kaplan)[3]의 말에 따르면, BC 7세기 무렵 적어도 한 명의 필기자는 한 쌍의 역(易)사선 \\ 으로 공백, 혹은 소멸된 60의 효력을 표현했다고 한다. 따라서 기호들이 '〈 \\ 〈 \\'와 같은 조합을 이루고 있는 경우에는 $10 \times 3600 + 0 \times 60 + 12 \times 1 = 36012$를 의미했을 것이다.

바빌로니아의 수학자들은 무(nothing)를 의미하는 공식 기호로 0을 개발하지는 않았지만, 계산에 있어서 상당한 수학적 정교함을 보였다. 예를 들어, 그들은 피타고라스의 정리(Pythagorean theorem)를 연상시키는 $3^2 + 4^2 = 5^2$ 의 등식을 인지하고 있었다. 피타고라스의 정리에서 적어도 특정한 세 수(triad) 혹은 '3박자(triple, $3 \cdot 4 \cdot 5$)'에 대해서는 이러한 관계를 정립하고 있었던 것이다. 그들이 $5 \cdot 12 \cdot 13$ 같은 다른 세 수를 파악하고 있었는지는 알 수 없으며, 일반적인 법칙 $a^2 + b^2 = c^2$을 인지하고 있었다는 증거도 남아 있지 않다. 하지만 그들이 보인 수학적 성과는 피타고라스의 업적보다 수세기나 앞선 것이었다.

마야인들의 수 계산　　　고대 중앙아메리카에서 사용된 수 체계는 항상 20진법이었다. 그곳의 거주민들은 신발을 신지 않았기 때문에 20진법을 이용한 수 계산이 충분히 자연스러웠을 것이다. BC 1000년경 멕시코 라 벤테(La Vente) 부근에 살던 올멕(Olmec)인들은 어떤 문자 기록도 남기지 않았다. 그러나 이들의 많은 후손들, 즉 예수 탄생 시기와, 믹스텍(Mixtec) · 자포텍(Zapotec) · 마야(Maya) · 톨텍(Toltec) · 아즈텍(Aztec) 문명 등 여러 시기의 테오티우아칸(Teotihuacán) 사람들은 모두 20진법을 사용했다. 그리고 뛰어난 천문학자와 수학자, 건축가들을 낳은 마야문명 시기에 20진법은 0이 포함된 완전한 형태를 갖추게 되었다. 따라서, 아메리카 대륙에서 일반적으로 0의 발견자라고 인정되는 사람들은 마야인들이다. (프랑스인은 다른 유럽 국가들만큼 오랜 기간 동안 10진법을 사용해 왔다. 그러나 프랑스어로 80에 해당하는 단어인 캬트르–뱅 quatre–vingt은 '네 개의 20'이라는 뜻으로, 어쩌면 오래 전 20진법을 사용했던 흔적일 수도 있다.)

　마야문명은, 동시대 유럽인들이 암흑기 중에서도 가장 어두운 시기에

처해 있던 AD 3~9세기에 걸쳐 발달했다. 치첸이차(Chichén Itzá), 티칼
(Tikal), 코판(Copán), 카바(Kabah), 욱스말(Uxmal) 등의 도시국가에서
는 천문학자 겸 사제들이 어마어마하게 복잡한 천문학적 계산들을 수행
했다.

  마야인들에게는 수를 표현하는 몇 가지 다른 방법이 있었는데, 그 중
일부는 일정한 양식이 정해져 있고 장식적이어서 해독하기가 어려웠다.
이들의 표현법 중 가장 일반적인 형태는 세 가지 기호를 활용한 방법이
었다. 가운데가 뚫린 점 ◎은 1을, 두꺼운 수평 막대 ▭는 5를 나타냈으
며, 마지막 줄 마지막 항에서 보이는 바다조개 모양의 기호는 0을 나타
냈다. 기호들은 상자에 담겨 수직으로 올라가는 순서로 배열되었으며,
상자들의 값은 20^0, 20^1, 20^2, 20^3, ……(또는 1, 20, 400, 8000, ……) 등
의 승수와 같은 용도로 쓰였다.

힌두인과 아랍인이 남긴 숭고한 유산   무(無)를 나타내는 기호는
그리스에서도 나타나지 않았고 물론 이집트, 히타이트, 아시리아, (음성
알파벳이 창조되었다고 전해지는) 페니키아, 로마에서도 마찬가지였다.
그럼에도 공식적인 무의 개념은 마침내 한 번도 아닌 두 번씩이나 창안
되었고, 그 두 곳은 지리학적으로 상당히 멀리 떨어진 지역이었다. 마야
인들은 BC 1세기 무렵 0을 고안했지만, 그 이전인 BC 5세기 인도에서
이미 수학자와 천문학자들이 10진법 체계 안에서 0을 사용했다. BC 400
년 천문학자 아리아바타(Aryabhata)가 10진법의 열 가지 기호 가운데 하
나로서 0의 개념을 공식화한 것이다. 10진법 체계에 관해서는 이후에 다
시 살펴보도록 하겠다.

  AD 750년경 아랍인들은 이슬람교를 전파하면서 일찍이 인도로 들어

갔다. 이때 힌두인들을 만나, 1에서 9까지 아홉 개의 기호와 열 번째 기호 0으로 구성된 10진법 체계를 처음으로 접하게 된 것이다. 그곳에서 그들은 6세기 전 중국에서 개발된 종이 만드는 기술을 익혔다. 그들은 실용적·학문적으로 귀중한 지식들을 간략히 담아 중동과 북아프리카로 돌아갔다.

이슬람 천문학자들은 이미 프톨레마이오스(Ptolemy)와 위대한 고대 철학자들이 행한 연구들을 익히 알고 있었다. 수학자들은 대수학·삼각법·정수론의 요소들을 발전시켰으며, 자연철학자들은 천문학·의학·연금술(화학의 모체)의 진보를 이루었다. 정관사 the를 의미하는 접두사 al이 붙은 단어들, 예컨대 대수학(algebra), 알코올(alcohol), 연감(almanac), 알고리듬(algorithm), 알칼리(alkali) 등은 대개 아라비아어에서 온 말들이다. (이혼수당alimony은 예외적으로 순수하게 서양에서 만들어진 말이다.) 『코란』의 가르침에 순종하며 신을 찬양하기 위해 자연을 연구하던 이슬람 학자들은 이후 유럽에 나타난 위대한 과학자들의 연구 방식을 미리 보여 주고 있었던 것이다.

이슬람의 주목할 만한 수학자와 과학자들 가운데 알콰리즈미(al-Khawrizmi)라는 사람이 있었는데, 그의 이름에서 알고리듬이라는 단어가 유래되었다. 9세기 바그다드의 다르 알울룸(Dar al-ulum, 지혜의 집)에서 알콰리즈미는 천문학과 수학에 있어 중추적인 역할을 수행했다. 그리스의 수학자 디오판토스(Diophantus)로부터, 힌두 수학자들이 수집한 정보뿐만 아니라 그가 헤브라이어 번역에 이용한 바빌로니아 자료들도 차용하여, 알콰리즈미는 자기모순 없는 알자브르(al-jabr) 혹은 대수학을 고안해 냈다.[4] 그리고 확실히 대수학은 중요한 규칙들을 통해 수학의 분석적인 힘을 증가시킴으로써 17세기 해석기하학(analytic geometry)과 미적분학(calculus)의 도입을 위한 장을 마련했다. 알자브르, 그리고 등식의 처리 과정인 무카발리(muqabalah, '공평한 교환' 혹은 '균형 잡기'라는 뜻)와 같은 표현은 아라비아어에 그 뿌리를 두고 있다.

이 시기의 다른 몇몇 이슬람 과학자 겸 수학자들, 즉 하바시 알하시브(Habash al-Hasib, '계산하는 사람'이라는 뜻), 아불와파 알부차니(Abu'l-Wafa all-Buzjani), 아부 나스르 알이라크(Abu Nasr al-Iraq), 이븐 유누스(Ibn Yunus) 등이 세운 삼각법은 BC 3세기 그리스의 천문학자 겸 수학자 히파르쿠스(Hipparchus)가 소개한 삼각법보다 훨씬 더 높은 수준의 정교함을 보였다.

문화의 흥망(興亡)을 보여 주는 무한한 순환 속에서, 9세기 중반 유럽의 과학은 한없이 깊은 나락으로 떨어졌고 이슬람의 과학은 새로운 고지를 향해 올라가고 있었다. 그 차이는 너무 커서, 아랍의 지리학자 이븐 쿠라다드베흐(Ibn Khurradadhbeh)는 서유럽을 "환관과 노예들, 브로케이드(brocade, 다채로운 무늬를 넣어 짠 이중직 직물―옮긴이), 비버 모피, 접착제, 담비 모피, 총검…… 정도의 근원지일 뿐"이라고 평할 정도였다. 또 다른 이슬람 지리학자 마수디(Masudi) 역시 경멸적인 어조로 이렇게 말했다. "유럽인들은 머리는 둔하고 말만 거창하다." 물론 과학과 수학에서의 우위는 다시 뒤집힐 터였지만, 그후로도 6세기 동안은 불가능한 일이었다.

광학 및 시력에 관한 알하이탐(Al-Haytham)의 연구는 5세기 이후 레오나르도 다 빈치가 수행한 연구보다 나은 수준이었다. 그리고 실제로 (뉴턴과 호이겐스의 업적이 나타난) 17세기 과학혁명이 일어나기 전까지 기하광학(geometric optics) 연구는 그 분야에 관한 기본적인 지식을 더 높은 수준으로 끌어올리지 못했다.

페르시아 학자 우마르 하이얌(Omar Khayyám)은 이슬람 문화의 어떤 과학자 겸 수학자들보다도 고귀한 유산을 남겼다. 제2차 십자군 원정 기간 동안 리처드 1세(Richard the Lionheart, 사자심왕이라는 별명으로 불림 —옮긴이)가 결코 이길 수 없었던 쿠르드족 출신 술탄 살라흐 앗딘 유수프 이븐 아이유브(Salāh ad-Din ibn Ayyūb, 서구에는 살라딘Saladin이라 알려짐)의 후원으로, 하이얌은 대수학에 관한 가장 확실한 논문을 펴냈는데, 여기에서 그는 엄격한 기준을 통해 대수방정식들을 분류하고, 어떻게 하면 이 등식들에 대한 기하학적 해법을 얻을 수 있는지 보여 주었다. 그는 놀랍도록 정확한 천체 관측을 거쳐 태양력을 고안했는데, 이는 거의 6세기 후 유럽에서 소개되어 오늘날까지도 사용되고 있는 그레고리력보다 정확도에 있어서 월등히 우수한 것이었다.

아이러니컬하게도, 하이얌이 남긴 가장 영속적인 유산의 근본이라 할 수 있는 것은 과학도 수학도 아닌, 그가 쓴 시다. 19세기 영국 시인 에드워드 피츠제럴드(Edward Fitzgerald)는 하이얌의 시를 번역하는, 혹자의 표현에 따르면 재창조(recompose)하는 일에 인생의 대부분을 바쳤다. 1859년 초판이 발행되고 그 뒤로 연이어 세 차례 개정판이 출판된 『루바이야트(Rubaiyyat)』에는 슬프고도 아름다운 4행시가 수없이 많이 실려 있는데, 모두 바꿀 수 없는 운명과 덧없는 삶에 관한 우울한 반추이다. 오늘날의 상황에서 우리는 그의 메시지를 (의도한 바는 아니더라도) 문명 자체의 유한한 기대수명에 관한 생각으로 받아들일 수도 있을 것이다. 하이얌의 그러한 생각이 담겨 있는 시 한 연을 살펴보자.

아, 우리가 아직 보내지 않은 시간들을 소중히 여기자.
흙 속으로 너무 깊이 내려가

흙 속의 흙 그 아래 몸을 뉘이기 전에,

와인도 없이, 노래도 없이, 여인도 없이, 그리고 끝도 없이.[5]

13세기에 또 한 명의 유능한 천문학자 겸 수학자 나시르 알딘 알투시
(Nasir al-Din al-Tusi)가 있었는데, 그는 그야말로 유연한 정치적 행보를
보여 준 인물이다. 칭기즈칸이 이끄는 몽골인 무리들이 자신의 마을을
침략하자 알투시는 '산의 노인'이라고도 알려진 핫산 사바흐(Hasan
Sabbah)가 지휘하는 이스마일파 신도들(Isma'ilis)과 함께 이란 북서부
카스피해 부근의 알라무트(Alamut)에 거처를 정했다. 이 종파의 구성원
들은 적의 지도자들을 암살하라는 정치적 임무를 부여받고 여기에서 훈
련을 받았다. 그들은 지도자의 명령(대개 암살 명령)을 수행하는 일이 곧
신의 명령을 따르는 일과 같다는 확신을 갖기 위해 하시시라는 마약을
먹어야 했다. 이 마약은 그들을 곧장 자네트(jannet), 즉 천국으로 들여보
내 주었다. 암살자(assassin)라는 단어는 이 종파의 구성원들을 의미하는
용어인 하시신(hashishinn, 하시시를 복용한 사람이라는 뜻—옮긴이)에서
유래한 말이다. 알투시는 그 신도들이 소장하고 있던 수많은 학문 서적
들을 통해 많은 이익을 얻었다.[6]

1256년 칭기즈칸의 손자 할라구(Halagu)가 알라무트를 포위 공격하
기 시작하자 알투시는 줄을 바꿔 서는 편이 유리하다는 사실을 깨달았
다. 그는 할라구의 직속 과학자 자리를 수락했다. 이를 매우 감사히 여긴
할라구는 알투시를 위해서 이란 북서부 마라가(Maragha)에 웅장한 새
천체관측소를 지어 주었다. 그때부터 여러 세대에 걸쳐, 알투시의 뒤를
이은 사람들은 이 관측소에서 체계적인 관측을 수행하며 상세한 기록들
을 보존했다. 15세기 몽골인들이 사마르칸트(Samarkand)에 설립한 훨씬

더 정교한 관측소에서도 비슷한 관측과 조사가 수행되었다. 그리고 그들은 모두 유럽의 교회가 인정한 프톨레마이오스의 천동설에 도전한다는 선언을 내걸고 연구를 수행했다.

16세기 중반 코페르니쿠스(Copernicus)가 불후의 논문 『천체의 회전에 관하여 De revolutionibus orbeum coelestium』를 펴냈을 때 그가 이슬람 과학에 관해 많은 지식을 갖추고 있었다는 증거는 없지만, 그의 연구는 분명 천동설의 질서에 대한 도전에서 비롯된 것이었다. 그런데 여기에서 한 가지 연결점을 생각해 볼 수 있다. 코페르니쿠스가 논문의 최종 원고에서는 태양중심설의 최초 제안자인 BC 3세기 사모스(Samos)의 천문학자 아리스타르코스(Aristarchus)에 관해 아무런 언급도 하지 않았지만, 이전 원고의 서문에서는 그를 언급한 것이다. 이슬람 학자들은 그리스의 가르침을 생생하게 보존함으로써 프톨레마이오스의 연구와 특히 그보다 이전에 있었던 아리스타르코스의 가르침에 접근할 수 있었다. 여기에 관해서는 11장에서 자세히 살펴보도록 하겠다.

과학과 수학에 있어서 이슬람의 창조적 시기는 하이얌 이후 몇 세기 동안 계속되어 지속적인 결실을 맺었고 15세기 오스만 투르크 시대까지 이어졌다. 의심의 여지 없이 거의 1,000년간 이슬람의 과학자 겸 수학자들은 동시대 유럽인들보다 훨씬 앞서 있었다. 그러나 이러한 상황은, 15세기 말에서 16세기 초 피렌체에서 시작되어 17세기에 꽃핀 과학혁명으로 가속화될 역전에 대한 예고였다.

이슬람문명에서 과학이 쇠퇴한 이유를 밝히기 위해 여러 가지 추측이 나오고 있다. 그 중 하나는 하이얌이 쓴 4행시의 우울함과 비애감에서 나타난 바와 같이 이슬람 문화에 전반적으로 스며 있던 운명론 때문이라는 설명이다. 또한, 12세기 바그다드에서 이성과 직접증거보다는 믿음과 신조를 선호하는 지적 운동이 일어난 것과 관련이 있다는 매우 신빙성 있는 주장도 있다. 이 운동의 선두에 있던 알가잘리(al-Ghazālī)는 하이얌과 같은 시대 같은 나라에 살았던 페르시아인으로, 오늘날 탈레반(Taleban) 세력과 마찬가지로 이슬람 원리주의를 지지하는 주장을 폈다.

이슬람의 과학이 쇠퇴하는 데, 혹은 최소한 바통을 넘겨주는 데 영향을 미친 마지막 한 가지 요인은 이슬람 문화철학의 변질에서 찾아볼 수 있을 것이다. 일찍이 로마인들은 이론보다 응용을 선호하는 훌륭한 건설자들(또한 제국 건설자들)이었는 데 반해 이들의 문화적 선조인 그리스인들은 보다 지적인 이론가들, 즉 뛰어난 철학자·수학자·과학자들이었다. 오스만 투르크에서도 이와 같은 변화가 있었다. 철학과 수학·과학을 선호하던 아랍인·페르시아인·셀주크 투르크인 등 선조 이슬람인들과 달리 오스만 투르크인들은 건축과 공학, 그리고 이미 거대해진 제국을 더 확장하는 일에 관심이 많았다. 그리고 이러한 제국 확장에 따라 자연히 지도 작성에 관한 응용과학이 두드러진 발전을 보였다. 우리에게 알려진 최초의 지도에는 남아메리카의 동부 해안 지역과 서인도 제도가 포함되어 있는데, 이 지도는 오스만 투르크의 지도 제작자 피리 레이스(Piri Reis)가 크리스토퍼 콜럼버스(Christopher Columbus)의 중대한 발견이 있은 지 꼭 21년 뒤인 1513년에 그린 것이다.

시간의 푯말 역할을 하는 피리 레이스의 지도 발행으로 우리는 그 시기의 사건들을 역사적인 관점에서 살펴볼 수 있게 되었다. 레오나르도 다 빈치는 콜럼버스가 아메리카를 발견했을 때 40세였고, 1519년 67세로 세상을 떠났다. 그보다 2년 앞서 1517년에는 마르틴 루터가 비텐베르크의 교회 정문에 95개조 반박문을 게시함으로써 프로테스탄트 종교개혁을 일으켰다. 페르디난드 마젤란(Ferdinand Magellan)이 세계 일주를 꿈꾸며 스페인에서 항해를 시작한 것과 같은 해의 일이다. 불운한 마젤란은 1521년 필리핀 원주민들과 사소한 다툼을 벌이다가 결국 목숨을 잃었지만, 그의 선원들이 그후 1년 만에 위업을 완성했다. 이로써 에라토스테네스(Eratosthenes)가 거의 1800년 전 상상했던 것과 근사한 지구의 규모와 형태가 우리 눈에 보이기 시작했다(11장 참조).

두 번째 레오나르도, 피사의 레오나르도

또 한 명의 레오나르도는 후일 같은 나라에 출현한 동명인에 비해 그다지 잘 알려지지는 않았지만, 그 또한 놀라울 만큼 영속적인 유산을 남겼다. 수학자인 레오나르도 피보나치 디 피사(Leonardo Fibonacci di Pisa, 피사의 레오나르도Leonardo Pisano라고도 한다)는 다 빈치보다 3세기 전에 살았던 사람이다. 1202년 그는 독창적인 수학책『산반서 Liber Abaci』를 출판함으로써, 거의 7세기에 걸친 지적 혼수상태에서 이제 막 깨어나기 시작한 유럽에 0으로 완성된 10진법을 소개했다. 이 책에서 피보나치는 마술처럼 토끼를 한 마리 한 마리 자유자재로 만들어 내고 있다. 사실, 실제로는 한 가지 궁리해 볼 문제로서 울타리 안에 있는 토끼들의 번식에 관한 수학 문제를 던진 것이다. 이 문제는 13장으로 구성된 책의 마지막 장에 실려 있으며, 바로 여기에서 그의 이름을 딴 수열이 나왔다. 이 수열이 만들어 내는 불가사의한 비율은 수학적인 교묘함 이상의 중요한 의미를 갖고 있다.

피보나치라는 그의 이름은 문자 그대로 풀이하면 '순진한 사람'이라는 뜻으로, '바보'의 완곡한 표현이다. 게다가 그의 별명인 '비갈로네

(Bigalone)'에는 '얼간이'라는 더욱 모욕적인 의미가 담겨 있다. 하지만 중세 유럽의 사회 계층 구조에서 수학자의 위치는 이발사 겸 외과의사보다 낮았을 것이고, 마법사에 비하면 한참 아래였을 것이다. 분명 성 토마스 아퀴나스(Saint Thomas Aquinas, 1225~1274)의 생각도 이와 같았을 것이다. 이성주의자였던 그의 교리는 오늘날까지도 가톨릭주의의 기반을 제공하고 있으며, 그는 "훌륭한 신자라면 수학자들을 조심해야 한다"라는 충고를 한 것으로 알려져 있기도 하다.

피보나치(c.1170~1240)의 개인적 삶에 관해서는 알려진 사실이 거의 없다. 그가 받은 수학교육의 대부분은, 상인이었던 아버지가 종종 가족을 데리고 갔던 북아프리카에서 아라비아 학자들로부터 배운 것이었다. 청년 시절 그는 여행을 계속하면서 콘스탄티노플과 알렉산드리아에 잠깐씩 머물다가, 어린 시절을 보낸 피사에 최종적으로 정착하여 수학자로 살았다. 중세 유럽의 수학은 두 가지 다른 배경에서 행해진 것으로 특징지워지곤 한다. 성직자들은 학문적인 수학을, 상인들은 실용적 혹은 응용적 수학을 행한 것이다. 피보나치의 책 제목 '산반서(算盤書, 주판에 관한 책이라는 뜻)'는 이 책이 실용적인 계산, 특히 상업에 이용되는 계산을 다루고 있음을 암시한다. 그러나 사실 이 책은 대수학과 추상수학에 관한 책이다. '바보' '얼간이' 레오나르도 피보나치는, 실제로는 중세 유럽의 탁월한 수학자였던 것이다.

책의 도입부에서 피보나치는 한 가지 수를 로마 숫자들로 나타냄으로써, 그 수를 여러 가지 다른 방식으로 표현할 수 있음을 증명해 보였다. 자, 이제 우리가 직접 예를 하나 들어, 가령 1999라는 수를 생각해 보자. 이 수는 MCMLIL, MCMIC, MDCCCCIC, MIM, 그리고 이외에도 여러 가지 다른 방법으로 표현될 수 있다. 그 가운데 가장 마지막까지 남는 것이 가장 경제적인 형태이며, 따라서 우리는 그 형태를 선택하게 된다. 하지만 그렇다 해도 그 기수법이 절대적일 수 없다는 것은 분명한 사실이다.

아라비아인들의 방식에 따라, 피보나치는 0에서 9까지 10개의 기호를 도입했다. 두 가지 숫자의 경우(0과 9) 그는 이전의 아라비아 숫자 형태를 그대로 차용했다. 그리고 다른 숫자들에 대해서는 대체로 다음의 방법에 충실하여 직접 기호들을 만들었다. 각각의 기호가 나타내는 값은 기호에 들어 있는 직선의 수에 비례해야 한다. 2와 3은 각각 두 개와 세 개의 수평선으로 구성되어 있으며 이 선들은 서로 가늘게 이어져 있다. 피보나치가 만든 기호들은 아라비아인들이 사용하던 기호의 영향을 받은 것이지만 현재 두 기호체계 사이에는 약간의 유사점만이 존재할 뿐이다. 1의 형태는 같으며, 2와 3은 시계 반대 방향으로 돌리면 피보나치의 방식, 그리고 현재까지 우리가 사용하고 있는 방식과 흡사하다(그림 3-1).

피보나치는 자릿값의 개념을 도입할 때도 역시 아라비아인들이 사용하던 방식을 따랐다. 각각의 자리가 나타내는 10의 거듭제곱 값은 모두 다르며, 오른쪽에서 왼쪽으로 갈수록 값이 상승하는 순서로 배열되어 있다. 각 자리는 그 자리에 해당하는 10의 거듭제곱 값을 승수로 지니고 있다. 따라서 12345.67이라는 수는 특정한 값을 지닌다. 1이 지니는 승수

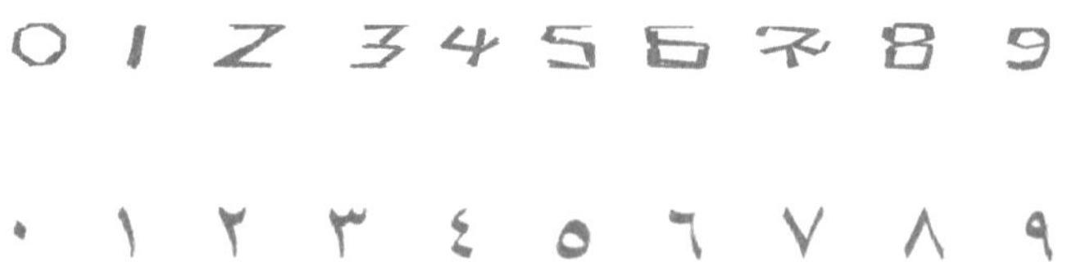

그림 3-1 10진법 체계의 기호들. (위) 피보나치가 힌두·아라비아 기수법에 따라 제안한 기호들. (아래) 아라비아 숫자.

는 10^4 (또는 10,000)이며, 2가 지니는 승수는 10^3 (또는 1,000), 3이 지니는 승수는 10^2, ……, 7이 지니는 승수는 10^{-2}이기 때문이다.

10^4	10^3	10^2	10	10^0	10^{-1}	10^{-2}
1	2	3	4	5	6	7

과학자들은 전혀 다른 종류의 척도를 다룰 때에도 일반적으로 과학적인 기수법 혹은 10의 거듭제곱을 사용한다. 큰 단위를 나타낼 때는 10^3 또는 '킬로(kilo, 천)', 10^6 또는 '메가(mega, 백만)', 10^9 또는 '기가(giga, 십억)', 10^{12} 또는 '테라(terra, 조)' 등을 사용하며, 작은 단위를 나타낼 때는 10^{-3} 또는 '밀리(milli, 천분의 1)', 10^{-6} 또는 '마이크로(micro, 백만분의 1)', 10^{-9} 또는 '나노(nano, 십억분의 1)', 10^{-12} 또는 '피코(pico, 조분의 1)' 등을 사용한다.

토끼 문제와 피보나치수열   피보나치가 제시한 토끼 문제에는 다음과 같은 규칙이 적용된다. ①발육중인 토끼 한 쌍을 울타리 안에 넣는다. ②토끼들은 번식할 수 있는 상태가 될 때까지 두 달간의 발육 기간을 거친다. ③성장한 토끼 한 쌍은 서로 결합하여 반드시 매달 새로운 한 쌍의 토끼를 낳는다. ④태어난 새끼들은 번식을 시작할 수 있을 때까지 두 달간의 발육 기간을 거친다. ⑤외부에서 새로운 토끼를 들여보내지 않으며 울타리 안에서 토끼를 꺼내지도 않는다. 이처럼 모든 것이 결정되어 있는 토끼들의 유토피아에는 입국 이주도 출국 이주도 없으며, 식량 부족이나 공간 부족, 인구 과잉, 심지어 죽음도 없다. 예를 들어 석 달째가 되면 울타리 안에는 두 쌍의 토끼가 있게 된다. 이제는 다 자란 기존의 토끼 한 쌍과 새로 태어난 토끼 한 쌍이다. 그리고 달이 지날 때마다 토끼 쌍의 수는 다음과 같이 변할 것이다.

달	토끼 쌍의 수
첫째 달	1
둘째 달	1
셋째 달	2
넷째 달	3
다섯째 달	5
여섯째 달	8
일곱째 달	13
여덟째 달	21

이와 같은 연결에서 피보나치가 내놓은 문제는 "1년이 되면 울타리 안의 토끼는 몇 쌍이 될까?" 하는 것이었다. 피보나치의 규칙을 적용하면 수열의 12번째 수(또는 '항')는 결국 144쌍(즉 288마리)이 된다. 피보나치는 '토끼 쌍의 수'에 해당하는 열을 검토하면서, 일정한 법칙이 반복된다는 사실을 금세 알아차렸을 것이다. 첫째와 둘째 항인 1과 1을 더하면 셋째 항인 2가 된다. 둘째 항인 1과 셋째 항인 2를 더하면 넷째 항인 3이 되고, 그 뒤로도 같은 법칙이 적용된다.

1, 1, 2, 3, 5, 8, 13, 21, 34, 55, 89, 144(12번째 항), 233, 377, 610, 987, 1597, 2584(18번째 항), ……
535 835 925 499 096 640 871 840(120번째 항), ……

185 477 076 894 719 862 121 901 38 521 399 707 760(180번째 항),
……

이 수들은 과학에 있어서 중요한 요소가 된다. (따라서 이 수들은 '자연의 수(natures number)'라 불리곤 한다.) 그리고 이 수열을 통해 얻을 수 있는 비율은 예술에 있어서 중요한 요소가 된다. 피보나치의 수열에서 연속하는 항들의 비율, 즉 연속하는 어떤 한 쌍에서 둘째 항을 첫째 항으로 나눈 비율을 살펴보면 다음과 같은 반복을 발견하게 된다. 1, 2, 1.5, 1.666, 1.60, 1.625, 1.615 등 산출되는 값은 약 1.62 정도에서 오르내리는 수준으로 나타나는 것이다. 처음 12항 이후로 비율은 1.618056 정도로 거의 비슷해진다. 17항과 18항에 이르면 비율은 $2584/1597 \approx$ 1.618033813이 되는데, 소수 여섯째 자리까지 자르면 역시 1.618034가 된다. 실제로 이 수는 거의 무리수[7]에 가깝기 때문에 Ø('파이'라고 읽는다)로 표시되며, '황금 비례' '황금 비율' '황금 분할' '신성 비례' 등 다양한 용어로 알려져 있다.

피보나치수열의 120항과 180항은(각각 10년과 15년 후 토끼 쌍의 수를 나타낸다) 대용량 데이터 처리에 사용되는 메인프레임 컴퓨터를 통해 앞서 말한 방법으로, 즉 연속하는 두 항을 입력함으로써 계산되었다. 수열의 일반항 혹은 n항을 직접 계산하는 공식은 물론, (n+1)항/n항의 비율을 계산하는 공식도 정수론에 명시된 잘 알려진 공식들이다. 이 책에는 이러한 공식들과 한 가지 간단한 유도가 권말에 따로 실려 있다.[8] 이 유도된 연산 방식을 이용하면 수열에서 이전의 두 항을 몰라도 특정 항을 구할 수가 있다.

임의의 한 쌍으로 시작한다고 가정하면, 첫째와 둘째 항을 넣어 셋째 항을 얻고 둘째와 셋째 항을 넣어 넷째 항을 얻고, 이런 식으로 계속하여, 1과 1의 쌍으로 시작하는 피보나치의 본래 수열과 흡사한 수열을 만들 수 있다. 그리고 여기에서 우리는, 어떤 수열에서도 연속하는 쌍들의 비율은 궁극적으로 마법의 1.618034……로 수렴된다는 사실을 발견하게 된다. 개인의 생일을 예로 한번 실험해 보자. 내 생일인 6월 10일은 6, 10 혹은 10, 6으로 나타낼 수 있는데, 비율을 재빨리 계산하는 데 특히 편리하다. 6, 10, 16, 26, 42, 68, 110, …… 이렇게 수열을 만들어 계산해 보면 5항이나 6항 이후로 비율은 1.618로 정리된다. 조지 워싱턴의 생일인 2월 22일로 수열을 만들어 보면 다음과 같다. 2, 22, 24, 46, 70, 116, 186, 302, 488, 790, 1278, …… 이 경우 최소한 10항 이상은 나열해야, 소수 여섯 번째 자리까지 정밀하게 표현했을 때 이 비율이 나타난다.

Ø는 다른 흥미로운 특성들도 많이 지니고 있다. Ø와 더불어, Ø의 −1 승과 제곱 값은 다음과 같다.

$$\text{Ø}=1.618034\cdots\cdots \quad \text{Ø}^{-1}=0.618034\cdots\cdots \quad \text{Ø}^{-2}=2.618034\cdots\cdots$$

Ø와 관련된 일반적인 제곱 값에 관해서는 권말의 주를 참고하기 바란다.[9] 고대 수학자들이 피보나치수열을 잘 알고 있었다는 증거는 없다. 하지만 이 수열과 관련된 Ø값에 관해서라면 얘기가 달라진다. 이 수는 피보나치가 출현하기 전에도 수천 년간 일반적으로 사용되었다. 유클리드(Euclid)는 Ø의 비율을 이용하여 직사각형의 기하학적 구조를 나타냈다. 이 비율은 훨씬 이전에 예술가와 건축가들의 직관에서 나온 산물일 가능성이 높다.

Ø와 관련된 기하학적 구조 : 황금직사각형(Golden Rectangle), 황금삼각

형(Golden Triangle), 황금포인트(Golden Point), 황금피라미드(Golden Pyramid), 대수나선(Logarithmic Spiral).

여기에, 기하학적 구조들이 연달아 형성되는 과정을 실례와 함께 설명하고자 한다(그림 3-2). 변의 길이가 1인 정사각형 ABCD에서 시작하면 쉽게 황금직사각형을 작도할 수 있다. 먼저, 정사각형을 수직으로 2등분한다. 대각선 MC를 그어 이 선을 반지름으로 하는 호 CF를 그린다. 그다음, 변 AB를 수평으로 연장하여 호 CF와 교차할 때까지 긋는다. 이 교차점에서 수직선 FG를 긋고, 마지막으로 변 DC를 연장하여 직사각형 AFGD를 완성한다. 변 BC의 길이가 1이고 MB의 길이가 0.5이므로, 피타고라스 정리에 따라 대각선 MC는 $\sqrt{1.25}$ 또는 1.118034가 된다. 그리고 변 AM=0.5, MC=MF=1.118034이므로 AM에 MF를 더한 AF는

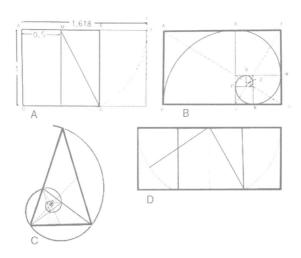

그림 3-2 황금직사각형, 황금삼각형, 대수나선, 이중 황금직사각형. (A) 길이와 너비 비율이 Ø를 이루는 황금직사각형의 작도. (B) 대수나선의 작도. (C) 내각이 72°-36°-72°로 이루어진 황금삼각형은 대수나선에 가깝다. (D) 이중 황금직사각형의 작도.

1.618034가 된다. 따라서 직사각형 AFGD는 길이와 너비의 비율이 Ø를 이루는 황금직사각형이 된다.

또한, BF=MF-MB=1.118034-0.5=0.618034라는 등식도 성립된다. 따라서 BC와 BF의 비율은 1/0.618034, 즉 1.618034이므로 직사각형 BFGC 역시 황금직사각형이 된다. 직사각형 BFGC에서 한쪽이 정사각형을 이루도록 둘로 분할하면 또 하나의 황금직사각형이 만들어진다. 이런 식으로, 간단한 패턴이 계속해서 반복되는 것이다.

"전체 길이 대 긴 변의 비율은 긴 변 대 짧은 변의 비율과 같다"고 요약할 수 있는 이러한 관계는 신성 비례의 법칙으로 통한다.

$$\frac{AB + BF}{AB} = \frac{AB}{BF} = Ø \ (=1.618034)$$

황금직사각형 내부에서 정사각형을 분할하여 황금직사각형을 만들어 내는 과정은 무한히 반복될 수 있으며, 그때마다 하나의 정사각형과 더불어 새로운 황금직사각형을 얻을 수 있다. 정사각형의 한쪽 끝 꼭지점들을(혹은 중심점들을) 부드럽게 이어지는 곡선으로 연결하면 대수나선이 형성되어, 정사각형들이 소용돌이를 이루는 것 같은 모양이 나타난다.[10]

특히 원근법, 대칭, 형태 등을 구체적으로 고려할 때 황금직사각형이 어떻게 나타나는지 살펴보기 위해, 20세기 중반 마르크 샤갈(Marc Chagall)이 제작한 뉴욕 UN본부의 스테인드글라스 창(화보 2. 맨 위)을 예로 들어 보자. 정사각형 조각들로 조립된 이 창은 5×8개의 정사각형으로 이루어져 있다(5와 8은 피보나치수열에서 연속하는 한 쌍으로 나타난다). 이 직사각형 안에서 5×5 정사각형을 분리하면 남은 직사각형은 3×5로 황금직사각형이 된다. 그리고 이 3×5 직사각형 안에서 3×3 정사각형을 구분지으면 남은 부분은 2×3이 된다. 여기에 언급된 각각의 값들은(2, 3, 5, 8) 모두 피보나치수열의 항들이며, 분할된 나머지 부분들은 각각 황금직사각형에 근접한다.

대수나선을 이용하여 황금삼각형, 즉 72°-36°-72°의 내각들로 이루어진 이등변삼각형을 만들 수 있다. 이 삼각형에서는 AB/BC＝Ø라는 등식이 성립한다. 또한 이 삼각형 안에 추가적인 황금삼각형들을 만드는 데 사용된 꼭지점 D, E, F, G, ……는 변 AB, BC, CD, DE, EF, ……를 정하는 데 도움이 되며, 이 변들의 비율은 다음과 같다.

$$AB/BC = BC/CD = CD/DE = DE/EF = \cdots\cdots = Ø.$$

황금직사각형과 마찬가지로 황금삼각형 역시 예술적으로 중요한 의미를 지닌다. 이 삼각형의 36° 꼭지각은 바로 모서리가 다섯 개인 별, 즉 오각성(pentagram)의 한 모서리와 같으며, 오각성의 꼭지점들을 연결하면 오각형이 된다. 이 도형은 고대 그리스 피타고라스학파 학자들 사이에서는 마법의 오각성으로 통했고, 그 이후에는 마술사들이 가장 애용하는 수단이 되었다. 또한 마법의 오각성이라는 명성에는 다소 어울리지 않게, 악마 숭배자들이 이 도형을 사용하기도 했다. 이처럼 다양한 기능을 발휘하면서, 오각성 도형은 수세기 동안 지속적으로 사용되었다.

이중 황금직사각형(double golden rectangle)은 황금직사각형을 그릴 때와 비슷한 방법으로 작도할 수 있다. 정사각형을 수직으로 이등분하면, 길이와 너비의 비율이 1 : 0.5인 직사각형 두 개가 생긴다. 이등분선이 윗변과 만나는 지점에 컴퍼스 핀을 고정시키고 두 직사각형 중 한쪽의 대각선을 반지름으로 하여 양쪽 방향으로 호를 그린다. 그런 다음 양쪽 호와 만날 때까지 정사각형을 수평으로 연장한다. 새로 생긴 직사각형의 길이와 너비는 1 : √5 또는 1 : 2.236의 비율을 나타내게 된다. 아직 베로키오의 작업실에 도제로 있던 시절에 청년 레오나르도는 〈수태고지 *Annunciation*〉(1472~73)를 그렸는데, 이 그림의 가로 세로 비율은 이 중 황금직사각형의 비례와 거의 일치한다.

　황금직사각형을 다양한 방식으로 재분할하면 그 특유의 성질을 이용해 하나의 예술작품으로 탄생시킬 수도 있다(그림 3-3). 여기에 제시된 각각의 기하학적 구조들은 모두 예술가들이 회화를 구성할 때 전체적인 체계를 잡아 주는 구조로 사용된 것들이다. 그러나 메시지를 여러 번 반복해서 표현하기 위해 예술가들은 대개 직관적으로, 미적 직관에 의지하여 이러한 구조들을 사용했다. 지식과 사전 계획에 의해 사용하는 경우는 단지 가끔뿐이었다.

　대수나선이 자연에서 가장 많이 나타나는 것은 사실이지만, 자연에는 대수나선과 다른 나선들도 존재한다. 예를 들면 아르키메데스의 나선 (Archimedean spiral), 쌍곡나사선(hyperbolic spiral), 포물나선 (parabolic spiral) 등이 여기에 해당한다. 아르키메데스의 나선은 원통형의 중심을 균일하게 감고 있는 일정한 폭의 띠나 테이프 모양으로 나타난다. 바닥 위에 둘둘 말려 있는 평범한 정원용 호스나 원형 틀에 감겨 있는 비디오테이프 등이 바로 아르키메데스의 나선을 보여 주는 좋은 예들이다. 쌍곡나사선은 처음에는 대수나선과 비슷하다. 하지만 점차 풀어지면서 나선이 펴지다가 나중에는 직선이 된다. 포물나선은, 이 나선을 처음 수학적으로 설명한 물리학자이자 수학자인 갈릴레이의 이름을 따서 갈릴레이의 나선(Galilean spiral)이라 부르기도 하는데, 풀어지면서 폭이 넓어진다는 점에 있어서는 대수나선을 연상시키지만 대수나선과

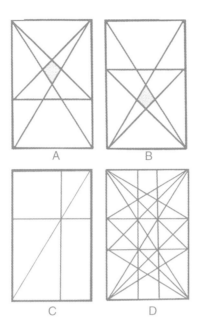

그림 3-3 황금직사각형의 재분할. A와 B에서는 황금직사각형 내부에 정사각형이 분할되었고, 본래의 황금직사각형과 분할된 정사각형에 모두 대각선이 그어져 있다. 대각선이 교차하면서 만들어진, 어둡게 표시된 사각형은 도형의 '중심 지점(sweet spot)'을 의미한다. C에서 황금직사각형은 1:1.618의 비율로 수직 수평 분할되며, 이 과정을 통해 두 개의 정사각형과 세 개의 황금직사각형, 두 개의 이중 황금직사각형이 생성된다. 수직과 수평 분할선의 교차점은 '황금포인트'를 나타낸다. D에서는 A와 B, C에 나타난 기하학적 구조들이 결합하여 수직 수평으로 반사대칭(reflection symmetry)을 이루는 도형이 생성된다.

동일한 간격으로 넓어지지는 않는다.

 평면(이차원 공간)에서 곡선을 그리는 나선들 외에, 삼차원 공간에서 나타나는 나선 형태들도 있다. 심지에 감겨 있는 실이나 태엽은 나선형이다. 터키 이오니아 해변의 고대 유적에서 종종 볼 수 있는, 나선형의 홈이 파인 대리석 기둥이나, 아르키메데스의 스크루펌프(낮은 곳에서 높은 곳으로 물을 끌어올리는 고대의 양수장치)도 마찬가지다. 그리고 원형 계단(대개 나선형)은 위나 아래에서 중심축을 따라 바라보면, 대수나선 형태로 한 점에 모이는 것처럼 보인다.

여기에 소개한 다양한 기하학적 형태들에 인간이 애착을 보인다는 사실은, 인간 또한 자연 안에 존재하는 패턴임을 보여 주는 증거라 할 수 있다. 이 장은 수의 기원과, 중세 수학자 레오나르도 피보나치가 정수론에 공헌한 부분을 소개하면서 시작되었다. 이제, 기본 단위들의 개념을 간단히 짚어 보면서 이 장을 끝맺고자 한다.

양적 기준과 기본 단위들

이 장의 도입부에 소개한 켈빈 경의 의견을 한번 되짚어 보자. "당신이 말하는 주제를 측정하여 숫자로 나타낼 수 없다면 당신의 지식은 빈약하고 시원찮은 수준에 지나지 않는다." 그렇다면 우리가 측정하고 있는 것들은 무엇일까? 자연과학에서 정량분석(定量分析, quantitative analysis)의 중요성, 즉 수학 공식의 구성 요소로 나타나는 양적 기준들의 중요성은 두말할 나위가 없을 것이다.

물리학에서는 길이, 질량, 시간, 에너지, 운동량, 힘, 가속도, 온도, 파장 등의 물리적 기준들이 이에 해당한다. 또 화학의 경우 물리학의 많은 기준들을 포함하여 pH 농도나, 분자와 관련된 여러 가지 기준들 또한 빼놓을 수 없는 부분들이다. 생물학에서는 확률이라는 수학적 형식이 유전을 이해하는 데 사용되며, 수학 연산은 게놈지도를 그리는 데 이용된다.

사회과학 분야에서도 점차 수리능력을 갖춘 인력들을 필요로 하고 있다. 경제학자들은 성장률, 즉 국민총생산(GNP)을 측정하고 경제지표를 분석한다. 언어학자들은 수리적·논리적 방법에 의지하여 언어의 발달을 연구한다. 사학자들과 정치학자들은 인구조사 등 다양한 조사를 통해 얻은 자료들을 연구에 이용한다. 그리고 고고학자들은 꽃가루나 질그릇 조각, 인간 및 짐승의 뼈 등을 통계적으로 분석함으로써 고대인들의 생활양식을 추측하며, 수리물리학(mathematical physics)에 기초를 둔 방사성 탄소 연대 측정법(radiocarbon dating)도 활용한다.

뿐만 아니라 시각예술에서도 미적분, 기하학, 컴퓨터 연산 등을 통해 그림을 그리는 컴퓨터그래픽 이용이 증가하고 있다. 요리에서도 마찬가지다. '소금 한 자밤(pinch, 두 손가락 끝으로 집은 분량—옮긴이)'은 기발한 표현이기는 하지만, '소금 1그램'만큼 정확성을 띠지는 못한다. 한마디로, (봉급과 지출, 온도와 열량, 가격과 치수 외에도) 무수히 많은 기준들이 현대 생활을 가득 채우고 있으며, 이 모든 기준들이 정확한 측정을 가능하게 해 주는 것이다.

인식론(epistemology, 지식의 본질과 효력, 한계 등을 다루는 철학 분야)에서는, 어떤 연구 분야에서든 기본 단위(fundamental indefinable)들을 가장 먼저 밝혀야 한다고 말한다. 이 기본 단위들은 매우 근본적인 개념이기 때문에, 명확한 정의를 내리려 하면 돌고 도는 논쟁에 휘말리게 된다. 예컨대 기하학에서 점(point)은 두 선이 교차하는 부분이라고 정의할 수 있으며, 선(line)은 수많은 점들의 모음 혹은 궤적(locus)이라고 정의할 수 있다. 이처럼 수수께끼 같은 문제들을 피하기 위해, 점을 기본 단위로 정하는 것이다.

물리학에는 세 가지 기본 단위들이 있다. 길이와 질량, 그리고 시간이다. 이 기본 단위들은 보다 간단한 경험을 통해 물리적으로 식별할 수 있는 부분들이다. (전자기학을 포함시키면, '전하charge'라는 개념 또한 기본 단위로 볼 수 있다.) 그렇다면 면적, 부피, 운동량 등 물리적으로 간단히 식별할 수 있는 다른 부분들은 어째서 기본 단위가 아닐까? 면적과 부피는 길이를 서로 곱하여 얻을 수 있는 값들이기 때문이다. 마찬가지로 운동량은 질량에 속력을 곱함으로써, 속력은 거리를 시간으로 나눔으로써 얻을 수 있는 값이다. 따라서 기본 단위의 합성물인 면적, 부피, 운동량은 모두 이들을 우선적으로 정의해 주는 요소들에 비하면 좀더 복잡한 과정을 통해 물리적으로 식별할 수 있는 부분들이라 할 수 있다. 이제 두 가지 기본 단위인 길이와 질량에 관해 살펴보자. 가장 정체를 알기 힘든 기본 단위인 시간에 관해서는 이후에 다시 검토해 보도록 하겠다.

길이 단위의 대략적인 역사　　　길이(혹은 거리)라는 척도는 "얼마나 먼가?" "얼마나 긴가?" "얼마나 높은가?" 하는 질문들에 답할 때 이용되는 수단이다. 역사상 최초로 기록된 길이 단위는 큐빗(cubit)이다. 큐빗은 손을 곧게 편 상태로 가운뎃손가락 끝에서 팔꿈치까지의 거리를 잰 치수이며, BC 6000년경에 도입된 것으로 보인다. 할리카르나소스(Halicarnasus) 출신인 그리스의 역사가 헤로도토스(Herodotus)는 기자(Giza) 지방을 방문하던 중 대피라미드(Great Pyramid, 쿠푸Khufu의 피라미드, 그리스어로는 케오프스Cheops)의 몇 가지 치수를 측정하여, 정사각형을 이루고 있는 기부(基部)의 둘레 길이를 2,000큐빗이라고 기록했다. 그가 측정한 각 면의 길이인 500큐빗은 현재 측정 단위로 230미터에 해당한다. 따라서 1큐빗의 길이는 0.46미터, 즉 46센티미터 또는 18인치로 환산할 수 있다. 창세기에 등장하는 노아의 방주 길이는 300큐빗, 약 140미터였다.

　로마인들이 고안하여 영국의 원주민들에게 전수하고 다시 영국의 식민지 개척자들이 미국으로 전한 단위는 마일(mile)이다. 마일은 로마 군단 보병이 내딛는 두 걸음(약 160센티미터)의 1,000(밀레mille)배에 해당하는 거리(약 1.6킬로미터)에서 유래된 표현이다. 통계적인 (그리고 대중적인) 정통성을 지니는 단위는 피트(feet)였다. 피트는 영국인(Anglo-Saxon) 40명(어느 일요일 아침 교회에서 나온 첫 40명의 남자)의 오른쪽 발(foot) 길이에서 유래되었다.

16세기가 시작되는 전환기의 영국에는, 일관된 근거도 없는 여러 가지 길이 단위들이 난해하게 뒤섞여 있었다.[11] 구체적으로 예를 들어 보면 다음과 같다. 3발리콘(barley corn, 보리알 하나의 길이―옮긴이)=1인치, 12인치=1피트, 3피트=1야드, 9인치=1뼘(span), 5뼘=1엘(ell, 포목의 길이를 재는 단위―옮긴이), 5피트=1페이스(pace), 125페이스=1펄롱(furlong, 밭고랑의 길이―옮긴이), $5\frac{1}{2}$야드=1로드(rod), 40로드=1펄롱, 8펄롱=1법정마일(statute mile). 그런데 3마일에 해당하는 1리그(league)는 12펄롱이었다. 거의 비슷한 시기에 레오나르도가 살던 이탈리아에서 일반적으로 사용되던 단위들은 피에데(piede, 발이라는 뜻)와 브라치오(braccio, 지역에 따라 15인치에서 39인치까지 다양하게 측정되던 불확정 단위)였다. 1세기 후 갈릴레오의 시대에는 푼토(punto, 828푼티=777밀리미터)라는 단위가 있었다. 브라치오와 푼토는 큐빗과 엘, 그리고 출처가 분명치 않거나 지방에서만 사용되던 여타 많은 단위들과 같은 길을 걸었다.

1670년 프랑스인 가브리엘 무통(Gabriel Mouton)은 '상당히' 정확하게 지구의 둘레를 측정하고, 지구 둘레의 몇 분의 1을 길이의 척도로 사용하자고 제안했다. 1961년에 미터(meter)는 "파리를 지나는 경도 상에서 북극과 적도 사이 거리의 천만 분의 1(10^{-7})"이라고 정의되었다. 이러한 기준에 맞춰, 미터에 10의 거듭제곱을 곱하거나 나누어서 길이의 척도로 사용하자는 제안이 나왔다. 이로써 미터의 1/100은 '센티미터', 1,000미터는 '킬로미터'라는 척도가 된 것이다. 혁명 직후 프랑스는 위대한 화학자 앙투안 라부아지에(Antoine Lavoisier)의 강력한 청구에 응하여 '미터법'을 채택했다. 그러나 라부아지에는 혁명에 뒤이은 공포 시대(the Reign of Terror)가 전개됨에 따라 단두대에서 처형당했다. 미터법을 도입한 것 때문이 아니라, 폐위된 루이 16세 밑에서 징세청부인으로 일했다는 이유 때문이었다. 비슷한 시기에 미국 연방의회는, 미터법을 채택하자는 토머스 제퍼슨(Thomas Jefferson)의 제안을 부결했다.

1970년대 초반에는 영국과 캐나다, 그리고 대부분의 옛 영국 식민지들이 미터법 체계를 받아들이기 시작했다. 하지만 미국은 아프리카 서부의 공화국 부르키나파소(Burkina Faso)와 함께 영국식 단위 체계를 꾸준히 고집했다. 수 체계로는 십진법을 사용하면서 도량형으로는 끊임없이 변하는 기준을 고수하는 일이 과연 무슨 의미가 있을까? 인치는 더 작은 단위로 나타내려면 4나 8, 16으로 나누어야 하고, 피트로 환산하려면 12를, 야드로 환산하려면 36을 곱해야 하며, 피트는 마일로 환산하려면 5,280을 곱해야 한다. 언젠가 인치와 피트, 야드, 마일 모두 큐빗이나 엘을 따라 세상에서 잊혀졌으면 하는 것이 나의 진정한 바람이다.

1889년 프랑스 국제도량형국(International Bureau of Weights and Measures)에서는 백금-이리듐 합금(다양한 온도 환경에서도 길이 유지 능력이 뛰어난 것으로 알려져 있음)으로 '미터원기(standard meter)'를 제작했다. 1960년에는 보다 엄격한 원기가 고안되어 전세계 과학실험실에서 정밀한 기준을 사용할 수 있게 되었다. 크립톤-86(Krypton-86) 원자가 방사하는 오렌지색 스펙트럼선 파장을 기초로 하여, 이 방사선 파장의 1.65076373×10^6배에 해당하는 거리를 1m(미터)로 정한 것이다. 그리고 마지막으로, 원자시계의 출현과 더불어 시간 측정이 매우 정확해지자 미터원기 제정을 위한 또 다른 접근이 행해졌다. 이번에는 빛이 진공 속을 이동하는 속도 c가 정밀한 측정 단위로 채택되었고, c는 299 792 458 m/sec로 확정되었다. 이로써 1 m는 299 792 458분의 1초라는 시간 동안 빛이 진공 속을 통과한 거리로 규정되었다.

간단한 어림감정 방법을 소개하자면, 우선 미터는 오른팔을 곧게 펴고 정면을 바라보는 상태에서 오른손 가운뎃손가락 끝과 오른쪽 귀 사이를 잰 거리이다. 그리고 야드는 오른손 가운뎃손가락 끝과 코끝 사이의 거리다. 미터는 야드보다 대략 9센티미터 정도 길다. 하지만 인치는 정확히 2.54센티미터이기 때문에, 우리는 더 긴 거리들을 즉시미터법 등치로 다음과 같이 환산할 수 있다.

$$1 \text{ mi} = 5280 \text{ ft} \times 12 \text{ in/ft} \times 2.54 \text{ cm/in} \times 10^{-2} \text{ m/cm} \times 10^{-3} \text{ km/m}$$
$$= 1.609344 \text{ km} (\text{정확한 수치})$$

킬로미터를 훨씬 넘는 아주 먼 거리를 나타낼 때는 다른 여러 가지 단위들이 사용된다. 태양계의 상대 거리를 측정하는 데 유용한 잣대는 천문 단위(AU, astronomical unit)로, 태양과 지구 사이의 평균 거리를 1AU라 한다. 보다 먼 거리를 측정하는 데 더욱 편리한 단위로는 광차(light-time)가 있는데, 이는 특정한 시간 동안 빛이 이동하는 거리라 할 수 있다. 1광초(light-second)는 3×10^8미터이며, 1광년(light-year)은 약 10×10^{15}미터(또는 10조 킬로미터)이다. 이 기준으로 보면 태양에서 지구까지의 거리는 500광초 또는 약 8광분(light-minute)이다. 그리고 태양에서 토성까지의 거리(10AU)는 80광분(또는 1.3광시)이다.

질량　　　　질량과 무게의 개념은 뉴턴의 제2법칙에 자세히 명시되어 있다. 역사상 중요한 의미를 갖는 이 보편법칙에서 뉴턴은 물체의 가속도(속도의 변화율)와 물체에 가해지는 힘 사이에 F∝a라는 직접적인 상호관계가 있음을 밝혀 냈다. 이 비례기호는 언제나 상수와 등호로 바꿔 표현할 수 있다. 이 경우 가속도의 장애물이라 할 수 있는 비례상수는 물체의 질량 혹은 관성(inertia)이며 m으로 나타낸다. 힘을 뉴턴(N) 단위로 측정하는 미터법 체계에서 질량의 단위는 킬로그램(kg)이며 가속도의 단위는 m/sec^2이다.

힘이 일정하면 질량과 가속도는 반비례한다. 따라서 10 N의 힘이 가해질 때 질량 1 kg의 가속도가 10 m/sec^2이라면 질량 2 kg의 가속도는 5 m/sec^2, 5 kg의 가속도는 2 m/sec^2, 10 kg의 가속도는 1 m/sec^2이 될 것이다. 힘을 가하는 요인이 중력일 경우 가속도는 a=g=9.8 m/sec^2이 되며, 이는 지구가 고유하게 갖는 값이다. 이 경우 뉴턴의 제2법칙 F=ma는 W=mg로 대체될 수 있다. 따라서 100 kg의 질량을 가진 물체는 980뉴턴의 힘을 가지게 된다.

본래 그램은 1 cm^3(전에는 cc로 표현했다)의 물이 지니는 질량을 나타내는 말이므로, 킬로그램은 1,000 cm^3의 물이 지니는 질량이라 정의할 수 있다. 현재 킬로그램의 표준은 프랑스 세브르(Sevres)의 국제도량형국에서 보관하고 있는 백금-이리듐 합금의 질량으로 규정되어 있다.

영국식 단위 체계에서 힘(또는 무게)은 파운드(pound)로 측정되며, 가속도는 ft/sec^2으로(g=32 ft/sec^2), 질량은 슬러그(slug)로 측정된다. '둔하다(sluggish)'라는 표현은 이 슬러그에서 유래된 말이다. 미터법을 사용하는 국가에서는 대부분의 사람들이 kg을 무게의 단위로 오해하고 있다.

미터법 체계에서 1미터톤(tonne, 프랑스식 표기)은 1,000 kg으로 정의된다. 미터톤은 9,800뉴턴 또는 2,205파운드의 무게를 갖는 질량의 단위이다. 영국식 단위법에서 사용되는 톤(ton)은 미터톤과 달리 실제로 2,000파운드의 무게를 갖는다. 즉 미터톤은 영국식 톤보다 10퍼센트 가량 무게가 더 나가는 것이다.

나를 발명가라고 비난한다면, 아무것도 발명하지 않고
남의 발명품만 떠벌리고 다니는 사람들은
더 큰 비난을 받아 마땅하지 않은가.
게다가 발명가들은 자연의 통역가나 다름없는 것을.
— 레오나르도 다 빈치

4 과학 속의 자연
The Nature of Science

레오나르도는 뛰어난 과학자인 동시에 뛰어난 공학자 겸 발명가였다. 그가 과학적 연구에 사용한 기술 중에는, 그로부터 1세기 이상이 지난 다음에야 나타나 수백 년간 완전한 실현을 거두지 못한 방법을 앞지른 것들도 많았다. 수압이나 마찰 현상, 발사체의 탄도 등에 관한 수많은 연구들은 사실상 실험적인 것이었으며, 그가 사용한 기구들 역시 각각의 실험을 위해 그가 직접 고안한 것들이었다.

불과, 자르는 도구를 만들기 위한 돌 조각의 발견은 고대 기술의 기념비적인 발전으로, 7~8만 년 전 케냐와 탄자니아의 사바나를 떠돌아다니거나 남아프리카의 동굴에 거주하던 먼 옛날 선조들의 시대까지 거슬러 올라간다. 마지막 빙하기가 끝날 무렵(BC 10,000~9,000), 소아시아와 중동에서는 가축 사육이 막 시작되고 있었다. 그리고 몇천 년 후 도예와 야금술, 문자 사용 등의 획기적인 혁신이 뒤따랐다. 과학이라기보다는 기술의 예라고 할 수 있는 이러한 발전들은 모두 문명의 발생 및 진보에 결정적인 역할을 했다. 한 번 터득된 기술은 잊혀지는 일이 드물기 때문이다.

기술과 달리 과학은 규칙적이고 조직적인 방식으로 자연을 이해하고 묘사하고 설명하는 지식 체계로서, 논리학과 수학의 구속을 받는다. 순수과학은 소크라테스 이전 이오니아 지방의 그리스 철학자들이 창시한 것이다. BC 4세기 아리스토텔레스는, 최초의 위대한 철학자는 그보다 2~3세기 이전에 활동한 밀레투스의 탈레스(Thales of Miletus)라고 밝힌 바 있다. 탈레스와 그 제자들은 자연 작용을 지배하는 자연법칙이 존재하며 이 법칙을 이해함으로써 미래의 자연적 사건들을 예측할 수 있다는 확신을 갖고 자연철학(natural philosophy)을 행했다. 자연적 사건들을 궁극적으로 결정하는 신들의 변덕을 이해하기 위해 짐승의 뼈와 닭의 내장을 조사할 필요가 없다는 것이 그들의 생각이었다. 탈레스가 정확한 날짜를 예측한 것으로 현재 유일하게 알려져 있는 사건은 BC 585년의 일식이다.

소크라테스 이전 철학자인 프로타고라스(Protagoras, BC 485~415)는 탈레스의 메시지를 반영하여 다음과 같은 글을 남겼다. "인간은 만물의 척도다. …… 존재하는 것의 존재성과 존재하지 않는 것의 비존재성을 밝히는 척도다."[1] 그러나 BC 4세기의 아테네에서는 경험과학(empirical science)이 호감을 사지 못했다. (다만, 알렉산드리아의 아리스타르코스와 에라토스테네스, 시칠리의 아르키메데스는 탈레스의 견해를 따르며 추측과 자기반성보다 경험과 논리를 강조했다.) 소크라테스는 자연철학을 혐오했다. 플라톤은 수학을 찬양했으나 자연철학에서 행하는 실험은 모두 반대했다. 아리스토텔레스는 한층 더 긍정적으로 자연철학을 수용했지만 실험 및 관측은 최소화했다.

과학은 기술과 달리 간헐적으로 진보하면서 때로는 완전히 퇴보하는 방향으로 진행되기도 했다. 로마의 과학자들은 말하자면 과학기술자들로, 순수과학에는 공헌한 바가 거의 없다. 그리고 로마제국 멸망에서 르네상스 시대에 이르기까지 과학은 쇠퇴 일로를 걸었다. 이 시기에 걸쳐 과학과 기술은 완전히 독립하여 서서히 전개되었으며 대부분은 기술 외 과학, 과학 외 기술이었다.

르네상스 시대에 과학은 새로이 탄생했고, 17세기 과학혁명이 일어나면서 과학과 기술이 만나기 시작했다. 그리고 두 영역의 전면적인 결합은 다음 2세기 사이에 영속성을 띠게 되었다. 19세기에는 전기학과 자기학이 기술적인 동시에 과학적인 차원에서 발전을 보였다. 이로써 발전기와 모터, 변압기가 만들어질 수 있었고, 그 기초를 이루는 물리학을 통해 이 기계들의 작동 원리와 활용법을 설명할 수 있게 되었다. 그러나 과학과 기술 결합의 절정기는 20세기 원자력 시대에 찾아왔다. 궁극적으로, 과학과 기술의 전례 없이 빠른 진보를 가능케 한 것은 다름 아닌 두 영역의 상호 작용이었다. 18세기에 일어난 산업혁명은, 이 상호 작용으로 인해 이루어진 가장 뜻깊은 결실 가운데 하나라 할 수 있다. 20세기 원자력과 항공우주기술, 컴퓨터의 혁명 또한 과학과 기술의 상호 교류가 일궈낸 결실이다. 근대 과학은 기술 없이는 효과적으로 실행될 수 없으며, 근대 기술 역시 과학 없이는 큰 진전을 보일 수 없다.

과학의 여러 분야들 사이에 존재하는 계층적 구조 속에서, 가장 기본적이고 수학적인 물리학은 화학의 기초가 되며 화학은 다시 생명과학의 기초가 된다. 그리고 이 모든 분야에 걸쳐 있는 것이 심리학과 사회학, 인류학 등을 포함하는 사회과학이다. 물리화학이나 생화학, 정신생물학,

그리고 과학의 고른 진보를 꾀하는 여타 분야들과 같이, 중개 역할을 하는 영역도 있다. 나무의 역학을 생각해 보면, 영양분은 밑에서 위로 이동한다. 이 간단한 패러다임을 인지하면, 왜 물리학자들이 최신 수학 도구를 일반적으로 수학자들보다 뒤늦게 적용하는지 이해할 수 있다. 또 왜 화학자들은 물리학자들이 물리적 기술들을 개발하고 1~2세대가 지난 후에야 그 일부를 차용하는지, 그리고 왜 생물학자들은 화학자들보다도 나중에 이 기술들을 접하게 되는지도 이해할 수 있다. (물론 과학의 각 분야에서 몇몇 독자적인 기술 개발이 이루어지는 것은 사실이다. 하지만 보다 기본적인 개념들은, 밑에 있는 더 수학적인 층으로부터 위쪽으로 흐른다.)

20세기 초에 뛰어난 실험 핵물리학자 러더퍼드 경(Lord Rutherford)은 자신의 연구 분야보다 높은 층에 있는 과학 분야를 경멸하는 태도로 이렇게 말했다. "과학에는 오직 물리학만이 존재한다. 나머지는 우표 수집이나 다름없을 뿐이다." 하지만 1953년 X−선 회절이 생물학에 적용되어 DNA 분자 구조가 밝혀졌을 때 러더퍼드는 생물학을 진정한 과학으로서 존중하게 되었을 것이다. 결국, 전체 구조의 근간에는 과학 자체는 아니지만 과학의 필수 요소인 수학이 자리하고 있으며, 바로 이 수학이 과학에 필요한 도구와 언어를 모두 제공하고 있는 것이다. 수학의 역할은, 자연현상의 움직임을 설명하는 과학적 이론들에 정확성과 유효성, 예측 가능성을 더해 주는 일이다.

고대의 위대한 과학자이자 수학자였던 아르키메데스는 수학과 물리학의 결합에 크나큰 진전을 가져왔다. 수학사학자들 가운데는, 그리스에 좀더 나은 기수법이 있었다면 유럽의 과학혁명보다 18세기 앞서 아르키메데스가 미적분법을 밝혀 냈을 거라고 말하는 이들도 있다. 그리스의 기수법에는 0이 없었으나, 아르키메데스가 수의 스펙트럼에서 0의 반대

쪽 끝에 위치하는 무한집합들을 익히 알고 있었다는 새로운 증거가 나타났다.[2]

16세기 중반 코페르니쿠스가 저술한 불후의 작품『천체의 회전에 관하여』가 출판되면서 혁명의 진정한 시작을 알리는 신호탄이 터졌다. 수학과 자연법칙의 결합은 17세기에 더욱 일관성 있고 포괄적인 방식으로 완전한 결실을 맺었다. 갈릴레오와 케플러를 시작으로 진행되어 뉴턴에 와서 최고조에 이른 것이다.

우리가 오늘날의 과학적 이해에 도달하기까지는 2,000년하고도 500년이 넘는 시간이 소요되었다. 그리고 현재는, 물리학이 궁극적으로 추구하는 바를 보여 주는 물리법칙들, 즉 미시적 세계를 지배하는 법칙들(양자역학)과 거시적 세계를 지배하는 법칙들(일반상대성이론)의 통일과 함께 실험적·이론적 연구들이 진행되고 있다.

레오나르도는 고대 문명인들에 의해 처음으로 전개되었다가 얼마 지나지 않아 잊혀진 몇 가지 과학적 원리들을 새로이 발견했으며, 과학과 기술 전 분야에 걸쳐 그가 발명한 것들은 그후로도 수세기 동안 다시 발명되지 않았다. 레오나르도라는 인물 자체는 그가 살았던 한 시대에 속박된 존재였겠지만, 그의 자유로운 정신은 먼 과거의 자연철학자들이 직면했던, 그리고 먼 미래의 과학자들 역시 마찬가지로 마주하게 될 과학적·기술적 문제들로 뻗어 나갔다.

과학적 지식 없이 실습에만 매달리는 사람은
방향키나 나침반 없이 배에 오르는 조타수나 다름없다.[1]
— 레오나르도 다 빈치

5 예술 속의 자연
The Nature of Art

역사 전반에 걸쳐 예술가들은 자연에 존재하는 일정한 수와 비율들을 자신의 창작물 속에 녹여 넣었다. 이 수들은 종종 의식적으로 선택되기도 했지만 대개는 자연의 잠재적인 메시지로서 우연히 작품에 흡수되곤 했다. 피보나치수열을 구성하는 수들(1, 1, 2, 3, 5, 8……)은 유전학이나 잎차례(phyllotaxis, 잎의 엽맥 배열 방식이나 식물의 잎 및 가지 배열 방식에 관계된 규칙)에서 볼 수 있는 수들과 일치하는 경우가 많다. 이 수열에서 비롯된 보편적인 비율 $\varnothing = 1.618034……$는 3-5 사이즈의 색인카드나 게임용 카드, 엽서, 신용카드 등의 규격 물품들이 갖는 비율과 거의 비슷하며, 역사적으로 의미있는 작품들 역시 근사한 비율을 갖는다. 그 예로 브라만테와 르 코르뷔지에(Le Corbusier)의 건축물, 모차르트와 바르토크(Bartók)의 음악, 벨라스케스(Velázquez)와 레오나르도 다 빈치의 그림에 나타난 비례 등을 들 수 있다.

다시 한 번 말하건대, 이러한 수와 비율들은 무의식중에 선택되어, 예술가가 지닌 미적 직감의 산물로서 우연히 예술작품에 녹아든 것으로 보인다. 그러나 레오나르도의 사례에서 볼 수 있듯 어떤 경우에는 실험을 거쳐 충분한 계획과 함께 적용되기도 한다.

먼 과거에 창작된 예술작품 가운데 역사적으로 의미있는 두 개의 대건축물에서는 동적 대칭 혹은 신성 비례와 관련된 '자연의 수' 사용이 두드러지게 눈에 띈다. 2,000년이라는 간격을 두고 세워진 위대한 두 문명의 창조물 대피라미드(Great Pyramid)와 파르테논신전(Parthenon)이 바로 그것이다.

이집트의 피라미드

카이로 인근 기자(Giza) 지역의 피라미드를 처음 봤을 때 나는 다섯 살이었다. 태평양전쟁이 끝나고 5개월도 채 지나지 않은 1946년 1월의 일이었다. 터키군의 젊은 장교였던 아버지는 보조 군무관으로서 앙카라에서 런던으로 떠나라는 명을 받았다. 런던으로 출발하기 전 어머니와 아버지 그리고 나는 배를 타고 이스탄불에서 알렉산드리아로 가서 며칠간 머물렀다가 런던으로 날아갈 예정이었다. 그러나 전쟁이 종결되면서 고국으로 돌아가기를 기다리는 수만 명의 영국 군인들로 인해 카이로에서 나오는 길은 모두 마비되고 말았다. 결국 며칠간으로 예정되어 있던 우리의 체류 기간은 2개월로 연장되었다. 런던행 항공편에는 자리가 없었고 영국으로 가는 배들은 모두 군대 수송선들뿐이었다.

피라미드를 처음 봤을 때 인상에 남은 것은 끝없이 하늘로 올라가는 그 거대함이었다. 낙타를 타고 대피라미드 주변을 돌던 일도 기억난다. 그곳에서 거리의 사진사가 우리 사진을 찍어 주었다(화보3, 위 오른쪽). 그리고 한 농부(fellah)가 아버지에게 팁(baksheesh)을 받고 꼭대기로 기어 올라가는 모습을 감탄하며 바라보던 일도 기억난다. 하지만 이집트학(Egyptology)에 지속적인 관심을 갖게 된 것은 그보다 한참 후 옥스퍼드의 물리학 교수 커트 멘델스존(Kurt Mendelssohn)과 의견을 주고받으면서부터였다.

멘델스존은 저온학(cryogenics)과 의학물리학(medical physics) 분야의 전문가였으며, 부업으로 이집트학자도 겸하고 있었다.[2] 물리학 교육은 하나의 문제 해결 단계로 설명되곤 한다. 우리가 배우는 내용은 문제를 공식화하고, 문제 해결에 가장 적합한 접근법들을 추려 내고, 필요한 수학적 도구를 끌어 오는 일들이다. 정식 교육을 받은 고고학자는 아니었지만, 멘델스존은 이집트학에 관한 문제들을 다룰 때 자신이 갖고 있는 풍부한 문제 해결 기술들을 적용했고, 이러한 일종의 이종교배 방식은 참신한 성과를 낳는 경우가 많았다.

그의 견해는 그야말로 존경하지 않을 수 없는 것이었다. 피라미드를 다시 방문하여 몇 가지 간단한 계산을 직접 해 본 결과, 나는 그 어느 때보다 그 생각들의 타당성을 확신하게 되었다. 이집트학자들의 권위 있는 해석들과도 일치하지 않을뿐더러, 피라미드의 형태에 신성한 혹은 신비한 특징들이 존재한다고 여기는 모든 사람들의 믿음과도 배치될 수 있는 생각들이었음에도 불구하고 말이다.

금방이라도 삭제될 법한 의사과학(擬似科學, pseudoscience)적 이론이 한 가지 있는데, 바로 고대 이집트의 선원들이 대서양을 건너 중앙아메리카인들에게 피라미드 건축법을 가르쳤다는 주장이다. 중앙아메리카 최초의 피라미드는 멕시코시티 부근 테오티우아칸에서 발견되었다. 이 것이 세워진 시기는 BC 1세기로, 마야인들이 티칼과 욱스말, 팔렌케 (Palenque), 카바 등 여러 도시국가들에 피라미드를 세우고 몇 세기가 지난 후였다. 그로부터 몇 세기 후 톨텍인들은 카스티요(Castillo)라 알려 져 있는 그들의 피라미드를 치첸이차에 세웠다. 마지막으로 14~15세기 에 아즈텍인들이 현재의 멕시코시티 자리인 그들의 수도 테노치티틀란 (Tenochtitlan)에 피라미드를 세웠다. 중앙아메리카의 피라미드 건설은 1,500년에 걸쳐 이루어진 셈이다. 그러나 그 중 이집트의 피라미드와 조 금이라도 비슷한 구조를 지닌 것은 하나도 없으며, 가장 중요한 점은 신 세계에 흡수된 시점부터 이집트인들이 오랫동안 피라미드 건축에 손을 대지 않았다는 사실이다.

'피라미드 파워'란, 피라미드의 형태가 음식을 보존하고 노화를 늦추 며 면도날의 날카로움을 유지해 주는 등 특별한 속성을 지니고 있다는 믿음을 상징하는 말로, 대중문화의 한 부분으로서 인정을 얻고 있다. 그러나 이 신비한 특성을 확인시켜 줄 과학적 증거는 어디에도 없으며, 이러한 주장에 타당성을 부여할 수 있는 물리학적 원리 또한 존재하지 않는다. 피라미드 파워는 점성학(astrology)이나 수비학(數秘學, numerology), 손금(palm reading) 등과 같은 의사과학의 일종으로, 자존 심 있는 과학자라면 누구라도 이러한 주장을 받아들이지 않을 것이다. 그렇지만 이집트의 피라미드에는 과학적인 뒷받침이 가능한 몇 가지 놀 라운 수학적 연관성이 존재한다.

"이집트의 피라미드들은 굉장히 거대하고 굉장히 오래되었으며, 전반 적인 여론을 고려해 볼 때, 굉장히 쓸모없다." 멘델스존이 즐겨 하던 말 이다.[3] 피라미드들은 약 4,700년 전 문명의 동이 틀 무렵에 세워졌다. 너무 오래된 나머지 이집트인들 사이에는 이런 속담이 있을 정도다. "인간은 시간을 두려워하고 시간은 피라미드를 두려워한다." 1,000년에 걸쳐 세워진 피라미드는 모두 약 50개이며, 대부분은 전혀 주목할 만한 부분이 없다. 하지만 1세기가 조금 넘는, 놀랍도록 짧은 시간에 세워진 처음 일곱 개의 피라미드는 역사적으로 큰 의미를 지닌다. 그런데 이 숫자는 당시 군림하던 제3왕조와 제4왕조 파라오들의 수를 넘어서는 것이어서, 피라미드의 유일한 용도가 파라오의 무덤 혹은 능을 제공하기 위한 것이었다는 일반적인 견해의 신빙성을 의심하게 한다.

18세기 후반 이집트학이 창시된 후 1세기 반 동안 피라미드 건축에 관한 이론들은 주로, BC 5세기에 이집트를 방문해 거주민들과 면담했던 그리스의 사학자 헤로도토스가 남긴 기록에 기반을 두고 있다. 이 이론들은 피라미드가 노예들의 강제노동으로 세워졌다는 확신을 담고 있었다. 10만 명의 노예들이 일제히 쿠푸왕(그리스어로는 케오프스)의 대피라미드에서 일했으며, 이 구조물의 위층으로 돌을 운반하기 위해 거대한 경사로가 세워졌다는 것이다. 그러나 헤로도토스가 『역사*History*』를 저술할 당시와 피라미드의 건축 시기 사이의 시간 간격은 거의 우리와 헤로도토스 사이의 시간 간격만큼이나 멀었다. 따라서 잘못된 부분을 찾기란 그리 어려운 일이 아니다.

피라미드는 완성됨과 동시에 그 최대 표면적에 도달했을 것이다. 이 면적을 10만 명으로 나누면, 5제곱피트(약 0.46제곱미터)마다 약 30명의 일꾼들이 네모난 2톤짜리 돌을 끌고 올라가 일했다는 얘기가 된다. (피라미드 자체에서 실제로 일한 사람 수가 이 숫자의 3분의 1이었다면 5제곱피트마다 배치된 일꾼—물론 돌도 포함된다—은 10명이 된다.) 절대로 불가능한 일이다! 그리고 돌들을 위로 운반하기 위해 진흙벽돌로 경사로를 세웠다는 것 역시 있을 수 없는 일이다. 피라미드가 쌓아 올려짐에 따라 경사로의 경사각은 계속해서 조정되어야 했을 것이다. 경사로 가장자리에서 일꾼들이 떨어지는 사고도 빈번히 발생했을 것이다. 실제로 많은 사람들이 지나다니다 보면 자연히 가장자리가 함몰되는 일이 많았을 테고, 또한 피라미드 자체보다 경사로가 더 커야 했을 것이다. 그러니 단순히 비용효율 면에서도 이는 좋은 방법이 못 된다.

좀더 일리 있는 또 하나의 이론은, 피라미드 둘레를 휘감는 네 개의 진흙벽돌 경사로가 세워져서, 피라미드가 사각 모서리의 나선형 구조 안에서 형태를 잡아 감에 따라 경사로도 높아졌다는 설이다. 이 이론대로라면 각각의 경사로는 기부(基部)의 한 모퉁이에서 시작되어 다른 세 경사로와 함께 같은 방향으로 나선형을 그리며 올라가게 된다. 그렇다면 세 개의 경사로는 일꾼들이 돌을 운반하는 데 사용되고 나머지 하나는 일꾼들이 장비를 끌고 내려가는 데 사용될 수 있었을 것이다. 피라미드가 완성된 후에는 둘레의 경사로가 철거되고 비계(scaffolding)의 흔적 없이 매끈한 석회석 표면만 남았을 것이다. 물론 이것이 최상의 방법이었으리라고 짐작된다. 그러나 그렇다고 해서, 실제로 이 방법이 사용되었을 거라고 확언할 수는 없다. 피라미드 건설자들은, 현대적인 기술 설비는 갖추고 있지 않았지만 현대의 공학자나 기술자들 못지않게 현명했기 때문이다.

결정적으로, 피라미드가 노예노동자들에 의해 건설되었다는 것도 믿기 어려운 얘기다. 10만 명의 노예들을 감독하려면 무려 2만 명의 병사가 필요했을 것이다. 그렇다면 그 많은 사람들의 식량은 누가 충당했을까? 다행히도, 누가 무슨 이유로 피라미드를 지었는가 하는 중요한 문제와, 몇 명의 일꾼이 필요했는가 하는 부차적인 문제를 풀어 줄 몇 가지 단서들이 있다. BC 3000년 무렵 전제왕조가 나타나기 전까지는, 무질서하게 뒤섞인 여러 부족들이 나일강 상류와 하류를 점유하고 있었으며 침략이나 침략 위협은 흔히 있는 일이었다. 전제왕조가 들어서면서 통일을 지향하는 경향이 일기는 했으나, 제3왕조의 두 번째 파라오 조세르(Djoser, BC 2668~2649)가 통치하던 BC 2650년 무렵이 되어서야 완전한 통일이 이루어졌다.

최초의 과학자 : 문명의 개척자　　　　제1왕조와 제2왕조의 왕들은 죽어서 마스타바(mastaba)라는 한 층짜리 석판 형태의 건축물 밑에 묻혔다. 하나의 암석으로 이루어진 이 비석기둥은 위로 올라가면서 3 : 1의 경사를 이루는 것이 특징이었으며, 도굴꾼들이 침입하기에 별다른 어려움이 없었다. 조세르 치세에 와서 갑자기 나일강 상류와 하류는 완전한 통일을 이루었다. 강력한 군대가 조직되었고, 태양신 라(Ra)가 압도적인 지배력을 갖게 되면서 파라오의 무덤은 피라미드 형태를 취하게 되었다. 태양신을 숭배하는 방법으로, 강렬한 햇살이 비치는 효과를 낼 수 있는 형태의 인공 산, 즉 피라미드를 짓는 것보다 더 좋은 방법은 없었을 것이다. 농부들은(나일강의 범람 시기에 맞춰) 계절노동을 했기 때문에, 후세를 위한 일종의 면죄부를 사는 마음으로 피라미드 건설 작업에 기꺼이 참여했을 것이다. 그들에게 후세는 순식간에 흘러가고 마는 현세보다 훨씬 중요했기 때문이다. 그러므로 피라미드의 건축은 노예노동에 의한 강제적인 사업이라기보다는 신앙적인 노동을 통해 행해진 공개 사업이었을 것이다. 어쩌면 이런 추측들은 모두 확대해석에 불과할 수도 있다. 그러나 10만 명의 일꾼과 2만 명의 병사들이 동원되고 이들 모두에게 식량을 지급해야 했으리라는 당치 않은 생각에 비하면 이런 확대해석도 전혀 호소력이 없는 것은 아니다.

20세기의 마지막 10년 사이에 저명한 이집트학자 자히 하와스(Zahi Hawass)는 피라미드의 기부 근처에서 일꾼들이 머물던 집들을 발견했다고 전했다. 그곳에 일반 백성의 복장들이 구비되어 있었다는 기록으로 보아, 피라미드 건축 사업에 자유민들이 고용되었을 거라는 멘델스존의 가설은 타당성이 있다. 하와스는, 대피라미드 건축에 어느 때든 2만 명의 일꾼이 고용되어 약 2개월 동안 일하고 자신의 마을로 돌아가면 또 다른 2만 명이 그 자리를 대신했을 거라고 추정한다.

'최초의 과학자'라는 인정을 받거나 '문명의 개척자'라는 영예를 거머쥘 수 있는 사람이 과연 있을까? 사실 임호텝(Imhotep)이라는 이름을 가진 전설적인 인물에게 이 눈부신 두 가지 권위를 모두 부여하기란 그리 어려운 일이 아니다. 사카라(Saqqara)에 있는 조세르의 계단식 피라미드는 최초로 세워진 피라미드며, 이것의 건축가는 조세르의 재상이었던 임호텝으로 알려져 있다. 그는 의사이면서 천문학자, 수학자, 그리고 건축가이기도 했다. 임호텝은 의술의 신 아스클레피오스(Asklepios)와 동일시되어 당시 그리스인들의 추앙을 받았다. 아이작 아시모프(Isaac Asimov)는 자신이 쓴 과학자들의 연대기에서 임호텝을 가장 처음으로 꼽으면서 이렇게 덧붙였다. "2,000년이 넘도록 그와 같은 인물은 나타나지 않았다."[4] 게다가 만약 최초의 피라미드 건축이 이집트 통일의 계기가 되었다는 가설이 합당한 근거를 지닌다면, 그리고 이 작업이 단 한 사람 즉 임호텝의 지도하에 이루어진 공공사업이었다면, 그는 실제로 이러한 존경을 받을 만하다.

높이가 약 60미터에 이르는(20층 건물과 맞먹는) 이 계단식 피라미드는 진정한 피라미드라고 보기는 어렵다. 그보다는 여섯 개의 마스타바를 하나씩 쌓아 올려, 위로 올라갈수록 각각의 높이와 밑변의 넓이가 줄어들게 만든 하나의 건축물에 가깝다. 그리고 내부에는 3 : 1의 경사를 이루는 탑의 형태가 들어 있고 여기에 동일한 경사각을 지니는 마스타바 모양의 단들이 증축되었을 가능성이 크다. 피라미드를 분해해 보지 않는 한은 이 사실을 확인할 수 없겠지만, 두 번째 피라미드에서 그 단서를 얻을 수 있다.

두 번째 피라미드는 사카라에서 남쪽으로 약 56킬로미터 떨어진 메이둠(Maydum)에 세워졌으며, '붕괴된 피라미드'라고 알려져 있기도 하다 (화보 3, 위 왼쪽). 이 무너진 구조물은 처음에는 조세르의 피라미드를 모델로 하여 계단식 피라미드로 설계된 것이었다. 현재 남아 있는 맨 밑의 두 단은 완성된 외관을 드러내고 있는데, 이는 건설자들이 계단식 피라미드를 다 완성하고 난 후에 피라미드의 형태를 수정했다는, 정확히 말해 진정한 피라미드로 변형시켰다는 사실을 암시한다. 붕괴된 구조물의 윤곽은 마치 거대한 키세스초콜릿 같은 모양을 하고 있다. '진정한 피라미드'의 이상적인 경사각은 52°로, 이 각도는 후에 매우 중요한 의의를 지니게 된다. 붕괴된 피라미드의 외장이 무너져 내린 데에는 몇 가지 복합적인 요인들의 작용이 있었는데, 그 구체적인 요인을 들어 보면 다음과 같다.

석재들이 추가로 쌓아 올려진 각도와, 이 석재들이 충분히 접착될 수 없을 만큼 매끄럽게 마무리된 단의 표면, 상대적으로 크기가 작은 석재들, 그리고 석재들의 형태가 충분히 반듯하지 않았거나 정확히 들어맞지 않았다는 사실 등이다.[5] 석회석으로 이루어진 붕괴된 피라미드의 규모를 생각해 볼 때, 석재들이 정확히 반듯한 직각 형태라면 피라미드 기부의 석재들이 받는 압력은 대략 $50kg/cm^2$(710lbs./sq.in.) 정도일 것이다. 하지만 석재들이 정확한 직각 형태가 아니라면 기부의 튀어나온 모서리들이 받는 압력은 약 1,000kg/cm²(14,000lbs./sq.in. 이상)에 이를 것이다. 석회석은 50kg/cm²의 압력에는 버틸 수 있지만 1,000kg/cm²의 압력을 받는다면 무너져 내릴 것이다. 캔디 제조업자들은 원뿔 모양의 초콜릿 캔디를 제빵틀에 넣고 가열하면 소성유동(plastic flow)으로 인해 키세스 초콜릿과 같은 모양이 형성된다는 사실을 오래 전부터 알고 있었다. 즉 붕괴된 피라미드에서 볼 수 있는 것이 바로 전형적인 소성유동 효과라 할 수 있다. 뿐만 아니라 붕괴는 매우 빠르게 진행되어, 표면에서 일하고 있던 일꾼들은 안전한 곳으로 대피할 시간이 없었을 것이다. 멘델스존 은, 노출된 탑 즉 중심부를 둘러싸고 있는 석재 파편을 차근차근 파헤쳐 보면, 건조한 기후로 인해 아직도 형태를 유지하고 있는 수많은 유골들 이 발굴될 것이라고 말한다.

메이둠의 피라미드가 완성되기 전 그곳에서부터 멀지 않은 다슈르 (Dashur)에서 세 번째 피라미드 건축이 시작되었다. 당초 계획은 분명 경사각이 52°인 '진정한 피라미드' 건축이었던 것으로 보인다. 그런데 이상하게도 각 면의 중간 지점부터 경사각이 43.5°로 변경되었다. 이집 트학에서 가장 유력한 설은, 이 피라미드에 묻히기로 정해진 왕이 때이 른 죽음을 맞으면서 건설자들이 시간을 단축하기 위해 과정을 줄이기로 결정했다는 것이다. 하지만 절약된 석재를 바탕으로 계산해 보면 이 과 정을 통해 절약된 시간은 불과 10퍼센트에 지나지 않는다. 그보다 신빙 성 있는 견해는, 멘델스존이 주장하는 바와 같이, 메이둠의 피라미드가 갑자기 붕괴되는 바람에 건설자들이 어쩔 수 없이 피라미드의 경사각을 변경했을 거라는 설이다. 두 가지 각도가 공존한다는 이유로 이 건축물 은 '굴절 피라미드'라 불린다. 이 피라미드의 실제 높이는 90미터를 훨씬 넘는데, 이는 30층 건물보다 높은 수준이다. 그러나 만일 아랫부분의 경사각 52°가 그대로 유지되었다면 각 면은 120미터가 훨씬 넘는 높이에서 한 점으로 모이게 되었을 테고, 이 피라미드 역시 카프레왕(Khafre, 그리스어로는 케프렌Chephren) 피라미드나 기자의 쿠푸왕 대피라미드와 같은 거대 피라미드 가운데 하나로 꼽히게 되었을 것이다.

마찬가지로 다슈르에 세워진 네 번째 피라미드 역시 '진정한 피라미드'의 형태를 지니고 있으며, 경사각 역시 전례를 바탕으로 안전한 43.5°를 취하고 있다. 이 피라미드는 외장으로 사용된 석재가 붉은 빛을 띤다 하여 '붉은 피라미드'라 불리는데, 쿠푸의 아버지이자 카프레의 할아버지인 스네프루왕(Snefru)이 지은 것이다. 높이는 90미터 이상으로 굴절 피라미드와 거의 비슷하다.

그후 기자에 다섯 번째와 여섯 번째 피라미드인 쿠푸왕과 카프레왕 피라미드가 세워졌는데, 52° 각도로 장엄하게 솟은 이 피라미드들의 높이는 50층 건물의 높이와 맞먹는다. 마지막으로 일곱 번째 피라미드인 멘카우레왕(Menkaure) 피라미드는 상대적으로 낮은 25층 건물 높이로 같은 장소에 세워졌다.

1995년 데이비드 H. 코흐 피라미드 방사성탄소 연대 측정팀(David H. Koch Pyramids Radiocarbon Project) 구성원들은 피라미드의 연대를 측정하는 프로그램에 착수했다. 이들은 피라미드의 모르타르로 사용된 석고에 함유된 미세한 유기물질들을 모두 수집하여 이 물질들의 탄소-14(C^{14}) 양을 조사했다.(C^{14}의 반감기는 5,715년이다. 즉 5,715년이 지나면 기존에 있던 양의 절반만 표본에 남게 되는 것이다.) 그 결과 기자에 있는 전체 피라미드군의 건축은 BC 2589년부터 BC 2504년까지 85년간 이루어진 것으로 나타났다.[6] 이 결과는 당시 이집트의 피라미드 건축이 가장 높은 수준으로 발전했음을 보여 준다.

이처럼 활발한 건축 활동 이후 극적인 쇠퇴가 뒤따랐다. 그후로도 2,500년 동안 피라미드는 계속해서 세워졌지만, 모두 처음 여섯 개의 피라미드, 그 중에서도 다섯 번째와 여섯 번째 피라미드의 거대한 그늘에 가려졌다. 그리고 사실상 제4왕조가 저물면서 이집트인들은 피라미드 건축 사업에 더는 손을 대지 않았다.

20세기 중반에 이르러 항공촬영이 가능해지면서 고고학자들은 상세한 지형이 나타난 전체적인 조감도를 얻을 수 있게 되었고, 동시에 인류의 정착지에서 발견되는 패턴을 눈으로 볼 수 있게 되었다. 평범하게 서 있는 상태에서 동양적인 무늬의 양탄자를 내려다보는 사람이, 극히 일부분만 보는 사람보다 양탄자의 무늬 패턴을 식별하는 데 훨씬 유리한 것과 같은 이치다.

얼마 후에는 항공 적외선촬영 기법이 개발되어 더 많은 일들이 가능해졌다. 열용량이 다른 물질들은 저마다 다른 속도로 온도가 내려간다. 바위는 그 주변의 토양보다 빠른 속도로 온도가 내려가기 때문에 (그리고 더 큰 강도로 적외선을 방사하기 때문에), 적외선사진에는 완벽하게 평탄한 토양 밑에 묻혀 있는 건물 기반들도 나타난다. 항공사진으로도 볼 수 없는 심층적인 부분은 원격탐사를 통해, 즉 한층 더 넓은 시야와 한층 더 광범위한 전자 스펙트럼을 제공하는 인공위성을 통해 관측할 수 있다. 천연자원 탐사와 생태학적인 연구들은 이러한 기술 발전에 공헌한 바가 크다. 다양한 현장의 지형학적 특징들을 밝혀 내는 데 성공을 거두면서, 지금까지는 생각지도 못했던 유적들이 발견되었다. 1990년대 초반 나사 (NASA)는 사우디아라비아의 흐르는 모래언덕 밑 깊숙한 곳에서, 유향 (乳香)과 몰약(沒藥)으로 유명한 전설적인 나라들의 유적을 발견했다.

이 장의 앞부분에서, 피라미드의 형태는 강렬한 햇살이 비치는 효과를 내려는 의도에서 고안된 것으로, 이 인공적인 산에는 파라오를 태양신에 이르게 하려는 염원이 담겨 있을 것이라는 한 가지 추측을 소개한 바 있다. 원격탐사 기술 분야의 전문가인 파루크 엘바즈(Farouk El-Baz)는 최근 한 논문에서 또 다른 한 가지 추측을 발표했는데, 이 추측 또한 자연에 바탕을 둔 것이다.[7]

원격탐사 기술을 통해, 사하라사막 동부의 보이지 않는 모래층 밑에 넓은 띠 모양으로 구불구불한 형태의 마른 강바닥이 있다는 사실이 밝혀졌다. 이 사실은 엘바즈가, 먼 과거에는 기후 조건이 지금과는 판이하게 달랐다는 증거로, 그리고 이 지역이 인류의 정착지였음을 보여 주는 고고학적 유물로 제시한 것이다. 약 5,000년 전 나일강 서부에 가뭄의 재앙이 닥쳐, 그곳에 거주하던 유목민들은 동부로 이주해야 했다. 엘바즈의 주장에 따르면, 이 사건으로 인해 사막 민족과 나일강 유역 개척 농민들의 문화가 융합되어 결국 이집트 통일이 촉진되었다는 것이다. 그는, 유목민들이 품고 온 사하라 동부의 기억이 6세대 혹은 8세대 후에 피라미드와 어쩌면 스핑크스까지 세우는 데 영감을 제공했을 거라고 말한다. 물과, 정확히 북쪽에서 남쪽으로 부는 바람의 작용으로 만들어진 자연 형성물이 모델이 되어, 후대 사람들이 이 형태를 바탕으로 피라미드를 건축했을 수도 있다는 것이다.

피라미드와 황금피라미드에서 나타나는 대칭   앞에서 우리는, 여섯 개의 마스타바가 층층이 쌓여 있고 각각의 마스타바가 3 : 1의 경사 (또는 72° 경사각)를 이루는 조세르왕의 계단식 피라미드를 살펴보았다. 이 경사는 붕괴된 피라미드의 중심부에서도 다시 나타났고, 계단식 피라미드 구조 내부의 깊숙한 곳에 같은 경사각을 이루는 탑이 묻혀 있을 가능성이 크다는 추측도 나왔다. 그리고 이 탑의 측면을 기준으로 전체 형태를 추정해 보면 '황금삼각형' 즉 36°-72°-72° 각도로 이루어진 이등변 삼각형이 만들어진다(화보3, 위 왼쪽). 그렇다면 계단식 피라미드 배후의 지휘자였던 임호텝은 황금삼각형을 인지하고 있었던 것일까? 그렇지 않았을 가능성이 크다. 그는 단지 마스타바의 구조를 보고 '3 : 1의 경사'가 안전한 경사도이며 자신의 설계에 적용하기에 적합한 구조임을 알았을 뿐이다.

두 번째로 세워진 피라미드, 즉 '붕괴된 피라미드'는 처음에 72° 경사의 계단식 피라미드로 완성되었으나, 여기에 외장을 덧씌워 '진정한 피라미드'로 변형시키려는 의도에서 과감한 수정 작업이 감행되었다. 이때 선택된 각도가 52°였다. 앞서 말한 설계상의 치명적 결함으로 인해 이 피라미드는 붕괴되고 말았지만, 52°라는 각도는 특별한 의의를 지닌다. 정해진 반지름을 이용해 원을 그린다면 원주는 당연히 이 반지름에 2π를 곱한 값이 된다. 이 원을 정사각형으로 변형시켜 본래 원의 원주와 정사각형의 둘레가 정확히 일치하도록 만들면, 이를 기초로 높이가 본래 원의 반지름과 같게 세워진 피라미드 측면들은 52°의 경사를 이루게 된다. 어쩌면 단순한 설계로 인해 결과적으로 이 각도가 선택된 것일 수도 있고, 어떤 마술적인 의미가 내포된 것일 수도 있지만 우리로서는 알 수 없는 일이다.

'굴절 피라미드'에서 아랫부분은 52°로 세워졌지만 중간부터는 각도가 43.5°로 변경되었다. 멘델스존의 추측에 따르면 건설자들은 두 번째 피라미드가 붕괴된 것을 보았기 때문에, 이 피라미드 역시 붕괴되는 일을 막기 위해 각도를 변경할 수밖에 없었다. 43.5° 피라미드의 높이에 대한 밑변 둘레의 비율은 3π로 나타나는데, 이 비율은 하중을 줄여 주는 동시에, 미리 π가 고려되었음을 암시하기도 한다. 일곱 개 중 네 번째 피라미드, 즉 '붉은 피라미드' 역시 안전한 $43.5°$로 세워졌다. 그리고 굴절 피라미드와 붉은 피라미드는 거의 5,000년 동안 형체를 보존하고 있다.

쿠푸왕 피라미드 같은 경우는 수치들이 잘 알려져 있다. 네 측면은 각각 230미터(또는 500큐빗)이고 높이는 본래 146.4미터(침식이나 비밀 채석 작업 등으로 인해 현재는 137미터로 줄었다)이다. 밑변의 총 둘레는 4×230미터$= 920$미터이고, 이를 높이 146.4미터로 나누면 2π가 된다. 여기에 사용된 돌 혹은 석재들은 이전 피라미드들에 사용된(모서리 길이가 약 1미터인) 것보다 크기도 훨씬 크고 형태도 반듯하다. 피라미드를 세울 때는 우선 밧줄을 이용해 원주가 4×230미터인 원을 펼쳤다. 그리고 일꾼들이 각각 네 지점에서 정반대 방향으로 이 밧줄을 끌어당기면서 대각선 길이를 정확히 일치시켜, 네 모퉁이가 모두 직각을 이루는 정사각형으로 만들었다.

본래 수치들을 가지고 계산해 보면 높이에 대한 밑변 하나의 비율은 1.57로 황금 비율 1.62에 상당히 가까우며, 만약 황금직사각형 안에 쿠푸왕의 이름을 새겨 넣는다면 피라미드의 꼭대기가 아주 조금 튀어나올 것이다. 더욱 중요한 사실은, 삼각형 모양의 한 표면만 놓고 보면 밑변 길이의 절반에 대한 표면 높이의 비율이 정확히 1.62라는 점이다. 그러나 훨씬 더 호기심을 자극하는 것은 측면 및 바닥의 면적과 관련된 수치인데, 이는 수학자이자 천문학자인 요하네스 케플러(Johannes Kepler, 1571~1630)가 처음으로 산출해 낸 수치이다. 우선 바닥의 면적은 Ψ $= 52,900 \, \text{m}^2$이며, 네 측면의 면적을 모두 합한 값은 $\Delta = 85,647 \, \text{m}^2$이다. 이 값들은 다음과 같은 관계로 나타낼 수 있다.

$$\frac{\varDelta + \varPsi}{\varDelta} = \frac{\varDelta}{\varPsi} = \emptyset \ (=1.618\cdots\cdots)$$

즉, 또 다른 형태로 표현된 신성 비례의 법칙인 셈이다.

여기서 한 가지 밝혀지지 않은 문제는 일종의 '닭이 먼저냐, 달걀이 먼저냐' 하는 문제다. 기자의 피라미드들을 설계한 고대 이집트 건축가들의 경우에는 무엇이 먼저였을까? 그들은 표면적들이 위에 설명된 관계를 만족시키도록 의도하여 이처럼 훌륭한 구조물들을 세운 것일까? 그들은 첫 번째 돌이 놓여지기 전부터, 어떻게든 신성 비례와 관계된 완성물이 탄생하기를 기대하고 있었던 것일까? 피라미드 형태에서 신성 비례의 법칙이 나타나려면 측면이 52° 각도로 상승해야 한다는 사실도 알고 있었을까(화보3, 가운데 왼쪽)? 다시 말해, 그들은 자신들의 설계에 내포된 의미들을 모두 알고 있었을까? 자신들이 어떤 성과를 달성해 냈는지 그들은 인지하고 있었던 것일까?

이 모든 물음에 대한 답은 "아닐 확률이 높다"는 것이다. 그들은 단순히 피라미드의 밑변 둘레를 원주와 일치시키고 이 원의 반지름을 피라미드의 높이로 정하려 했을 가능성이 크다. 이렇게 설계된 피라미드가 신성 비례의 속성을 띠게 된 것은 뜻밖의 결과였을 것이다. 하지만 이처럼 정확한 대칭이 계획된 것이었든 아니면 우연한 결과였든, 쿠푸왕과 카프레왕의 피라미드가 황금피라미드라는 점에 대해서는 반론의 여지가 없다.

고전 그리스 유적에서 나타나는 신성 비례

BC 479년 그리스 군대가 플라타이아(Plataea)에서 페르시아 군대를 격퇴하면서 그리스는 평화와 번영의 시기로 접어들었는데, 이때가 바로 그리스의 황금 시대이다. 수호여신 아테나의 이름을 딴 도시 아테네에서 이 여신을 찬양하기 위한 아크로폴리스가 발전하는 등, 이 시기의 그리스에서는 전에 없이 활발한 예술적 창조 활동이 이루어졌다. 그리고 BC 447년에는 거대한 바위언덕 위에 신전들을 세우는 작업이 시작되었다. 15년 후인 BC 432년에는 파르테논신전이 완공되었는데, 다른 건축 작업들은 그후로도 35년간 계속되었다.

어느 모로 보나 파르테논신전은 지금까지 지어진 그 어떤 외향적인 건축물보다도 탁월하다. 그리스인들은 쐐기 모양 돌들을 끼워 맞춰 아치를 만들 수 있었지만, 이 돌들로 둥근 지붕을 만들어 넓은 공간을 덮을 생각은 하지 않았다. 이 방식은 이후 AD 1세기에 로마인들이 도입한 양식이다. 따라서 빽빽한 기둥들이 나무로 된 들보와 무거운 지붕을 받치고 있는 파르테논신전의 내부 구조는 실용적이라고 할 수도, 그렇다고 내향적이라고 할 수도 없는 구조였다.

파르테논신전은 아테네 최고의 조각가이자 건축가인 페이디아스, 그리고 건축가인 칼리크라테스(Callicrates)와 익티노스(Ictinus)가 공동으로 설계한 것이다. 세로로 홈이 파이고 머리는 도리스양식(Doric order)으로 만들어진 기둥들은, 이전의 어떤 석조와도 비교할 수 없는 페이디아스의 조각으로 장식된 박공벽(pediment)을 받치고 있었다. 그리고 프리즈(frieze, 지붕을 받치는 수평부—옮긴이)에는 얕게 돋을새김한 92개의 메토프(metope, 도리스양식에서 두 개의 트리글리프 사이에 나타나는 사각 벽―옮긴이)와 트리글리프(triglyph, 세로로 세 줄 홈이 파인 직사각형 판―옮긴이)가 번갈아 배치되어 있었다. 올림포스의 신들이 무시무시한 적 티탄족과의 전쟁에서 승리한 후의 모습을 묘사한 박공벽 조각은 야만족에 대한 문명의 승리를 상징하기 위한 것이었다.

파르테논신전의 동쪽과 서쪽 전면(前面)은 모두 황금직사각형을 형성한다. 달리 말하면 길이 대 너비의 비율이 Ø로 나타난다. 황금 비율을 상징하는 기호 Ø의 지정은 전적으로 근대에 이루어진 것이다. 20세기 초반 미국의 수학자 마크 바(Mark Barr)가 페이디아스의 이름 머리글자를 따서 처음으로 황금 비율 기호를 표시한 것이다.

파르테논신전 건축가들은 몇 가지 가공의 척도를 고안하여 불길한 착시현상들을 제거했다. 예컨대 완벽하게 수평으로 그은 선은 대개 중간 지점에서는 아래로 가라앉은 것처럼 보인다. 수평선은 자연적으로 지평선과 대비되어 보이고, 지평선은 그 자체에 볼록한 굴곡을 지니고 있기 때문이다. 마찬가지로 원통형의 기둥들은 중간부 위로는 오목하게 보인다. 이런 현상들에 대처하기 위해 파르테논신전은 굴곡 있는 반경 5.7킬로미터(3.5마일)의 볼록한 기반 위에 세워졌다. 하지만 이런 조치를 취해도 볼록한 굴곡과 수직을 이루는 기둥들은 꼭대기 부분에서 형태가 조금 어긋나게 된다. 이런 현상은 거의 눈에 띄지 않지만 미묘하게 불편한 느낌을 준다. 모양이 바깥쪽으로 벌어지는 이러한 현상을 막기 위해 기둥들은 상공 약 2.4킬로미터(1.5마일)의 한 점에 모이도록 설계되었다. 기둥들의 중간부는 약간 볼록한 형태, 즉 엔타시스(entasis)를 이루면서 착시현상을 다른 쪽으로 분산시킨다. 그들이 어떻게 이처럼 적절한 수들을 적용하게 되었는지는 수수께끼로 남아 있지만 이 설계의 효과는 그야말로 확실하다! 마지막으로, 그들은 평범한 원통형 기둥이 아닌 세로로 홈이 파인 기둥을 사용했는데, 이런 기둥은 육중하고 장엄한 느낌을 준다.

착시현상을 미리 교정하기 위한 인위적 장치들과 정확한 비례, 아크로 폴리스의 꼭대기라는 근엄한 위치, 그리고 페이디아스가 만들어 낸 불후의 조각 등 모든 요소들이 어우러져 조화롭게 작용함으로써 이 대건축물은 고대 그리스 건축의 특징을 보여 주는 전형으로서 자리매김하게 된 것이다. 화려하게 채색되어 박공벽을 장식하고 있던 페이디아스의 조각은 현재 극소수만이 현장에 남아 있다. 본래 조각군은 거의 모두 19세기 초반 엘진 경(Lord Elgin)에 의해 대영박물관으로 옮겨졌다. 현재 남아 있는 박공벽은 이 대건축물이 본래 지니고 있었을 아름다움의 미약한 실마리만을 제공하고 있을 뿐이다. 그러나 본래 조각들의 축소 모형이 아크로폴리스 꼭대기에 있는 작은 박물관에 전시되어 있어, 파르테논신전 본연의 장엄한 분위기를 어렴풋이나마 엿볼 수 있다(화보3, 아래).

개인적인 이야기를 하나 하자면, 나는 파르테논신전을 여러 번 방문했는데, 한번은 대학의 학장인 친구와 함께 갔었다.[8] 날이 저물어 그곳에서 막 떠나려던 차에 친구는 몸을 굽혀 신발끈을 묶는 척하면서, 기념품으로 간직하려고 돌 하나를 주웠다. 그러고는 신성한 대건축물의 일부를 훔친 사실이 발각될까 봐 두려워하는 기색이 역력한 목소리로 이렇게 말했다. "어느 건물에서 나온 돌인지 누가 알겠어?" 거의 혼잣말에 가까울 정도로 작은 목소리였다. 그런데 바로 그때 커다란 트럭 한 대가 나타나서는, 다음날 방문할 여행객들을 위해 어마어마한 양의 돌들을 쏟아 놓았다.

에페소스(Ephesus)의 아르테미시온(Artemisium, 아르테미스Artemis—로마어로는 디아나 Diana—여신의 신전)에 현재 남아 있는 것은 기둥 하나에 불과하지만, 건축가들이 파르테논신전에 적용했던 비례 가운데 다수가 이 신전에도 중요하게 적용되었을 거라고 믿는 사람들이 많다.

아르테미스신전은 파르테논신전에 비해 모든 수치가 상당히 크며, 파르테논신전에는 부여되지 않은 세계 7대 불가사의 중 하나라는 영예를 안고 있다. 역사의 쓰라린 비극 가운데 하나로, 마케도니아에서 알렉산더대왕이 출생한 바로 그 해에 한 미치광이가 이 신전에 불을 질렀다. 방화범 헤로스트라토스(Herostratos)가 이런 일을 저지른 이유는, 자신의 이름을 후세에 영원히 남기고 싶어서였다. 알렉산더대왕은 군대를 이끌고 소아시아를 지나다가 이곳에서 원정을 멈추고 몇 킬로미터 떨어진 지점에 새로운 에페소스를 건설했다. 현재 에페소스를 방문하는 여행객들이 보는 것은 바로 알렉산더가 세운 장대한 도시의 옛터인 것이다.

예술가와 건축가들이 자연에서 영감을 얻어 작품을 설계했다는 데에는 논쟁의 여지가 없다. 기둥과 기둥머리들 또한 이 사실을 증명해 주는 적절한 예라 할 수 있다. 기술적인 측면에서 볼 때 기둥은 수직 축인 기둥 본체(stem)와, 그 꼭대기를 덮는 석판 즉 기둥머리(capital)로 이루어져 있다. 이집트인들은 대개 원통형 기둥을 세우고 연과 파피루스의 꽃과 꼬투리 모양을 본떠 기둥머리를 장식했는데, 룩소르신전(Luxor)과 카르나크신전(Karnak)의 기둥머리에서 나타나는 것보다 더 극적인 묘사는 어디에서도 찾아볼 수 없다. 크레타(Crete)섬의 크노소스(Knossos)에 세워진 기둥들은 나무의 몸통을 연상시키는데, 상하가 역전되어 기둥 윗부분이 플랜지(flange)처럼 넓은 모양을 하고 있다. 파르테논신전의 기둥머리들은 도리스양식을 따라 단조로운 석판으로 이루어져 있으나, 그리스인들이 사용한 다른 두 종류, 즉 이오니아양식(Ionic order)과 코린트양식(Corinthian order) 기둥머리들은 자연에 내재된 무늬들을 가장 확실하게 반영하고 있다. 가장 장식적인 코린트양식 기둥머리들은 아칸서스 잎 모양으로 꾸며졌고 로마인들에게도 사랑을 받았다. 그리고 이오니아양

식 기둥머리에서는 앵무조개의 소용돌이 모양을 본뜬 대수나선이 나타
난다.

그레코로만 건축 양식

고대의 예술가들은 장식용 꽃병에서 식기, 그림에서 조상(彫像)에 이르
기까지 갖가지 사물에 황금 비례를 적용했다. 고전 그리스와 로마의 조
각가들에게 황금 비례는 인체 분석을 위한 이상적인 수단으로 인식되었
다. 손의 길이에 대한 손가락 길이, 팔뚝 길이에 대한 손의 길이, 팔 전체
길이에 대한 팔뚝 길이 등을 정할 때 모두 황금 비례가 사용된 것이다.
이러한 비례 가운데는 배꼽의 높이에 대한 신장의 비율도 있다. 〈밀로의
비너스 *Venus de Milo*〉(BC 2세기)에서 배꼽의 높이에 대한 신장의 비율
은 Ø에 가깝다. 비너스 상을 황금직사각형에 내접시켜 직사각형의 아랫
부분에 정사각형을 그려 보면 그 극적인 비율이 효과적으로 드러난다.
정사각형에서 윗변은 배꼽과 매우 가까운 지점을 지나게 된다. 이 사실
이 흥미롭다면, 〈아프로디테와 에로스, 판의 군상 *Aphrodite, Eros, and
Pan*〉(c. BC 100), 〈헤르메스와 어린 디오니소스 *Hermes and the Infant
Dionysus*〉(c. BC 340), 그리고 〈라오콘 *Laocoön*〉(BC 1세기)의 아버지
와 두 아들 등 수많은 고전 걸작에서도 유사한 비례를 찾아볼 수 있을 것
이다. 〈라오콘〉의 경우 비례를 측정하려면 컴퓨터를 이용한 디지털 방식
으로 세 인물의 몸을 '곧게 펴서' 똑바로 세우거나, 아니면 재래적인 방
식으로, 재단사들이 사용하는 줄자를 이용해 직접 조각상의 치수를 측정
해야 한다. 몸을 휘감고 있는 몇 마리의 뱀들과 사투를 벌이고 있는 세

인물은 고통과 압박감으로 인해 몸을 약간 구부리고 있는데, 이들의 배꼽은 신장을 1로 볼 때 약 0.618에 해당하는 지점에 위치한다.

나는 최근 대학생 21명을 대상으로, '배꼽의 높이에 대한 신장의 비율이 Ø라는 가설을 실험해 보았다. 참가자는 남학생이 10명, 여학생이 11명이었다. 표면적으로 실험의 목적은 평균과 불확실성, 표준편차를 계산하여 자료의 통계적인 분석 결과를 밝히는 것이었다. 하지만 사실상 이렇게 적은 인원으로는 의미있는 통계를 산출해 낼 수 없다. 그럼에도 이 블라인드테스트의 결과를 공개하자면, 평균과 표준편차를 측정한 값은 1.618±0.04로 나타났다.

신성 비례의 맥락에서 고대 그리스인들을 논할 때는 예일대학의 미술사학자 제이 햄비지(Jay Hambidge)에 관한 언급을 빼놓을 수 없다. 1920년대에 햄비지 교수는 헬레니즘 시대의 꽃병에 관한 면밀한 일련의 분석 결과를 발표했다. 그는 자신이 조사한 꽃병 가운데 상당수가 황금 비율에 의한 분석에 도움이 된다는 사실을 발견했다. 동적 대칭과 신성 비례에 대한 대중적인 관심이 다시금 불붙게 된 데에는, 현대의 그 누구보다 햄비지 교수의 공이 컸다고 할 수 있다.[9]

수학적 모자이크와 다각형 및 다면체

2차원 도형에는 두 가지 유형의 대칭이 존재한다. 도형을 가로지르는 직선을 그렸을 때 이 선을 중심으로 한쪽에 있는 각 점들이, 선으로부터 똑같은 수직거리에 있는 대칭점들을 반대쪽에 지니고 있을 경우, 이 도형은 선대칭(line symmetry)을 이룬다. 따라서 정삼각형에서는 3중의 선대칭이 나타나고, 정사각형에서는 4중의 선대칭이 나타난다. 이런 식으로 정n각형은 n중의 선대칭을 이루게 된다. 그리고 원의 경우 무한한 선대칭이 나타난다.

점대칭(point symmetry)에 관해 이야기하기에 앞서, 우선 편리한 각도 측정 단위인 라디안(radian)을 소개한다. π 라디안은 $180°$에 해당한다. 한 점을 축으로 도형을 회전시켰을 때 본래의 도형과 정확히 겹치는 경우를 가리켜 점대칭이라고 말한다(그러나 2π 라디안, 즉 $360°$로 완전히 회전한 경우는 제외된다). 정삼각형이 이 조건을 충족시키려면, 중심의 한 점을 축으로 $2\pi/3$ 라디안($120°$), 그리고 $4\pi/3$ 라디안($240°$) 회전하면 된다. 정사각형은 중심점을 축으로 하여 $90°$의 배수($2\pi/4$, $4\pi/4$, $6\pi/4$ 라디안)로 회전하면 본래 형태에 완전히 겹치게 된다. 따라서 정n각형은 (n-1)중 점대칭을 이루며, $2\pi/n$, $4\pi/n$, $6\pi/n$, ……$2(n-1)\pi/n$ 라디안으로 회전하면 본래의 형태가 다시 나타나게 된다.

수학적 모자이크(mathematical mosaic)란, 정다각형들이 평면을 완전히 덮어, 규칙적으로 배열된 격자점(lattice point)들, 즉 다각형의 꼭지점들 주위로 같은 수의 동일한 다각형들이 배치되는 상태를 가리키는 표현이다. 실질적인 면에서 보면, 같은 종류의 정다각형으로 평면이 덮인다고 할 때 이러한 배치가 가능한 도형은 몇 가지로 제한된다. 동일하게 반복되는 타일 무늬를 형성할 수 있는 도형은 정삼각형과 정사각형, 그리고 정육각형뿐이다.

이 개념을 3차원으로 발전시켜 생각해 볼 때, 정육각형 타일을 이용하면 최적화(optimization), 즉 이 경우 벽을 세우는 데 사용되는 재료를 최소화하는 동시에 내부 부피를 최대화하는 효과를 얻을 수 있다. 그리고 이렇게 세워진 벽은 압력에 잘 견디는 구조적인 강점 또한 지니게 된다. 기하학 및 공학적 문제에 수학적 계산을 적용한 결과라 할 수 있다. 그러나 수학자들이 평면 타일 배치에 실용적인 형태로 정육각형을 인식하기 훨씬 전부터 자연은 이미 이런 효과를 알고 있었다. 일례로 벌들은 오래 전부터 이런 반복적인 형태를 이용하여 벌집을 지었다. 직관적으로 이런 효과를 계산하고 있었던 것이다!

한편 $2\pi/5$ 라디안으로 회전시켜야 본래 형태가 복제되는 정오각형으로는 평면을 완전히 덮을 수 없다. 완성된 무늬에서는 마름모꼴의 공백이 나타나게 된다. $2\pi/7$ 라디안으로 회전시켜야 하는, 변이 7개인 정다각형 즉 정칠각형으로도 역시 평면 모자이크 무늬를 만들 수 없다. 새로운 정칠각형을 추가하면 서로 겹치는 마름모꼴 부분들이 생겨나기 때문이다. 마찬가지로 정팔각형(변이 8개인 정다각형)이나 정십각형(변이 10개인 정다각형)으로도 타일 붙이기는 불가능하다.

정다각형들을 조합하거나 무수히 많은 불규칙한 다각형들을 이용하면 타일을 이어 붙일 수 있다. 예를 들어 평행사변형이나 이등변삼각형 등을 이용할 수 있다. 그리고 정팔각형과 정사각형들을 조합하여 규칙적으로 배열하면 일정하게 반복되는 타일 무늬가 나타난다.

펜로즈 타일

1970년대 후반 옥스퍼드의 수리물리학자 로저 펜로즈(Roger Penrose)의 제도판에서 호기심을 자극하는 수학적 타일 무늬가 모습을 드러냈다. 그가 제도한 타일 무늬에서는 두 종류의 마름모, 즉 내각이 36°와 144°인 '좁은 마름모'와 내각이 72°와 108°인 '넓은 마름모'가 불규칙적으로 반복되어 조립되었는데, 이 불규칙한 반복이 바로 펜로즈 타일의 핵심이다. 좁은 마름모를 이등분하면 내각이 72°-36°-72°인 한 쌍의 이등변삼각형 즉 황금삼각형이 생성된다. 그러므로 무한한 평면에서 좁은 마름모 개수에 대한 넓은 마름모 개수의 비율이, 황금 비율 $\emptyset(=1.618034\cdots\cdots)$, 바로 피보나치수열에서 산출되는 무리수와 일치한다는 사실도 그리 놀라운 일은 아니다.

수학적인 타일 배치에 사용되는 정다각형 이외에도 거의 무한한 수의 추상적인 도형들이 존재하는데, 이 도형들은 모두 평면 위에 대칭 형태로 나타날 수 있다. 북아프리카와 스페인의 무어인들, 중동의 셀주크 투르크인들과 오스만 투르크인들, 그리고 페르시아인들은 2차원 추상 디자인과 서예를 놀랄 만큼 정교하고 아름다운 수준으로 발전시켰다. 무어인들이 특별한 건축물에 장식한 무늬들은 이들이 공간 대칭의 개념을 이해하고 있었다는 사실을 암묵적으로 보여 주는데, 그라나다에 있는 알람브라궁전과 코르도바에 있는 대사원의 타일들이 그 대표적인 예다.

이슬람 왕조인 무굴제국이 인도 중북부를 통치하던 시기에 황제 샤 자한(Shāh Jahān)은 역사에 길이 남을 건축물을 창조했는데, 바로 그가 총애하던 왕비 뭄타즈 마할(Mumtāz Mahal)을 위해 세운 무덤 타지마할(Tāj Mahal)이다. 전체가 하얀 대리석으로 이루어진 이 17세기 대건축물은 서예와 수학적 모자이크를 비할 데 없는 하나의 예술 형태로 끌어올린다. 대리석 트레이서리(tracery, 고딕식 건축에서 창에 붙이는 장식 격자 ―옮긴이)에서 전형적으로 나타나는 무늬는, 불규칙적으로 반복되는 육각성과 정육각형, 두 가지 크기의 튤립 도안들이다.

M. C. 에셔

20세기 네덜란드의 결정학자 모리츠 코르넬리스 에셔(Maurits Cornelis Escher, 1898~1972)는 그래픽 기법에 흥미를 느끼고, 대칭 조작(symmetry operation)을 이용하여 끊임없이 반복되는 사실적인 (때로는 가공적인) 형태들을 만들어 냈다. 그의 그래픽 가운데 일부는 평평한 형태로 이루어져 있으며, 다른 일부에는 계단이나 격자 구조, 매듭, 뫼비우스의 띠 등 투시화법을 이용한 형태들이 담겨 있다. 에셔는 1점 투시, 2점 투시, 3점 투시, 심지어는 4점 투시까지 동원하는 자유분방함으로 종종 관찰자들의 상상력을 자극한다. 예컨대 올라가는 계단은 불가사의하게도 어느새 내려가는 계단으로 변한다. 이슬람 예술가들에게 강요되었던 종교적 금지사항(인간과 짐승의 묘사를 금하는)으로부터 자유로웠던 에셔는 이러한 형태들을 자유롭게 활용하여 대칭적인 도안들을 구상했다. 오른쪽을 보고 있는 어두운 색의 기수(horseman)들은, 왼쪽을 보고 있는 밝은 색의 기수들 사이에 끼어 있다. 반복적인 형태들을 변하지 않게 해 주는 대칭 조작은, 수직 및 수평 방향으로의 단순한 전이(轉移)와 반사다. 그리고 반사 과정에서는 기수의 명암 또한 교체된다.

앞에서 우리는, 동일 형태로 구성된 모자이크를 생성할 수 있는 정다각형은 세 종류뿐이라는 사실을 확인했다. 그러나 다른 정다각형들로 구성된 불규칙적인 모자이크는 수적 제한이 없다는 사실 또한 앞에서 언급되었다. 에셔는 수학적 모자이크의 특징을 이루는 동일한 대칭 조작을 도입하여 교묘하면서도 단순한 그래픽을 창조해 냈다. 그가 초기에 결정학자로서 교육받은 점을 생각해 볼 때, 그의 예술에 종종 과학적인 주제들이 결합된 것은 자연스런 일이라 할 수 있다. 7장에서는 에셔의 작품 가운데 하나를 좀더 자세히 들여다볼 것이다. 그에 앞서, 3차원 입체들 즉 정다면체 및 준(準)정다면체들과 그 안에 숨은 대칭들을 살펴보자.

정다면체

정다면체(regular polyhedron)란 표면이 정다각형으로 이루어진 3차원 입체를 말하며, 각 면의 모양과 그 면을 이루는 변의 수 및 꼭지점의 수는 모든 방향에서 똑같다. 정다면체로는 정사면체와 정육면체, 정팔면체, 정십이면체, 정이십면체가 있다(그림 5-1). 종류는 이렇게 다섯 가지뿐인데, 우연히도 루이스 캐럴(Lewis Carroll)이 '밉살스러울 정도로 적은 수'라고 표현한 숫자와 일치한다. 이 다섯 가지 종류는 모두 플라톤이 태어나기 200년 전 피타고라스에 의해 확인되었음에도 불구하고 플라톤의 입체(platonic solids)라 알려져 있는데, 이는 기하학자 유클리드가 플라톤에 대한 경의를 표현하기 위해 명명한 것이다.

고대 그리스인들은 흙, 불, 공기, 물이라는 단 네 가지 원소가 다르게 혼합되어 자연의 모든 물질을 구성한다고 생각했다. 그들이 생각하는 불의 원자는 정사면체 형태였고 흙의 원자는 정육면체, 공기의 원자는 정팔면체, 물의 원자는 정이십면체였다. 그러나 정다면체의 종류는 분명이들이 인식하고 있던 원소들보다 한 가지가 더 많았다. 피타고라스학파 사람들에게 이 다섯 번째 다면체는 대단히 중요한 의의를 지니는 것이었다. 그리하여 정십이면체에 관한 오메르타(omerta) 즉 침묵의 규약이 성립되었는데, 이 다면체에 숨겨진 의미(우주의 형상을 나타낸다는)를 외부에 발설하는 자는 반역자로서 죽음의 형벌을 받을 수도 있다는 것이었다.

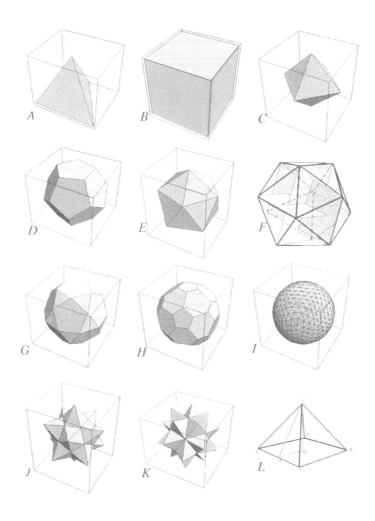

그림 5-1 정다면체 및 준정다면체와 황금피라미드. (A) 정사면체, (B) 정육면체, (C) 정팔면체, (D) 정십이면체, (E) 정이십면체, (F) 정이십면체 내부에 걸쳐지는 열다섯 개의 황금직사각형(여기에서는 그 중 세 개만 보인다), (G) 깎인 정십이면체(truncated dodecahedron), (H) 깎인 정이십면체(truncated icosahedron) 혹은 꼭지점을 자른 정이십면체, (I) 격자무늬 정십이면체(tessellated dodecahedron). 벅민스터 풀러(Buckminster Fuller)의 지오데식 돔(geodesic dome)과 매우 흡사하다. (J) 별 모양 정십이면체, (K) 별 모양 정이십면체, (L) 황금피라미드.

피타고라스학파의 학교는 장화 모양의 이탈리아 지도에서 굽 부분에 해당하는 크로톤(Crotone)에 있었다. BC 6세기 무렵 피타고라스가 설립한 이 학교에서 관심을 둔 학술 분야는 수학과 자연철학, 그리고 음악이었다. 그러나 피타고라스학파의 철학 근저에는, 현대적인 관점으로 볼 때 컬트(cult)라 할 만한 신비주의와 수비학(numerology)이 깔려 있었던 것으로 보인다.

플라톤의 입체가 왜 다섯 가지밖에 존재할 수 없는지 알아보는 방법은 매우 간단하다. 변의 개수가 최소인 평면도형은 삼각형이다. 한 점을 중심으로 3차원을 형성할 수 있는 정삼각형의 최소 개수는 세 개다. 네 개나 다섯 개의 정삼각형으로도 다면체를 만들 수 있지만 여섯 개가 모이면 평면이 된다. 따라서 세 개, 네 개, 또는 다섯 개의 정삼각형이 한 점을 중심으로 모여야 다면체가 형성된다. 정사각형의 경우 세 개가 한 점을 중심으로 모이면 정육면체가 만들어지지만 네 개가 모이면 평면이 된다. 정오각형 역시 세 개로만 다면체를 만들 수 있으며 네 개가 모이면 평면을 이루는 각도를 넘어선다. 그러므로 한 점을 중심으로 3차원 형태를 갖출 수 있는 정다각형은, 세 개나 네 개 혹은 다섯 개의 정삼각형, 세 개의 정사각형, 세 개의 정오각형뿐이다.

17세기 초 덴마크인 천문학자 티코 브라헤(Tycho Brahe)의 조수였던 독일 출신 수학자 요하네스 케플러는 행성운동의 세 가지 법칙을 정립하는 데 성공했다. 티코가 남긴 관측 자료들을 물려받아 충실한 계산을 수행함으로써 궁극적으로 이 법칙들을 끌어내게 된 것이지만, 그보다 앞서 케플러는 행성들 사이에서 반복적으로 나타나는 고유한 간격에 관해 여러모로 생각해 보았다. 그가 생각한 몇 가지 수학적 구상 가운데는, 행성 간의 간격을 띄우는 장치로 다섯 개의 정다면체를 이용하는 개념과 이 정

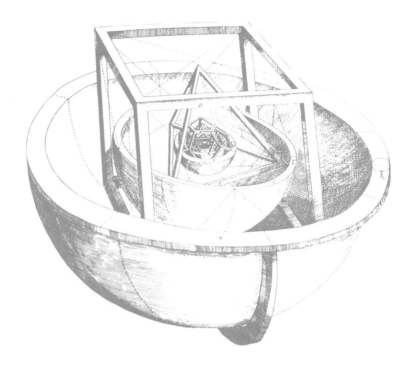

그림 5-2 요하네스 케플러가 다섯 가지 정다면체를 행성 궤도 사이의 '간격 띄우개'로 사용하여 나타낸 기하학적 구조. (오클라호마대학 과학사컬렉션 허가에 의함.)

다면체들이 운용되는 규칙을 밝히는 작업이 포함되어 있었다(그림 5-2).

살바도르 달리의 〈최후의 만찬〉

살바도르 달리(Salvador Dali)의 〈최후의 만찬*Sacrament of the Last Supper*〉에서 정십이면체와의 흥미진진한 만남을 경험할 수 있다. 워싱턴 국립미술관에 소장된 이 그림에서 고개를 숙이고 있는 12사도는 예수 옆으로 빙 둘러앉아 있다. 배경에는 저물어 가는 태양이 보이고 테이블 위에는 사도들과 빵 조각, 그리고 포도주 잔이 드리우는 그림자들이 그려져 있다. 그러나 투명 혹은 반투명한 예수의 형상에는 그림자가 지지 않는다.

'최후의 만찬'이 벌어지고 있는 장면의 맨 위에서는 신이 양팔을 벌리고 이들을 보호하며 감싸고 있는데, 얼굴은 보이지 않는다. 그런데 신의 팔 바로 아래에서 이 장면에 틀을 두르고 있는 것은 틀림없는 정십이면체다. 이 그림에서는 한쪽이 다른 한쪽을 투영하고 있는 거의 완벽한 좌우 대칭이 나타난다. 예외적으로 예수의 팔 위치와, 배경에 있는 섬들의 배열(카탈로니아에 있는 달리의 집에서 바라본 경치라 생각된다)은 대칭을 이루고 있지 않다. 그림에는 1930년대 후반과 1940년대에 달리가 겪은 일부 경험들이 반영되어 있다. 달리는 피카소를 포함한 당시 많은 예술가나 지식인들과 마찬가지로, 스페인 내전에서 파시즘 신봉자들에게 강력히 반대하는 입장을 취했다. 이 시기에 그는 초로의 지그문트 프로이트를 만나면서 그로부터 깊은 영향을 받았다. 불가지론(agnosticism)을 옹호하던 시기를 거쳐 다시 크리스트교로 돌아온 그는 작품에서 무정부주의적인 주제들을 더는 다루지 않았다. 그리고 최종적으로 그는 16세기 초반의 르네상스 예술을 새로이 고찰함으로써 영감을 얻었다.

달리의 〈최후의 만찬〉에서는 몽환적인 성격(프로이트 심리학의 영향)과 고전적인 시점(이탈리아 르네상스, 특히 레오나르도 다 빈치가 그린 〈최후의 만찬〉의 영향)이 표출된다. 화필의 귀재 달리가 이 초현실적인 작품을 제작한 때는 1955년이었다. 마치 즐거운 수수께끼처럼, 두 작품 모두에서 예수는 등 뒤에서 빛을 받고 있다. 레오나르도의 벽화에서는 예수

바로 뒤에 있는 창이, 달리의 그림에서는 저무는 태양이 후광 역할을 하고 있는 것이다. 물론 달리의 〈최후의 만찬〉에서는, 레오나르도의 〈최후의 만찬〉에서 볼 수 있는 심리학적인 연출이나 효과(자세한 내용은 9장에서 다루도록 하겠다)는 나타나지 않는다.

그림의 구성에 사용된 정십이면체에 관해 달리는 다음과 같이 설명한다. "12라는 숫자의 거룩한 성찬식에 기반을 두어 명쾌하고 피타고라스학파적인 동시성을 최대한 살리고 싶었다. 낮을 의미하는 12시간과 1년을 구성하는 12개월, 정십이면체를 이루는 12개의 정오각형, 태양이 지나는 길목에 있는 황도십이궁, 그리고 예수 주변으로 둘러앉은 12사도를 담아 내고자 한 것이다."

그림의 너비에 대한 길이의 비율은 1.603으로, 황금 비율 $\varnothing=1.618$에 가깝다. 그는, 이 비례를 선택한 것이 고전적인 비율을 적용하려는 의도, 즉 직관적인 예술적 감성의 산물이었는지 아니면 단순한 우연이었는지에 관해서는 설명하지 않았다. 하지만 신비주의적 경향이 짙고 수비학을 신봉하던 달리가, 피타고라스학파에서 엄격히 비밀로 지키던 정십이면체, 즉 우주의 상징을 자신이 무의식중에 그림 속에 담았다는 사실을 알고 매우 만족감을 느꼈을 거라고 가정한다 해도 그리 터무니없는 추측은 아닐 것이다.[10] 달리가 그 중대한 의미를 알고 있었을 가능성은 희박하다. 만약 알았다면 그림을 설명할 때 분명히 언급했을 것이다.

준정다면체

여러 가지 정다각형들을 혼합하여, 모든 꼭지점에서 정다각형들이 동일하게 배합되어야 한다는 조건을 충족시키면 준정다면체(semiregular polyhedron)라는 입체를 얻을 수 있다. 예를 들어 20개의 이등변삼각형으로 이루어진 정이십면체에서 꼭지점들을 잘라 내면 '깎은 정이십면체'가 되는데, 이렇게 생성된 입체의 각 꼭지점에서는 두 개의 정육각형과 한 개의 정오각형이 만나게 된다. 현대에 사용되고 있는 축구공의 형태가 바로 깎은 정이십면체이며, 대개 정육각형 가죽 조각은 흰색으로 칠해져 있고 정오각형은 검은색이다.

또 다른 준정다면체로, 여덟 개의 이등변삼각형과 여섯 개의 정사각형이 배합되어 총 14면으로 이루어진 '깎은 정육면체(cuboctahedron)'가 있는데, 각각의 꼭지점 둘레에는 두 개의 삼각형과 두 개의 사각형이 교대로 배열된다(3-4-3-4 구성으로 분류된다). 여기에서 물리학적인 중요성이 나타난다. 이러한 배열을 모델로 삼아 우주 공간에 존재하는 혹성을 동일한 종류끼리 분류할 수 있는데, 이는 결정학의 중요한 관심사 가운데 하나다. 이제, 자연에서 나타나는 패턴들에 관한 보다 총체적인 주제 내에서 결정 구조를 분류하여 소개하고자 한다.

정이십면체와 황금직사각형 사이에는 미묘한 연관이 있다. 20개의 삼각형 면과 30개의 모서리를 지니고 있는 이 정다면체에서는 마주보는 두 모서리 사이에 걸쳐 있는 황금직사각형들을 볼 수 있다. 정반대 방향에 놓인 모서리 쌍들은 각각 황금직사각형의 짧은 두 변을 이루는데, 정이십면체에는 30개의 모서리가 있으므로 그 사이에 끼어 있는 황금직사각형은 총 15개가 된다. 스위스의 위대한 수학자 레너드 오일러(Leonard Euler, 1707~1783)는 정다면체든 아니든 상관없이 모든 다면체에서 꼭지점과 면, 그리고 모서리의 개수 사이에 존재하는 관계를 밝혀 냈다. 꼭지점의 개수에 면의 개수를 더하면 모서리의 개수에 2를 더한 값과 일치한다는 것이다.

입체의 종류 가운데 정다면체도 준정다면체도 아니지만 우리가 자주 접하는 형태들이 있다. 대표적인 예로 각뿔(밑면은 여러 가지 다각형이고 측면은 삼각형인 입체)과 각기둥(단면이 여러 가지 다각형인 기둥 형태), 각뿔대(꼭대기가 밑면에 평행하게 잘린 각뿔) 등을 들 수 있다. 앞서 언급한 정사면체는 밑면이 정삼각형인 각뿔이다. 그러나 우리에게 가장 익숙한 각뿔은 역시 고대 이집트인들이 사용했던 정사각형 기반의 피라미드로, 이 장의 도입부에서 상세하게 검토한 바 있다. 밑면을 구성하는 변의 개수가 많아지면 그에 따라 입체는 오각뿔, 육각뿔 등의 형태로 나타난다. 그리고 밑변의 개수가 무한대에 달하면 각뿔은 우리가 잘 알고 있는 원뿔의 형태로 변한다. 이러한 배경으로 인해, 앞서 언급한 고대 이집트 피라미드의 밑면 둘레가 피라미드 자체 높이의 정확히 2π배에 해당하게 된 것이다. 또한 이 조건으로 인해 피라미드는 $52°$의 경사를 지니게 되고 신성 비례를 내포하게 되었다. (쿠푸왕과 카프레왕 피라미드에서 나타났던 관계다.)

정육면체나 정사면체, 어쩌면 정팔면체까지 비교적 단순한 정다면체들은 거의 누구나 쉽게 상상할 수 있다. 그러나 보다 복잡한 정다면체(정십이면체와 정이십면체)나 준정다면체(깎은 정십이면체와 깎은 정이십면체)를 떠올리려면 훨씬 높은 사고력이 필요하다. 게다가 그 안에 숨어 있는 대칭을 검토하려면 머릿속에서 다양한 축을 중심으로 입체를 회전시켜 봐야 한다. 하지만 21세기로 접어든 지금은, 방정식이나 컴퓨터 코드를 입력하여 고속 컴퓨터로 간편하게 다면체를 그릴 수 있게 되었다.

별 모양 정십이면체는 12개의 면 각각으로부터 정오각뿔들이 튀어나와 있으며, 별 모양 정이십면체는 20개의 삼각형 면으로부터 정삼각뿔 즉 정사면체들이 튀어나와 있다. 마지막으로 격자무늬 정십이면체에서는 정십이면체의 면들이 외접하는 구 표면에 격자무늬로 나타나 있다. 이것은 벅민스터 풀러(Buckminster Fuller, 1885~1983)가 고안하여 1954년 특허를 얻은 지오데식 구(geodesic sphere)와 같은 형태다. 이 형태로 세워진 가장 잘 알려진 돔은 1967년 몬트리올 엑스포에서 미국 전시관에 등장한 65미터(200피트) 높이의 돔이다. 육각형으로 이루어진 내부 층들은 외부의 삼각형들과 연결되어 있고, 여기에 투명한 플라스틱 외장이 덮여 있다.

레오나르도의 도안

레오나르도 다 빈치의 노트에는 스케치나 메모, 낙서, 계산식과 함께 여러 가지 다면체 도안들도 여기저기 그려져 있는데, 이 도안들이 바로 레오나르도가 '기하학적 개조(geometric recreation)'라 부르던 작업의 결과물들이다. 끝없이 변형할 수 있다는 가능성 때문에 이 정다면체 및 준정다면체는 그에게 매혹적인 대상이 되었던 것으로 보인다.

　레오나르도는 요하네스 구텐베르크가 활판 인쇄술을 이용한 유럽 최초의 책(성서)을 출판한 때와 거의 비슷한 시기에 태어나 『신성 비례』(베네치아, 1509)의 출판에 참여했다. 『신성 비례』는 어떤 이유에서인지 파치올리가 단독 저자로 되어 있지만, 레오나르도와 프란체스코회 수도사 겸 수학자 루카 파치올리, 그리고 예술가 피에로 델라 프란체스카(Piero della Francesca)의 공동 작업으로 탄생한 작품이다. 이 책에는 설명적인 본문과 더불어, 여러 가지 다면체와 새로운 활자(비트루비우스체

그림 5-3 『신성 비례』에 수록된 레오나르도의 삽화 견본. (미국 국립미술관 도서관의 허가에 의함.)

Vitruvian letters) 도안 등을 포함한 60점의 삽화가 들어 있다. 그리고 이 삽화들 가운데는 사람의 얼굴 옆모습의 비례를 연구한 그림도 있는데, 두개골의 기부(基部)를 정점으로 이등변삼각형이 작도되어 있다. 이 책의 그림 원본들은 밀라노의 암브로시아나도서관(Biblioteca Ambrosiana)에 소장되어 있다(그림 5-3).

『신성 비례』의 '공식적인' 저자 파치올리는 유능한 수학자였으며, 회계학 분야에서 복식부기(double-entry bookkeeping system)의 시조로서 존경받고 있다. 그는 1494년 수학에 관한 논문에 복식부기를 소개하면서, 300년 전『산반서』에 이 방식을 발표한 '피사의 레오나르도(피보나치)'에게 공로를 돌렸다. 그런데 현대의 이슬람학자들은 중세의 이슬람 수학자들이 복식부기를 알고 있었다고 지적한다. 현재 남아 있는 기록은 없지만 이 주장은 매우 타당해 보인다. 응용수학 및 과학이 중세 이슬람 학자들로부터 전해 내려온 것임을 상기시키는 주장이다.

수학과 미학 그리고 과학에는 두 명의 레오나르도, 즉 다 빈치와 피보나치를 동일한 지적 범주에 포함시킬 수 있는 보다 폭넓은 연관성이 존재한다. 궁극적으로는 훨씬 이전부터 고대 이집트와 인도, 바빌론, 그리고 고전 그리스에서도 지적인 지류(支流)들의 강한 인상이 보이지만, 이들의 완전한 합류가 이루어진 것은 한참 후의 일이다. 몇 가지 놀라운 발견과 더불어, 특히 자연철학에서는 씻을 수 없는 근본적인 실수도 더러 있었다. 완성적이라 할 만한 계산은 중세 이슬람 학자들에 이르러, 심지어는 르네상스 이후가 되어서야 나타난다.

르네상스 절정기에 레오나르도 다 빈치는 자연철학에서 아리스토텔레스와 프톨레마이오스, 갈레노스가 범한 오류들, 그리고 교회의 뿌리깊은 오해들(10장에서 주제로 다룰 것이다)을 처음으로 의심하기 시작한다. 16세기에는 코페르니쿠스와 베살리우스(Vesalius)가 보인 연구들이 지적 질서의 지배적인 흐름 변화를 예고한다. 그리하여 17세기 초반에는 갈릴레오가 교회에 맞서 끊임없이 악전고투를 벌이게 된다. 갈릴레오는 비록 이 싸움에서 패배하지만 그의 견해는 북유럽으로 장소를 옮겨 굽히지 않는 행로를 세우고 전례 없는 진보를 이루게 된다.

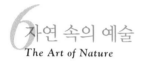

자연 속의 예술
The Art of Nature

레오나르도는 일생 동안 자연에 대한 사랑을 아끼지 않았다. 그는 자연을 연구하고, 기록하고, 묘사하고, 채색했다. 그리고 자연의 미묘한 차이를 포착해 내는 남다른 능력이 있었다. 예술가와 과학자는 모두 자연에서 영감을 얻는다. 양쪽 모두 자연을 묘사하는 데 관심을 두지만 표현 방식에서는 뚜렷한 차이를 보인다. 예술가는 눈에 보이는 세계를 해석하여 전달하는 데 중점을 두고, 과학자는 자연이 움직이는 방식과 그 이유를 설명하는 데 중점을 두는 것이다.

　예술가는 감각을 통해 자연에 관한 정보를 직접 수집하고 자연의 미묘한 특성들을 탐구하는 표현법과 작업 방식을 취하는데, 때로는 숫자로 표현 가능한 자연의 잠재적인 메시지들을 수용하기도 한다. 그러나 각도, 경사, 비례 등을 측정하거나 나뭇가지들을 하나하나 헤아리기보다는 추상적인 특성, 즉 대상의 '영혼'을 탐구하여 그 본질적인 매력을 작품에 담아 냄으로써 보는 이들의 마음을 사로잡는다. 결국 작품은 예술가의 추상적인 요구들을 충족시켜야 하며 '보기 좋은' 모습을 갖춰야 하는 셈이다. 크리스토퍼 타일러(Christopher Tyler)는 이렇게 말했다. "'보기 좋다'는 말은, 일종의 물자체(物自體, ding an sich)와 같이 보는 이들의 영혼을 공명시킨다는 의미다. 따라서 예술은 내부로 향하며 과학은 외부로 향한다고 할 수 있다."[1]

역사적으로 르네상스 예술가들, 그 중에서도 예술가이자 과학자였던 레오나르도 다 빈치와 같이 비범한 인물은 자연 관찰법을 터득하는 데 있어서 르네상스 과학자들보다 앞서 있었다. 특히, 단순한 가정이나 자기성찰에 그치지 않고 적절한 질문을 제기한다는 점에서 예술가들의 우월성은 두드러졌다. 그런 점에서 볼 때 소수의 고대 자연철학자들을 제외하면 그리스 로마인들은 경험과학에 관여하지 않았다. 그리고 현대적인 의미의 과학은 르네상스를 통해 부활한 것이 아니라 르네상스 시대에 비로소 탄생한 것이다.

현대의 과학자들은 감각기관보다 예민한 기구들로 체계적인 관찰을 수행하여 본질적으로 일관성 있고 보편적인 해석을 이끌어 낸다. 그 과정에서 잠재적인 메시지와 미묘한 부분의 근원이 드러나기도 한다. 예술가들은 완전한 예술적 자유를 통해 주관적으로 창작 활동을 펴는 반면, 과학자들은 객관성과 사실, 자료 등의 구속을 받는다. 그러나 단지 사실이나 자료만으로 과학자의 작업 방식이 결정되는 것은 아니다. 직관이나 영감, 상상력 역시 중요한 역할을 하기 때문이다.

탁월한 과학 해설 능력을 지닌 고생물학자 스티븐 제이 굴드는 특히 변형적 이론들을 전개하는 과학자들을 대변하여 다음과 같이 설명했다. "과학은 감정 없이 객관적인 정보만을 추구하는 분야가 아니다. 과학은 창조적인 인간 활동이며, 과학자들은 정보처리자의 역할보다는 예술가의 역할을 더 많이 수행한다. 이론에서 나타나는 변화들은 단순히 새로운 발견에서 파생되는 결과들이 아니라, 당시 사회적·정치적 요인들의 영향을 받은 창조적인 상상력의 산물이다."[2]

예술가와 과학자의 영역은 서로 대립되는 것처럼 보이지만 역사 전반에 걸쳐 이들의 시각이 서로 밀접한 관계에 있었다는 증거는 어렵지 않게 찾아볼 수 있다. 때때로 예술가들은 과학자들이 이후 어떤 발견을 하게 될지 미리 보여 주기도 했다. 레너드 쉴레인(Leonard Shlain)은 이러한 주제를 거론하며 예술과 과학이 나란히 발전한 여러 가지 예들을 제시한다. 대표적인 예로, 아인슈타인의 상대성이론과 함께 전개된 물리학 사상의 격변이 19세기 말 마네(Manet), 모네(Monet), 세잔(Cézanne)과 같은 화가들의 작품에 직관적으로 나타나 있었다는 것이다.[3] 이 주제는 상당히 흥미롭지만 그만큼 정확한 시각이 요구된다.

19세기 중반 예술에서 추상성이 가속적으로 증대되는 데 명백한 촉매로 작용한 것은 루이 다게르(Louis Daguerre)가 조제한 감광유제로, 이것은 사진 기술의 기초를 마련해 주었다. 사진기는 캔버스에 그려진 그림에 비해 사실적인 이미지를 훨씬 더 세세하게 담아 낼 수 있었다. 그로 인해 들라크루아(Delacroix)나 제리코(Géricault)의 그림에서 눈에 띄던 정밀함은 호소력을 잃기 시작했고 화가들은 정밀함의 자리를 사진기에 내주게 되었다. 실제로 신진 화가들은 정밀함이나 세부 묘사는 무시하고 색채와 질감을 중시하는 새로운 표현 방식을 취했다. 그 무렵 미술과 음악에서 동일한 경향을 보이는 변혁이 일어나고 있었는데, 미술에서는 모네가, 음악에서는 드뷔시(Debussy)가 인상주의를 이끌었다. 더불어 사진 기술은 인물사진, 풍경사진, 보도사진 등을 세부 분야로 하는 전혀 새로운 예술 형태를 탄생시켰다.

　프랑스의 위대한 사진작가 카르티에 브레송(Henri Cartier-Bresson, 1908～　)은 사진을 하나의 예술로서 해설하는 탁월한 능력을 지닌 인물로 평가되기도 한다. 거의 20세기 전반에 걸친 활동 기간 동안 카르티에 브레송은 역대 최고의 사진 이미지로 손꼽히는 작품들(특히 초현실주의적인 작품들)을 창조해 냈다. 또한 그는 깊은 자기성찰을 통해 미술과 통찰적인 심리학, 그리고 수준 높은 문학의 훌륭한 조화를 이루어 냈다. 그는 인물사진을 가리켜 "사진이 회화로부터 얻어 낸 영토"라고 표현했다. 지난 한 세기 반 동안 두 매체 모두에서 나타난 발전을 생각해 볼 때 이 주장에 이의를 제기하는 사람은 거의 없을 것이다. 그는 수세기 전 레오나르도가 회화에 관해 했던 말을 차용하여 이렇게 썼다. "모든 표현 수단 중에서 정확한 시간을 고정시킬 수 있는 수단은 사진뿐이다."

　카르티에 브레송은 또한 노년에 이런 글을 남기기도 했다. "사진에서 얻을 수 있는 유일한 기쁨은 기하학이다. 나머지는 모두 감상일 뿐이다." 우리는 한 분야에서 오랫동안 명사로 인정받은 사람의 말을 대할 때면 언제나 진지하게 고민해 봐야 한다는 의무감을 갖게 된다. 모호함으로 가득 찬 문서의 의미를 해독하느라 괴로움을 겪어야만 하는 경우에도 말이다.

　위의 말은 우선 그가 사진작가로서 전성기에 했던 다른 말들(사진으로 얻을 수 있는 것은 사실적인 아름다움밖에 없다는)과 배치되는 입장을 보인다. 또한 이 발언에는 그림으로 되돌아가고 싶다는 깊은 열망이 담겨 있는 것처럼 보이기도 한다. 그는, 구성적인 요소들 즉 사진에 내재된 기하학만이 자신의 유일한 관심사이며, (구체적으로 예를 들자면) 보도사진에 가득 차 있는 도덕적·정치적 아젠다나, 심지어는 감정적인 아젠다까지도 그저 따분한 요소일 뿐이라 말하고 있다. 하지만 이와는 완전히 상반된, 그리고 나 역시 옳다고 생각하는 또 다른 해석이 있다. 바로 감정이 결여된 형식이나 형식이 결여된 감정은 훌륭한 예술을 낳을 수 없다는 주장이다. 만약 위의 발언이 그의 솔직한 심정을 대변하는 것이라면, 이는 레오나르도가 했던 다음의 말과 크게 상반되는 견해라 할 수 있다. "정신과 손이 함께 움직이지 않는 곳에 예술은 없다."[4]

20세기로 들어서는 전환기에 과학은, 시급히 해결되어야 할 두 가지 문제로 인해 그야말로 불안정한 상태에 놓여 있었다. 첫째로, 물리학 분야의 거대한 두 체계, 즉 고전역학(classical mechanics)과 전기역학(electrodynamics)이 수학적으로 양립할 수 없는 성격을 띠고 있었다. 둘째로, 원거리로 빛을 전달하는 에테르(aether, ether)라는 매질(媒質)이 성간공간(interstellar space)에 존재하는가에 관한 의문이 제기되고 있었다. 이 두 가지 문제가 서로 연계되면서, 당시 과학계에는 상대성이론이 체계화되는 데 더없이 적절한 분위기가 조성되었다. 그리고 이처럼 전반적으로 불안정한 분위기는 예술가들의 작품에 그대로 반영되었을 것이다. 물론, 위대한 인상주의 예술가들이 물리학 분야 문제들의 해결 방법을 조금이나마 알고 있었다고 추정한다면 지나친 확대해석이 될 것이다. 그리고 물리학에서 나타난 불안정함은 19세기 후반의 시대정신, 말하자면 당시 유럽 문화 전반에 걸쳐 있던 지적 환경의 한 부분이었을 뿐이다. 따라서 예술이 물리학적인 발견들을 미리 보여 줬다기보다는 예술이 그러한 발견들과 나란히 진행되었다는 설명이 더 적절한 표현일 것이다.

불행하게도 예술가들과 과학자들이 서로 의견을 교환하는 일은 거의 없다. 그러나 예술과 과학에서 나타나는 변화들은 모두 같은 곳에 뿌리를 두고 있다. 사물이 우리 눈에 익숙하게 보이는 것과는 다른 모습을 지니고 있다는 인식, 그리고 사물에는 우리가 일반적으로 그려 낼 수 있는 것보다 더 많은 요소들이 담겨 있다는 인식에 바탕을 두고 있는 것이다. 물리학 체계 가운데 양자역학(quantum mechanics)은 물리학적인 문제들을 전혀 새로운 관점에서 바라보는 접근 방식을 제시해 주었다. 양자역학의 이론 설계자들은 관례적인 뉴턴역학 방식을 취하지 않고 추상적이면서 더욱 본질적인 방식으로 대상의 실체를 밝혔다. 시각예술에서는 파블로 피카소(Pablo Picasso)나 조르주 브라크(George Braque)로 대표되는 입체주의(Cubism)가 이와 유사한 양상을 띠며 나란히 전개되었다. 일례로, 피카소의 유명한 회화작품 〈아비뇽의 처녀들 *Les Demoiselles d'Avignon*〉(1907)에서는 여성들에 대한 추상적인 시선이 나타나는데, 이 시선은 여성들의 외양보다는 본질을 담아 내고 있다.

자연에 내재된 대칭과 패턴, 물리법칙에서 발견되는 대칭

3장에서 우리는 수열을 기초로 하여 피보나치수열에서 황금직사각형까지, 황금직사각형에서 대수나선까지, 그리고 대수나선에서 황금삼각형까지 다양한 개념들을 살펴보았다. 그리고 이러한 도형들에 이어 평면공간에서는 수학적 모자이크(다각형 타일 붙이기)의 개념을, 3차원 공간에서는 다각형들이 모여 입체를 이루는 다면체의 개념을 짚어 보았다. 이 패턴들 사이의 상호 연결은 모든 흐름을 주관하는 하나의 간단한 논리로부터 비롯되었다. 2차원 및 3차원의 수학적 형태들이 예술작품 속에 그대로 반영되는 것이 바로 예술 속의 자연이며, 이 형태들이 자연의 고유한 창조물을 통해 나타나는 것이 자연 속의 예술이다.

자연에서 패턴과 규칙이 형성되는 데에는 생물학적·물리학적 역학관계는 물론 공간 채우기(수학적 모자이크)도 중요하다. 궁극적으로, 생물이든 무생물이든 크기가 작든 크든 관계없이 자연의 창조물에 대칭 및 형태를 부여하는 것은 물리적인 힘이다. 그리고 힘은 다시 그 안에 숨어 있는 대칭에 의해 결정된다.

자연에서 볼 수 있는 수학적 형태들

황금삼각형을 기초로 기하학적 구조를 만들었을 때 나타나는 간단한 형태로 오각성이 있는데, 자연에서도 불가사리에서 이 오각성 형태를 볼 수 있다. 불가사리(starfish)라는 이름에는 어류(fish)라는 의미가 담겨 있지만, 사실 이 동물은 어류가 아니라 극피동물(echinoderm)이다. 대표적인 극피동물로는 성게, 해삼, 갯나리(sea lily) 등이 있다. 불가사리는 대개 팔이 다섯 개인데, 어떤 것들은 모양이 오각형과 비슷하고 어떤 것들은 여러 개의 팔을 자랑하기도 한다. 이 생물들은 바다라면 어디에나 서식하고 있다. 수학적으로 설명이 가능한 형태와 자연에서 볼 수 있는 형태들을 비교하다 보면, 수학적으로 설명할 수 있는 형태들은 이미 자연에도 존재하며 역으로 자연에서 나올 수 있는 형태들은 수학적으로도 설명이 가능하다는 것을 알 수 있다.

자연에서 볼 수 있는 전혀 다른 형태로 나선 혹은 코일이 있는데, 크기는 매우 다양하며 유형은 기본적으로 쌍곡나사선, 아르키메데스의 나선, 대수나선의 세 가지로 분류된다. 쌍곡나사선은 자연에서 보기 드문 형태로, 처음에는 대수나선과 비슷한 모양을 띠지만 점점 풀려갈수록 나선이 펴지면서 직선이 된다. 사고야자(sago palm)나 여타 양치식물의 돌돌 말린 어린 잎은, 잎자루는 곧고 단지 끝부분에서만 돌돌 감긴다는 점에서 쌍곡나사선과 닮았다. 아르키메데스의 나선도 자연에서 그다지 자주 접하게 되는 형태는 아닌데, 균일한 두께로 중심축에 단단히 감겨 있는 물질과 유사하다. 이 나선은 구식 레코드판에 파인 홈이나, 릴에 감긴 녹음 테이프에서 볼 수 있다.

대수나선 : 스피라 미라빌리스(Spira Mirabilis)[5]

생물계에서 나선이 형성되는 데 있어 핵심적인 요소는, 조직 양면에 있는 세포들의 성장률 차이다. 느리게 성장하는 표면은 외부에서 빠르게 성장하는 표면에 차츰 둘러싸인다. 세포들의 크기가 균일하면 이 세포들의 직선 배열은 원통형을 이루게 된다. 이 원뿔을 균등하게 감으면 바로 아르키메데스의 나선이 만들어진다. 그러나 세포들의 크기가 점차 커지는 경우라면 직경의 차이로 인해 원뿔 형태를 띠게 되므로 이 원뿔을 감으면 대수나선이 형성된다. 이 간단한 규칙으로 여러 가지 전혀 다른 현상들 사이의 연관성이 설명된다. 가장 두드러진 예로는 앵무조개(Nautilus pompilius) 껍질을 들 수 있다. 앵무조개는 '살아 있는 화석'이라 불리는데, 가장 가까운 원형종인 암모나이트(ammonite)가 적어도 4억 년 전에 존재했기 때문이다. 하지만 이 생물의 진화가 더디게 진행된 것은 아니다. 앵무조개는 지질 연대 흐름에 따라 끊임없이 빠른 속도로 형태가 바뀌었다. 껍질 속에 살고 있는 동물은 집을 넓히면서 연속적으로 둥글게 돌아가는 관 모양을 만든다. 그리고 크기가 점점 커지면 이 동물은 어떤 물질을 분비하여 뒤에 격벽을 만들면서 계속 나아간다(화보4, 가운데 왼쪽).

피터 스티븐스(Peter Stevens)는 연이은 벽들의 성장 속도 차이로 인해 자동적으로 나선 형태가 나타난다고 지적한다. 따라서 유전자들은 껍질의 최종 형태를 기억하거나 설계할 필요가 없으며 단지 껍질 내부와 외부 표면 사이의 성장 속도 차이만 유도하면 된다는 것이다.[6] 생물계에 존재하는 대수나선의 예들은 앵무조개 외에도 많이 있다. 몇 가지를 들어 보면, 마스토돈(mastodon, 코끼리처럼 생긴 고대 포유류—옮긴이)의 엄니, 숫양의 뿔, 나무의 대팻밥, 고양이의 갈고리발톱, 검치호랑이의 송곳니, 포인세티아의 마른 잎, 달팽이 등의 수많은 복족류들, 귓속의 달팽이관 등이 있으며, 살짝 밖으로 휘어진 사람 입술에서도 대수나선을 볼 수 있다. 모두 내부 조직이 외부 조직보다 빠른 성장률을 보이는 경우다.

유전 암호의 핵심인 DNA(디옥시리보핵산) 분자는 당 분자와 인산염 분자로 된 긴 사슬 두 가닥이 꼬여 있는 구조의 고분자이다(그림 6-1). 가장자리가 결합될 때 길이 차이로 인해 이와 같은 나선 형태의 구조가 형성된다. 즉 이중나선 형태를 만들어 내는 요인은 바로 비뚤어진 분자 단위들인 셈이다. 이 이중나선 구조가 보여 주는 3차원 형태를, 화학자들이 '도식화(graphing)'라 부르는 방법으로 2차원 평면에 비춰 보면 한 쌍의 사인곡선(sine curve)이 나타난다. 이스라엘의 생물학자 하렐(Harel)과 그의 동료들은 DNA 분자의 치수들을 측정하던 중[7] 사인곡선의 각 주기에서 길이 대 너비의 비율이 Ø(≈ 1.62)임을 발견했다. 그야말로 놀라운 발견이었다.

500만 인자들에 의해 확장되는 앵무조개의 대수나선 형태는, 500마일(약 800킬로미터)까지 퍼지는 허리케인의 구름 형태를 연상시킨다. 이 소용돌이 형태를 다시 60조 배로 확대하면, 일반적으로 10만 광년까지

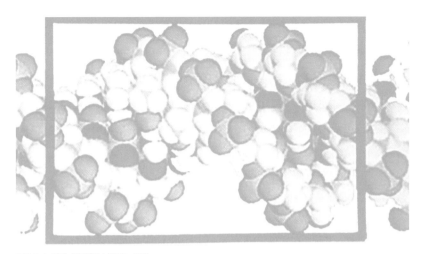

그림 6-1 DNA 분자에서 나타나는 비례.

뻗어 나가는 나선은하의 팔 모양과 같아질 것이다(화보4, 가운데와 아래 오른쪽).

천체를 불변의 궤도에 고정시키는 장거리 힘은 중력이며, 원자 및 분자 차원에서 주된 상호 작용은 전자기력으로부터 비롯된다. 이 두 가지 상호 작용은 모두 '역 제곱의 힘(inverse square force)'이라 불리는데, 그렇다면 과연 이 힘으로 인해 나선 형태가 만들어지는 것일까? 앵무조개나 숫양의 뿔같이 나선 형태에 속하는 입체들의 경우, 나선 형태는 한 면의 세포들이 반대쪽 면의 세포들보다 빠르게 성장할 때 나타난다. 그리고 이 상호 작용들은 응집이나 점착과 같이 근거리 범위의 내부적인 작용이다. 반면 허리케인의 구름이나 소용돌이에서는 외부적인 힘이 작용한다. 우선 대기 중에는 바람을 일으키는 기압경도(pressure gradient)가 존재한다. 그리고 지구의 자전으로 인해 발생하는 코리올리의 힘(coriolis force, 전향력轉向力)이 있다. 지구의 자전은 허리케인(또는 소용돌이)을 북반구에서는 반시계 방향으로, 남반구에서는 시계 방향으로 회전시킨다.

그런데 나선은하가 특유의 형태를 지니도록 만드는 힘은 무엇일까? 나선은하는 중심부가 팔보다 빠르게 회전한다. 그렇다면 이렇게 회전하는 나선은하가 매듭 모양으로 감기지 않는 이유는 무엇일까? 은하들은 어떻게 수십억 년 동안 나선형 상태를 유지하는 것일까? 물리학적인 직관으로는 천체물리학자들이 이 의문들의 해답을 역학(고전역학)과 중력에서 찾을 거라 예상된다. 그러나 집단생물학(population biology)이 역학 및 중력과 융합해야 하는 것처럼, 사실 해답은 여러 분야의 상호 교류에서 나온다. 물론 이 책에 소개된 범위 이상의 수학적 설명도 필요하다.

나선형 잎차례

식물에서 나타나는 나선형 성장 방식에 특별히 주의를 기울이지 않는 한, 자연의 나선 형태에 관한 어떤 논의도 불완전할 수밖에 없다. 잎차례(phyllotaxis)라고 알려져 있는 식물학 분야에서는 꽃에 붙어 있는 꽃잎이나 줄기에 붙어 있는 나뭇잎, 나무에 붙어 있는 가지들의 배열을 연구한다. 이 분야에서는 흥미롭게도 오래 전부터 피보나치수열에 속하는 수들의 출현이 인지되었다. 포플러나무 가지들의 호(弧) 모양이 배열된 간격, 장미나무 가시들의 간격, 담쟁이 잎에서 볼 수 있는 것과 같이 잎맥의 정교한 그물 조직에서 나타나는 간격은, 식물이 지니고 있는 신성 비례의 대표적인 예를 보여 준다. 물론 신성 비례는 식물의 아름다움을 돋보이게 해 주기도 하지만, 이 기하학적 배열은 식물이 태양빛을 최대한 흡수하고 세포들이 영양분을 최대한 섭취할 수 있게 해 주는 기능적인 역할도 수행한다. 간단히 말해 자연은 언제나 최선의 방책을 알고 있는 것이다.

스티븐스는 나무의 가지에서부터 단명식물의 꽃잎에 이르기까지 수많은 식물 형태를 조사했다.[8] 셀러리의 분열 조직(식물 기부에 있는 원뿔형의 단단한 조직) 바로 위를 자른 횡단면을 조사하는 과정에서 그는 셀러리의 줄기들이 한데 묶여 소용돌이 모양의 나선 한 쌍을 이룬다는 사실을 발견했다. 하나는 시계 방향으로 돌아가는 나선이고 하나는 반시계 방향 나선이었다. 자세히 관찰해 본 결과 더욱 전체적인 체계가 드러났다. 줄기의 꼭대기 부근에서 잎자루들이 잇달아 돋아날 때 이 잎자루들은 앞서 나선형으로 배열된 줄기 하나하나를 타고 서로 조화를 이루면서 역시 나선형 배열로 자라나는 것을 알 수 있었다. 하나의 나선을 이루는 잎자루들은 이전에 형성된 나선의 줄기들과 서로 얽히고 접촉하면서 변형된 나선 형태를 드러냈다.

브로콜리 한 송이에서는 서로 다른 두 방향의 나선들이 나타난다. 언뜻 보면 이 나선들은 구조가 매우 막연한 것처럼 보이지만, 자세히 살펴보면 대수나선형의 조직을 확인할 수 있다. 솔방울은 밑에서 보면 그 크기에 알맞은 대수나선 형태를 지니고 있다. 모든 솔방울에서 시계 방향 대 반시계 방향의 비율은 8 : 13이다. 국화는 13 : 21의 잎차례를 보인다. 해바라기의 씨들은 브로콜리에서 볼 수 있는 것보다 훨씬 식별하기 쉬운 나선 형태를 이룬다. 그리고 잎차례는 시계 방향 대 반시계 방향의 비율이 정확히 21 : 34로 나타난다.

이와 유사하게, 어린 산사나무의 나선형 가시 배열을 살펴보면 줄기를 두 바퀴 감고 있는 총 다섯 개의 가시가 2 : 5의 비율로 배열되어 있음을 확인할 수 있다. 사과나무와 참나무, 살구나무 역시 2 : 5의 잎차례를 보인다. 사초과(sedge) 식물들이나 너도밤나무, 개암나무에서는 1 : 3의 잎차례가 나타난다. 질경이, 포플러나무, 서양배나무의 잎차례는 3 : 8이며 서양부추, 버드나무, 아몬드나무의 잎차례는 5 : 13이다. 이중나선 구조의 솔방울을 대칭축 방향으로 납작하게 펴면 복합적인 대수나선이 나타난다. 솔방울과 마찬가지로 파인애플도 8 : 13의 나선형 잎차례를 보인다. 데이지에서 시계 방향 대 반시계 방향의 비율은 21 : 34이다. 해바라기는 품종에 따라 21 : 34, 55 : 89, 또는 144 : 233의 잎차례를 지닌다. 그리고 여기에 열거된 비율의 각 항들은 모두 피보나치수열에서 볼 수 있는 숫자들이다.

이처럼 다양한 식물에서 피보나치수열의 수들이 나타나는 것은, 이 모든 식물이 지닌 고유의 성장 형태에서 비롯되는 필연적인 결과다. 피보나치 수들의 존재는 셀러리 줄기 한 다발의 끝부분을 도식화한 스티븐스의 분석에서 확실히 드러난다. 여기에서 나타나는 점들을 이으면 끊이지 않고 연결되는 대수나선을 그릴 수 있다. 그리고 모든 연속하는 두 점 사이의 호(狐)는 정확히 $137° 30' 28'' (=137.5077°)$로 측정된다. 이 각도를 원한 바퀴의 각도($360°$)로 나누면 비율은 $137.5077°/360° = 0.381966$이 되는데, 이 값은 1.618034의 역수를 제곱한 값($0.618034^2 = 0.381966$)과 일치한다. 바로 여기에서 이 나선과 황금 비율의 연관성을 찾을 수 있다.

그러나 더욱 중요한 사실은 따로 있다. 스티븐스는 이 점들을 이어 시계 방향 및 반시계 방향으로 가능한 나선들을 모두 그려 보았다. 그 결과 나타난 복합 나선들의 잎차례는 1 : 2, 2 : 3, 3 : 5, 5 : 8, 8 : 13, 13 : 21이었다. 점들의 배열이 모두 피보나치 비율을 이루고 있을 뿐만 아니라, 오직 피보나치 비율만을 이루고 있었던 것이다!

마지막으로, 다양한 종의 나무들을 조사해 보면, 나무의 줄기는 일정한 높이에 이르면 둘로 갈라진다는 사실을 알 수 있다. 그리고 조금 더 올라가면 이 두 갈래 중 하나는 다시 나뉘고 나머지 하나는 나뉘지 않는다. 이렇게 되면 이제 가지는 모두 세 개가 된다. 여기에서 좀더 올라가면 세 가지 중 둘은 일제히 갈라지고 나머지 하나는 그대로 남는다. 이제 가지는 모두 다섯 개다. 그 다음에 다시 나뉘면 가지의 총수는 여덟 개가 될 것이다. 그러므로 어떤 높이에서든 현존하는 가지의 개수는 1, 2, 3, 5, 8……과 같은 피보나치 수로 나타나게 된다.

이러한 양상은 자주 발견되지만 절대적인 원칙은 아니다. 피보나치 체계를 따르는 양상은 적절한 시각에서 고려되어야 한다. 줄기가 자라나기 전에 수학적인 계산을 거치는 것은 아니듯, 식물이 황금 비율에 완전히 얽매여 있는 것은 아니다. 식물은 가장 공간적인 여유가 있는 곳, 영양분과 태양빛을 가장 잘 이용할 수 있는 곳에서 줄기를 자라게 한다. 스티븐스는 이렇게 말한다. "모든 아름다움과 수학은, 공간적인 환경과 상호 작용하는 간단한 성장 체계의 자연적인 부산물이다."[9]

일시적이고 가공적인 나선들　　　인공적으로 만들어지는 나선들 가운데 가장 자주 접하게 되는 것이 아르키메데스의 나선이다. 각종 테이프를 포함하여 균일한 두께의 다양한 소재들을 보관할 때 릴에 감으면 가장 작고 간편한 형태로 만들 수 있기 때문이다. 처음에는 직선으로 나타나다가 끝부분에서 나선형으로 감기는 쌍곡나사선은 예술작품이나 인공적인 세계에서는 일반적으로 아르키메데스의 나선만큼 빈번하게 눈에 띄지는 않는다. 대수나선 역시 쌍곡나사선과 마찬가지로 인공적인 창작물에서는 흔히 볼 수 없다. 하지만 평범한 원형 계단에서 나타나는 나선 형태도 중심축을 따라 바라보면 대수나선과 같이 한 점에 모이는 것처럼 보인다. 바티칸박물관의 이중원형 계단은 레오나르도 다 빈치의 설계에 따라 지어진 것으로, 꼭대기에서 아래로 내려다보면 이러한 현상의 단적인 예를 볼 수 있다(화보5, 위). 대포의 포구 안쪽에 있는 강선(rifling, 총신이나 포신 내부에 나선형으로 판 홈―옮긴이)은 포탄이 항상 똑같게 회전하도록 (결과적으로 똑같은 탄도를 그리도록) 만드는 기능을 한다. 대포의 중심축을 따라 포구를 바라보면 강선은 대수나선이 몇 겹으로 얽혀 있는 것처럼 보일 것이다.

마리오 리비오(Mario Livio)는, 시속 200마일의 놀라운 속도로 비행하지만 눈이 머리의 양 측면에 위치한다는 장애를 지닌 송골매가 직면하게 되는 안타까운 문제에 관해 이야기한다. 만약 송골매가 (먹이에서는 절대 눈을 떼지 않고) 몸을 축으로 하여 머리를 $40°$ 각도로 틀면 먹이가 있는 곳으로 곧장 날아갈 수 있을 것이다. 그러나 그렇게 되면 공기의 저항으로 인해 송골매의 비행 속도는 느려지고 비행 시간은 길어질 것이다. 그래서 송골매는 머리를 몸의 축에 맞추고 옆을 응시한 채로 하강하는 나선을 그리며 먹이를 계속 시야 안에 두고 비행하는 방법을 택한다. 목표로 접근하는 동안 몸의 축은 완전한 원형 궤도에 대해 $40°$ 각도를 형성한다.(실제 비행 궤도와 송골매로부터 먹이까지의 직선 궤도 사이에서 만들어지는 각도가 일치한다.) 이 방법으로 송골매는 먹이에 이르는 비행 시간을 최대한 효과적으로 활용하면서 공기 저항과 비행 거리를 최소화한다. 그리고 이처럼 일정한 각도 유지의 결과로 등각나선 혹은 대수나선이 나타난다.[10]

연속적인 육각기둥 모양의 벌집을 만드는 (최소한의 재료로 최대한의 용적을 만들어 내는) 벌의 경우처럼 송골매의 해결책 역시 효용을 따르는 방식에서 비롯된 것이다. 우리는 계산을 통해서 이 두 가지 문제를 모두 해결할 수 있다. 하지만 두 경우 모두 자연은 생명체에게 적절한 본능적 행동을 부여함으로써 적절한 결과를 얻어 냈다. 끝으로, 일시적인 나선 형태는 엔진 노즐에 결함이 있는 미사일의 궤적에서도 나타난다. 발사될 때 회전력이 불안정하면 미사일이 방향을 틀면서 회전하게 되므로 비행운(雲)이 분명한 대수나선을 그리게 된다(화보4, 아래 왼쪽).

신성 비례와 인체 해부학

> 입술 사이의 틈에서 코의 기부까지 거리는 얼굴 길이의 7분의 1이다…… 입에서 턱밑까지 거리는 얼굴 길이의 4분의 1인 동시에 입의 너비와도 비슷하다…… 턱에서부터 코의 기부까지 거리는 얼굴 길이의 3분의 1이면서 코의 길이나 이마의 길이와 비슷하다…… 코의 중점과 턱밑 사이의 간격은 얼굴 길이의 절반이 된다…… 코의 전체 길이, 즉 코끝에서부터 코와 눈썹이 만나는 지점까지의 거리를 4등분해 보면, 그 중 한 부분은 콧구멍 위에서 코끝 아래까지의 거리와 일치하고, 맨 윗부분은 눈의 안쪽 구석에 있는 누관(淚管)에서부터 눈썹이 시작되는 지점까지의 거리와 일치한다는 사실을 알 수 있다. 그리고 중간의 두 부분 길이를 합하면 눈의 안쪽 구석에서 바깥쪽 구석까지의 거리와 같은 길이가 된다.[11]
> — 레오나르도 다 빈치

레오나르도는 이상적인 얼굴 비례를 명시한 최초의 인물도 최후의 인물도 아니다. 하지만 그는 지나칠 정도의 정확성을 보이며 얼굴의 비례에 관해 설명하는 데에만 800단어 이상을 썼다. 그러고는 나머지 몸의 비례에 관해서도 설명을 이어 갔다. 그리스의 황금기 이래로 인체의 비례는 예술가들 사이에서 상당한 관심 분야가 되었다. 고전 그리스와 로마의 조각들을 살펴보는 과정에서 우리는 한 가지 특별한 사실을 알게 되었다. 바로, 조각상에서 배꼽까지의 높이에 대한 전체 높이의 비율이 Ø라는 사실이다. 20세기에 르 코르뷔지에는 이 비례들을 체계적으로 연구하여 신성 비례 혹은 황금 비율과의 연관성을 밝혔다.

1887년 스위스의 라 쇼드퐁(La Chaux-de-Fond)이라는 도시에서 샤를 에두아르 잔느레(Charles-Edouard Jeanneret)라는 본명을 가지고 태어난 그가 르 코르뷔지에(Le Corbusier)라는 이름을 사용하게 된 것은 스위스를 떠나 프랑스에 정착한 후의 일이다. 처음에 시계 조각사로 교육받았던 그는 건축가가 되어 단순성과 기능성, 공간, 비례 등에 대한 특별한 시각을 키웠다. 그가 설계한 파리 교외의 집은 현재 르코르뷔지에협회(Le Corbusier Society)의 본부 역할을 하고 있는데, 황금 비율에 입각하여 세워진 건물이다. 가구나 건물, 혹은 도시 전체 설계에 상상력을 적용할 때든 그렇지 않을 때든 그의 탐구 대상은 언제나 뚜렷한 비례와 조화였다. 르 코르뷔지에가 인체 각 부분의 치수를 묘사한 『모듈러 Modulor』에는 황금 비율 Ø가 몇 번이고 계속 등장한다. 사람의 머리 높이 대 배꼽 높이의 비율, 배꼽에서 머리 꼭대기까지의 거리 대 머리 꼭대기에서 쭉 뻗은 손끝까지의 거리 비율 등이 모두 황금 비율과 같다. 르 코르뷔지에의 디자인들을 살펴보면, 그가 신성 비례에 완전히 몰두하고 있었다는 필연적인 결론에 도달하게 된다.

손의 뼈는 인체 곳곳에 내재되어 있는 흥미로운 비례들을 보여 준다. 이러한 비례는 빌헬름 뢴트겐(Wilhelm Röntgen)이 제시한 초기 X-선

이미지에서 확연히 드러난다. 뢴트겐은 X-선을 처음 발견한 인물로, X-선 기기를 발명했으며 최초로 노벨물리학상을 수상하기도 했다(1901). 초기 과학기술의 산물인 이 X-선 이미지에서는 (병리학적 용도로 촬영되어, 사냥에서 부상당한 사람의 손에 박힌 새 사냥용 산탄의 모습도 나타나는) 뼈의 형태가 놀랍도록 명백하게 드러난다(그림 6-2). 손목의 뼈는 완관절(腕關節), 손바닥의 뼈는 장골(掌骨)이라고 부른다. 우선 엄지에 연결된 첫 번째 장골의 길이를 A′B′라고 표시하자. 그리고 엄지에서 연결부와 말단부의 지골(指骨) 길이는 각각 B′C′, C′D′라고 표시하자. 검지의 경우 두 번째 장골(길이는 AB)이, 연결부와 중간, 말단부의 지골들로 이루어진 손가락에 연결되어 있다. 이 지골들의 길이는 각각 BC, CD, DE로 정하자. 이 뼈들이 선천적으로 지니고 있는 비례들은 놀랍게도 신성 비례의 법칙에 꼭 들어맞는다. 먼저 엄지 뼈에서 나타나는 비례는 다음과 같다.

$$\frac{A'B' + B'C'}{A'B'} = \frac{A'B'}{B'C'} = \frac{B'C' + C'D'}{C'D'} = \varnothing = 1.618$$

그리고 검지 뼈의 비례는 다음과 같다.

$$\frac{AB + BC}{AB} = \frac{AB}{BC} = \frac{BC + CD}{CD} = \frac{CD + DE}{DE} = \varnothing = 1.618$$

AD 2세기 로마의 건축가 비트루비우스(Vitruvius)는 인체의 비례에서 영감을 받아 건축이론을 세웠다. 그리고 이것이 20세기 르 코르뷔지에의 건축이론에 반영되었다. 레오나르도의 경우 자연에서 영감을 얻는 일은 언제나 피할 수 없는 운명과도 같았다. 따라서 1511년 비트루비우스의

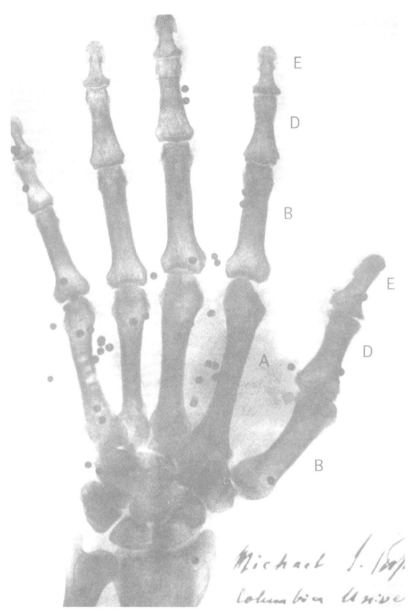

그림 6-2 손에서 나타나는 신성 비례. 새 사냥용 산탄에 부상당한 사냥꾼의 손을 촬영한 빌헬름 뢴트겐의 X-선 이미지.

건축이론서 개정판 출간이 거론되었을 때, 완벽한 인체 비례를 보여 주는 그리스 로마 시대의 표준을 레오나르도보다 더 훌륭하게 그림으로 표현할 수 있는 사람은 없었을 것이다. 그리하여 레오나르도는 서양미술에서 가장 잘 알려져 있는 그림들 가운데 하나인 〈비트루비우스의 인체 비례*The proportions of the Human Body Accordiry to Vitruvius*〉를 탄생시키게 되었다(그림 6-3). 그림 속의 인물은 팔의 폭이 키와 일치한다. 팔다리를 큰대자로 뻗으면 이 인물은 원에 내접하게 되고 원의 중심은 배꼽에 위치하게 된다. 그리고 인물의 키를 배꼽 높이로 나눈 비율은 바로 황금 비율 Ø=1.618……과 일치한다.

현대의 치열교정 의사 로버트 리케츠(Robert Ricketts)는 다양한 선천적·후천적 결함을 교정하는 데 생애를 바쳤다.[12] 아래턱(mandible)의 성장 형태에 관해 체계적으로 연구한 그가 제안하는 최선의 성장 형태는 매끄러운 나선형 곡선을 그리는 것이다. 특히 그가 지적하는 부분은, 두 차례의 성장기에 걸쳐 (3세에서 8세 사이, 13세에서 18세 사이) 아랫니가 나고 앞으로 이동하면서 대수나선 형태와 놀라운 유사성을 보여 준다는 사실이다. 그가 제시하는 그림은, 마찬가지로 대수나선을 이루는 인간의 귀 형태와 약 6주 된 태아의 형태를 연상시킨다. 레오나르도는 밀라노에서 지내는 동안 동물들을 대상으로 해부학적인 연구를 수행하면서 암소의 배를 절개하여 태아를 스케치했는데, 이 또한 대수나선 형태를 보였다. 이 스케치는 그의 노트 『코덱스 아틀란티쿠스*Codex Atlanticus*』에 실려 있다.

인간의 얼굴에서 나타나는 신성 비례　　인간의 키 높이 대 배꼽 높이의 비율, 그리고 손에서 여러 가지 인접하는 뼈들의 비례는 황금 비율

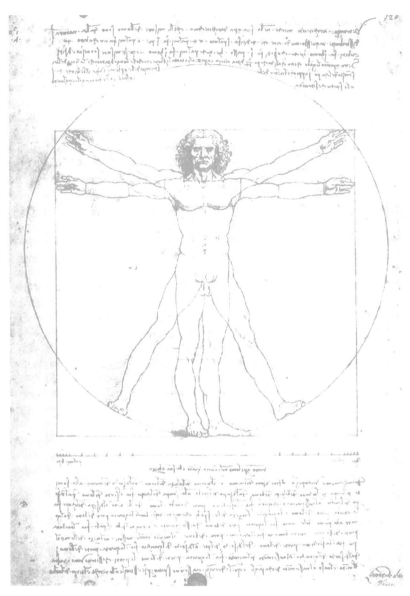

그림 6-3 레오나르도 다 빈치, 〈비트루비우스의 인체 비례〉. 펜과 갈색 잉크, 붓, 메탈포인트, 베네치아 아카데미아미술관.

과 관련이 있는 것으로 나타났다. 그리고 예술가들은 고전 시대부터 이러한 비례들을 인식하고 있었다. 리케츠는 치열교정 수술을 행하면서 이 주제에 관해 자신만의 광범위한 연구를 펼쳐 왔으며, 이 연구에 자신이 창안한 '황금분할기(Golden Divider)'를 이용했다. 이 분할기는 세 가닥으로 갈라진 캘리퍼(caliper, 두께 등을 재는 공구—옮긴이)로 (보통은 두 가닥으로 갈라져 있다) 각 가닥 사이의 간격이 항상 1:Ø를 유지하도록 디자인되었다(그림 6-4).

한 독특한 연구를 통해 로버트 리케츠는 '물리학적으로 아름다운 여성들'이라 가정되는 사진 모델 몇 명에 대한 치수 측정 결과를 제시한다. 여기에서 소개하는 스케치에는 성형외과 의사들이 얼굴의 몇몇 지점들을 식별하기 위해 사용하는 전문용어들이 표시되어 있다.[13] 위 오른쪽에서부터 시계 방향으로 살펴보면, 머리카락이 시작되는 이마 끝 지점(trichion)은 T, 관자놀이의 부드러운 조직은 TS, 눈꼬리(lateral canthus)는 LC, 콧구멍의 가장자리 곡선 중심인 콧망울(alar rim)은 AL, 입꼬리(chilion)는 CH, 턱의 부드러운 조직 아래쪽 경계선(menton)은 M, 콧구멍의 바깥쪽 테두리(lateral nares)는 LN, 뺨의 돌출부(cheek prominence)는 ZP, 눈썹(eyebrows) 곡선의 아래쪽 경계선은 EB로 표시된다.

모델 열 명의 얼굴에서 수직 방향으로 측정되는 여러 거리에 대해 리케츠는 다음과 같은 평균값을 산출했다.

AL-CH 21.3 mm	T-LC 52.1 mm	T-AL 88.6 mm
CH-M 33.7 mm	AL-M 54.5 mm	LC-M 89.3 mm
LC-AL 34.7 mm	LC-CH 55.6 mm	T-M 144.3 mm

그림 6-4 저자가 그린 로첼 허시(Rochele Hirsh)의 연필 스케치에 첨가된 기호들은 T(이마 끝), LC(눈꼬리), CH(입꼬리) 등
성형외과 의사들이 얼굴의 여러 부분을 식별하는 데 사용하는 용어들이다. 웃지 않는 상태라면 콧날에 36° 각
이 위치하고 턱 부분이 72°를 이루는 황금삼각형을 그릴 수 있다. 하지만 웃음을 짓는 상태에서는 황금삼각형
이 그림에서 볼 수 있는 것처럼 오각형으로 바뀐다. 왼쪽에 삽입된 이미지는 로버트 리케츠 박사가 고안한 황
금분할기이다.

이 모든 값들은 놀랍게도 피보나치수열의 9번째, 10번째, 11번째, 12번째 항(즉 21, 34, 55, 89, 144)들과 거의 일치한다. 측정 단위로 밀리미터가 사용되어 측정값들이 피보나치 수에 매우 근접하게 된 것은 묘한 행운이다. 임의의 치수로 통일시킬 필요를 덜어 주기 때문이다. 이마 끝에서 눈꼬리까지(T-LC), 콧망울에서 턱 경계선까지(AL-M), 눈꼬리에서 입꼬리까지(LC-CH)의 세 가지 치수와, 입꼬리에서 턱 경계선까지(CH-M), 눈꼬리에서 콧망울까지(LC-AL)의 두 가지 치수는 각각 차이가 3~4퍼센트밖에 되지 않는다. 위의 표에 제시된 값들은 신성 비례의 법칙에 거의 정확하게 적용된다.

$$\frac{T-M}{T-AL} = \frac{T-AL}{AL-M} = \frac{AL-M}{CH-M} = \varnothing$$

사진 모델들의 얼굴에서 수평선상의 비례를 설명하기 위해 그는 코와 입, 눈, 관자놀이 너비 사이의 관계를 밝힌다. 양쪽 콧구멍 바깥 테두리(LN) 사이의 거리로 정의되는 코의 너비는 평균 28.4 mm로 나타난다. 입의 너비는 양쪽 입꼬리(CH) 사이의 거리로, 평균 45.4 mm 또는 코 너비의 1.60배로 측정된다. 그리고 양 눈꼬리(LC) 사이의 거리는 평균 75.3 mm 또는 입 너비의 1.66배이다. 관자놀이(TS) 사이의 거리는 평균 118.2 mm 또는 양 눈꼬리 사이 거리의 1.57배로 나타난다. 1.57이라는 값은 π/2 값과 일치한다. 양쪽 눈꼬리 사이 거리가 머리 둘레의 4분의 1과 같다는 사실은 주목할 만한 우연의 일치다. 왼쪽 끝에서 오른쪽 끝까지의 거리를 측정한 위의 수치들, 즉 TS_L-$TS_{R'}$ LC_L-$LC_{R'}$ CH_L-CH_R LN_L-$LN_{R'}$ 사이의 관계를 정리하면 대략 다음과 같이 나타낼 수 있다.

$$\frac{TS_L - TS_R}{LC_L - LC_R} = \frac{LC_L - LC_R}{CH_L - CH_R} = \frac{CH_L - CH_R}{LN_L - LN_R} = \varnothing$$

심미치과 의사들은 일정한 공식을 바탕으로 치아를 교정하여 '아름다운 미소'를 만들어 낸다.[14] 우선 치아의 중심선을 기준으로 양쪽이 대칭을 이루면서 앞니들은 각각 길이 대 너비의 비율이 4 : 3(또는 1.33)으로 나타나야 한다. 그리고 또 다른 공식은, 앞니 두 개가 수평으로 배열되어 이 둘을 합치면 황금직사각형이 형성되어야 한다는 것이다. 그러면 각 앞니의 길이 대 너비 비율은 약 5 : 4(1.25)가 된다. 또한 황금 비율을 만족시키기 위해 앞니 두 개의 너비가 바로 옆에 있는 측절치(lateral incisor) 한 쌍 너비의 1.62배가 되어야 한다. 보는 사람의 시야에서 면 쪽으로 갈수록, 측절치들의 너비는 바로 다음에 위치한 송곳니 한 쌍 너비의 1.62배로 보여야 하고, 송곳니들은 다시 그 양쪽에 있는 첫 번째 작은 어금니들 너비의 1.62배로 보여야 한다. 중심선을 기준으로 측정한 치아 너비의 이와 같은 상대적 값들은 다음과 같은 수열을 이룬다. $\varnothing^0$, $\varnothing^{-1}$, $\varnothing^{-2}$, $\varnothing^{-3}$ …… (1, 0.618, 0.382, 0.236, ……)

마쿼트의 마스크   은퇴한 UCLA 대학병원의 구강악안면외과(oral and maxillofacial surgeon) 의사 스티븐 마쿼트(Stephen Marquardt)는 인간의 얼굴에서 나타나는 비례와 대칭의 유형에 관해 인상적인 연구를 진행했다. 그는 다른 외모, 주로 더 매력적인 외모를 원하는 사람들을 위한 수술과, 사고로 부상을 입은 사람들의 얼굴을 회복시키기 위한 수술을 행해 왔다. 이러한 수술을 행하면서 그가 쌓은 결과는 신성 비례로 충만한 일련의 이상적인 마스크에 잘 나타나 있다. 어떤 대상의 사진 위에 일정한 비율로 만든 마스크를 씌운다는 것은 그 사람의 실제 외모에 수학적인 기준을 적용하는 것과도 같다. 두 눈 사이의 간격, 이마와 코의 상대적인 길이 등 모두가 이 기준에 적용된다. 마쿼트가 처음에 고안한 마스크는 무표정하게 정면을 향한 상태(FR)에서 이상적인 얼굴을 표현한 것이다. 이후에 그는 이 이상적인 마스크를 확장시켜 정면을 향해 웃는 상태(FS)의 얼굴도 표현했는데, 여기에는 성별과 인종, 그리고 나이 차이까지 적용되었다.

FR-마스크에서는 콧구멍 주변에 72°-36°-72° 각으로 이루어진 황금삼각형이 나타난다. 그리고 활짝 웃는 상태에서는 이 황금삼각형이 입과 턱 부근에서 오각형으로 변형된다. 마쿼트는 현재 이 마스크를 3차원 형태로 만들어 가상현실 방식으로 회전시켜 살펴볼 수 있게 하는 방법을 연구 중이다. 이 방식을 이용하면 옆얼굴이나 반쯤 옆으로 향한 얼굴을 담은 사진에 마스크를 겹쳐 볼 수 있을 것이다.[15]

마쿼트의 웹페이지에는, 네페르티티(Nefertiti) 왕비, 마를레네 디트리히(Marlene Dietrich), 메릴린 먼로(Marilyn Monroe) 등 32세기에 걸친 여섯 명의 전설적 미인들의 얼굴에 그의 'Ø-마스크'를 겹쳐 놓은 사진들이 실려 있다(화보6).[16] 이 여성들의 사진은 각각 Ø-마스크를 씌운 동일한 사진과 나란히 배치되어 있다. 각각의 사진에 마스크가 거의 정확히 들어맞는다는 사실은 이 마스크가 인간의 아름다움을 판단하는 기준으로서 타당성을 지닌다는 부인할 수 없는 증거가 된다. 신성 비례와 관련된 얼굴 형태들은 인류가 아름답다고 생각하는 바로 그 형태이며, 사실상 시간의 영향을 받지 않는다. 현대에 집대성된 기준들은 레오나르도가 규정한 비례들을 좀더 정교하게 다듬은 결과물일 뿐이다.

화가의 첫째 목적은 인간의 몸을 평면에 표현하는 일이다.
마치 인간이 평면으로부터 형성되어 떨어져 나왔다고 생각될 정도로…
이 목적을 달성하려면… 빛과 그림자를 활용해야 한다…
회화에서 원근법은 세 가지 요소로 나뉜다…
첫 번째는 다양한 거리에 맞춰 몸의 크기를 축소하는 것이고,
두 번째는 이렇게 축소된 몸의 색채를 줄이는 것이고, 세 번째는 역시
다양한 거리에 맞춰 몸의 형태 및 윤곽의 선명도를 낮추는 것이다.[1]
— 레오나르도 다 빈치

7 예술 속의 과학
The Science of Art

물리법칙에 의하면, 거리가 멀어짐에 따라 대상에 비치는 빛의 강도는 거리의 제곱에 반비례하여 줄어든다. 그리고 대상과 관찰자 사이에 존재하는 공기로 인해 빛이 흡수되고 산란되면서 강도는 더욱 떨어진다. 또한 공기로 인한 빛의 산란 혹은 분산은 색을 규정짓는 파장들을 약화시키거나 손상시키고 이미지의 해상도 역시 떨어뜨린다. 빛의 산란은 하늘이 파랗게 보이도록 만드는 요인이기도 하다. 직선으로 이동하는 광선들은 모두 한 점으로 눈에 들어오기 때문에, 거리가 멀어지면 이미지의 크기는 1차원적으로(linearly) 줄어들 수밖에 없다.

이 장을 여는 인용문에 나타난 레오나르도의 소견은 과학적으로 입증된 원리들에 완벽하게 부합한다. 공기 중에 떠다니는 입자들과 미세한 꽃가루들, 그리고 물 분자들은 빛을 산란시키고 빛의 진동 횟수를 변화시킨다. 그 결과 '백색광'이 증가하고 광원에서 나오는 색 스펙트럼의 선

명도가 흐려진다. '하늘이 파란 이유'는 레오나르도가 이러한 의견을 표명하고 약 400년이 지난 후에 수학적으로 증명된 레일리(Rayleigh) 산란현상으로 설명된다.

빛의 속성 가운데 과학자들에게는 매우 중요하지만 예술가들에게는 그다지 대수롭지 않은 것으로, 눈앞의 광경을 때에 따라 합성 이미지로 보이게 만드는 유한속력(finite speed)이 있다. 천문학자들은 밤하늘을 볼 때 어떤 별들은 몇 광년 떨어진 곳에 위치하고 또 어떤 별들은 수백, 수천, 혹은 수백만 광년 떨어진 곳에 위치한다는 사실을 반드시 고려해야 한다. 매우 흥미로운 사실일 수는 있겠으나, 초상화가들에게 있어서 모델의 뺨과 귀에 비치는 빛이 코끝에 비치는 빛보다 (모델이 몸을 어느 쪽으로 돌리느냐에 따라) 10억 분의 1초 '오래된' 빛이라는 점은 그림과는 무관한 문제다. 그리고 풍경화가에게도, 멀리 있는 산과 계곡에 비치는 빛이 앞쪽에 있는 사물에 비치는 빛보다 몇 마이크로초(백만 분의 1초) 가량 오래된 빛이라는 사실은 마찬가지로 무의미하다.

원근법과 대칭, 그리고 형태

직선원근법은 깊이의 착각을 일으켜 2차원 평면에 3차원이 나타나게 하는 도구로서 화가들에게 매우 중요한 이론이다. 이 원근법은 BC 5세기 풍경화가 아가타르코스(Agatharchus)가 위대한 비극작가 아이스킬로스(Aeschylus)를 위해 그린 무대 배경에서 이미 사용된 바 있다. 실제로 아가타르코스의 무대 배경은 현실적인 착시효과를 매우 잘 살려 플라톤의 극찬을 받았다. 원근법을 사용한 고전 그리스 시대의 그림들은 하나도 남아 있지 않지만, AD 79년의 타임캡슐이라 할 수 있는 폼페이는 로마뿐만 아니라, 더 거슬러 올라가 그리스의 건축에 사용된 그림까지 엿볼 수 있게 해 주는 창문 역할을 한다. 신경과학자로서 인간의 시각과 회화의 원근법에 있어서 권위자인 크리스토퍼 타일러는 그리스 화가들이 그린 폼페이 벽화에서 원근법을 볼 수 있다고 말한다.[2]

유클리드(Euclid, BC 325~270)가 기하학을 공식 원리로 정립했지만, 고대 예술에서 원근법은 수학적 근거보다는 예술가의 직관을 바탕으로 사용되었다. 예컨대 정석대로라면 1점 투시법으로 그린 그림에서 수평선과 소실점은 각각 하나씩이어야 하지만, 폼페이의 벽화에서는 평행하는 한 쌍의 수평선을 따라 서로 관련 없는 소실점들이 나타난다. 중세는 물론 초기 르네상스 시대의 미술가들도 주제를 표현할 때 상징적인 묘사를 즐겨 했다. 그들의 주제는 대개 종교적인 내용이었기 때문에 배경에는 일반적으로 황금 나뭇잎이 그려졌는데, 천국이 이 세상과 동떨어진 것과 마찬가지로 이 나뭇잎도 현실이나 원근법적 디자인과는 동떨어지게 표현되었다.

사영기하학(projective geometry)은 원근법의 기초가 되는 수학이론으로, 르네상스 시대에 탄생하여 사실상 르네상스 전성기의 예술을 이끌었다. 1점 투시법은 15세기 전반 마사초(Masaccio)와 마솔리노(Masolino)의 작품에 처음으로 등장하여, 15세기 후반 레오나르도 다 빈치의 작품에서 완전한 결실을 맺었다. 레오나르도에 의해 확고하게 자리 잡은 1점 투시법은 세기를 거듭할수록 더욱 세분화되어 1세기 후에는 2점 투시법이 소개되고, 한참 뒤 20세기에 건축학적인 연출을 위해 렌즈가 상하로 움직이는 사진기가 발명된 후에는 3점 투시법이 소개되었다.

사영기하학의 발달은 실제로 원근법의 발달과 상당히 밀접하게 평행을 이루며 진행되었다. 여기에서 예술과 과학의 풍부한 상호 작용 즉 상호 역학관계를 확인할 수 있다. 자연을 공상적으로 표현하기보다 눈에 보이는 실제 모습 그대로 표현해야 한다고 주장한 사람들은 바로 르네상스 예술가들이었다. 이러한 시각은 과학자들과 비교해 볼 때 예술가들이 지닌 뛰어난 재능이라 할 수 있다.

이런 점에서 레오나르도가 수행한 역할은 아무리 강조해도 지나치지 않을 만큼 중요하다. 원근법 이론의 발전을 이끈 주요 인물 가운데 한 사람으로, 예술가 겸 과학자의 전형인 레오나르도를 빼놓을 수는 없기 때문이다. 그는 과학을 행하는 완전한 예술가이자, 예술을 행하는 완전한 과학자였다. 이후에 우리는 레오나르도가 15년의 간격을 두고 그린 여인 초상화 세 작품을 살펴볼 것이다. 각각의 초상화에서 이렇다 할 기교의 차이가 나타나는 것은 아니다. 그러나 매번 레오나르도는 예술가로서 눈부신 성장을 보여 주었고 그때마다 작품의 수준은 놀랍도록 향상되어 있었다. 그림을 그리지 않는 기간에 그는 발명품 구상, 스케치, 해부학 연구, 다리 설계, 용수철을 이용한 수송 수단 설계, 비행 수단 구상, 광학 실험 등 그 밖의 모든 일들을 행했다. 그에게 단지 그림만 그린다는 것은 그야말로 너무 쉬운 일이었다. 그리고 실질적인 실험 없이 맹목적으로 캔버스만 연달아 메우는 일은 나태한 술책에 불과했다. 그는 다른 예술가들을 꾸짖으며 이렇게 충고했다. "과학적 지식 없이 실습에만 매달리는 사람은 방향키나 나침반 없이 배에 오르는 조타수나 다름없다."[3]

레오나르도는 예술과 과학이라는 두 분야를 연결하는 다리 역할을 하면서 창조적인 작업을 수행했다. 이에 반해, 뛰어난 데생 화가 라파엘로는 정교하고 빈틈없는 구도와 원근법을 보여 주기는 했지만, 이와 같은 의미에서 '선구자'는 아니었다.[4] 라파엘로는 정해진 규칙을 적용하기는 했어도 새로운 규칙을 발견한 일은 없기 때문이다.

르네상스 예술가들이 원근법이라는 문제를 의식하게 된 이유를 알고 싶다면, 예술가들이 건축가이자 공학자이기도 했다는 놀라운 사실에 주목해야 한다. 르네상스 예술가의 이미지를 떠올릴 때 철학과 문학, 시, 음악, 수학, 자연철학(과학)에 주로 관심을 쏟으면서 미술가 겸 건축가로서 능력 개발에 몰두했던 사람이라고 생각해도 무리는 없을 것이다. 그들이 다양한 관심사들을 배합하여 만들어 낸 작품과 그들의 말에 기꺼이 귀 기울이는 식견 있는 후원자들의 존재는, 이 시기에 놀라우리만치 지적이고 예술적인 번영이 이루어지는 데 핵심 요소로 작용했다.

몇 가지 경우를 살펴보면 예술가들이 어떤 식으로 작업을 시작했는지, 그리고 어떻게 그림을 구상 혹은 추상했는지 알 수 있다. 예상 완성도의 스케치가 실물 크기의 밑그림으로 남아 있는 경우도 있다. 또 어떤 경우 이런 스케치는 미완성인 채로 캔버스에 남아 있기도 하다. 입체현미경이나 적외선촬영 기술, X-선 사진법과 같은 현대 과학기술을 완성된 작품에 적용하면 덧칠된 물감 아래의 세세한 부분들을 볼 수 있다. 29세의 레오나르도는 〈동방박사의 예배〉를 그리기 전에 복잡한 원근법과 구도를 사용하여 밑그림을 그렸다. 미완성임에도 불구하고 이 그림은 피렌체 우피치미술관의 귀중한 소장품 가운데 하나가 되었다. 이 그림에 관해서는 9장에서 다시 살펴보기로 하자.

한편, 당시 레오나르도보다 북쪽에 살고 있던 알브레히트 뒤러(Albrecht Dürer)는 원근법을 이해하는 일에 매우 열중하여, 자신이 독자적으로 개발한 체계를 고집하면서도 오차 없이 정확한 원근법을 구사하기 위한 기법을 사용했다. 한 목판화에서는 그가 모눈이 새겨진 틀을 통해 고정된 투시점에서 대상을 관찰하고 있음을 볼 수 있다. 그는 평면상

그림 7-1 알브레히트 뒤러, 〈원근법에 입각한 인물 스케치De Symmetria Partium Humanorum Corporum〉, 1532. 메트로폴리탄미술관, 펠릭스 M. 바르부르크(Felix M. Warburg) 기증, 1918. (뉴욕 메트로폴리탄미술관 허가에 의함.)

에 시점을 제시해 주는 이 틀을 통해 대상을 관찰하면서 마찬가지로 모눈이 새겨진 제도판에 꼼꼼하게 이미지를 옮겨 놓았다. 또 다른 목판화에서는 틀에 고정된 (모눈이 새겨진) 유리판을 볼 수 있다. 유리판은 밖으로 젖힐 수 있도록 경첩이 달려 있어서, 대상을 보는 각도를 변경할 수 있다(그림 7-1). 이 장치를 통해 뒤러는 기울인 유리판 상에서 대상에 비친 광선과, 본래의 틀 안에 보이는 장면에서 대상에 비친 광선의 교점을 서로 연관시키는 시도를 보여 준다.

사영기하학

르네상스 예술가들의 탐구과제는 가상 유리판을 통해 관찰되는 (또는 관찰되리라 예상되는) 3차원의 장면을 정확하게 옮기는 데, 혹은 어떤 장면이 2차원 평면에 나타나는 방식을 구체적으로 밝히는 데 도움이 될 만한 일반법칙을 세우는 일이었다. 캔버스는 분명 투명한 물체가 아니다. 하지만 가상의 유리판에 장면이 적절히 그려지면 그 장면은 캔버스에서 그대로 되살아나게 된다. 르네상스 예술가들이 제기했던 의문들과 그들이 이끌어 낸 법칙들은 수학의 새로운 분야, 즉 사영기하학을 탄생시키는 씨앗이 되었다.[5] 그리고 이 분야는 전문 수학자들을 통해 발전되어 물리학, 결정학, 화학 등에 응용되었다.

정사각형은 멀리서 보면 관찰자의 눈높이에 따라 다르게 보인다. 이러한 결과는 눈으로 쉽게 확인할 수 있으며 유클리드 기하학으로도 입증된다. 이처럼 다르게 보이는 형태를 올바르게 인지할 수 있도록 도와주는 것이 바로 관찰자와 대상(정사각형) 사이에 놓인 투명한 평면이다. 정사각형의 바닥 타일 한 개를 바로 위에서 보면 네 각이 90°이고 변의 길이가 동일한 정사각형으로 보인다. 그러나 비스듬한 각도에서 보면 열지어 늘어선 타일들은 평행사변형의 형태로 소실점에 집중되는 것처럼 보인다. 그럼에도 우리 머릿속에 인지되는 형태는 정확히 정사각형 타일들이 연달아 깔려 있는 모습이다.

17세기 네덜란드 풍속화가들, 특히 피테르 데 호흐(Pieter de Hooch)와 요하네스 베르메르(Johannes Vermeer)는 1점 및 2점 투시선이 나타나는 바닥 타일, 출입구, 벽들을 이용해 흠잡을 데 없는 투시법을 실현한 것으로 유명하다. 베르메르의 걸작 〈화가의 아틀리에*The Art of Painting*〉(화보7)에서 평평한 바닥에 깔린 각각의 타일들은 전혀 정사각형 형태를 띠고 있지 않지만, 이 타일들이 배열된 방식은 확실히 정사각형 타일 붙이기임을 알 수 있다. 타일의 마주보는 변들이 연결되어 이루는 평행선들은 무한대로 뻗어 나가면서 수평선에 위에 있는 두 개의 소실점으로 집중되어 2점 투시법을 보여 준다.

베르메르는 극히 적은 수의 그림을 그렸는데, 대략 36점 중에서 현재는 24점만이 남아 있다. 짧은 생애 동안 2년에 한 작품꼴로 완성한 셈이며, 이는 렘브란트가 그린 자화상 수의 절반 정도에 해당한다. 베르메르는 미술사에서 가장 높이 평가되는 작품들 가운데 일부를 창조해 냈지만 그의 개인적인 삶은 베일에 가려져 있다. 그의 그림들은 거의 모두가 공통적으로 정확한 원근법과 자연스러운 장면(여성 모델과 함께 아틀리에에 있는 모습과 같은)을 담고 있다.

베르메르는 20세 때 아버지가 세상을 떠난 후 어머니, 누이와 함께 살았다. 그러다가 카타리나 틴즈(Catharina Thins)와 결혼하고 나서는 장모가 마련해 준 집으로 옮겨 다시 여성 동반자들과 함께 살았다. 카타리나는 다산(多産) 수준을 넘어설 만큼 많은 아이들을 낳았는데(15명의 아이를 낳고 그 중 11명이 살아남았다) 여자 아이가 더 많았다. 이처럼 여성들에 둘러싸여 있던 환경이 아마도 그의 모델 선택에 영향을 미쳤을 것이다. 그가 한 명의 모델을 그린 그림 가운데 두 작품을 제외하고는 모두가 여성을 모델로 한 그림이다. 그는 이 여성들을 매우 섬세하게 묘사했고, 아직도 우리를 놀라게 하는 이 작품들은 '잔잔하고 편안하면서 감각적이고 신비로운 그림'이라는 평을 받고 있다.[6] 이 작품들은 부드럽고 조용하면서 언제나 시간의 틀을 벗어난 듯한 느낌을 준다.

네덜란드화파에서 베르메르는 엄청난 다작(多作) 화가 렘브란트 다음으로 손꼽히는 인물이다. 베르메르와 동시대에 활동하던 몇몇 네덜란드 화가들, 특히 렘브란트는 물론 프란츠 할스(Franz Hals)도 베르메르보다 힘차고 극적인 심리묘사를 보여 줬다고 할 수 있지만, 그들이 그린 모델들은 의심의 여지없이 17세기 네덜란드에만 있을 법한 인물들이다. 반면 베르메르가 그린 인물들의 모습은 시간의 구애를 받지 않는다. 그들은 우리와 같은 시대 사람들일 수도 있다. 델프트(Delft)의 화려한 야외 풍경을 그린 몇 작품을 제외하고는 배경도 언제나 거의 동일하다. 화가의 아틀리에와 상황 연출을 위한 몇 가지 소품, 그리고 왼편의 창으로 들어오는 약한 빛이 배경의 주를 이룬다.

　건축가 필립 스테드먼(Phillip Steadman)은 20년간 베르메르의 그림들을 면밀히 분석하고 베르메르가 살았던 집들을 직접 찾아가 보았다. 그 결과로 최근 그는, 베르메르가 카메라 옵스큐라(camera obscura, 사진기의 전 형태로 화가들이 밑그림을 그리는 데 사용했다. 라틴어로 어두운 방을 뜻함—옮긴이) 혹은 사무엘 반 호흐스트라텐(Samuel van Hoogstraten)이 사용했던 것과 흡사한 일종의 '원근법 상자'를 이용하여 어떻게 구성을 설계하고 흠잡을 데 없는 원근감을 얻어 냈는지에 관한 논문을 발표했다. (이 상자에 사용된 광학기구는 조리개에 설치된 한 쌍의 이중 볼록렌즈였다).[7]

　스테드먼의 주장에 대해 미술사학자 발터 리트케(Walter Liedtke)는 강한 이의를 제기했다. 그는 〈우유 따르는 하녀 The Milkmaid〉에 초점을 맞춰 다음과 같이 반박한다. "이 그림에서 나타나는 효과는 사진술의 효과도 아닐뿐더러 어떤 물질적인 효과도 아니다. 화가가 적용한 착시기법이 강렬한 색채를 띠는 작은 그림 속에서 더할 나위 없는 효과를 발휘한 것이다…… 베르메르는 카메라 옵스큐라를 통해 볼 수 있는 것과 비슷한 효과(혹은 사실적인 재구성)도 얻어 냈지만 수십 년 전 네덜란드 화가들(예컨대 프란츠 할스 같은)이 묘사한 빛의 효과도 더욱 강화했다."

　베르메르는 보기 드문 재능을 지니고 있으면서도 기법에 있어서 당시 지배적이던 델프트화파로부터 완전히 동떨어져 있지는 않았으며, "비범한 재능들은 서로 내적인 공통점을 지니고 있을 때에만 발휘될 수 있다"라는 것이 리트케의 주장이다.[8] 굳이 언쟁을 벌일 것 없이, 과학자 겸 예술가로서의 개인적인 관점에서 나는 스테드먼의 주장에도 리트케의 반론에도 일리가 있다고 생각한다. 베르메르는 실로 뛰어난 재능의 소유자였다. 그리고 새로운 기구에 매료되는 일은 네덜란드 예술 황금기의 한 부분을 이루는 요소라 할 수 있었다.

베르메르가 그림에 착시효과를 내기 위해 광학기술을 사용했는지, 만약 사용했다면 어느 정도였는지에 관한 논쟁은 아마도 결코 끝이지 않을 것이다. 그러나 한 가지 명백한 사실은, 베르메르가 당시 가장 기술이 뛰어난 렌즈 제조자들과 가깝게 지냈다는 것이다. 일례로 그의 가장 절친한 친구는 현미경을 발명한 안토니 반 레벤후크(Antonie van Leeuwenhoek)였다. 굴절망원경(refracting telescope)도 네덜란드에서 발명되었으며, 현재까지 초급 물리학에서 이용되고 있는 빛의 파동설 역시 네덜란드인 크리스티안 호이겐스(Christian Huygens)가 세운 이론이다. 베르메르의 주변에서 광학이론이 발전하여 예술과 과학에 응용되었으며 그가 이들 학문의 공헌자이자 시혜자였다는 것은 논쟁의 여지가 없는 사실이다.

네덜란드에서 베르메르와 거장(master)들이 이렇게 교류하고 있을 무렵, 프랑스의 독학 건축공학자 지라르 데자르그(Girard Desargues)는 현재 '데자르그의 정리(Desargues's theorem)'로 알려져 있는 사영기하학의 기본법칙을 정립했다. 개념이 복잡해서 수학적으로 증명하기 어려운 이 법칙은 기하학 구조에 나타나는 선들의 수렴점과 관련이 있다. 베르메르의 차분하고 기품 있는 실내 그림들을 포함한 몇몇 대가들의 작품에서, 그리고 카날레토(Canaletto) 특유의 베네치아 전경 그림에서도 데자르그의 정리를 따르는 경향이 나타난다. 뿐만 아니라 훨씬 이전에 레오나르도 역시 〈최후의 만찬〉 구성에서 이 법칙으로부터 나온 원근법을 보여 준 바 있다. 〈최후의 만찬〉의 기초를 이루는 원근법은 〈화보8〉의 왼쪽 위에 삽입된 그림에 잘 나타나 있다.

1점, 2점, 3점 및 4점 투시법

원근법의 수학적인 측면들을 깊게 파고들기보다는 내가 직접 그린 도식을 통해 1점, 2점, 3점 및 4점 투시법의 개념을 실제적으로 살펴보고자 한다. 이 중 몇 가지는 석판화 책 『옥스퍼드와 영국의 전원 *Oxford and the English Countryside*』에 활용하기 위해 그린 것이다.° 1점 투시에서 화가들이 즐겨 사용하는 편리한 형태는 빛의 굴절을 최소화할 수 있는 완전한 정육면체다. 정육면체의 마주보는 면들은 서로 평행해야 하며, 모서리들을 연장하면 수평선 위의 소실점으로 모이게 된다. 이 정육면체를 위에서 보느냐 아래에서 보느냐에 따라 수평선은 내려가거나 올라간다. 하지만 어떤 경우든 투시선은 수평선 위에서 만나게 된다. 정육면체를 이용하면 방의 내부 구조나, 마주보는 건물들이 평행하게 늘어선 거리 풍경을 표현할 수 있다(그림 7-2).

바티칸의 가장 귀중한 재산 가운데 1509~11년에 라파엘로가 제작한 기념비적인 연작 프레스코화들이 있다. 그 중 한 작품인 〈아테네학당 *School of Athens*〉에서 라파엘로는 세 가지 중요한 요소들을 통합하여 보여 주고 있다. 그 첫째가 바로 놀라운 1점 투시 표현으로, 이 원근법은 16세기가 시작되던 시기에 완전한 결실을 맺었다(화보9). 다음으로, 이 그림에는 위대한 고대 자연철학자들이 그려져 있는데, 헤라클레이토스 (Heraclitus, BC 6세기)에서 아베로에스(Averroes, AD 12세기)에 이르기

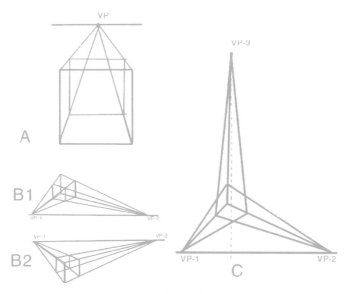

그림 7-2 투시법 도식. (A) 1점 투시 (B1, B2) 2점 투시 (C) 3점 투시.

까지 약 18세기에 걸친 인물들이 시대를 초월하여 한데 모여 있다. 마지막으로, 라파엘로와 동시대에 활동하던 다른 예술가들이 이 철학자들의 모델 역할을 하고 있다. 이 벽화를 통해 라파엘로는 보기 드물게 현실적인 군상화를 보여 주고 있는 것이다.

중앙 아래쪽에 밝은 파란색 겉옷을 입고 드러누워 있는 인물은 디오게네스(Diogenes, c. BC 412~323)다. 왼쪽 밑에서 메모판에 수학 계산을 하고 있는 사람은 피타고라스(c. BC 560~480)다. 그의 뒤에서는 두 사람이 어깨 너머로 이를 보고 있다. 오른쪽 밑에서 네 명의 젊은이가 열심히 보고 있는 가운데 컴퍼스로 기하학 도형을 작도하고 있는 사람은 기하학자 유클리드(c. BC 325~270)다. 그리고 계단 꼭대기 거대한 아테나 여신상 바로 아래 서 있는 사람은 소크라테스(BC 479~399)로 보인다.

이 철학자들의 모델이 된 예술가들이 누구인지는 확실히 알려져 있지 않지만, 유클리드의 모델은 건축가인 브라만테라고 전해진다. 벽화의 맨 아래에 홀로 턱을 괴고 앉아 깊은 생각에 빠져 있는 것처럼 보이는 어두운 인물은 헤라클레이토스인데, 그의 모델이 된 사람은 미켈란젤로(1475~1564)다. 1점 투시의 수직선 및 방사선들은 계단 꼭대기에 보이는 두 인물에 집중되는데, 오른쪽은 아리스토텔레스고 왼쪽은 플라톤이다. 플라톤의 모델은 레오나르도 다 빈치다. 맨 오른쪽 아래 모여 대화를 나누고 있는 네 명 가운데 구체(球體)를 들고 있는 두 명은 조로아스터(Zoroaster, BC 5세기)와 프톨레마이오스다. 이 무리에서 두 번째 위치에 이 그림을 그린 라파엘로가 서서 관찰자들을 맞이하고 있다.

역사적으로 르네상스 예술가들, 그 중에서도 예술가이자 과학자였던 레오나르도 다 빈치처럼 뛰어난 인물은 자연 관찰법을 터득하는 데 있어서 르네상스 과학자들보다 앞서 있었으며, 단순히 가정이나 자기성찰에 그치지 않고 적절한 질문을 제기하는 방법을 알고 있었다.

2점 투시로 그린 그림에는 두 개의 소실점이 존재하며 일반적으로 대상, 그 중에서도 건물은 모서리가 날카롭게 표현된다. 그리고 가장 앞에 위치한 정육면체가 장면의 무게중심이 된다. 정육면체에서 수평의 위아래 모서리들을 연장하면 먼 곳에 있는 수평선 위에서 한 점에 모인다. 정육면체의 평행한 네 모서리에서 시작되는 투시선들은 두 소실점 가운데 하나로 집중되며, 이 모서리들과 직각을 이루는 다른 네 모서리들은 나머지 한 소실점으로 집중된다.

2점 투시에는 두 가지 경우가 있는데, 첫 번째 경우 관찰자는 정육면체의 윗면 위에서 내려다보게 되며(그림 7-2 B2), 다른 한 경우에는 정육면체의 밑면 아래서 올려다보게 된다(그림 7-2 B1). 정육면체를 수직으로 관통하는 중심축을 기준으로 정육면체를 회전시키면 소실점들은 눈높이, 즉 수평선을 따라 좌우로 이동하게 된다.

2점 투시의 한 예로, 내가 그린 잉크 스케치를 살펴보자(그림 7-3). 그림에 나타난 장면은 워싱턴D.C.에 있는 대법원 건물의 북서쪽 모퉁이로, 박공벽 밑에 코린트양식 기둥머리로 장식된 기둥들이 서 있다. 수직축을 중심으로 이 건물을 회전시키면 두 소실점 중 하나는 분명 건물 뒤에 한 점으로 나타나겠지만 나머지 소실점은 한쪽으로 더 멀리 물러날 것이다. 이 그림에서 건물의 모서리를 따라 그려진 투시선들을 멀리까지 연장하면, 떨어져 있는 두 소실점에 각각 모이는 것을 볼 수 있게 된다. 그리고 두 소실점 VP-1과 VP-2는 수평선 위에 위치하게 된다.

3점 투시에서는 세 개의 소실점이 사용되어 장면에 깊이를 부여하면서 대상의 높이를 강조한다. 그림 속에 나타나는 장면은, 대기원근법으로 표현한 마천루들과 같이 굉장히 높은 곳에서 내려다본 모습, 혹은 땅에서 상당히 높은 곳을 올려다본 모습이 된다. 앞서 언급한 경우들과 같이 장면의 '무게중심'은 정육면체다. 정육면체 밑면의 중심에서 수직 벡터(vector)를 그려 세 번째 소실점의 방향을 정해 준다. 정육면체의 수직 모서리들로부터 연장된 선들이 이 세 번째 소실점에 모두 모이게 된다(그림 7-4). 그림에서 VP-1, VP-2, VP-3이 세 개의 소실점이다.

마지막으로, 4점 투시로 그린 그림에는 네 개의 소실점이 존재한다. 그 중 두 소실점은 수평선 위에 놓이고 나머지 두 소실점은 대상에서 위아래로 멀리 떨어진 곳에 위치한다. 간단한 상황을 연상해 보면, 대상의 위아래에 존재하는 소실점들을 머릿속에 그릴 수 있다. 102층짜리 엠파이어스테이트빌딩이 있는 거리의 맞은편 건물 51층에 관찰자가 있다고 생각해 보자. 이 관찰자가 엠파이어스테이트빌딩을 보면 건물보다 한참

VP-1   VP-2

그림 7-3 워싱턴 D.C.에 위치한 미국 대법원 건물의 세부 묘사에서 볼 수 있는 2점 투시. 저자가 그린 잉크 스케치.

높은 곳의 소실점으로 건물 꼭대기가 집중되는 것처럼 보일 것이다. 마찬가지로 건물의 아랫부분도 땅보다 훨씬 아래 위치하는 소실점으로 집중되는 것처럼 보이게 되는 것이다. (여기에 제시된 그림들에서는 4점 투시가 나타나지 않는다.)

그림 7-4 옥스퍼드 크라이스트 처치(Christ Church)의 톰 타워(Tom Tower) 묘사에서 나타나는 3점 투시. 저자의 석판화.

황금직사각형과 그래픽 구성

지금까지 우리는 먼저 기하학적 구조이면서 대수나선과 오각성, 정오각형 등의 생성원(generator)이 되는 황금직사각형과 신성 비례의 법칙을 살펴보았다. 그리고 앞장에서는 자연에서 접할 수 있는 패턴과 질서들 가운데 다수가 수학적 형태로도 나타난다는 사실을 확인했다. 이집트 피라미드와 파르테논신전이 황금 비율과 관련된다는 사실도 알 수 있었다. 그래픽아트에서 황금직사각형은 예술적 구도를 형성하는 훌륭한 수단이 된다. 그리고 의식적으로든 무의식적으로든 예술가들은 실제로 작품에 이러한 비례를 적용하고 이 비례에 따라 관점을 정하며, 적절한 곳에 대상을 배치하여 그림 속의 선들이 자연스럽게 나타나도록 한다. 이 선들은 대부분 기하학적으로 직사각형을 분할하는 선들과 일치하며, 또한 대부분 투시선들과도 일치한다.

먼저 길이 대 너비 비율이 황금직사각형의 비율에 가까운 캔버스가 선택된다. 즉 피보나치수열에서 연속하는 두 수가 길이와 너비로 정해지는 셈인데, 예를 들어 영국식 단위로 21인치 대 34인치, 또는 100센티미터 대 162센티미터(대략 40인치 대 $66\frac{1}{2}$인치) 비율의 캔버스가 사용된다. 캔버스를 가로로 구성하든 세로로 구성하든 이 비율은 똑같이 효과적으로 사용될 수 있지만, 여기에서는 후자의 경우만 설명하기로 한다.

캔버스를 세로로 길게 놓으면 직사각형의 위쪽 부분이나 아래쪽 부분에 캔버스의 너비를 한 변으로 하는 정사각형을 그릴 수 있다. 전자는 특히 초상화 구성에 도움이 되고 후자는 거리 풍경을 그리는 데 효과적이다. 대각선의 교차로 형성되는 사변형 부분이 '중심 지점(sweet spot)'으로 정해지며(테니스 라켓의 망이 교차하여 생기는 모양과 비슷하다), 장면에서 특히 두드러진 부분이 여기에 위치하게 된다.

　나는 〈리드버리의 교회 골목*Church Lane, Ledbury, England*〉을 잉크로 스케치할 때 이 구도를 사용했다(그림 7-5). 그림 속의 장면은 좌우가 대칭에 가까워서 한쪽이 다른 한쪽을 거의 그대로 반영하고 있다. 황금직사각형의 대각선들이 이루는 단순한 그물 형태는 앞서 살펴본 1점 투시법에서 투시선들이 교차하는 모양과 흡사하다. 구상주의 화가들은 자유롭게 각도를 선택하고, 하루 중 빛이 적당한 시간을 고르고, 나뭇가지의 위치를 낮추거나 높이고, 인물을 더 넣거나 뺄 수 있다. 그러나 건물을 재설계할 수는 없다. 따라서 묘사된 장면뿐만 아니라 예술에서 요구되는 추상적인 면에도 최대한 정당성을 부여하기 위해 위와 같은 기법을 사용하는 것이다.

페히너의 연구 자료

헌틀리(H. E. Huntley)는 실험미학에 관해 쓰면서, 다양한 비율의 직사각형에 대한 선호도에 관심을 가졌던 19세기 말 20세기 초 독일 심리학자 몇 명의 연구에 관해 언급했다.[10]

　1876년 구스타프 페히너(Gustav Fechner)는 창문에서부터 게임용 카드, 책 표지에서부터 메모장에 이르기까지 수천 가지 직사각형의 목록을 만드는 과정에서, 황금직사각형의 형태를 보이는 직사각형들이 굉장히 많다는 사실을 발견했다. 이에 그는 여러 그룹의 사람들을 대상으로 다양한 길이 대 너비의 비율을 지니는 직사각형들에 대한 선호도를 조사하여 표를 만들었다. 비율은 각각 1 : 1, 6 : 5, 5 : 4, 4 : 3, 10 : 7, 3 : 2,

그림 7-5 저자의 석판화 〈리드버리의 교회 골목〉의 구도는 그림 속의 건물 형태에서 볼 수 있는 황금직사각형의 분할
에 기초를 두고 있다. '중심 지점'은 직사각형의 아랫부분에 위치한다.

Ø=1.618, 23 : 13, 2 : 1, 5 : 2였다. 페히너는 각각의 직사각형들을 1, 2, 3, 4······ 10까지 번호를 매겨 표에 기록했고, 이와 관련한 도수분포도는 막대그래프로 작성했다(그림 7-6). 이 그래프의 막대들은 조사 대상 가운데 각각의 직사각형을 선호하는 사람 수를 백분율로 나타내고 있다. 이 막대그래프에서 알 수 있듯이, 길이 대 너비 비율이 Ø에 해당하는 황금직사각형이 35퍼센트라는 압도적인 득표율을 보이며 모든 직사각형 가운데 가장 선호되는 형태로 나타나고 있다.

『황금 분할*Der Goldene Schnitt*』(1884)의 미학자 아돌프 차이징 (Adolf Zeising)과 비트마르(Witmar, 1894), 랄로(Lalo, 1908), 손다이크 (Thorndike, 1917) 등 19세기 말 20세기 초의 연구자들이 비슷한 조사를 실시했는데, 헌틀리의 언급에 따르면 이들의 조사 결과에서도 마찬가지로 황금직사각형에 가까운 직사각형에 대한 선호도가 확실히 우세한 것으로 나타났다고 한다.[11] 헬렌 헤디안(Helen Hedian)은 '일반적으로 훌륭하다고 인정되는' 400점의 그림을 분석하여 황금 비율의 구성을 보이는 작품이 얼마나 되는지 알아보았다.[12] 그 결과 몇 작품을 제외하고는 대다수가 Ø=1.618의 비율을 보였고, 일부는 $\sqrt{5}$ 즉 1 : 2.236066의 비율을 지니고 있는 것으로 나타났다. 이 밖에 황금 비율과 관련하여 앞에서 열거된(제3장 참조) 다른 값들도, 헤디안이 분석한 작품들 가운데서 찾아볼 수 있었다.

헤디안이 조사한 목록에는 르네상스 초기 화가인 조토(Giotto)의 작품으로, 우피치미술관에 소장된 〈옥좌의 성모*Ognissanti Madonna*〉 (c. 1310)가 포함되어 있다. 이 그림에 나타나는 투시선들과 황금직사각형 분할은 3장에서 살펴보았던 몇 가지 기하학적 구조들을 연상시킨다. 18~19세기 작품으로는 터너(J. M. W. Turner)의 〈베즈만*Bay of*

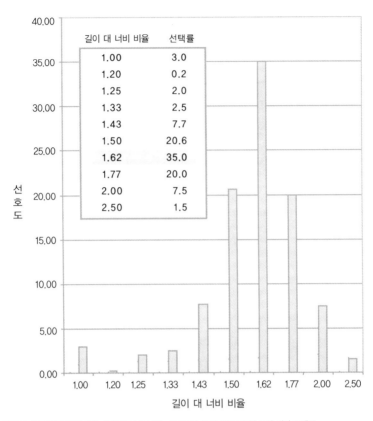

길이 대 너비 비율	선택률
1.00	3.0
1.20	0.2
1.25	2.0
1.33	2.5
1.43	7.7
1.50	20.6
1.62	35.0
1.77	20.0
2.00	7.5
2.50	1.5

그림 7-6 황금직사각형에 대한 선호도를 보여 주는 구스타프 페히너의 1876년 조사 결과 그래프.

Baise〉(런던 테이트미술관), 조지 롬니(George Romney)의 〈폴 부인*Lady de la Pole*〉(1786, 보스턴미술관) 등이 황금직사각형에 부합하는 작품들로 언급되고 있다.

　그 밖에 헤디안이 황금 비율에 가까운 작품으로 꼽은 그림들 가운데는 세잔의 〈페퍼민트 병이 있는 정물*Still Life with Peppermint Bottle*〉(1894, 워싱턴 국립미술관)과 더불어 조르주 쇠라(Georges Seurat)의 〈고기잡이 배*Fishing Fleet*〉(c.1885, 뉴욕 현대미술관), 피카소의 〈부채를 든 여인

Lady with a Fan〉(1905, 워싱턴 국립미술관 해리먼컬렉션), 앙리 마티스 (Henri Matisse)의 〈드 헴 정물화의 변주*Variation on de Heem*〉(1915) 등이 있다. 마지막으로 헤디안은 몇몇 고대 작품들을 황금직사각형의 측면에서 분석하고 있는데, 여기에는 이집트의 스텔레(stele, 돋을새김으로 만든 석판 묘비—옮긴이, c. BC 2150), BC 9세기 아시리아의 날개 달린 반신반인(半神半人), BC 7세기 니네베(Nineveh, 아시리아의 수도—옮긴이)의 〈죽어가는 암사자*Dying Lioness*〉 등이 포함되어 있다.

이제부터는 다각형, 다면체, 황금직사각형, 대수나선 등 기하학 도형들을 담고 있는 명작들을 직접 선별하여 소개하고자 한다. 이 작품들의 창작자들은 모두 각자 활동하던 시대에 지배적인 영향력을 발휘한 인물들이다.

〈동방박사의 예배〉와 황금포인트

스페인에서는 엘 그레코(El Greco), 프란시스코 고야(Francisco Goya), 디에고 벨라스케스(Diego Velázquez), 파블로 피카소, 살바도르 달리 등 미술사에서 매우 영향력 있는 예술가들이 많이 배출되었다. 디에고 벨라스케스의 〈동방박사의 예배〉(화보7, 왼쪽)에서 나타나는 높이 대 너비의 비율은 Ø에 가깝다. 뿐만 아니라 거의 황금직사각형에 가깝기 때문에 밑부분을 정사각형으로 분할하면 나머지 윗부분은 다시 황금직사각형이 된다. 그리고 윗부분의 왼쪽에 정사각형이 생기도록 선을 그으면 오른쪽에 또 하나의 황금직사각형이 형성된다. 이 선들이 교차하는 점이 바로 황금포인트이며, 아기 예수의 눈이 여기에 그려져 있다.

〈퍼레이드〉

18세기 말 19세기 초까지 창작예술가들은 자연을 재현하는 일이 자신들의 영원한 과업이라고 생각했다. 레오나르도 다 빈치가 했던 말에도 이런 메시지가 담겨 있다. "가장 훌륭한 형태의 그림은 그 그림이 모방한 대상과 가장 닮은 그림이다." 그리고 이와 같은 생각은 1세기 후 셰익스피어의 『햄릿 *Hamlet*』 3막 2장 대사에도 나타난다. "연극의 목적은······ 예나 지금이나 거울처럼 자연을 비추는 일이다." 영국 낭만주의 시대(시 분야에서는 워즈워스, 콜리지를 중심으로 시작되어 키츠, 셸리, 바이런으로 이어졌다)에 예술가들은 자연을 모방하기보다는 주관적으로 표현하기 시작했다. (음악에서도 베토벤, 슈베르트, 쇼팽과 같은 낭만파 작곡가들이 등장하면서 비슷한 변화가 일어났다.) 이러한 견해의 변화 없이 인상주의 및 후기인상주의가 갑자기 나타나지는 않았을 것이다. 좀더 후에 등장한 입체파 역시 마찬가지다.

후기인상주의 화가 조르주 쇠라는 스스로 고안한 점묘법이라는 기법을 통해 야간 풍경에 인공조명 효과를 내는 시도를 선보였다. 미국의 화가 제임스 휘슬러(James Whistler)가 인공조명에 관해 강연한 내용을 불어 번역으로 접하고 영감을 받은 쇠라는 미학과 생리학, 인지심리학을 접목시켜 찰스 헨리(Charles Henry, 1859~1926)의 견해에 필적하는 과학적 이론을 세웠다. 쇠라는 다음과 같은 글로 자신의 견해를 설명했다. "예술은 조화다. 조화는 명암과 색채, 선이 지니는 반대 요소 및 유사 요소들이 활발하거나 차분하게, 혹은 어둡게 배합되었을 때 어떤 요소가 우세한가에 따라, 그리고 빛의 영향에 따라 이루어진다······ 예컨대 명암이 쾌활한 느낌을 주려면 밝은 요소들이 우세해야 하고, 색채가 쾌활한 느낌을 주려면 따뜻한 요소들이 우세해야 하며, 선이 쾌활한 느낌을 주려면 눈높이보다 위에 그려져야 한다."

쇠라의 작품 중에는 황금 비율이 적용된 그림이 많은데, 그 중에서도 〈퍼레이드 *La Parade*〉는 단연 돋보인다(그림 7-7).[13] 그의 짧은 생애 막바지에 그려진 이 그림은, 유랑극단 입구에서 사람들을 메인이벤트로 끌어들이기 위한 무료 공연이 펼쳐지고 있는 장면을 묘사하고 있다. 색채와 장면 구성에서 나타나는 경계를 바탕으로 이 캔버스를 NE, CI, LG 등과 같은 가로 및 세로 선으로 세분할 수 있다. 그림에서 직사각형 NEHK는 길이 대 너비의 비율이 거의 Ø에 가까워서, 캔버스의 이 부분은 황금직사각형을 이룬다. 여기에서 NCIK는 정사각형이고, 따라서 CEHI는 또 다른 황금직사각형이 된다. 이 그림에서는 최소한 다음의 네 가지 비율이 Ø로 나타난다.

$$\frac{MK}{AM} = \frac{KL}{ML} = \frac{AB}{BC} = \frac{CD}{BC} = \text{Ø} \ (=1.618\cdots\cdots)$$

이처럼 복합적으로 나타나는 황금 비율은 페히너의 조사 결과에서 확인한 바와 마찬가지로 쇠라의 예술적 직관에서 나온 산물일 가능성이 크다. 만약 그가 형식을 고려하여 신성 비례의 법칙을 적용했다면, 제작 과정을 설명하면서 언급하지 않았을 리가 없다. 어쨌거나 그는 자신의 '과학적 이론'을 밝히기를 꺼리지는 않았기 때문이다.

그림 7-7 기하학 도형으로 분할해 본 조르주 쇠라의 〈퍼레이드〉, 1887~88, 캔버스에 유채, $39\frac{1}{4}$×59인치, 메트로폴리
탄미술관, 클라크(Stephen C. Clark) 기증, 1960. (뉴욕 메트로폴리탄미술관 허가에 의함.)

원형 그림

중세 유럽 사람들은 원(circle)을 신이나 천국의 상징으로 여겼다. (중국
철학자들이 1세기의 상징으로 여겼던 것처럼.) 그 이유는 아마도 원이 시
작도 끝도 없는 무한다각형으로 보이기 때문이었을 것이다. 당시 뚜렷한
경계가 정해진 정사각형이라 여겨졌던 지구는 그 테두리를 아우르는 원
형의 하늘과 비교할 때 종속적인 개념이었다. 이 정사각형의 내부에는
다시 60°–60°–60°로 이루어진 정삼각형이나 45°–90°–45°로 이루어진
이등변삼각형을 만들 수 있다. 르네상스 시대로 접어들면서 지구의 중요
성은 훨씬 높아졌고 인간은 만물의 척도가 되었다. 원형의 테두리에 삼
각형이 내접하는 구조는 르네상스 절정기에 자주 사용되었다. 대표적인
예로, 유명한 두 작품 미켈란젤로의 〈성 가족*Holy Family*〉과 라파엘로의

〈성 모자*Alba Madonna*〉를 들 수 있다(화보 10).[14]

미켈란젤로가 캔버스나 화판에 그린 유일한 그림으로 알려진 원형 그림에서 나타나는 기하학적 구조는 다윗의 별(the Star of David)을 연상시키는 한 쌍의 포개진 삼각형이다. (그림에서 수평선은 아래쪽 삼각형의 한 변을 이루고 있다.) 이 그림에서 흥미로운 점은 인물들이 도자기처럼 반투명한 느낌을 준다는 사실이다. 성모 마리아의 모습에서는, 깊이와 활력을 불어넣는 수단으로 레오나르도가 처음 도입한 나선 형태가 나타난다.

한편 라파엘로가 그린 〈성 모자〉는 르네상스의 가장 훌륭한 회화 구도 가운데 하나를 보여 준다. 이 그림은 1930년대 초반 한 은둔자로부터 사들인 수집품의 일부이다. (그림을 판 사람은 빈털터리였던 스탈린Stalin으로, 그에게 예술품은 별로 쓸모가 없었다.) 그림 속의 세 인물은 윗각이 90°인 이등변삼각형의 구도로 배치되어 있다. 그러나 좀더 정확히 말해 이 세 인물이 보여 주는 구조는 3차원 각뿔 형태로, 이 또한 레오나르도의 영향이다. 성모 마리아의 자세에서 나타나는 나선형 꼬임 역시 레오나르도의 영향이며, 역동적인 느낌을 자아내고 있다.

건축에서 나타나는 동적 대칭

동적 대칭(dynamic symmentry)은 고대부터 이용되었던 원리다. 4,700년 전에는 이집트 피라미드에, 3,300년 전에는 카르나크신전과 룩소르신전에, 2,400년 전에는 페리클레스 시대 그리스 신전에, 그리고 몇 세기 후 로마 건축에도 동적 대칭이 적용되었으며, 그후로도 몇백 년 동안 지속적으로 이용되었다.[15] 동적 대칭은 전혀 다른 시대의 주요 예술 및 건축에서 새로이 창조되어 독자적으로 발전한 것으로 보인다. (그러나 그리스인들이 로마인들에게 미친 영향은 무시할 수 없다.) 비잔틴 건축의 대표 걸작인 하기아 소피아(Hagia Sophia)는 포개진 반구와 정다면체를 모델로 하여 6세기 중반에 세워졌다. 500년 후 서유럽에서는 한층 더 뛰어난 고딕양식의 성당들이 지어졌는데, 그 중 몇 곳에도 동적 대칭이 적용되었다. 르네상스 시대에 동적 대칭은 고전 세계의 학문과 예술에 대한 관심에 힘입어 활기를 되찾았다.

여기서부터는 두 가지 대건축물을 살펴보고자 한다. 하나는 중세 건축의 걸작인 파리의 노트르담(Notre-Dame) 대성당이며, 또 하나는 콸라룸푸르의 페트로나스타워(Petronas Towers)이다. 이 두 건물은 900년이라는 간격을 두고 건설되었지만 둘 다 하늘을 향해 뻗어 올라간다는 공통점을 지니고 있다.

노트르담 대성당과 페트로나스타워

레오나르도 피보나치의 생애와 거의 일치하는 1163~1250년에, 크리스트교 세계에서 가장 유명한 고딕양식의 대성당인 파리 노트르담 대성당이 건설되었다. 건축사학자들은 이 놀라운 대건축물이 거의 모든 측면에서 훌륭한 예술적·구조적 특징들을 지니고 있다고 설명한다. 하늘 높이 뻗어 올라가는 이 건물의 버팀도리(flying buttress, 주벽의 횡압력을 지탱하는 벽받이—옮긴이)는 커다란 창 때문에 약해진 거대한 벽들을 지탱한다는 중대한 목적보다는 장식적인 목적으로 설치된 것처럼 보인다.

하지만 이 건물을 세운 건축가가 외부의 여러 부분에 어떻게 일정한 비례들을 적용하게 되었는지에 관해서는 그저 추측만 해 볼 수 있을 뿐이다. 예술가의 눈이 우연히 이끌어 낸 미적 판단이었을까, 아니면 의도적으로 피보나치수열이 적용된 것일까? 그 답을 알 수는 없을 것이다. Ø에서 파생된 신성 비례가 이미 오래 전부터 알려져 있기는 했지만, 당시 피보나치수열은 피사에서 이제 막 정립되던 참이었기 때문이다. 분명한 점은, 노트르담 대성당의 정면이 황금 비율에 속하는 비례들로 이루어져 있다는 사실이다(그림 7-8, 왼쪽). 인접하는 선으로 나타나는 여러 구획들은 마법 같은 비율 1:1.618에 가까운 비율을 보인다. 특히, 다음의 비율들은 이 거대한 중세 대성당에 놀랍도록 정확하게 적용된다.

$$\frac{ab+bc}{ab} = \frac{ab}{be} = \frac{de+ef}{de} = \frac{ef+fg}{ef} = \frac{ef}{fg} = \frac{fh+gh}{fh} = \frac{fh}{gh} = \emptyset$$

면 abfe는 정사각형을 이룬다. 여기에 직사각형 bcjf를 붙이면 황금직사각형의 형태가 나타난다. 마찬가지로 cdgh 역시 정사각형이며 직사각형 bcjf와 합치면 황금직사각형이 된다. 물론 bcgf는 그 자체가 황금직사각형이다. 다음 줄에서도, ijml이 정사각형이고 여기에 황금직사각형인 jknm을 덧붙이면 역시 황금직사각형이 된다. 이 형태들은 오른쪽에서부터 살펴봐도 마찬가지로 신성 비례를 만족시킨다. 마지막으로, 두 탑을 포함한 서쪽 정면의 전체 형태도 황금직사각형에 가까운 비례를 보여 준다.

이러한 원리의 새로운 구조에 대한 적용은 20세기 전반 르 코르뷔지에의 건축물을 탄생시키는 원동력이 되었으며, 다른 현대 건축가들도 자신의 작품에 동적 대칭의 요소들을 불어넣었다. 미국 테네시주 멤피

그림 7-8 건축계의 두 걸작. 거의 1,000년이라는 간격을 두고 건설되었지만 두 건물 모두에서 황금 비율의 반복적인
사용이 나타난다. (왼쪽) 파리의 노트르담 대성당. (오른쪽) 콸라룸푸르의 페트로나스타워.

스에 있는 로즈대학(Rhodes College)의 할리버튼타워(Halliburton
Tower)를 설계한 건축가 클린턴 패런트(H. Clinton Parrent)는 피보나치
수열의 연속하는 항이 이루는 비례를 이용하여 여러 층의 높이를 다양
하게 표현했다.

　그리고 20세기가 끝나 갈 무렵에는 그보다 더 인상적인 대건축물(스
카이브리지로 연결된 한 쌍의 빌딩)이 콸라룸푸르에 세워졌다(그림 7-8,
오른쪽). 말레이시아의 국영 정유회사인 페트로나스(Petronas)에서, 이
전까지 세계에서 가장 높은 빌딩이었던 시카고의 시어스타워(Sears
Tower) 높이를 능가하는 쌍둥이빌딩을 위탁 건설한 것이다. 세자르 펠

리 앤 어소시에이츠(Cesar Pelli and Associates)에서 설계한 페트로나스 타워(1998)는 말레이시아가 떠오르는 경제 강국임을 증명이라도 하듯 1,470피트의 높이를 자랑하며 우뚝 솟아 있다. 구조적인 설계를 보면 각 빌딩의 기부(基部)는 정사각형 두 개가 겹쳐서 이루어진 정팔각형으로, 하늘과 땅의 결합을 상징한다. 정사각형의 각 교차점에서 쌓아 올려진 고강도 콘크리트와 강철 기둥은 이 육중한 대건축물의 구조에 안정감을 부여한다. 이 기둥들의 표면은 스테인리스스틸과 유리로 덮여 있다. 그리고 위로 올라갈수록 망원경의 마디를 연상시키는 외관은 수학적인 패턴을 보여 준다. 각 마디의 치수를 측정해 보면 다음과 같이 신성 비례의 법칙을 반영하는 비율이 나타난다.

$$\frac{AF}{AE} = \frac{CE}{DE} = \frac{DE}{CD} = \emptyset \ (=1.618\cdots\cdots)$$

환영, 이미지, 눈속임

물리학은, 눈에 보이거나 보이지 않는 실체를 일정한 형체가 있는 모형을 이용하여 설명하고 이 모형들에 관한 등식을 세움으로써 발전한다. 이 등식들을 풀어 나가는 과정에서, 자연이 움직이는 방식과 그 원인에 대한 이해를 기대할 수 있는 것이다. 이런 식으로 물리학에서는 은하의 충돌 및 단일 원자의 충돌에 관해 논할 수 있다. 그러나 존재하는 모든 상호 작용을 포함시킨다면, 이 등식들은 풀 수 없는 문제 혹은 수학적으로 처리하기 어려운 문제가 되어 버릴 것이다. 몇 가지 상호 작용과 변수는 무시해야 등식을 해결할 수 있다. 그렇다고 해서 우주 차원의 문제에서 중력을 무시하거나 원자 차원의 문제에서 전자기력을 무시하는 등 중대한 상호 작용을 간과하면, 수학적인 계산은 상대적으로 간단해지겠지만 이에 관한 물리학적인 해석은 현실성을 잃게 되고 만다. 뜬구름 잡는 식의 설명만 늘어놓게 되는 것이다.

몇 가지 모형을 이용하여 한 가지 현상이나, 원자핵과 관련된 또 다른 현상을 설명할 수는 있다. 대표적인 예로 물방울모형(liquid drop model), 광학모형(optical model), 통합모형(unified model), 단일입자모형(single-particle shell model) 등을 들 수 있다. 그러나 지금까지 단 하나의 모형으로 모든 현상과 모든 과정을 설명할 수 있는 경우는 없었다. 더욱이, 이러한 모형들이 원자핵에 관한 우리의 기본적인 이해에 대변혁을 가져온 것도 아니다.

과학에 있어서 진정 변화다운 변화는, 있음직하지 않은 대상들로부터 얻는 영감과 독창적인 관점으로 현실을 관찰함으로써 얻는 영감에 힘입어 일어나는 경우가 많았다. 완전히 다른 방식의 자연 관찰은 급진적인 통합을 불러오게 마련이다. 아인슈타인은 광속을 절대적인 값으로 보고 길이와 질량, 시간을 상대적인 개념으로 분류함으로써 파격적인 상대성 이론을 전개했다. 한 세대가 지난 후 분자나 원자, 원자핵 등의 입자들이 '입자·파동 이중성(dual particle·wave)'을 보인다는 루이 드 브로이(Louis de Broglie)의 주장은 원자 차원에서 가장 좋은 성과를 보인 양자역학의 전개에 있어서 중추적인 가설이 되었다.

예술에서도 마찬가지다. 자연을 전혀 새로운 시각으로 관찰하고 완전히 다른 방식으로 해석하다 보면 혁명적인 변화가 일어날 가능성이 크다. 직선원근법의 발견은 예술의 르네상스를 불러왔다. 그리고 좀더 광범위한 시각에서 보면, 직선원근법으로 인해 자연을 이상화하기보다는 관찰하고 연구하게 되면서 근대 과학의 토대가 마련되었다. 이러한 변화는 전망으로 보나 결과로 보나 가히 혁명적이라 할 만한 것이었다. 인상주의운동은 19세기 후반 프랑스의 예술가·관찰자들이 대상을 단지 반영하는 데 그치지 않고 대상의 본질을 포착해야 한다고 느끼기 시작하면서 일어나게 되었다. 예술계에서 일어난 이러한 운동은 급진적 환원주의(radical reductionism)를 추구했다는 점에서, 물리학의 상대론적이고 양자역학적인 혁명과 비교된다. 그들은 혁신적인 변화의 필수 요건인 독창성과 영속성을 보여 주었다.

근본적으로, 과학자와 예술가는 양쪽 다 자연의 해설자로서 형태와 패턴, 즉 고정적 혹은 일시적인 실제 이미지와 착시현상을 모두 수용한다. 이제부터 우리는 예술가들의 눈에 비쳤을 자연의 모습과 예술가들이 자연에 대해 취했던 대담한 태도를 보여 주는 몇 가지 예들을 살펴볼 것이다. 앞으로 소개될 작품들은 에셔(M. C. Escher)와 베브 두리틀(Bev Doolittle), 프레드릭 하트(Frederick Hart)의 작품들이다. 이들의 작품이 혁명적이거나 혁신적인 것은 아니다. 그보다 이 작품들은 자연을 표현하는 일률적인 방식, 심지어는 제한적이고 폐쇄적인 방식의 좋은 예를 보여 준다. 물리학자들의 원자핵 모형과 마찬가지로, 각각의 표현 방식은 결코 전부를 포함하거나 포괄하는 방식이라고 볼 수 없다. 이들의 작품은 물리학자들의 모형과 비슷한 방식으로, 일부 지각현상들이 우리에게 어떻게 작용하는가를 효과적으로 보여 준다.

짧은 지면을 빌려, 레오나르도 다 빈치의 구상 가운데 부차적인 부분들, 그리고 이러한 숙고의 결과라 여겨지는 기법들 또한 간략히 소개하고자 한다.

에셔는 스페인에서 이슬람 예술가들의 타일 작품을 보고 영감을 얻어 자신의 그래픽아트를 제작했다는 글을 쓰면서 다음과 같은 의사를 표명했다. "이슬람에서 구체적인 이미지의 표현을 금한다는 것은 매우 유감스러운 일이 아닐 수 없다." 그리고 이슬람 예술가들과 달리 종교적인 제약을 받지 않았던 그는 생물과 무생물, 사실적인 형태와 가공적인 형태들을 자유롭게 활용했다. 에셔의 대칭적 도안 가운데 다수는 수학적 모자이크와 같은 형태를 띤다. 그의 유명한 목판화 〈기수*Horsemen*〉에서 우리는, 밝은 색의 기수들이 오른쪽으로 이동하고, 이와 좌우가 반대인 어두운 색의 기수들이 왼쪽으로 이동하는 모습을 볼 수 있다. 여러 시기를 통해 그가 발표한 그래픽아트에서는 그림 속 형태들의 점진적인 진화가 자주 나타나는데, 그는 이 과정을 '변태(metamorphosis)'라 명명했다.

눈속임 예술, 숨겨진 기법(Cryptotechne)[16]

> 의미를 파악하려면 다른 각도에서 사물을 관찰해야 한다.[17]
> — 베브 두리틀

베브 두리틀의 말은 예술가뿐만 아니라 과학자들에게도 똑같이 적용된다. 이 현대 서양화가는 전경의 생물을 무생물 배경에 혼합시켜 경계를 모호하게 만드는 특유의 방식을 구사한다. 갈색 얼룩이 있는 흰 얼룩말들은 이제 막 쌓이기 시작한 눈 사이에 드문드문 보이는 흙을 배경으로 배치되어 있다. 또 다른 그림에서는 포플러나무 숲 사이로 원주민 기수들이 타고 있는 말들이 보인다. 빽빽한 나무들에 가려 알아보기 힘든 회색 곰이 그려진 그림도 있다. 형태 인지를 주제로 하는 형태심리학

(Gestalt psychology)에서는 인간의 사고력이, 다소 난해한 이미지를 어떻게 처리하고 전경과 배경을 어떻게 구별하는가에 관해 설명한다(화보 11, 아래). 색채와 형태의 차이를 읽어 내도록 프로그램이 짜인 컴퓨터가 이 말들을 식별해 내기는 거의 불가능할 것이다. 이 그림은 자연의 의태(mimicry, 동물이 주변 환경이나 다른 동물과 비슷한 형태를 취하는 일―옮긴이)를 찬미하는 예술의 한 가지 예라 할 수 있다.

두리틀의 작품은 사실성과 추상성을 동시에 보여 주기 때문에, 그의 그림이 사실적인가 추상적인가를 분명히 구분하기는 어렵다. 한 가지 분명한 사실은, 관찰자는 언제나 그의 그림에 이끌려 두 번 세 번 들여다보게 되고, 결국 그림 속으로 거의 빨려 들어가다시피 하게 된다는 것이다. 두리틀의 작품은, 사물의 겉모습과 실체는 좀처럼 일치하지 않는다는 명확한 메시지를 표출한다. 이 단호한 메시지는 과학자들이 그들의 작업을 수행할 때도 마찬가지로 적용된다.

자연에서 의태는 동물이 주위 환경에 자신의 몸을 숨기기 위해 신체적인 변화를 일으킴으로써 나타난다. 포식자는 보다 효과적으로 먹이를 사냥하기 위해, 피식자는 포식자의 사냥 능력을 약화시키기 위해 의태라는 수단을 이용하는 것이다. 먹이사슬에서 꾸준히 정상을 지키는 북극곰도 주위의 얼음과 눈에 자신의 겉모습을 동화시킴으로써 사냥 능력을 최대한 활용한다. 규모의 차이는 있지만, 사마귀 역시 풀잎이나 초록색 나뭇가지에 몸을 숨기고 앉아 먹이를 기다린다. 특정한 새들이 맛있어하는 총독나비(viceroy butterfly)는 그 새들이 맛없어하는 제왕나비(monarch butterfly)와 매우 비슷한 모습으로 진화했다. 때문에 그 새들은 모험을 감수하기보다는 총독나비까지 피하게 되었다.

그런데 얼룩말의 경우는 조금 특이하다. 굵은 흑백의 줄무늬 때문에 얼룩말은 어떻게든 눈에 띌 수밖에 없다. 그렇다면 자연이 한 가지 큰 실수를 저지른 것일까? 결코 그렇지 않다! 흥분한 얼룩말 무리는 거대하고 무시무시한 단일체로 혼합되어 흙먼지를 일으키고 우레와 같은 소음을 내며 질주한다. 이 소용돌이 속에서 한 마리 한 마리를 분간하기란 거의 불가능하며, 그 때문에 포식자는 혼란에 빠지게 된다.

숨겨진 이미지라는 범주 안에서도 우리는 레오나르도와의 연관성을 찾을 수 있다. 풍부한 유머감각의 소유자로서 작품에 아이러니를 끼워 넣고 싶어했던 레오나르도는 그림과 스케치에 아이러니와 중의적인 요소(double entendre)들을 심어 놓았다. 워싱턴 국립미술관에 소장되어 있는 초상화 〈지네브라 데 벤치〉(이 그림은 9장에서 더 자세히 살펴볼 것이다)는 양면 그림이다. 앞면에는 젊은 여인의 초상화가 그려져 있고, 뒷면에는 주니퍼(juniper, 곁가지가 많이 나는 측백나무과 상록관목―옮긴이) 가지를 둘러싼 월계수와 종려나무가 그려져 있다. 주니퍼는 이탈리아어로 지네프로(ginepro)이다. 레오나르도가 모델의 이름으로 언어유희를 즐기고 있는 것이다.

『코덱스 윈저*Codex Windsor*』에 있는 해부학 스케치들 가운데 암소의 태아를 세부 묘사한 스케치가 있다. 레오나르도는 알아채기 어려운 '숨겨진 기법(cryptotechne)'을 이용해 암소가 뒤집힌 형태를 그려 넣고 만족스런 미소를 지었을 것이다. 이 형태는 일단 알고 나서 보면 분명하게 눈에 띄지만 무심코 보면 포착하기 어렵다. 자연의 절묘한 형태에 매료되고 그 형태들이 지니는 수학적 연관성을 인식하고 있던 레오나르도는, 태아 자체의 형태에서 부드러운 아치형으로 점점 넓어지는 대수나선이 나타난다는 사실도 물론 알고 있었을 것이다. 암소의 태아는 6주 된 인간 태아와 형태가 비슷하다.

왜상(歪像)   6장에서 살펴본 바와 같이, 원근법을 이용하면 2차원 평면에 3차원 형태를 표현할 수 있다. 원근법은 장면 속에 있는 사물들의 관계를 설명해 주는 동시에 관찰자와 장면 사이의 관계도 정리해 준다. 1점 투시법은 르네상스 시대 예술가들 사이에서 탄생하여, 세기를 거듭하면서 예술가들과 수학자들의 손을 거쳐 발전했다. 원근법의 기초에 깔려 있는 수학적 형식주의는 사영기하학에서 나타난다.

이 장을 열면서 우리는 원근법에 관해 살펴보았다. 이제 극단적인 원근법, 즉 전혀 색다른 관점에서, 때로는 확실히 정해진 틀을 통해 대상을 관찰하는 예술가들을 살펴보면서 이 장을 끝맺고자 한다. 이들의 독특한 시각은 왜상(anamorphosis)으로 나타난다. 이 단어의 어원이 분명한 것은 아니지만 아마도 ana(again, 다시)와 morphe(shape, 형태)에 뿌리를 두고 있어서, 관찰자가 이미지를 이해하는 데 적극적으로 참여해야 한다는 의미를 내포하고 있을 것이다. 또는 an(결여 혹은 부재의 의미)과 morphe에서 유래되어 '일정한 형태가 없음'을 의미하는 것일 수도 있다. 어원은 뚜렷하지 않아도 의미로 보면 두 가지 모두 적절하다고 할 수 있다. 확실히 이미지는 '일정한 형태가 없는' 것처럼 보이고 따라서 관찰자는 두 번 세 번 적극적으로 들여다봐야 하기 때문이다.

최초로 왜상기법을 사용했다고 알려진 작품은 1485년에 제작되었다. 언뜻 보면 이 그림은 어린아이가 어린아이를 그린 스케치처럼 보인다(그림 7-9). 그러나 주제는 어린아이가 맞지만 이 그림을 그린 사람은 아이가 아니다. 그림에서 오른쪽에 위치한 눈의 너비는 왼쪽에 비해 훨씬 짧고 턱의 경사도 오른쪽이 더 가파르다. 오른쪽으로 갈수록 얼굴의 형태가 점점 일그러져서 마치 얼굴이 실제 왼쪽 방향으로 움직이고 있는 것처럼 보인다. 이러한 비대칭으로 볼 때, 이 그림은 오른쪽 끝에서부터 살

그림 7-9 레오나르도의 왜상기법. 얼굴의 이미지가 지면 위에 '떠 있는' 것처럼 보인다.

짝 스치는 각도로 감상하도록 그려졌음을 알 수 있다. 이 스케치는 레오나르도 다 빈치의 노트 『코덱스 아틀란티쿠스』에 아무런 부가설명 없이 실려 있다.[18] 레오나르도는 왜상기법을 고안하면서 다른 견본들도 제작했을 가능성이 높다. 레오나르도의 조수로서 그의 노트를 물려받은 프란체스코 멜치는 "용과 사자가 전투를 벌이는 듯한…… 기이한 형태의 스케치"를 본 적이 있다고 말했다. 바로 위와 같은 형태의 왜곡을 통해 만들어 낸 환영이다. 그러나 이 작품은 현재 남아 있지 않다.

　이탈리아의 카라바조(Caravaggio)와 안니발레 카라치(Annibale Carracci), 그보다 북쪽의 한스 홀바인(Hans Holbein) 등 16~17세기의 저명한 예술가들도 왜상기법을 실험했다. 신비롭고 환상적인 천장 및 돔 그림으로 유명한 베네치아의 조반니 바티스타 티에폴로(Giovanni Battista Tiepolo)는 이 양식에 있어서 타의 추종을 불허하는 거장이 되었지만, 그후로 광학적인 주제를 연구하거나 가상현실을 실험하는 과학자들을 제외하고는 왜상기법에 매력을 느끼지 못하는 듯했다. 이 기법은 형태나 원근감을 전혀 알 수 없게 색채가 뒤섞인 모습으로 나타나는 경우가 많다. 하지만 그림을 제작할 때 처음부터 계획된 특정 위치에 반사경을 놓으면 그림은 적절한 원근감을 되찾고 금세 생명력을 얻게 된다.

착시현상과 게슈탈트

5장에서 우리는 파르테논신전의 설계자인 페이디아스와 칼리크라테스, 익티노스가 갖가지 수단을 동원하여 착시현상을 미리 교정했음을 알 수 있었다. 이들이 사용한 수법 가운데, 곧은 수평 기반이 지평선의 굴곡과 대비될 때 밑으로 가라앉은 것처럼 보이는 현상을 방지하기 위해 건물 기반에 볼록한 굴곡을 만드는 교묘한 기술이 있었다. 또한 이들은 기둥들의 중심축이 건물 위 아주 높은 곳에서 한 점에 모이도록 설계했는데, 한편으로는 볼록한 기반 위에 세워진 기둥들이 바깥쪽으로 벌어져 보이는 현상을 막기 위해서였으며, 또 한편으로는 아마도 건물이 높아 보이도록 하기 위해서였을 것이다. 이러한 기법은, 그후 2,500년이 지날 때까지도 공식적으로 등장하지 않았던 3점 투시법을 연상시킨다.

　그리스 고전 시대에는 신성 비례의 개념과 더불어 착시효과가 교묘하게 사용되었다. 그리스인들은 착시현상을 상쇄하는 방법에 정통했으며, 적어도 직관적으로는 원근법을 이해하고 있었다고 추측된다. 하지만 착시현상은 고전 그리스 시대 훨씬 전부터 인지되고 있었을 가능성이 높다. 착시현상으로 우리는 우리 자신의 감각에 속게 된다. 실제로 수치를 측정해 보면 우리가 속고 있다는 사실을 알 수 있다. 선과 색채가 적절히 배치되어 우리의 시각을 혼란스럽게 만드는 것이다.

　긴 변 대 짧은 변의 비율이 1.618 : 1이 되도록 그려진 직사각형 ABCD와 평행사변형 A′B′C′D′가 있다(그림 7-10). 전자는 황금직사각형이며 후자는 황금직사각형이 한 쌍의 수평한 전단력(剪斷力, shearing force)에 의해 일그러진 듯한 형태를 보인다. 직사각형에서 MN은 AD를 이등분하고 대각선인 AN과 ND는 이등변삼각형 AND를 형성한다. 즉 이 대각선들은 길이가 같다. 평행사변형의 경우 M′N′는 분명히 A′D′를 이등분하지 않고 A′M′는 분명히 M′D′와 길이가 일치하지 않는다. 언뜻 보면 대각선 A′N′는 대각선 N′D′보다 짧은 것처럼 보인다. 그러나 실제로는 A′N′D′ 역시 AND와 마찬가지로 이등변삼각형이다. 따라서 A′N′는 사실 N′D′와 길이가 같다. 길이를 재 보면 곧바로 확인할 수 있다. 이렇게 A′N′가 N′D′보다 짧아 보이는 원인이 바로 착시현상 때문이다. 착시현상을 일으키는 요소 가운데 게슈탈트(Gestalt)가 있는데, 이는 영속적 혹은 일시적인 자연 구성물의 모습과 패턴이 우리 눈에 지각되는 형태, 그리고 우리에게 익숙한 현상들과 이들이 조합될 때 지각되는 형태를 말한다.

구름이 주는 영감

예술가들의 작품에서 대수나선 이외에 자연에서 많이 나타나는 패턴을

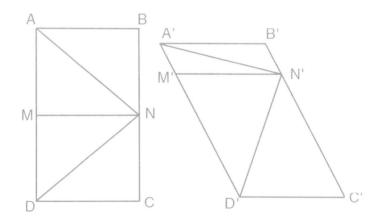

그림 7-10 착시현상의 예. A′N′가 N′D′보다 짧아 보이지만 실제 길이는 정확히 일치한다.

좀처럼 볼 수 없다는 것은 특이한 일이다. 앞서 우리는 대수나선이 기하학적으로 어떻게 황금직사각형으로부터 생성되는지 살펴보았다. 그리고 자연에 존재하는 패턴이나 '우연히도' 인간의 창작물에서, 또는 오작동을 일으킨 미사일 탄도와 같이 전혀 다른 현상 속에서 대수나선의 특징이 보인다는 사실도 확인했다(화보4).

고대에는 나선 형태가 이오니아양식 기둥머리 디자인에 적용되었고, 숫양의 뿔 모양과도 같은 이 형태는 여성들의 장신구에도 많이 사용되었다. 내가 직접 본 현대 작품 가운데 두드러진 나선 형태를 지닌 것은 두 가지인데, 두 작품은 제작 시기도 비슷하고, 모두 미국 워싱턴 대성당에서 볼 수 있다. 하나는 스테인드글라스 예술가인 로드니 윈필드(Rodney Winfield)가 1973년에 제작한 창으로, 1969년 나사(NASA)의 아폴로 11호가 발사되어 달 사진을 찍고 돌아온 일을 기념하기 위한 것이다. 〈우주의 창*Space Window*〉에서, 숫자 8을 잡아 늘인 것과 같은 형태는 우주선의 궤도와 무한대라는 두 가지 의미를 동시에 내포한다. 실제로 제작자는 이 작품에 무한소(無限小)와 무한한 우주의 융합, 순간과 영원한 시간의 결합 등의 상징이 가득 담겨 있다고 말한 바 있다.

오른쪽 아래 위치한 원은 지구와 달을 나타낸다(개기월식에서 볼 수 있는 모습). 그리고 왼쪽 아래 있는 원은 (은하수를 포함한) 광대한 은하계와, 별을 집어삼키는 블랙홀을 암시한다. 추상예술 작품들과 마찬가지로 이 작품 역시 주관적인 해석이 가능하다. 여기에는 분명 유인 우주 탐사에 대한 암시가 들어 있다. 우주비행사가 이 스테인드글라스를 본다면 우주선에서 분리되어 달 궤도 탐색 인공위성을 띄우고 나선형으로 달 표면 위에 내리는 달 착륙선을 떠올릴 것이다. 물리학자라면 뉴턴역학의 주제인 탈출 속도(escape velocity)와 궤도 진입 최저 속도(orbital velocity)의 표현을 읽어 낼 것이다. 결국 이 스테인드글라스는 첨단 과학과 기술을 찬미하는 작품인 셈이다.

이외에도 또 한 가지 내게는 흥미로운 요소가 있다. 아르키메데스의 나선도, 쌍곡나사선도, 다른 어떤 종류의 나선도 아닌 완벽한 대수나선이 이 창에 표현되어 있는 것이다. 위쪽에 있는 원에서 나타나는 이 대수나선은 창에 끼워진 월석 조각으로 집중되면서 불가사의의 세계로 통하는 가상 접안렌즈 역할을 한다(화보2, 오른쪽).

두 번째 예로 들 작품은 정교하면서 색다른 힘이 스며 나오는 프레드릭 하트의 〈무(無)로부터 Ex Nihilo〉이다(화보5, 아래). 프레드릭 하트는 작품의 구도를 짜면서 직관적으로 대수나선을 적용했다. 1974년 당시 31세였던 이 조각가는 워싱턴 대성당의 서쪽 정면에 장식될 세 개의 프리즈(frieze) 조각을 의뢰받았다. 이 작품은 아마도 20세기 최고의 종교적인 조각품으로 꼽힐 것이다. 건축학적인 면에서 조각의 설계를 보면, 전체 작품은 세 개의 팀파눔(tympanum, 출입문 위의 인방[枋]과 아치로 둘러싸인 공간—옮긴이)으로 이루어져 있고, 각각의 팀파눔을 받치는 기둥에는 주요 인물들이 조각되어 있다. 한 명은 성 베드로, 또 한 명은 아담, 그리고 나머지 한 명은 성 바울이다. 인류 창조를 묘사하고 있는 조각품 〈무로부터〉는 중앙의 문에 배치되었고, 낮과 밤의 창조를 표현한 조각들은 각각 양옆의 문에 배치되었다.

하트의 친구인 작가 톰 울프(Tom Wolfe)는 이 프리즈를 보고 "소용돌이처럼 휘몰아치는 혼돈으로부터 탄생하는 인류를 묘사하고 있다"고 평했다.[19] '소용돌이처럼 휘몰아친다'는 설명은, 여덟 명의 인간이 어떤 근원으로부터 일제히 솟아 나오는 격동의 장면을 실로 적절히 표현한 말이다. 하지만 이 구도에 대한 착상은 아마도 우리가 자연에서, 해바라기나 허리케인, 앵무조개 등이 지닌 자연의 패턴에서 얻는 잠재적인 메시지들부터 비롯되었을 것이다. 작품 옆에 첨부된 사진은(화보5, 아래) 하트의 걸작 〈무로부터〉에 대수나선 형태인 앵무조개 횡단면을 디지털 방식으로 겹쳐 놓은 모습이다.[20] 구도를 계획할 때 최소한 다섯 명의 팔꿈치가 만곡을 이루도록 배치하면 '가장 적합한 구도'를 얻을 수 있다.

1943년에 태어난 하트는 54세 때 우뇌에 뇌졸중이 발병하여 좌반신 일부가 마비되고 적어도 당분간은 그의 뛰어난 작품 활동을 진전시킬 수 없게 되었다. 오른손잡이 조각가라고는 해도, 감성적인 부분을 관할하는 우뇌가 손상되었기 때문에 공간지각 능력에 한계가 올 수밖에 없었다. 하지만 그럼에도 "그는 계속해서 아이디어를 개념화하여 나타내고, 이 아이디어들의 육감적인 기초를 마련하고 표현법을 구상하여 새로운 이미지를 만들어 낼 수 있었다"고 한 측근은 말한다.[21] 굳건한 의지와 집중적인 물리요법으로 그는 왼팔의 기능을 조금 회복하게 되었다. 공간지각, 즉 표현 대상과 그 투시도를 인지하는(단순히 보는 것이 아니라) 능력이 약화된 상태를 극복하기 위해 그는 이전보다 더 많은 노력을 해야 했다. 하트는 집중력을 강화하는 한편 거울이나 특수 개조된 사진기를 이용함으로써 자신의 분야에서 더욱 발전할 수 있었다.

뇌졸중이 발병하고 18개월이 지난 1999년 8월, 하트는 암이라는 진단을 받았고 불과 3일 만에 병마를 이기지 못하고 숨을 거두었다. 56세 생일을 두 달 앞둔 때였다. 나는 그를 잘 알고 있었고 그의 재능을 매우 훌륭하게 생각했지만, 프리즈의 구도에 나타나는 대수나선에 관해 이야기를 나눌 기회는 갖지 못했다. 하지만 나는 이 대수나선이 의식적으로 적용된 것은 아니라고 확신한다.

한번은 그가 직접 이렇게 설명한 적이 있다. "나는 〈무로부터〉를 창조에 대한 하나의 표현, 신성한 영혼과 원기의 변형 과정으로 보았네. 조각 속의 인물들은 아무것도 존재하지 않는 혼돈으로부터 생성되어 변형의 순간이 영원히 지속되는 상태에 사로잡혀 있지. 신성한 힘이 변화하는 과정의 장엄함과 신비로움을 묘사한 것이라네." 그의 미망인 린디 하트(Lindy Hart)는 '구름에서 나타나는' 소용돌이 형태가 남편에게 영감을 주었다고 말했다. 하지만 또 이렇게 덧붙이기도 했다. "이와 더불어 남편은 대수나선에도 매료되었던 것 같습니다." 오래 전으로 거슬러 올라가 보면, 미켈란젤로가 시스티나성당에 〈천지 창조〉를 그릴 때도 시시각각 변하는 구름의 형태에서 영감을 얻었다.

하트가 뇌졸중을 겪은 것과 비슷하게, 왼손잡이로서 좌뇌에 뇌졸중이 발병했던 레오나르도 역시 그와 유사한 고통을 겪었다. 오른팔의 기능 일부가 마비되었던 레오나르도의 경우, 화가로서의 경력은 사실상 지속되지 못했다. 예술적인 창조력이 성장하기 위해서는 좌뇌와 우뇌의 연합이 필수적이다. 우리가 수행하는 다양한 기능들을 어느 한쪽 뇌에서 완전히 독립적으로 관할하지는 않을 것이다. 적어도 이 두 예술가의 경우를 보면 그렇다.

Ø를 적용한 원근법

예술작품에서 Ø가 갖는 의미에 대해서는, 열렬히 옹호하는 사람들도 있고 거침없이 비판하는 사람들도 있다. 그리고 양쪽 모두 자신들의 견해를 입증할 명백한 증거를 제시할 준비가 되어 있다. 내가 볼 때 두 견해는 한편으로는 타당하고 또 한편으로는 타당하지 못하다.[22]

옹호자들은 Ø를 거의 모든 창조적 활동에 효과적인 수단이라고 생각한다. 여기에는 미술이나 음악, 시 창작 활동은 물론, 심지어 상품의 거래까지도 포함된다. 사실 자세히 들여다보면, 인간의 창작물에서 황금 비율이 나타나는 예들은 무수히 많다. 하지만 각각의 창작물들은 개별적으로 평가해야 하며 어림짐작을 통한 일반화는 경계해야 한다.

비판자들은 (특히 몇몇 수학자들은) 옹호자들의 의견에 강력한 이의를 제기한다. 파르테논신전의 동쪽과 서쪽 정면에서 나타나는 비율은 정확히 1 : 1.618이 아니라 1 : 1.71이며 대피라미드 둘레의 길이 대 너비 비율은 8 : 5(환산하면 1.60)라는 것이 이들의 주장이다. 하지만 그렇다 해도 이 두 건물은 1.618에 가까운 비례를 보인다. 52°의 경사를 보이는 대피라미드의 경우, 특히 흥미를 자아내는 부분은 길이 대 너비의 비율보다 옆면에서 나타나는 비율이다. (분석가들은 이를 우연한 행운이라고 말한다. 피라미드의 둘레가 높이의 2π배가 되는 편리한 방식을 사용한 결과 여러 부분에서 1.618의 비율이 나타나게 되었다는 것이다.)

과학자이자 예술가로서 나는, 비례 감각의 기준이 되는 자연에서 예술가가 터득하는 잠재적인 메시지가 있다고 확신한다. 그리고 이 비례 감각은 실로 많은 예술가들의 작품에서 나타나는 요소이기도 하다. 벨라스케스와 살바도르 달리, 그리고 쇠라의 그림에서 황금 비율이 나타나는 이유가 바로 이 때문일 것이다. 우리가 황금 비율을 선호한다는 증거는 페히너의 조사 자료에서도 명백히 드러난다. 황금 비율이 뚜렷한 형식으로 나타나는 '체계'는 제한되어 있다. 바르토크와 드뷔시, 쉴링어(Schillinger)[23]의 음악, 비트루비우스와 브라만테, 르 코르뷔지에의 건축, 몬드리안(Mondrian)과 아마도 쇠라의 그림이 여기에 해당할 것이다. 그러나 수학적인 형식과 예술적인 디자인을 의도적으로 결합시켰으리라고 생각되는 사람은 과학자이자 예술가인 레오나르도뿐이며, 그는 실제로 주제에 관해서는 명확한 언급을 한 일이 없다. 이러한 사실은 그가 남긴 엄청난 양의 수학적인 구상 메모들, 원근법을 연구한 기록들, 형식을 갖춰 그린 스케치들, 『신성 비례』의 삽화들, 대략적인 스케치들, 그리고 완성된 그림들을 보면 알 수 있다. 이 모두는 하나의 정교한 퍼즐을 구성하는 조각과도 같다.

화보 1. [왼쪽] 레오나르도의 〈자화상〉, c. 1512~1516. 종이에 붉은 분필. [오른쪽] 레오나르도의 제자(아마도 프란체스코 멜치)가 그린 〈레오나르도 다 빈치의 초상〉. 종이에 붉은 분필, 윈저성 여왕 엘리자베스 2세 왕실컬렉션 소장. (윈저성 왕실컬렉션 ⓒ H. M. Queen Elizabeth II.)

화보 2. 스테인드글라스에서 나타나는 기하학 도형 배열의 예. [위] 마르크 샤갈이 제작한 뉴욕 UN 본부의 스테인드글라스 창. [가운데 왼쪽] 로이 밀러(Roy Miller)의 깎인 정이십면체 모양 스테인드글라스 샹들리에(삼각형으로 분할된 정육각형 및 정오각형으로 이루어져 있다). [아래 왼쪽] 로이 밀러의 펜로즈 타일. [아래 오른쪽] 로드니 윈필드의 〈우주의 창〉(1974). (샤갈의 스테인드글라스 ⓒ 2004 Artists Rights Society(ARS), 뉴욕/ADAGP, 파리. 〈우주의 창〉은 워싱턴 대성당 허가에 의해 저자가 촬영한 사진.)

화보 3. [위 왼쪽] 메이둠의 '붕괴된 피라미드'. 본래 탑(혹은 중심부)의 형태를 추정해 보면 측면이 $72° - 36° - 72°$의 황금삼각형을 형성한다. [위 오른쪽] 저자가 어린 시절 가족과 함께 카이로를 방문하여 쿠푸(케오프스)왕 대피라미드 앞에서 찍은 사진. [가운데 왼쪽] 측면 경사각이 $52°$인 황금피라미드를 붉은색 윤곽으로 나타낸 그림. [가운데 오른쪽] 붉은 윤곽으로 나타낸 황금직사각형. [아래] 남서쪽에서 바라본 파르테논신전.

화보 4. 자연에서 발견되는 대수나선. [위 왼쪽] 토마스 망겔센(Thomas Mangelsen)의 〈인디안 서머Indian Summer-Dall Rams〉. [위 오른쪽] 레오나르도가 그린 암소 태아. 위아래가 뒤집힌 태아의 모습이 어렴풋이 보인다. 1506~8, 「코덱스 윈저」 52페이지, 윈저성 엘리자베스 2세 왕실컬렉션. [가운데 왼쪽] 앵무조개 껍질. 옆에 삽입된 작은 그림은 앵무조개의 먼 선조격인 암모나이트 화석. [가운데 오른쪽] 태풍 앤드류(1992). [아래 왼쪽] 엔진 노즐에 결함이 있는 트라이던트 미사일이 발사되는 모습. [아래 오른쪽] 남반구에서 관측되는 나선은하 M100. (〈인디안 서머〉 ⓒ Thomas D. Mangelsen/Images of Nature. 윈저성 왕실컬렉션의 「코덱스 윈저」 ⓒ H. M. Queen Elizabeth II. 앵무조개와 암모나이트, BIA 사진. 태풍 앤드류 위성사진, 미국 해양대기관리처NOAA. 나선은하 M100 ⓒ Anglo-Australian Observatory, 데이비드 말린David Malin 촬영. 트라이던트 미사일, ⓒ The Florida Times-Union, 빌 사익스Bill Sikes 촬영.)

화보 5. 예술과 건축에서 발견되는 대수나선. [위] 바티칸박물관의 이중원형 계단, 레오나르도 다 빈치 설계. [아래] 프레드릭 하트의 〈무로부터〉, 워싱턴 대성당. [가운데 오른쪽 삽입 그림] 〈무로부터〉에 대수나선을 겹쳐 놓은 모습. (〈무로부터〉는 저자가 촬영한 사진, 워싱턴 대성당 허가에 의함.)

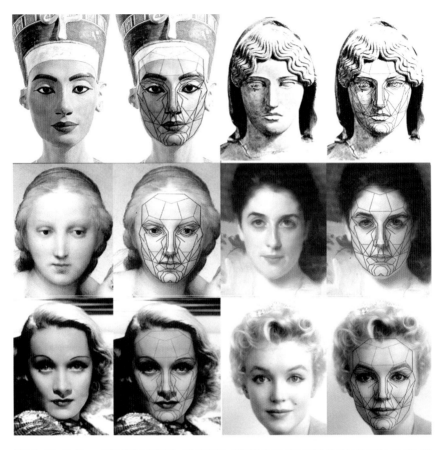

화보 6. 마쿼트의 마스크. 마쿼트 박사가 역사적인 미인 여섯 명을 선발하여 이들의 얼굴 사진에 Ø–마스크를 겹쳐 놓은 모습. [위 왼쪽] 네페르티티 왕비의 초상(c. BC 1350). [위 오른쪽] 페리클레스의 정부 아스파시아(Aspasia) 조각상의 머리 부분(BC 5세기). [가운데 왼쪽] 라파엘로의 그림 〈쿠퍼의 성모*Cowper Madonna*〉에서 성모의 초상(1505). [가운데 오른쪽] 존 싱어 사전트(John Singer Sargent)의 〈애그뉴 부인의 초상*Portrait of Lady Agnew*〉(1893). [아래 왼쪽] 마를레네 디트리히 (1936). [아래 오른쪽] 메릴린 먼로(1957). (스티븐 마쿼트의 허가에 의함. 먼로의 사진은 밀튼 그린Milton H. Greene 소유.)

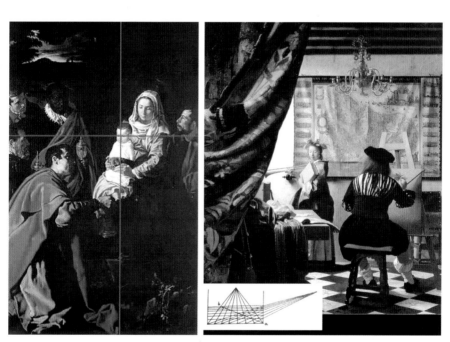

화보 7. [왼쪽] 디에고 벨라스케스의 〈동방박사의 예배〉. 캔버스에 유채, 마드리드 프라도박물관(Prado Museum) 소장. 캔버스의 전체 형태가 황금직사각형을 이룬다. [오른쪽] 요하네스 베르메르(Johannes Vermeer, c. 1666~67)의 〈화가의 아틀리에〉. 캔버스에 유채, 비엔나 미술사박물관소장. (삽입 그림, 가운데 아래) 레오나르도가 바닥 타일에 적용한 원근법 구도.

화보 8. [위] 레오나르도 다 빈치의 〈최후의 만찬〉, 1498. 유채와 템페라, 밀라노의 산타마리아 델레 그라치에 교회 식당 벽화. [아래 왼쪽] 이 원근법 연구는 미술사학자 마틴 켐프의 분석과 거의 유사하다. [아래 오른쪽] 라파엘 모르겐이 레오나르도의 벽화에서 영향받아 동판에 새긴 〈최후의 만찬〉, c. 1800, 세부. (레오나르도 다 빈치의 최후의 만찬 ⓒ Alinari/Art Resource, 뉴욕. 모르겐의 모사는 개인 수집가 제공.)

화보 9. 라파엘로의 〈아테네학당〉, c. 1510, 바티칸궁전 서명의 방(Stanza della Segnatura) 소장, 1점 투시법의 투시선들을 첨가한 모습. 시계 방향으로 살펴보면, 계단 꼭대기의 두 인물은 플라톤(레오나르도 다 빈치를 모델로 묘사)과 아리스토텔레스(모델 미상)다. 아리스토텔레스 바로 아래 계단에 드러누워 있는 인물은 디오게네스다. 오른쪽 아래 서 있는 네 명은 프톨레마이오스와 조로아스터, 소도마, 라파엘로다. 이들 바로 왼쪽에서는 유클리드가 몸을 숙인 채 컴퍼스를 쥐고 젊은이들에게 기하학 도형의 작도 과정을 보여 주고 있다. 중앙 아래 부근에 턱을 괴고 앉아 생각에 잠겨 있는 어두운 인물은 헤라클레이토스이며, 그 모델은 미켈란젤로다. 바로 왼쪽에 두루마리를 쥐고 서 있는 인물은 파르메니데스이며, 그 왼쪽에서 메모판에 수학 계산을 하고 있는 인물은 피타고라스, 이를 어깨 너머로 보고 있는 인물은 이슬람 철학자 아베로에스다. 왼쪽 아래에는 에피쿠로스와 제노('회의론자')가 있다. 마지막으로 왼쪽 위 계단 꼭대기에 있는 세 명은 알렉산더대왕과 크세노폰, 그리고 소크라테스다. (ⓒ Erich Lessing/Art Resource, 뉴욕.)

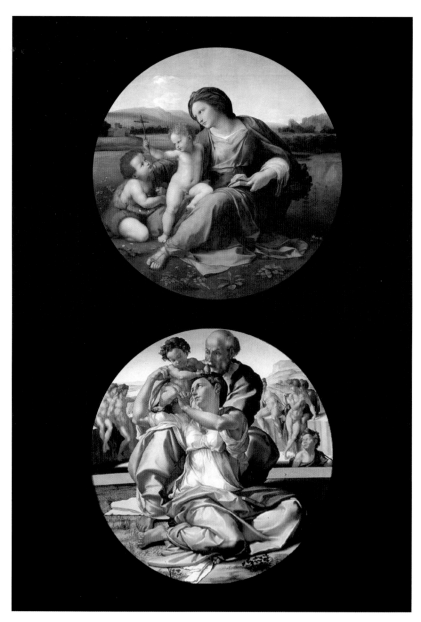

화보 10. [위] 라파엘로의 〈성 모자〉, c. 1510. 목판에 그린 뒤 캔버스로 옮긴 유채, 워싱턴 국립미술관. [아래] 미켈란젤로
의 〈성 가족〉(도니의 원형화Doni Tondo), 1503~10. 목판에 템페라, 피렌체 우피치미술관. (라파엘로의 〈성 모자〉는
워싱턴 국립미술관 허가에 의한 사진.)

화보 11. [위] 살바도르 달리의 〈최후의 만찬〉, 1955. 캔버스에 유채. [아래] 베브 두리틀의 〈얼룩말〉(세부), 1979. 수채, 개인 소장. (달리의 그림은 워싱턴 국립미술관 허가에 의한 사진. 두리틀의 그림은 베브 두리틀 허가에 의함.)

화보 12. 크리스토퍼 타일러의 중심선 원리. [위] 500년에 걸친 1인 초상화 9점에 중심선을 표시한 모습. [아래] 제이미 와이어스의 〈존 F. 케네디의 초상〉, 1967. 캔버스에 유채, 작가 소장. 수직선은 캔버스의 너비를 1:1.618의 비율로 분할하고 있다. (케네디의 초상화는 제이미 와이어스 허가에 의함.)

화보 13. 렘브란트 반 레인(Rembrandt van Rijn)이 그린 자화상 6점. 렘브란트는 약 60점에 달하는 자화상을 그렸다. 이 여섯 작품에서 5:1의 비율로 나타나는 왼쪽 선호 경향은 그의 자화상 전체에서 나타나는 비율과 거의 비슷하다(화가의 거울에 비친 '왼쪽' 뺨은 실제로 오른쪽임에 유의). [위, 왼쪽부터] 23세 때의 자화상(1629, 네덜란드 헤이그의 마우리츠하위스 왕립미술관). 28세 때(1634, 피렌체 우피치미술관). 52세 때(1658, 뉴욕 프릭컬렉션). [아래, 왼쪽부터] 63세 때의 렘브란트(1669, 런던 켄우드 하우스). 66세 때(1672, 런던 국립미술관). 53세 때(1659, 워싱턴 국립미술관).

화보 14. 레오나르도의 〈암굴의 성모〉. 나무에 유채로 그린 그림을 캔버스에 옮김, 파리 루브르박물관. 1483년 밀라노에서 원죄 없는 잉태라는 주제의 성찬대 배경으로 의뢰받은 그림. [삽입 그림, 위 오른쪽] 네 인물 위에 황금피라미드를 겹쳐 놓은 모습. 피라미드의 바깥쪽 모서리들이 45° – 90° – 45°로 이루어진 두 개의 이등변삼각형을 형성하고 있다. (루브르박물관 허가에 의함.)

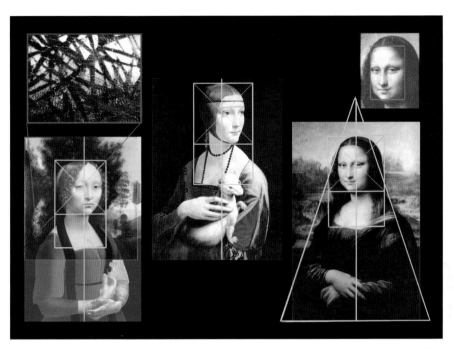

화보 15. 레오나르도의 유명한 여인 초상화 3점. [왼쪽] 〈지네브라 데 벤치〉(소실된 오른쪽 가장자리와 아래쪽 3분의 1을 디지털 방식으로 복원한 모습). 목판에 유채, 워싱턴 국립미술관. [가운데] 〈흰 담비를 안고 있는 여인〉(체칠리아 갈레라니의 초상), 1491. 목판에 유채, 폴란드 크라코프의 차르토리스키미술관. [오른쪽] 〈모나리자〉. 목판에 유채, 파리 루브르박물관. 각 인물의 머리에서부터 가슴 위쪽 옷이 시작되는 부분까지 황금직사각형을 그려 넣은 모습. 직사각형 윗부분에 머리의 세로 길이를 한 변으로 하는 정사각형이 그려져 있다. 정사각형에 그은 대각선은 '구도를 지배하는 눈'을 지닌다. 각 초상화를 세로로 이등분하는 선은 크리스토퍼 타일러의 중심선 원리에 맞게 한쪽 눈과 매우 가까운 지점을 지난다. [삽입 그림, 위 왼쪽] 그림에 남아 있던 레오나르도의 지문. [위 오른쪽] 모나리자의 얼굴이 황금직사각형에 내접한다는 간단한 해석. 모나리자의 전체 모습은 $72°-36°-72°$ 의 황금삼각형에 내접한다. (〈지네브라 데 벤치〉에 남아 있던 레오나르도의 지문 사진은 데이비드 불이 촬영한 것. 워싱턴 국립미술관 허가에 의함.)

화보 16. 500년간 탄생한 망원경들. [위 왼쪽] 레오나르도가 오목반사경에 반사된 광선들을 연구한 기록. 같은 페이지에 조절 가능한 받침대에 설치된 원통형 관이 그려져 있다. 『코덱스 아틀란티쿠스』. [위 오른쪽] 뉴턴의 반사망원경에서 파생된 허블우주망원경. [아래 왼쪽] 갈릴레오의 굴절망원경 가운데 하나. 피렌체 과학사박물관 소장. [아래 오른쪽] 뉴턴의 반사망원경 복제품. 런던 왕립학회 박물관 소장. (허블망원경은 NASA의 허가에 의함.)

눈은 마음의 창이다.
— 레오나르도 다 빈치

8 관찰자의 눈과 피관찰자의 눈
The Eye of the Beholder and the Eye of the Beheld

과학적·예술적 연구를 할 때마다 레오나르도는 빛과, 그 빛을 감지하는 신체기관인 눈에 각별한 관심을 기울였다. 그는 빛의 반사와 굴절로 인해 일어나는 시각적 현상들을 실험하고, 기하광학과 관련된 수많은 스케치를 해 다면체 표면과 일정하게 굽은 표면에 비춰진 투사 광선의 움직임을 이해하는 데 활용했다. 또한 눈 자체도 해부학적으로 면밀하게 분석했다. 그런데 불행히도 그는 뇌의 구조와 기능에는 거의 관심을 두지 않았다. (그의 기록 가운데 현재는 3분의 1만이 남아 있기 때문에, 사라진 노트 어딘가에 뇌의 구조에 관한 연구가 들어 있었는지는 알 수 없는 일이다.)

그의 위대한 초상화들을 보면, 그림 속 인물들의 눈은 화가 자신의 시각과 완벽한 예술적 통제력이 만들어 낸 많은 의미들을 표출하고 있다 (혹은 감추고 있다). 모나리자의 매력적인 외모가 품고 있는 모호함은 빛과 광학, 심리학에 관한 레오나르도의 통찰을 보여 준다.

예술가가 만들어 내는 작품의 질은, 연필이나 붓, 끌의 사용 방식 못지않게 관찰 방식에 의해서도 크게 좌우된다. 관찰은 시각과 뇌 활동의 협력으로 이루어진다.

유년기에 제도 능력은 약 10세 무렵까지 계속해서 발달한다.[1] 그러나 그후 95퍼센트 가량은 이 기능이 점차 감퇴한다. 이들은 그리려는 대상에 초점을 맞추기보다는(의식적으로 관찰하기보다는) 잠재적인 선입관을 불러내어, 대상의 모습을 자신이 생각하는 대로 옮겨 놓는다. 중년기에 접어들어 펜과 종이를 가지고 사람의 얼굴을 그리는 경우가 생기면, 이들의 그림에서는 모델의 눈을 얼굴에서 점점 높은 위치에 그리는 경향이 나타나게 된다. 본래 눈이 있어야 할 위치는 중간 높이쯤이다. 한편, 나머지 5퍼센트는 계속 능력을 향상시키면서 자신이 본 것을 그대로 표현한다.

어느 정도 예술적인 재능이 있다고 볼 수 있는 사람은 대략 20명 중에 1명 정도다. 베티 에드워즈(Betty Edwards)는 현대의 고전 격인 『우뇌로 그림 그리기Drawing on the Right Side of the Brain』[2]에서, 예술적 재능이 부족한 성인들에게 다음과 같은 처방을 내렸다. 그리려는 대상의 사진을 찍어 거꾸로 세워 놓는다. 그런 다음 눈에 보이는 대로 그리는 것이다. 에드워즈의 견해를 바탕으로 하는 강습회들은, 관찰과 그리기에 적합한 비언어적이고 공간 지향적인 우뇌를 이용하는 기술 교육에 중점을 둔다. 이쯤에서 한 가지 의문이 생긴다. 예술가와 일반인의 뇌에서 생리적·기능적인 차이점들이 나타난다는 증거가 있는가 하는 점이다.

화가의 눈[3]

예술적 재능을 과학적으로 탐색할 수 있다는 얘기가 과거에는 어리석은 말로 들렸겠지만, 1990년대에 행해진 일련의 실험들은 이것이 어쩌면 터무니없는 생각만은 아닐 수도 있다는 가능성을 보여 주었다. 타고난 재능을 소유한 영국의 대표적 예술가 험프리 오션(Humphrey Ocean)과 그의 친구인 과학자 존 찰렌코(John Tchalenko)는 합동으로 여러 가지 연구 활동을 펼쳤다. 기자인 앨런 라이딩(Alan Riding)에 따르면, 찰렌코와 촬영기사 벨린다 파슨스(Belinda Parsons)가 오션의 모습을 비디오로 촬영하는 동안 오션은 그런 그들의 모습을 그림으로 그렸다고 한다.[4] 1990년대 초 찰렌코와 파슨스가 제작한 다큐멘터리 영화와 오션이 그린 작품은 영국의 여러 주요 미술관에 공동으로 전시되었다. 그리고 1990년대 말 찰렌코는 거의 10년 전에 제작한 비디오테이프를 다시 보고, 오션이 사용하는 기법에 전에는 미처 발견하지 못한 패턴이 있다는 사실을 알게 되었다. 이 발견에서 영감을 얻은 그는 계속해서 보다 심층적인 실험을 진행해 나갔다.

1998년 그는, 당시의 첨단 기술인 생물의료영상(biomedical imaging) 기술을 사용하던 옥스퍼드대학과 스탠퍼드대학의 신경과학자들 중에서 연구원들을 선발했다. 오션을 대상으로 한 이 새로운 실험은 그의 눈과 손, 뇌의 상호 작용에 중점을 두고 있었다. 또한 이들은 무의식적인 반응뿐만 아니라 의식적인 반응도 포함시켰다. 이 실험 결과는 일반인들이 비슷한 작업을 수행할 때의 결과와 대조되어, 1999년 영국 국립초상화관에서 열린 〈화가의 눈 *The Painter's Eye*〉 전시회에 공개되었다. 이 전시회는 세 부문으로 나뉘어 각각 '눈의 포착(The Eye Captures)' '손의 이행(The Hand Implements)' '뇌의 처리(The Brain Processes)'라는 제목이 붙여졌다.

'눈의 포착' 실험에서는 화가의 실제 관찰 과정이 검토되었고, 이 실험은 옥스퍼드대학 생리학과의 크리스토퍼 마이얼(Christopher Miall)이 이끄는 팀에서 진행했다. 찰렌코가 예전의 테이프를 보면서 관찰한 규칙성 및 여러 가지 패턴은 사실상 그가 이 새로운 연구를 진행하는 데 연료를 공급해 주는 역할을 했다. 연구원들은 안구추적(eye-tracking) 카메라를 이용하여, 화가가 모델을 고르는 동안과 실제로 작품을 제작하는 동안의 눈의 움직임을 측정했다. 네 명의 후보 가운데 모델을 선발하면서 오션은 빠른 시선 이동을 보였다. 각 모델의 코와 눈, 표정, 그 밖에 그가 그림에 그려 넣어야 할 추상적인 특징들에 집중하면서 그는 1분간 약 140번 가량 시선을 옮겼다. 그림을 그리기 시작하자 그는 평균 1분에 12번씩 모델을 올려다보고 머릿속에 1초 동안 스냅사진을 찍었다. 즉 작업 시간 중 20퍼센트는 모델을 관찰하는 데 사용한 셈이다. 오션이 그림을 그리면서 소비한 5시간 가운데 1시간은 모델을 관찰하는 데 소요된 셈이다. 일반인들의 경우 관찰을 하는 동안 어떤 규칙적인 패턴도 발견되지 않았다. 그들의 시선 이동은 규칙적인 방식과는 거리가 멀었다.

두 번째 실험인 '손의 이행'에서는 오션이 스케치를 할 때 눈과 손의 상관관계가 검토되었다. 그는 12분이라는 제한 시간 동안 모델의 얼굴 스케치를 완성해야 했다. 감지기로 연필의 움직임을 측정한 결과, 그가 실제로 종이 위에 연필을 대고 선을 그리기 전에 종이에서 몇 밀리미터 떨어진 위치에 연습 삼아 선을 그어 본다는 사실이 확인되었다. 오션은 이 절차를 다음과 같이 설명했다. "나는 어떤 작품에서든 정확성을 추구한다. '세부'는 선을 어디에 그리느냐에 의해 좌우된다. 선을 1밀리미터라도 오른쪽이나 왼쪽에 그리게 되면, 어떤 점에서는 무게가 달라지고 그림이 묘사하는 형태도 달라진다. 따라서 선을 그릴 때는 항상 정확한 위치에 그려 넣어야 하는 것이다."[5]

세 번째 실험에서는 최신 생물의료영상 기술을 이용하여, 예술가와 일반인의 뇌에서 나타나는 예상 밖의 차이점들을 보여 주었다. 옥스퍼드 연구진은 예술가와 일반인을 대상으로 손과 눈의 상관관계를 밝혔지만, 뇌의 영상을 보여 주는 일은 이들의 실험에 포함되지 않았다. 오션과 찰렌코는 스탠퍼드대학에서 퍼즐의 마지막 조각을 찾을 수 있었다. 이곳에서 로버트 솔소(Robert Solso)가 이끄는 팀은 오션과 두 명의 일반인을 대상으로 기능성자기공명영상(fMRI, functional magnetic resonance imaging) 촬영을 실시했다. 오션을 포함하여 각 실험 대상자에게는 작은 스케치용 노트와 다섯 가지 추상 형태가 주어졌고, 이들은 촬영기 안에 누워서 이 형태들을 노트에 옮겼다.

fMRI를 이용하면 뇌에서 여러 가지 지적 기능을 수행하는 각 부분이 어디에 위치하는지 정확히 나타낼 수 있다. 혈액은 산소를 필요로 하는 뇌의 곳곳으로 흘러 들어가 특정 기능 및 작용을 가능하게 하고, 이로써 우리는 수학적인 계산을 하거나 예술작품을 창작할 수 있게 된다.

험프리 오션과 두 명의 일반인에게 실시한 fMRI 실험은 매우 뜻깊은 연구였다. 일반인이 촬영기 안에서 그림을 그리는 동안 사용된 뇌 부위는 주로 후두엽(後頭葉)의 시피질(visual cortex)에 위치한 부분들로 나타났다. 일반인의 뇌에서는 대상을 보고 모방하는 과정만 일어나고 추상적인 사고는 분명 행해지지 않은 것이다. 창조적인 예술 활동은 추상의 과정을 동반한다. 오션이 fMRI 촬영기 안에서 그림을 그리는 동안 '밝은 색으로 표시된', 즉 산소를 운반하는 혈액이 급증한 뇌 부위는 전두엽

(前頭葉)이었다.

이 결과는 예술가와 일반인 사이의 중대한 차이점을 보여 준다. 찰렌코는 다음과 같이 설명했다. "험프리의 뇌에서 가장 큰 변화가 일어난 부위는 전두엽이다. 전두엽의 활동으로 우리는 감정이나 사람의 얼굴, 그림 그리는 법, 특정 개념 등을 기억하게 된다. 실제로, 대조군에 해당하는 사람들은 단순히 자신이 본 것을 맹목적으로 옮기는 데에만 몰두하고 있었다. 하지만 험프리는 각각의 사진을 추상하여 표현하고 있었다. 그는 대상을 머릿속에 묘사하고 있었던 것이다." 그리고 신경과학자 로버트 솔소는 이렇게 말했다. "오션의 경우 얼굴을 인식하는 부위, 즉 오른쪽 두정엽(頭頂葉)의 방추상회(fusiform gyrus)에서는 일반인에 비해 활동이 적게 나타났지만, '사고'를 관할하는 오른쪽 전두엽에서는 활발한 활동이 나타났다."[7]

험프리 오션은 굉장한 재능을 갖춘 조형미술가로, 런던 국립 초상화관에 적어도 다섯 점의 그림과 두 점의 스케치가 전시되어 있다.[8] 찰렌코는 생리학자도 심리학자도 아니지만 (그는 유능한 지진학자이다) 과학적인 방법론에 관해서는 정통한 인물이다. 그리고 옥스퍼드대학과 스탠퍼드대학의 과학자들로 구성된 팀들은 전공 분야에서 세계적으로 유명한 연구소 두 곳에서 연구 활동을 벌이고 있다.

결과와는 별개로 범위 면에서 보면, 이 실험은 (한 명의 예술가만을 대상으로 한 실험이므로) 기본적으로 한계가 있을 수밖에 없지만, 앞으로 확대 연구가 진행될 수 있는 기초는 확실히 마련해 주었다. 그러나 연구가 진행되기까지는 시간이 필요할 것으로 보인다. 찰렌코는 이처럼 두 분야에 걸친 연구를 위한 자금을 마련하기는 어렵다고 말한다. "과학계에서는 이를 예술의 영역이라 생각하고, 예술계에서는 과학의 영역이라고 생각하기 때문이다."[9]

피관찰자의 눈

> 내가 그대의 아름다운 눈을 글로 표현할 수 있다면
> 그대의 모든 매력을 새로운 운율로 다 헤아릴 수 있다면
> '이 시인이 거짓말을 한다'고 후대의 사람들은 말하리라.
> 이 같은 천상의 손길이 지상의 얼굴에 나타난 적 없으니.[10]
> ― 윌리엄 셰익스피어

가이 구글리오타(Guy Gugliotta)는 이렇게 쓴 바 있다. "눈일까? 빛? 아니면 흔히 말하는 미소일까? 역사적으로 잊혀지지 않는 초상화 가운데 하나인 〈모나리자〉를 그토록 매력적으로 보이게 만드는 요인은 무엇일까? 라파엘로가 단지 레오나르도의 작업 과정을 지켜보기 위해 그의 옆에 앉아 있었을 정도로, 미완성인 상태에서조차 이 그림이 매력적이었던 이유는 무엇일까?"[11] 샌프란시스코의 신경과학자인 크리스토퍼 타일러, 그리고 그와는 별개로 멜버른의 마이클 니콜스(Michael Nicholls)와 동료 심리학자들은 지난 500년 동안 발표된 초상화들 가운데 특이한 대칭과 비대칭, 즉 한쪽으로 치우치는 경향이 나타나는 그림들을 수집했다.

1998년 크리스토퍼 타일러는 좌뇌와 우뇌의 비대칭적 기능들이 예술가들의 작품 속에 어떤 식으로든 다르게 나타났을 가능성을 탐구하기 시작했다. 이는 분명 단순한 착상이기는 했지만 독특한 접근법이었다. 그는 각 초상화의 틀을 이분하는 세로선을 그었다. 타일러는 앉아 있거나

서 있는 인물의 초상화만을 대상으로 하고 누워 있는 인물은 제외시켰다. 결과적으로 282명의 화가가 그린 초상화들이 그의 연구에 적용되었다. 대다수의 그림에서 중심선이 모델의 한쪽 눈, 즉 '구도를 지배하는 눈'을 통과한다는 사실을 발견한 그는 연구를 확장시켜 2,000년에 걸친, 화풍이나 화파도 다양한 서양 초상화들을 검토했다.

통계적인 분석을 위해 타일러는 중심축 가설, 황금 분할(신성 비례) 가설, 머리 중심 가설, 한쪽 눈 중심 가설의 네 가지 가설을 시험했다. 언뜻 보면 초상화에서 두 눈은 일반적으로 캔버스의 중심 부근에 위치하는 것처럼 보일 것이다. 그러나 타일러의 연구는 좀더 미묘한 원칙을 보여 준다. 앞쪽으로 나와 있는 눈이든 그 뒤쪽에 있는 눈이든 한쪽 눈은, 정규분포도(통계분포도) 상에서 틀 너비의 ±5퍼센트라는 근소한 표준편차로 중심선 부근에 위치한다는 것이 그의 연구 결과다. 초상화들 가운데 3분의 1에서는 한쪽 눈이 중심선 위에 위치하는 것으로 나타났고, 3분의 2에서는 한쪽 눈이 중심선 부근 5퍼센트 이내에 있는 것을 볼 수 있었다. 그런데 수직선 상에서 보면 눈은 수평 중심선 부근에 있는 것이 아니라, 캔버스 높이를 기준으로 황금 비율에 해당하는 61.8퍼센트 위치에 배치되어 있었다. 수직선의 중심보다 아래에 눈이 위치한 경우는 극소수에 불과했다.[12]

타일러는 서양문명의 걸작 아홉 점을 나열하여 예로 제시했는데, 모두 지난 5세기 사이에 발표된 초상화들이었다(화보12, 위). 이 그림들은 구도에서 나타나는 다양한 비대칭을 보여 주기 위해 선택된 작품들이지만, 모두 한쪽 눈이 정확히 중심선에 배치되어 있다. 20세기 예술계 최후의 창조적 반항아였던 피카소조차 〈도라 마르의 초상 *Portrait of Dora Maar*〉(1937)을 그릴 때, 예술가들의 무의식적인 관습에 따라 세로 중심선 가까이에 눈을 배치했다(화보12, 세 번째 줄 오른쪽). 20세기 말까지는, 조지 워싱턴(George Washington)이 그려진 1달러짜리 지폐부터 벤저민 프랭클린(Benjamin Franklin)이 그려진 백 달러짜리 지폐에 이르기까지, 미국의 일반 화폐에서 인물의 한쪽 눈이 중심선에 위치하고 있었다. 그러나 20세기의 마지막 해에 새로 발행된 1달러 이상의 미국 화폐에서는 인물의 머리와, 구도를 지배하는 눈이 중심에서 벗어났다. 레오나르도 다 빈치가 거울을 보고 그린 자화상으로 다시 돌아가서 세로로 이등분선을 긋고 얼굴에서 이 선이 어디에 위치하는지 한번 살펴보기 바란다(화보1, 왼쪽).

규칙은 언젠가 깨지기 마련이며, 공식적으로 발표된 규칙일 경우 특히 그렇다. 그러나 이처럼 잠재적으로 생겨난 무언의 규칙들은 예술가 고유의 정신에서 비롯되었을 가능성이 커서 쉽게 깨지는 경우가 흔치 않다. 중심선의 원리도 후자의 범주에 속하는 까닭에 놀라운 복원력을 보여 왔다. 한편으로는 새로운 분야를 개척해야 하는 예술가들도 과학자들과 마찬가지로 원칙에서 좀처럼 벗어나지 않는다. 그럼에도 '대칭을 위반하는' 예들은 분명히 존재한다. 타일러의 눈 위치 분포도에서 3분의 1은 정점으로부터 표준편차 ±1 범위에서 벗어나 있다.

정규분포도에 포함되지 않은 그림들에서는 뚜렷한 패턴이 나타나지 않지만, 현대의 한 그림에서 이 책의 곳곳에 언급되었던 비율 Ø를 찾아볼 수 있다. Ø가 나타나는 작품은 유명한 예술가 집안 출신 화가 제이미 와이어스(Jamie Wyeth)가 그린 그림이다. 1967년 당시 21세가 조금 못되었던 그는 존 F. 케네디(John F. Kennedy)를 모델로 날카로운 심리학적 초상화를 그렸다(화보12, 아래). 캔버스에 그려진 케네디의 얼굴은 전체 틀을 세로로 이등분하는 선에서 현저히 떨어져 있다.[13]

이 그림은 와이어스가 즐겨 사용하는 '삼분법(rule of thirds)'에 따라 그려진 것으로 보인다. 그런데 캔버스를 1:1.618의 비율로 분할하는 세로선을 그으면 이 선이 케네디의 왼쪽 눈에 상당히 가까운 지점을 통과하는 것을 볼 수 있다. 캔버스 자체의 형태는 황금직사각형이 아니다. (캔버스의 가로 세로 비례는 1:1.78이다.) 즉, 여기에서는 가로 길이만 황금 비율에 따라 분할한 것이다. 내 원고에서 이 그림을 본 크리스토퍼 타일러는 다음과 같이 예리한 지적을 해 주었다. "와이어스는 분명 케네디와 관찰자 사이에 거리를 두어 사색에 잠긴 분위기를 연출하려 했던 겁니다. 중심선의 부각을 피함으로써 거리감을 강화한 거죠."[14] 와이어스가 어떤 수학적 전략을 바탕으로 이와 같은 눈의 위치를 선택한 흔적은 찾아볼 수 없다. 그는 단지 자신의 예술적 본능에 따라 그림을 그린 것이다.

왼쪽을 선호하는 경향

크리스토퍼 타일러의 우연한 발견에서 알 수 있듯이, 예술가들은 인물의 두 눈 중 하나를 전체 틀의 중심선에 배치하여 초상화에 잠재적인 대칭이 스며들게 하는 경우가 많다. 그렇다면 이런 의문이 제기될 수 있다. "어느 한쪽을 선호하는 경향이 있는가? 한쪽 눈이나 뺨이 다른 한쪽에 비해 중심선 상에 자주 놓이는가?" 타일러의 눈 중심 원리는 1998년에 발표되었지만, 한쪽을 선호하는 경향에 관한 문제는 약 25년 전부터 연구되어 왔다. 게다가 그보다 최근에 마이클 니콜스가 관찰한 결과는 타일러의 결과에 완전히 부합하며, 한쪽을 선호하는 경향이 나타나는 이유를 밝히는 데 부인할 수 없는 근거를 제시한다.

1973년에 발표된 한 논문에 따르면 1,474점의 1인 초상화를 검토한 결과 여성 모델 중 68퍼센트와 남성 모델 중 56퍼센트가 왼쪽 얼굴을 오른쪽 얼굴보다 더 많이 드러낸 것으로 나타났다.[15] 프란시스코 고야가 그린 초상화들만 조사한 또 다른 연구에서는, 여성 모델들이 오른쪽 뺨에 비해 왼쪽 뺨을 선호하고 남성 모델들이 근소한 차이로 오른쪽 뺨을 더 많이 보인다는 결과가 나왔다.[16] 이어서 또 한 연구에서는 그림, 스케치, 석판화, 사진 등 다양한 매체로 표현된 4,180점의 1인 초상을 조사했는데, 여기에서는 오른쪽에 비해 왼쪽 뺨이 더 많이 보이는 경향이 나타났다. 그러나 영국왕립학회의 과학자들을 그린 127점의 초상화를 조사한 한 연구에서는 어느 한쪽을 선호하는 경향이 전혀 발견되지 않았다.[17] 그리고 개별적으로 행해진 두 연구에서는 예술가들이 일반적으로 왼쪽에서 비치는 조명을 선호한다는 사실이 밝혀졌다.[18] 마지막으로, 중심선 원리를 끌어낸 1998년 타일러의 연구에서는 얼굴이 좌우 대칭으로 표현되는 경우가 상대적으로 드물다는 점을 지적하고 있다. 중심선이 한쪽 눈 혹은 그 부근을 통과하면서, 모델의 한쪽 눈과 뺨이 반대쪽에 비해 구도에서 지배적인 위치에 놓이는 것으로 나타났다. 하지만 둘 중 어느 한쪽을 선호하는 경향은 나타나지 않았다.

마이클 니콜스는 서로 상반되는 것처럼 보이는 위의 연구들에 배경을 제공해 줄 만한 보충 연구들을 실시했다. 이 중에는 그가 단독으로 진행한 연구도 있었고(2000)[19], 멜버른대학 심리학과 동료 교수들과 공동으로 진행한 연구도 있었다(1999). 연구에 앞서 제기된 문제들은 다음과 같다. (1) 화가가 오른손잡이냐 왼손잡이냐에 따라 초상화에서 나타나는 모델의 자세 방향이 달라지는가? (2) 왼쪽 뺨을 선호하는 경향이 자화상에는 어떻게 반영되는가? (3) 모델이 전달하려 하는 감정이 달라지면 선호하는 방향도 다르게 나타나는가? (4) 성별의 차이가 결과에 영향을 미치는 경우가 있는가?

르네상스 시대부터 초상화에는 화가의 왼쪽(모델의 오른쪽)에서 비치는 조명이 즐겨 사용되었다. 예술가들 중에서는 왼손잡이들도 심심찮게 볼 수 있지만 그래도 오른손잡이가 좀더 많다. 혹자는, 사용하기 편한 손으로 붓을 쥐고 나머지 한쪽 손으로 팔레트를 들었을 때 팔레트가 빛을 받으면 그림 그리기에 좋기 때문에 오른손잡이 화가들 가운데 왼쪽 조명을 선호하는 사람이 많다고 추측하기도 한다. 니콜스가 제시하는 또 다른 가설도 있다. 오른손잡이는 팔과 어깨의 근육조직 때문에, 왼쪽 뺨을 보이는 자세의 모델을 더 자연스럽게 그릴 수 있고 왼손잡이는 그 반대라는 것이 그의 생각이다.

그러나 다작(多作)으로 유명한 두 왼손잡이 화가 라파엘로와 한스 홀바인 2세(Hans Holbein the Younger)가 그린 초상화들을 보면, 모델의 왼쪽에서 비추는 조명을 선호하는 경향이나, 오른쪽 뺨 또는 눈이 지배적인 위치에 놓이는 구도를 선호하는 경향이 나타나지 않는다. 라파엘로가 그린 1인 초상화 가운데는 왼쪽 뺨에 대한 선호를 보이는 그림이 거의 3분의 2에 해당하며, 홀바인의 경우 그 비율은 4분의 3에 이른다. 이 비율은 오른손잡이건 왼손잡이건 상관없이 모든 화가들에게서 통계적으로 나타나는 비율과 가깝다. 그러므로 화가가 오른손잡이냐 왼손잡이냐에 따라 그림에 표현되는 얼굴의 방향이 결정된다는 것은 근거 없는 가설이라 할 수 있다.

니콜스는 모델의 성별에 관계없이 르네상스 시대 초상화 137점을 조사한 결과, 129점의 그림에서 중심선이 한쪽 눈이나 그 부근을 통과한다는 사실을 확인했다.[20] 이 결과는 꼭 1년 전 타일러가 발견한 사실과 일치한다. 그런데 그후 니콜스는 이 129점의 그림 가운데 63퍼센트에서 모델의 왼쪽 뺨과 왼쪽 눈이 부각되고 있음을 발견했다.

왼쪽 뺨을 선호하는 경향이 자화상에서는 어떻게 나타날까? 니콜스는 자화상과 그 밖의 초상화들을 통계적으로 분석한 결과 둘 사이의 극적인 차이점들을 발견했는데, 사실 돌이켜 보면 그리 놀라운 결과도 아니다. 다른 사람을 그린 초상화의 경우, 남성 모델 중 57퍼센트와 여성 모델 중 78퍼센트가 왼쪽 얼굴을 보이고 있었다. 이에 반해 자화상의 경우 부각되는 쪽은 오른쪽이었다. 남성 자화상 중 61퍼센트와 여성 자화상 중 67퍼센트에서 오른쪽 얼굴이 부각되었다. 이처럼 다른 인물을 그린 초상화와 자화상을 분석한 비율은 거의 정반대로 나타났다. 그러나 화가가 거울을 보면서 그림을 그리면 좌우가 바뀌어 왼쪽 뺨은 오른쪽 뺨이 되고 오른쪽 뺨은 왼쪽 뺨이 된다. 레오나르도의 자화상(화보1)에는 그의 오른쪽 얼굴이 그려져 있지만 우리는 그것이 왼쪽 얼굴임을 알 수 있다. 렘브란트의 자화상으로 알려져 있는 57점의 그림은 이 네덜란드 거장의 전 생애에 걸친 심리학적 연구의 표본이라 할 수 있는데, 그 중 48점에는 오른쪽 뺨이 그려져 있고 단 9점에만 왼쪽 뺨이 그려져 있다. 그러나 이 48점의 자화상은 모두 렘브란트가 거울 속에 비친 자신의 왼쪽 얼굴을 보고 그린 것이다(화보13).

다음으로 니콜스는, 감정 상태에 따라 모델이 자세를 취하는 방향이 달라진다는 가설을 실험했다. (이 실험의 전제는, 화가나 사진가가 아닌 모델 자신이 자세의 방향을 선택해야 한다는 것이다.) 모델은 165명의 심리학과 학생들로, 여성이 122명이고 남성이 43명이었다. 이 연구를 위해 모델들에게는 두 가지 지시 사항, 즉 각각 다른 감정과 연관된 두 가지 가상 시나리오 가운데 하나가 주어졌다. 모델과 촬영자에게 이 연구에서 왼쪽과 오른쪽이 지니는 의미는 알리지 않고, 촬영자가 모델의 2미터 전방에서 비디오카메라로 모델을 촬영하도록 했다.

모델들에게 내려진 지시 사항 중 하나는, 사랑하는 사람에게 보낼 사진의 포즈를 취해 달라는 것이었다. 그리고 나머지 하나는, 영국 왕립학회 회원으로 초청받아 사진을 제출해야 한다고 생각하고 포즈를 취하라는 것이었다. 카메라를 정면으로 보면 안 된다는 조건하에 30초 동안 포즈 취할 시간을 주고 각 모델의 사진을 찍었다. 첫 번째 지시 사항은 따뜻하고 애정이 담긴 정서적인 느낌을 유발하기 위한 것이었다. 그리고 두 번째 지시 사항은, 감정을 억제하여 이성적이고 힘에 넘치는 느낌을 발산하도록 하기 위한 것이었다.

신경심리학자인 마이클 니콜스는 이렇게 설명한다. 감정적인 기능을 관할하며 왼쪽 눈과 뺨을 감독하는 우뇌가 모델로 하여금 무의식중에 오른쪽으로 몸을 틀게 만들어, 결국 모델은 왼쪽 얼굴을 내보이게 된다는 것이다. 그리고 반대로, 영국 왕립학회의 저명하고 지적인 과학자들의 사진과 나란히 걸릴 사진의 포즈를 취하라는 두 번째 시나리오를 따르다 보면, 모델은 이성과 자기 표출, 자신감 등을 감독하는 좌뇌의 지배를 받아 오른쪽 눈과 뺨을 내보이게 된다는 것이다. 하나의 일반원리로서 니콜스의 설명은 주목할 만하다. 그리고 이전에 언급된 오션·찰렌코의 실험과 마찬가지로, 보다 심층적인 연구의 기반을 제공한다. 가능하다면 뇌영상 기술과 연관시켜 연구를 진행해 볼 수도 있을 것이다. 니콜스의 연구 결과는, 모델이 몸을 트는 방향이 우뇌와 좌뇌의 역할 차이와 확실히 관계 있음을 시사한다. 덧붙여 성별의 차이는 거의 영향을 미치지 못하며, 화가가 오른손잡이냐 왼손잡이냐 하는 문제 역시 마찬가지다.

오 놀라운 과학이여, 너는 인간의 순간적인 아름다움을 지속시키며
자연의 피조물보다 더 위대한 영속성을 지닌다.
자연의 피조물은 시간이 지남에 따라 변화를 거듭하며
가차없이 늙어 버리고 마는 것을.
또한 과학의 산물이 자연의 피조물과 서로 연관되듯
과학은 신성한 자연과 연관을 맺는다.
— 레오나르도 다 빈치

9 파트타임 예술가 레오나르도
Leonardo, Part-Time Artist

레오나르도는 그림이 과학인 이유, 음악이 '그림의 자매'인 이유, 그리고 그림이 자연을 묘사하는 매체로서 시, 음악, 조각 등 여타의 예술 형태보다 뛰어난 이유에 관해 방대한 양의 글을 남겼다. 그림은 쏜살같이 지나가는 순간을 포착할 수 있기 때문에, 그림 속 인물은 그 그림이 그려진 시점 이후로 나이를 먹지 않는다는 것이 그의 설명이다. 한편 그는 조각에 대한 비판을 특별한 즐거움으로 삼고 있었던 것 같다. 그의 최대 라이벌이 전문으로 하던 분야가 조각이었음을 생각해 볼 때 이러한 편견은 어쩌면 당연한 것이라 볼 수 있다. 그의 설명은 다음과 같다. "조각은 과학이 아니라 거의 기계공이 하는 일에 가깝다…… 조각 작업에는 대개 엄청난 땀이 수반되는데, 이 땀은 먼지와 섞여 진흙으로 변한다. 조각가의 얼굴은 온통 대리석 가루로 뒤덮여 마치 제빵사의 얼굴과 같은 모습이 된다."[1]

그러나 그의 지적 추구에 있어서 언제나 최상의 자리를 지킨 것은 과학이었다. 처음 붓을 잡았던 도제 시절에도 이미 레오나르도는 자신이 사랑하는 자연의 요소들과, 꾸준한 탐구를 통해 밝혀 낸 자연의 비밀들을 그림에 불어넣었다. 그로 인해 그의 그림에는 해부학, 식물학, 지질학, 심리학 등과 관련된 함축적 의미들이 가득 담겨 있었다. 또한 그는 대상을 구성하거나 대상에 깊이와 역동성을 부여하기 위해 기하학적 도형 및 패턴들도 즐겨 사용했다.

이러한 도형과 패턴들은 그의 작품에서 지속적으로 몇 번이고 되풀이되어 나타났다. 10대의 나이로 그는 스승 베로키오의 작품 〈그리스도의 세례〉의 일부를 그린 일이 있다. 천사의 곱슬머리에서 보이는 곡선과 명암은 레오나르도 특유의 붓놀림을 보여 주는 부분으로, 그가 아르노강의 범람을 그린 그림들에서 볼 수 있는 소용돌이 형태를 연상시킨다. 이러한 곡선들은 그가 21세 무렵에 그린 〈지네브라 데 벤치〉에서도 나타난다. 〈그리스도의 세례〉에서 부드러운 나선형 곡선은 천사의 몸에 역동적인 느낌을 부여한다. 그리고 이러한 기법은 그가 30대 초반에 그린 〈암굴의 성모 *Virgin of the Rocks*〉에 표현된 네 명의 인물 가운데 세 명의 모습에서도 볼 수 있다. 또한, 그가 30대 후반에 그린 〈흰 담비를 안고 있는 여인(체칠리아 갈레라니)〉과 50세 이후에 그린 〈모나리자〉에서도 마찬가지로 이러한 나선형 곡선들이 인물의 역동성을 이끌어 내고 있다.

레오나르도가 처음 피렌체에서 지낸 기간 동안 그린 것으로 추정되는 그림들 가운데, 미완성으로 남겨진 〈성 예레미아와 사자 *Saint Jerome in the Wilderness*〉(바티칸박물관)가 있다. 자연과 매우 가까운 인물로 여겨지던 예레미아는, 자연으로부터 분리될 수 없는 정신의 소유자였던 레오나르도에게 가장 만족스러운 모델이었을 것이다. 노년의 은자를 묘사한 이 그림에서 예레미아의 모습은 황금직사각형의 틀에 알맞은 비율로 그려져 있다. 훗날 루카 파치올리의 『신성 비례』에 삽화를 그려 넣기도 한 레오나르도는 신성 비례와 황금직사각형, 그리고 정다면체와 준정다면체에 관해 물론 잘 알고 있었다. 이러한 요소들은 그의 노트에도 대략적인 스케치로 나타나 있고, 파치올리의 책에는 정식으로 실려 있다. 따라서 레오나르도가 성 예레미아의 모습을 황금직사각형의 틀에 들어맞도록 그린 것은 단순한 우연이 아니었을 가능성이 높다.

무릎을 구부리고 앉아 있는 성 예레미아의 모습에 담긴 비례를 나타내기 위해, 나는 디지털 방식으로 이 그림에 황금직사각형을 겹쳐 보았다. 그리고 이 황금직사각형과 정확히 같은 비율의 엽서를 복사하여 그림의 위쪽 구석에 삽입해 보았다. 내가 고른 엽서에는 이 엽서의 둘레에 꼭 들어맞는 고대 그리스 꽃병의 사진이 담겨 있었다(그림 9-1). 고대와 이탈리아 르네상스 시대, 그리고 현대 등 각기 다른 시대의 사물들을 이처럼 같은 형태에 맞춰 나란히 배열해 보면, 황금직사각형이 시간을 초월하여 애용되는 형태임을 확인할 수 있다. 이 형태는 무의식중에 사용되는 경우가 많지만, 레오나르도는 아마도 신중한 계획을 거쳐 이 형태를 적용했을 것이다.

밀라노에서 레오나르도는 데 프레디스(de' Predis) 형제의 집에 하숙하고 있었는데, 이 형제는 두 사람 모두 화가였다. 1483년 4월 25일, 그는 작은 교회의 성찬대 배경으로 걸기 위해 '원죄 없는 잉태(Immaculate Conception)'를 주제로 그림을 그려 달라는 의뢰를 받았다. 주제넘게도 교회 관리들은 자신들이 구상한 그림의 구성과 심지어 색깔까지 하나하나 그에게 지시했다. "성모마리아님의 망토에는 수를 놓은 황금 비단을 두르고 군청색으로 그려 주시오…… 겉옷은…… 수를 놓은 황금 비단

그림 9-1 레오나르도 다 빈치의 〈성 예레미아와 사자 *Saint Jerome and the Lion*〉(미완성), 1482, 로마 바티칸박물관. (삽입 이미지, 위 오른쪽) 엽서와 같은 비례를 지닌 고대 그리스 꽃병 사진으로, 엽서 자체의 형태는 황금직사각형이다.

과 진홍색으로, 유화로 그리고…… 망토의 안감은…… 수를 놓은 황금 비단과 초록색, 역시 유화로 그리고…… 또, 천사들은 스그라피토기법 (sgraffito, 물감 등의 표면을 굳기 전에 긁어 대조적인 바탕색이 드러나게 하는 기법―옮긴이)으로 그리고…… 하느님의 망토 역시 수를 놓은 황금 비단을 두르고 군청색으로 그려 주시오."[2]

사실 레오나르도가 구상한 이 작품의 세부 색채 및 디자인은 위에 열거된 것보다 네 배는 더 복합적인 구성이었다. 레오나르도는 이 계약 사항에 동의하기는 했으나 그후로도 계속 자신이 생각한 대로 작업을 진행했다. 그는 피라미드 형태로 구도를 잡아 성모마리아의 머리가 꼭대기에 오도록 배치한 뒤, 그녀가 오른팔로는 어린 예수를 감싸고 왼손으로는 어린 세례요한을 축복하는 모습을 그려 넣었다. 그리고 오른쪽 아래 모퉁이에는 무릎을 꿇고 앉아 예수를 가리키고 있는 천사를 그려 넣었다. 울퉁불퉁한 종유석과 석순들은 안개 속에 잠겨 있지만 밝은 빛을 받으며 네 명의 인물 뒤에서 배경 구실을 하고 있다. 이 그림은 현재 루브르박물관의 유명한 〈암굴의 성모〉로 알려져 있으며(화보14), 높이 198.1센티미터에 너비 122센티미터로 높이 대 너비 비율이 1.62 혹은 Ø를 이루고 있다.

20년 후 레오나르도는 한집에 사는 암브로조 데 프레디스(Ambrogio de' Predis)와 함께, 밀라노의 성 프란체스코 교회에 걸기 위해 이 작품을 변형하여 새로운 그림을 제작했다. 변형된 그림은 런던 국립미술관에 소장된 〈암굴의 성모〉로, 전체적인 비례는 전작에 매우 가깝게 구성되어 있지만, 배경을 이루는 종유석과 석순들이 조금 앞으로 나와 있다. 또한 성모마리아와 두 아기의 머리에는 후광이 그려져 있고 예수는 왕권의 상징과도 같은 십자가를 쥐고 있으며, 천사는 예수를 가리키고 있지 않다.

〈최후의 만찬〉

1495년, 43세의 레오나르도는 밀라노의 산타마리아 델레 그라치에 교회 식당 벽화를 그려 달라는 의뢰를 받았다. 주제는 그리스도와 12사도의 마지막 만찬이었다. 그림을 그리기로 되어 있는 식당에는 왼쪽 창문을 통해 자연광이 비추고 있었고, 그림은 이러한 환경에 맞춰 그려졌다. 장면의 오른쪽은 왼쪽보다 훨씬 밝게 표현되었으며, 각 인물의 왼쪽은 빛을 받는 반면 오른쪽에는 서서히 그림자가 지도록 채색되었다(화보8).

르네상스 화가들은 최후의 만찬을 묘사할 때 대개 유다(Judas)를 다른 사도들과 분리시켜, 사도들이 앉아 있는 반대편에 따로 배치했다. 그의 얼굴은 완전히 드러나는 일이 없었는데, 이는 관찰자들이 혹시라도 그 사악한 눈을 들여다보지 못하도록 하기 위함이었다. 레오나르도는 네 무리로 모여 앉은 사도들 사이에 유다도 포함시켰지만, 그의 얼굴은 그늘 속에 가리고 한쪽 눈만 보이도록 그렸다. 그림 속에 묘사된 순간은, 그리스도가 그들 중 누군가 자신을 배반할 것이라 말하자 모두들 흥분한 가운데 겁에 질린 유다가 몸을 뒤로 주춤하다가 소금 그릇을 엎는 장면이다.

레오나르도의 임시 스케치에는 이 순간의 긴장감이 잘 표현되어 있다. 개인적·집단적 갈등과, 이 테이블에서 펼쳐지는 심리적 드라마는 인물들의 손과 얼굴에서 생생하게 드러난다. 실제로 손은 격렬한 감정을 전달하는 데 있어서 얼굴만큼이나 효과적인 수단이다. 일찍이 베로키오는 제자들에게, 자신이 그린 인물들을 통해 동작의 표현으로 얻을 수 있는 감정적인 효과를 보여 주었다. 그러나 레오나르도가 〈최후의 만찬〉에 불어넣은 예술적 전달 효과는 스승의 성과를 훨씬 뛰어넘는 것이었다. 그는 보다 깊은 심리학적 통찰력을 지니고 있었으며, 물감이나 구도를 이용하는 기술도 스승보다 뛰어났다. 젊은 예술가들을 위한 충고로, 그는 여러 사람을 그릴 때 피해야 할 함정에 관해 『회화론 *Libro di pittura*』에서 다음과 같이 언급했다. "한 인물 안에서 같은 동작이 반복되게 하지 말라. 그들의 팔이나 다리, 손, 손가락이 살아 움직이게 하라. 한 이야기 구도 안에서 같은 자세가 반복되어서도 안 된다."

레오나르도는 작품의 완성 기한을 넘기는 습관 때문에 이번에도 역시 수도원장으로부터 재촉을 받았다. "왜 이렇게 오래 걸리는 거요?" 레오나르도는 유다의 모델을 찾기가 어렵다고 대답하면서 수도원장이 모델을 하면 어떻겠느냐고 제안했다. 수도원장은 분노가 치밀었지만 화가를 더 자극하지 않으려 화를 참고 그 자리를 떠났다. 현대의 영화감독이 배역에 꼭 맞는 배우를 찾는 것처럼, 레오나르도는 자신이 상상한 각 사도의 이미지에 부합하는 인물들을 물색하면서 관찰하고 스케치하는 데 수개월을 소비했다.

그리스도의 모델을 결정하는 일은 그리 어렵지 않았다. 그는 잘생기고 활력 있는 한 젊은 남자를 그리스도의 모델로 삼았다. 자신감이 넘치고, 틀림없이 신앙심이 깊어 보이는 사람이었다. 몇 년 후 레오나르도는 로마의 어느 감옥에서 유다의 모델을 찾았다고 전한다. 함께 유다의 모델을 찾고 있던 절친한 친구가 설명해 준 인물의 인상이 유다의 이미지에 잘 맞았던 것이다. 직접 감옥을 방문하여 지저분한 차림새의 죄수를 본 레오나르도는 주저 없이 그를 모델로 결정했다. 그런데 충격적이고 소름 끼치는 사실이 밝혀졌다. 비참한 형색을 하고 있는 이 죄수가 바로 몇 해 전 예수의 모델을 한 바로 그 사람이었던 것이다!

마침내 완성된 레오나르도의 벽화 〈최후의 만찬〉은, 12사도를 세 명씩 네 그룹으로 나누고 예수를 따로 배치한 혁신적인 구도를 이루고 있다.

레오나르도의 그림 가운데 가장 극적인 이 작품에서 그가 포착한 순간은, 예수가 저녁 식탁에 모여 앉은 제자들에게 "반드시, 반드시 너희들 중 한 명이 나를 배신하리라"라고 말하자 모두들 당황하여 혼란에 빠진 장면이다. 혹자는 이 절망스러운 순간을 가리켜, 레오나르도 자신이 피렌체에서 보낸 20년간 느꼈던 배신감을 예수의 얼굴을 통해 표현한 것이라고 말한다.

프레스코화를 제작할 때는 일반적으로 벽에 칠한 회반죽이 마르기 전에 수채물감으로 그림을 그린다. 수채물감이 회반죽에 스며들어 벽의 일부가 되는 것이다. 그러나 레오나르도는 마른 벽에 유채물감과 유약을 발랐기 때문에 물감이 회반죽에 충분히 배어들지 않았다. 검증되지 않은 기법과 재료의 사용, 그리고 지하수의 염분으로 인해 그림은 시간이 지나면서 조금씩 칠이 벗겨졌다. 수세기에 걸쳐 이 거대한 벽화를 복원하려는 노력들이 행해졌으나, 대부분 부식을 촉진시키는 결과를 가져왔을 뿐이다. 그러다가 최근 17년 동안 계속된 복원 작업을 통해 마침내 그림의 손상 속도를 늦출 수 있게 되었다. 또한 그동안 복원가들이 덧칠한 부분을 거의 모두 제거함으로써 레오나르도가 표현했던 본래의 선명한 색채도 되살아났다.

레오나르도의 〈최후의 만찬〉을 모사하거나 재창조하려 시도했던 수많은 화가들 가운데, 라파엘 모르겐(Raphael Morghen)은 이 작품을 바탕으로 가장 훌륭하다 할 만한 동판화를 제작하여(c. 1800), 그림의 이미지를 널리 알리는 데 일조했다. 바로 이 판화를 통해 레오나르도의 일부 상징적 표현들이 세부적으로 드러난다. 예수의 바로 왼편에 앉은 세 명의 사도들 중 얼굴에 그늘이 드리워진 인물이 유다인데, 한 손에 은화주머니를 움켜쥐고 있다(화보8, 아래 오른쪽).

체사레 보르자에게 고용되어 실망스러운 3년을 보낸 레오나르도가 우르비노를 막 떠나려고 할 때쯤, 마키아벨리는 그가 피렌체로부터 확실한 의뢰를 받을 수 있도록 도와주었다. 그리하여 레오나르도는 미켈란젤로와 시뇨리아궁전(Palazzo del Signoria, 현재는 베키오궁전) 대회의실의 마주보는 벽을 각각 하나씩 맡아, 피렌체가 대승리를 거두었던 두 전투를 기념하는 거대한 벽화를 그리게 되었다. 레오나르도는 1440년 밀라노를 상대로 승리한 앙기아리 전투를, 미켈란젤로는 1364년 피사를 물리치고 승리한 카시나 전투를 그리기로 되어 있었다.

　두 예술가의 구상은 각자의 노트에서 서서히 형태를 잡아 가기 시작했고, 이들이 그린 실물 크기의 밑그림은 엄청난 찬사를 받았다. 그러나 안타깝게도, 작업이 시작되자마자 미켈란젤로가 교황 율리우스 2세의 묘비를 완성하라는 명을 받고 로마로 떠나게 되는 바람에 의뢰는 취소되었다.

　레오나르도는 벽에 초벌 채색까지 한 상태였는데, 1563년 회의실을 새로 꾸미라는 주문을 받은 바사리(Vasari)가 그 위에 덧칠을 했다. 덧칠이 너무 교묘하게 완성된 까닭에 현대의 첨단 기술을 동원해도 미완성 상태의 본래 벽화를 파악할 길이 없지만, 적어도 레오나르도가 전사와 말들을 그린 몇몇 스케치는 그의 노트에서 찾아볼 수 있다.

　현재 미켈란젤로와 레오나르도의 밑그림은 모두 남아 있지 않다. 다만 레오나르도가 처음 그림을 구상한 시점으로부터 100년 뒤에 한 화가가 그의 밑그림을 서툴게나마 모사한 그림이 남아 있었다. 그리고 1603년 플랑드르 지역 바로크미술의 거장 페테르 파울 루벤스(Peter Paul Rubens)가 이 그림을 '레오나르도의 화풍'으로 모사했다. 루벤스의 재능과 그가 레오나르도에 대해 갖고 있던 지속적인 존경심으로 미루어 볼 때, 이 그림은 레오나르도의 본래 의도가 최대한 충실하게 재현된 그림

그림 9-2 루벤스가 레오나르도의 〈앙기아리 전투〉 밑그림을 모사한 그림(1603). 파리 루브르박물관. (좌우 상단에 삽입된 그림) 〈앙기아리 전투〉에서 전사들의 얼굴을 세부 묘사한 두 장의 그림. 두 그림 모두 부다페스트 미술박물관 소장.

일 것이다.

만약 그렇다고 가정하면, 이 그림에는 레오나르도가 전쟁 무기의 설계자였음에도 불구하고 전투라는 잔혹한 행위에 대해 품고 있었던 개인적인 혐오감이 반영되어 있다고 할 수 있다. 레오나르도의 노트에는 싸움을 벌이고 있는 전사들과 말들이 스케치되어 있는데, 여기에 그려진 얼굴들은 루벤스가 그린 밑그림의 전사들, 그리고 말들의 얼굴과 매우 닮았다. 이 밑그림의 전체적인 형태와 구도를 보면 대상들이 황금피라미드의 틀 안에 배치되어 있음을 알 수 있다.

세 여인의 초상

이처럼 머리카락이 바람에 날려
생기발랄한 얼굴 주변에서 노닐게 하고
머릿결은 우아한 곡선으로 굽이치게 하라.
— 레오나르도 다 빈치

　레오나르도가 그린 여인 초상화는 약 15년의 간격을 두고 제작된 단
세 점뿐이지만, 이 그림들은 모두 미술사에서 중추를 이루는 작품이 되
었다. 그가 의뢰를 수락한 여인 초상화의 모델들은 빼어난 미모를 지닌
것도, 그렇다고 상대를 압도할 만큼 높은 품격을 갖춘 것도 아니었으나,
세 경우 모두 그는 그림을 통해 모델에게 영원한 생명을 불어넣었다. 이
세 작품이 바로 〈지네브라 데 벤치〉와 〈체칠리아 갈레라니〉, 그리고 〈모
나리자〉다.

　레오나르도의 작품 중 유일하게 유럽 외의 국가에 소장되어 있는 그림
은 그의 유일한 양면 그림이기도 하다. 이 그림의 앞면에는 피렌체의 부
유한 은행가 아메리고 데 벤치(Amerigo de' Benci)의 딸 지네브라 데 벤
치(Ginevra de' Benci)의 초상이 그려져 있고, 뒷면에는 상징적인 식물들
이 배합되어 그려져 있다. 1474년 초 지네브라는 유명한 행정관 루이지
데 베르나르도 니콜리니(Luigi de Bernardo Nicolini)와 결혼했고, 이 초
상화는 그 직후에 그려졌다.

　이 그림은 18세기 초에 벤치가(家)의 대가 끊기자 리히텐슈타인
(Liechtenstein, 오스트리아와 스위스 사이에 있는 나라—옮긴이)의 왕자
들 손에 들어간 것으로 전해진다. 그림 뒷면의 오른쪽 상단 구석을 보면

붉은 밀랍으로 찍힌 이 왕가의 인장을 확인할 수 있다. 이후 1967년 리히텐슈타인공국으로부터 다시 워싱턴 국립미술관으로 옮겨졌다.[3]

가지런히 양옆으로 넘긴 앞머리와 가느다란 눈썹은 지네브라의 지성을 상징하는 '부드러운 반구형 이마'를 돋보이게 하며, 그녀의 뒤에는 덕의 상징인 동시에 그녀의 이름에 대한 언어유희로 주니퍼(지네프로) 가지들이 그려져 있다. 멀리 보이는 두 개의 교회 탑은 그녀의 독실한[*] 신앙심을 표현한 것이라 생각된다. 주니퍼는 뒷면에서도 다시 나타나는데, 이번에는 그 잔가지 하나를 월계수와 종려나무가 양쪽에서 각각 감싸고 있다. 비교적 제한된 색채와 정밀하게 묘사된 곱슬머리를 보면 이 그림이 레오나르도의 청년기에 그려졌음을 알 수 있다. 실제로 당시 그는 16세인 모델보다 꼭 다섯 살 위였다.

포플러패널에 그려진 이 그림은 가로가 38.8센티미터이고 세로가 36.7센티미터다(가로 $15\frac{1}{4}$인치, 세로 $14\frac{1}{2}$인치). 다시 말해 이 초상화의 전체적인 형태는 거의 정사각형에 가깝다. 간단한 기하학적 작도로 인물의 머리끝에서부터 옷이 시작되는 부분까지 머리의 가로 길이를 한 변으로 하는 황금직사각형을 세로로 그리고 이 직사각형 윗부분에 정사각형을 분할해 보면, 그녀의 턱이 정사각형의 밑변과 거의 맞닿는 위치에 그려져 있음을 알 수 있다.

레오나르도는 패널의 뒷면에도 그림을 그림으로써 500년이 지나도 패널의 평평한 상태가 완벽하게 유지되는 효과를 창출해 냈다. 패널이 휘는 이유는 한쪽 면의 조직이 반대쪽 면의 조직보다 많은 양의 수분을 흡수하기 때문이다(정도가 약한 나선 패턴의 예). 이 패널은 밀폐되었지만, 그래도 그림을 보호하기 위해 바른 유약이 해를 거듭할수록 누렇게 변색되는 현상을 막을 수는 없었다. 1992년 복원 작업을 거친 결과 그림은 예상보다 훨씬 아름다운 모습을 드러냈다. 누렇게 변색된 유약은 파란색을 녹색으로, 붉은색을 오렌지색으로 보이게 만든다. 그림에서 변색된 유약을 벗겨 내자 하늘은 레오나르도가 표현했던 본래의 푸른빛을 되찾았다. 또한 레오나르도가 지네브라의 귀족적인 얼굴빛을 표현할 때 사용한 차분한 색채와 그 색이 주는 느낌도 되살아나서 더 엷고 백자 같은 빛을 띠게 되었다. 르네상스 시대 여성들은 실제로도, 또 상징적으로도 세상으로부터 격리되어 있었고, 당시 사람들은 햇볕에 그을린 피부를 멋있다고 생각하지 않았다.

〈지네브라 데 벤치〉의 정사각형 형태는 오랫동안 여러 가지 추측을 낳아 왔다. 르네상스 시대 그림에서는 보기 드문 형태였기 때문이다. 그림에서 없어진 부분이 있는 것일까? 만약 그렇다면 그 부분엔 무엇이 있었을까? 실제로 그림의 오른쪽과 아래 가장자리에는 손상되고 잘린 흔적이 있다. 그리고 우리는 〈최후의 만찬〉을 통해, 레오나르도가 얼굴만큼이나 손도 매우 의미심장하게 표현했다는 사실을 알 수 있었다. 이는 세 점의 초상화에서도 마찬가지다.

데이비드 브라운(David Brown)과 국립미술관 관계자들은 레오나드로가 그린 손(윈저성Windsor Castle에 소장된 스케치)을 지네브라의 초상화에 디지털 방식으로 조합하여 놀라운 결과를 얻어 냈다. 원래 그림이 갖추고 있었을 모습의 실마리는 뒷면에서 찾을 수 있었다. 뒷면에 그려진 주니퍼 가지가 그림의 손상된 가장자리 쪽으로 1.3센티미터 뻗어 나가 있었던 것으로 판명된 것이다. 주니퍼 가지가 원래 패널의 중심에 위치하고 있었다는 가정하에, 이들은 우선 패널을 1.3센티미터 연장하고 디지털 방식으로 여백을 채웠다. 주니퍼 가지를 둘러싸고 있는 월계수와 종려나무 가지들은 아래로 뻗어 내려가 패널의 맨 아랫부분에서 한곳으로 모였다. 그 다음 앞면에서 지네브라의 모습 아래 손 스케치를 덧붙인 후 변형하고 회전시키고 크기를 조절하여 레오나르도의 화풍과 의도에 부합한다고 생각되는 이미지를 만들어 냈다. 그러나 디지털 전자채색 기술을 이용하여 표현한 손과 옷의 색채는 다소 무미건조하다. 특히 손의 경우 레오나르도가 유채로 초상화를 그릴 때 인물에 불어넣었던 부드럽고 우아한 느낌이 확실히 결여되어 있다. 하지만 이 작업 덕분에 우리는 적어도 본래 초상화에서 지네브라가 취하고 있었을 법한 자세를 볼 수 있는 기회는 얻게 되었다(화보15, 아래 왼쪽).

〈지네브라 데 벤치〉를 완성하고 8년이 지난 1482년, 루도비코 스포르차(일 모로)의 궁정 기술자 자리를 얻은 레오나르도는 피렌체를 떠나 밀라노로 거처를 옮겼다. 여기서 그는 민간 및 군사공학과 관련된 문제에 시간을 쏟았지만 여러 가지 실험과 광학 연구, 발명품 구상 스케치 등도 계속 진행하면서 그 결과도 체계적으로 기록했다. 가끔 그림을 그리게 되면 이러한 지적인 열정의 흔적이 작품에 분명히 나타났고, 새로운 의뢰를 받을 때마다 그림은 전작에 비해 한층 세련된 모습으로 탄생했다.

1491년, 그가 일 모로의 아름다운 정부를 모델로 〈흰 담비를 안고 있는 여인(체칠리아 갈레라니의 초상)〉(화보15, 가운데)을 그린 것은 〈지네브라 데 벤치〉를 그린 후 15년이 지났을 때였는데, 이 그림은 정교함에 있어서 놀라운 성장을 보여 주었다. 〈지네브라 데 벤치〉와 마찬가지로 〈체칠리아 갈레라니〉 역시, 사람들이 여성의 옆모습만 보는 데 익숙하던 시절에 앞모습을 그린 초상화이며, 살짝 옆을 바라보는 시선과 섬세한 손가락 등 심리학적인 함축 의미들이 가득 담긴 그림이기도 하다. 사실상 레오나르도의 〈지네브라 데 벤치〉와 〈체칠리아 갈레라니〉는 거의 틀림없는 최초의 심리학적 초상화들이었다.

〈체칠리아 갈레라니〉에는 머리끝에서부터 옷이 시작되는 부분까지를 높이로 하여 황금직사각형을 그릴 수 있다. 직사각형의 윗부분에는 머리끝에서 턱까지를 한 변으로 하는 정사각형이 형성되고 아랫부분에는 다시 황금직사각형이 생긴다. 〈지네브라 데 벤치〉에서 나타났던 것과 같은 결과다.

1503년, 피렌체에서 레오나르도는 또다시 15년 만에 초상화 의뢰를 수락했다. 이번에는 부유한 상인 프란체스코 델 지오콘도(Francesco del Giocondo)의 부인을 그리게 되었다. 사실 레오나르도는 다른 그림을 거의 그리지 않았고 몇몇 작품들은 미완성으로 남았다. 하지만 그 밖의 모든 분야에서 그의 연구는 변함없이 계속되었고 그 내용은 두 종류의 노트에 기록되었다. 하나는 일상적인 관찰 기록과 대략적인 스케치들이었고, 다른 하나는 그 노트에서 선별한 기록들과 보다 완성도 높은 스케치들이었다.

〈지네브라 데 벤치〉를 그릴 때 레오나르도는 발전하기 위해 노력하는 젊은 예술가로서 베로키오를 통해 의뢰를 받았을 것이다. 루도비코 스포르차의 정부(情婦) 〈체칠리아 갈레라니〉를 그린 것은 단지 대공을 감동시키려는 의도에서였을 것이다. 그러나 그가 델 지오콘도의 부인 초상화 의뢰를 왜 수락했는지는 수수께끼다. 아마도 돈이 필요해서였을 거라고 추측해 볼 수 있을 뿐이다. 그러나 한 가지 분명한 사실은, 〈모나리자〉를 통해 그가 매혹적이고 몽환적이면서 시간을 초월하는 경이로운 심리학적 초상화를 그려 냈다는 것이다. 이 여인은 우리에게 익숙하면서도 낯설다. 그녀는 관찰자를 정면으로 바라보고 있지만 그녀가 무슨 생각을 하고 있는지는 전혀 짐작할 수 없다. 그녀는 자신감과 불안감을 동시에 발산하고 있으며 표정은 유혹적이면서 한편으로는 무섭기도 하다.

이 그림은 이성에 대한 태도가 매우 불확실한 남자의 작품이긴 하지만, 어떤 의미로는 여성에 대한 보편적인 관점을 보여 주고 있다. 그녀의 얼굴 모습과 신비한 미소는 의심의 여지없이 그 어떤 예술작품보다 많은 추측을 불러일으켰다. 그 중에는 "그녀는 임신중이다" "그녀는 치통으로 괴로워하고 있는 것이다" "이 그림은 레오나르도의 자화상이다"와 같은 추측도 있다.

초상화를 그리고 15년이 지나 또 다른 초상화를 그릴 때마다 레오나르도는 이전보다 훨씬 깊은 지식과 통찰력, 그리고 한층 세련된 기법을 발휘했다. 이는 어쩌면 당연한 결과였다. 레오나르도의 다양한 관심사들은 모두가 분리될 수 없는 유기적 요소로서 하나의 정신을 이루고 있었기 때문이다. 레오나르도는 1503년에 〈모나리자〉의 의뢰를 수락했지만 1507년까지 그림은 완성되지 않았다. 실제로 정해진 시간 안에 완성하지 못했던 것인지, 아니면 이 그림을 너무 아껴서 떼어놓을 수 없었던 것인지 이유는 알 수 없으나, 어쨌든 그는 프란체스코 델 지오콘도에게 그림을 넘겨주지 않았다.

레오나르도는 1507년 피렌체를 떠날 때 〈모나리자〉를 가져가서 그후로도 계속 지니고 있었다. 1516년 프랑스로 건너갈 때에도 그는 이 그림을 가져갔고, 1519년 앙부아즈(파리 남쪽 지방)에서 숨을 거둘 때까지도 그림은 그의 소유였다. 앙부아즈에서 〈모나리자〉는 프랑수아 1세에게로 넘겨졌고 그후 퐁텐블로와 파리, 베르사유에서 각각 다른 시기에 모습을 드러냈다. 한때는 루이 14세의 수집품에 포함되기도 했고, 프랑스혁명 이후에는 루브르박물관으로 옮겨지기도 했다가, 또 다음에는 나폴레옹 보나파르트(Napoléon Bonapart)의 손에 들어가 그의 침대 위에 걸리기도 했다. 나폴레옹이 유배를 떠나게 되자 〈모나리자〉는 다시 루브르박물관으로 옮겨졌고 현재까지 이곳에 소장되어 있다.

500년이라는 역사 속에서 〈모나리자〉는 지독한 시련을 겪었다. 레오나르도를 연구하는 학자들에 따르면, 과거 언젠가 그림 양 옆의 틀 구실을 하던 기둥 두 개가 절단되었다고 한다. 1911년에는 이탈리아 민족주의자 한 명이 이 그림을 훔쳐 피렌체로 가져간 뒤 침대 밑에 숨겨 둔 일도 있었다. 또 1956년에는 한 정신이상자가 그림 위에 산(acid)을 뿌리기도 했고, 1960년대에는 또 다른 사람이 그림을 칼로 베기도 했다. 그러나 이제 이 모든 충격적인 사건들은 단지 과거의 일일 뿐이라고 믿자. 현재 이 그림은 복원되어 〈라 지오콘다*La Gioconda*〉 혹은 〈라 조콩드*La Joconde*〉라는 제목으로 당당하게 루브르박물관에 걸려 있으며, 그 위에는 방탄유리가 씌워져 있고, 1980년대부터는 해외로의 이동을 금하는 법으로 보호되고 있다.

〈모나리자〉의 길이 대 너비 비율은 1 : 1.45로, 황금 비율인 1 : 1.618에 그다지 가깝지는 않다. 하지만 가장자리가 잘려 나가 있기 때문에 이 수치는 사실상 무의미하다. 기둥들이 절단되기 전에는 폭이 좀더 넓고 길이 대 너비의 비율도 1 : 1.45보다는 황금 비율에 더 가까웠을 것이다.

한편 이 그림에서는 또 다른 기하학적 구도가 흥미를 끈다(화보 15, 아래 오른쪽). 〈지네브라 데 벤치〉와 〈체칠리아 갈레라니〉에서처럼, 우선 머리끝에서부터 옷이 시작되는 부분까지 황금직사각형을 그리고 이 직사각형 윗부분을 정사각형으로 분할하면 그녀의 턱은 정사각형의 밑변에 위치하고 '구도를 지배하는' 왼쪽 눈은 정사각형의 중심에 위치한다. 이는 〈지네브라 데 벤치〉와 〈체칠리아 갈레라니〉에서도 마찬가지인데, 이 그림들에서는 중심에 위치하는 눈이 오른쪽 눈이다. 그리고 오른쪽 어깨와 오른쪽 뺨이 왼쪽 어깨와 왼쪽 뺨에 비해 뒤쪽으로 밀려나도록 살짝 틀고 있는 모나리자의 몸은 72°-36°-72° 각으로 이루어진 황금삼각형에 내접시킬 수 있다.

이쯤에서 한 가지 의문이 생길 수 있다. 레오나르도가 모델의 눈을 이처럼 정확한 위치에 그린 것은, 피라미드를 세운 건축가들의 경우 그랬을 가능성이 큰 것처럼 단지 우연한 결과였을까, 아니면 의도적인 실습이었을까? 다른 예술가들의 작품을 두고 말한다면 우리는 이러한 현상들을 우연이라 생각할 수 있을 것이다. 그러나 수학과 과학, 예술을 두루 포용하고 일생에 걸쳐 다양한 원리들을 통합하려 애쓴 레오나르도의 경우, 이러한 결과들이 단지 우연은 아니었을 것이다.

레오나르도가 〈동방박사의 예배〉나 〈수태고지〉 같은 초기 작품들을 그렸을 당시, 1점 투시법은 이미 50년 전부터 알려져 있던 기법이었고 레오나르도는 이를 완전히 터득하고 있었다. 그리고 〈모나리자〉를 그릴 때에 이르러서는 이 기법을 활용하여 특수한 효과를 내는 법도 알고 있었다. 르네상스 시대에 '실감 나는 그림'이라는 말은, 그림이 인상학적으로 혹은 사진처럼 모델과 꼭 닮게 그려졌다기보다는, 살아 있는 것 같은 느낌을 준다는 의미였다. 사실 델 지오콘도 부인의 모습은 따로 남아 있지 않기 때문에 실제로 그녀의 모습이 어떠했는지는 누구도 알 수 없다. 하지만 이 그림에서 그녀는 당장이라도 말을 할 것만 같다. 그녀의 양쪽 눈꼬리는 의도적으로 흐릿하게 그려져 모호한 느낌을 자아낸다. 그리고 그녀의 뒤에서 배경을 이루고 있는 풍경은 한쪽이 다른 쪽에 비해 높게 그려져 있다. 바로 여기에 레오나르도의 기교가 숨어 있다. 이 기법은 관찰자의 시선이 무심코 모델의 눈을 가로질러 앞뒤로 이동하게 함으로써 착시현상을 일으켜 그림에 활기를 불어넣는다.

8장에서 우리는 크리스토퍼 타일러가 우연히 발견한 중심선 원리를 살펴보았다. 그는 1인 초상화 중에서 캔버스를 세로로 이등분하는 선이 한쪽 눈과 매우 가까운 지점을 지나는 경우가 많다는 사실을 발견했다. 타일러가 예로 든 초상화들 가운데는 〈모나리자〉도 포함되어 있었다. 여기서는 다른 두 초상화, 〈지네브라 데 벤치〉와 〈체칠리아 갈레라니〉에도 중심선 원리를 적용해 보자.

〈지네브라 데 벤치〉에서 중심선은, 데이비드 브라운이 오른쪽을 1.3센티미터 연장한 수정본이 아니라 현존하는 패널을 이등분하도록 그려졌다(선의 위치 차이는 2퍼센트에 불과하다). 세 그림에서 모두 중심선은 앞쪽에 그려진 눈과 매우 가까운 곳을 지나고 있음을 볼 수 있다. 〈지네브라 데 벤치〉와 〈체칠리아 갈레라니〉에서는 오른쪽 눈을 지나고, 〈모나리자〉에서는 왼쪽 눈을 지난다. 다시 말해, 니콜스가 지적한 르네상스 초상화의 왼쪽 눈을 선호하는 경향은 〈모나리자〉에서는 나타나지만, 〈지네브라 데 벤치〉와 〈체칠리아 갈레라니〉에서는 나타나지 않는 것이다. 하지만 이 세 초상화만 가지고 전체를 일반화할 수는 없다.

1992년 미국이 아메리카대륙 발견 500주년 기념식을 준비하기 시작하자, 미국 전역의 많은 박물관들은 각자 소장하고 있는 전시품들을 가지고 행사를 열 계획에 착수했다. 〈지네브라 데 벤치〉를 보관하고 있는 워싱턴 국립미술관은 〈1492년경 *Circa 1492*〉이라는 제목 아래 콜럼버스 시대의 작품들을 전시하기로 계획했는데, 이때 1491년에 그려진 레오나르도의 〈흰 담비를 안고 있는 여인〉도 함께 전시할 수 있기를 희망했다. 폴란드 크라코프(Krakow)에 있는 차르토리스키미술관(Czartoryski Collection) 관리인들은 국가의 가장 중요한 예술적 자산임에 틀림없는 이 귀중한 작품을 결코 대여해 주려 하지 않았다. 그들이 제시한 이유는 그림이 너무 약해서 손상되기 쉽다는 것이었다. 이에 미국의 조지 부시

(George H. W. Bush) 대통령은 이 아이디어에 완전히 반대하지는 않았던 폴란드의 레흐 바웬사(Lech Walesa) 대통령에게 직접 간청했다. 폴란드 대통령의 잠정적인 동의에는, 구소련 진영과 관계를 끊으려 애쓰던 폴란드를 지원해 준 미국에 대한 무언의 감사가 담겨 있었다.

워싱턴 국립미술관의 관리자 데이비드 불(David Bull)은 그림이 옮겨도 될 만큼 상태가 좋은지 점검하기 위해 크라코프로 건너갔다. 그는 돋보기를 이용해 네 시간 동안 꼼꼼히 그림을 살펴보았다. 그러고는 한 부분을 가리키며 폴란드의 관리인이 기뻐서 펄쩍 뛸 만한 사실을 전했다. "여기 레오나르도의 지문이 있군요."⁴ 그때까지는 아무도 모르던 사실이었다. 이 발견과 더불어 〈흰 담비를 안고 있는 여인〉의 상태도 이동에 문제가 없는 수준이라 판단되어 협상은 성공적으로 이루어졌다.

4개월 후 그림은 철저한 경비 속에 3개월 전시 조건으로 미국으로 운반되었다. 데이비드 불과 폴란드의 관리인 두 명이 〈체칠리아 갈레라니〉를 팬암 여객기 일등석에 싣고 워싱턴 D.C.로 향했다. 그림을 미국으로 옮겨도 좋다는 허가에는, 3개월간 그림을 전시한 후 데이비드 불이 일주일 동안 국립미술관 보존연구소의 최신 기술 장비를 이용하여 그림을 조사할 수 있다는 허가 또한 포함되어 있었다. 그리하여 그의 포마이커 책상 위에는 '두 여인'이 나란히 놓이게 되었다. 불은 직업상 벨리니(Bellini), 티티안(Titian), 라파엘로, 렘브란트, 반 고흐, 세잔, 마네, 모네, 피카소 등이 그린 걸작들을 조사하고 손질하고 복원하는 일을 해 왔지만 이번에는 그야말로 감탄하지 않을 수 없었다. "눈앞에 레오나르도의 그림이 나란히 놓여 있다니……! 희귀 걸작 세계에서 이런 순간은 다시없을 거야."⁵

FBI 요원들은 특수 카메라로 〈지네브라 데 벤치〉와 〈체칠리아 갈레라니〉에 묻어 있는 지문들을 찍었다. 이 지문들은 20세기의 저명한 인물과 악명 높은 인물들의 지문과 함께 FBI의 데이터뱅크에 저장되었다.

불은 레오나르도가 그린 두 점의 초상화를 조사하면서 주로 X-선 사진법과 적외선촬영, 그리고 오늘날 일반적으로 사용되는 도구인 입체현미경을 이용했다. X-선을 이용해 그림을 정밀 조사함으로써 그는 작품의 초기 모습과 구조를 밝혔다. 〈지네브라 데 벤치〉의 경우 패널 양면에 그려진 그림들을 압축함으로써 두 그림을 동시에 볼 수 있었다. 이 기술을 통해, 이전에 그려진 이미지 위에 새로운 이미지가 덧씌워져 있음이 확인되었다. 〈지네브라 데 벤치〉의 뒷면에 적혀 있는 '아름다움은 덕을 돋보이게 한다'는 벤치가의 좌우명 밑에는 '덕과 명예'라는 또 다른 문구가 숨어 있었다(이는 지네브라의 정신적 연인이었던 베르나르도 빔보 Bernardo Bimbo가 사용하던 주제인데, 아마도 그가 레오나르도에게 이 그림을 의뢰한 듯하다). 즉 벤치가의 좌우명이 빔보의 좌우명 위에 덧칠된 것이다. 〈체칠리아 갈레라니〉의 경우 X-선 사진법을 적용하자, 레오나르도가 체칠리아 갈레라니의 손을 그릴 때 위치를 바꾸는 실험을 거쳐 완성했다는 사실이 밝혀졌다.

두 점의 초상화를 조사하면서 데이비드 불은 적외선촬영 기술이 가장 유용하다는 결론을 얻었다. 적외선촬영은, X-선보다 훨씬 약하게 침투하는 적외선을 방사하여 그림의 표면(그리고 표면 바로 아래)을 조사하는 방법이다. 방사된 적외선은 패널과 물감 사이에 있는 하얀 석고 바탕에 반사되고, 그림의 이미지는 카메라에 기록되어 컴퓨터 모니터에 나타난다. 불이 적외선촬영 기술을 이용하여 두 그림을 관찰하자 모델의 윤곽을 표현한 밑그림이 나타났다.

레오나르도는 앞에 앉아 있는 모델을 우선 종이에 스케치한 후 이 스케치를 화실로 가져가서 코와 눈, 입술 등의 윤곽을 따라 조심스럽게 바늘로 구멍을 냈다. 그러고 나서 그는 오늘날의 스텐실 틀과 같다고 할 수 있는 이 구멍 뚫린 스케치를 석고 바탕 위에 대고, 목탄 가루가 든 모슬린 주머니로 가볍게 두드려 밑그림을 옮겼다. 이렇게 마무리된 윤곽선 또한 적외선촬영을 통해 확인할 수 있었다.

30년의 간격을 두고 그려진 〈지네브라 데 벤치〉와 〈모나리자〉의 배경은 모두 전원 풍경이다. 그리고 놀라운 명암법(chiaroscuro)과 스푸마토(sfumato)기법으로 인해 이 배경들은 인물과 완벽한 조화를 이루고 있다. 명암법이란 인물의 윤곽을 다소 흐릿하게 표현함으로써 마치 인물이 어둠 속에서 밝은 곳으로 나오는 듯한 효과를 창출해 내는 회화기법이다. 베로키오가 고안했다고 전해지는 스푸마토기법을 이용하면 미묘한 색깔 변화로 사물의 경계가 모호해지고 그림자가 부드럽게 번지기 때문에, 공기 중에 안개나 아지랑이가 흐르는 것처럼 몽환적인 효과를 낼 수 있다. 레오나르도는 〈암굴의 성모〉(1483)에서 이미 이러한 기법들을 능숙하게 보여 주었다.

〈체칠리아 갈레라니〉를 살펴본 결과 또 하나의 놀라운 사실이 드러났다. 30년이라는 기간의 중반에 그려진 이 그림은 다른 두 초상화와 달리, 배경이 (극적이기는 하지만) 단순한 검은색으로 표현되어 있다. 때문에 오래 전부터 미술사학자들은 과거 어느 시점에 본래의 배경 위에 물감이 덧칠되었을 거라고 추측해 왔다. 데이비드 불이 적외선촬영으로 이 그림을 조사한 결과 실제로 배경은 수정된 것으로 나타났다. 그는 배경이 바뀐 시기를 19세기로 추정한다. 그렇다면 누구나, 본래 이 그림의 배경에는 다른 두 초상화와 마찬가지로 상징적인 풍경이 그려져 있었으리라 추측할 것이다. 그러나 불의 조사에서는 아무것도 나타나지 않았다. 수정되기 전의 배경은 미묘하게 여러 가지 색을 띠는 청회색으로, 자동차의 외장에 사용되곤 하는 금속 페인트와 어딘지 닮아 있었다. 이는 르네상스 시대에는 볼 수 없었던 방식일뿐더러 레오나르도가 사용했으리라고 보기도 어려운 기법이다. 하지만 한편으로 생각해 보면 레오나르도는 언제나 혁신을 일으켜 새로운 분야를 개척하고 한층 발전된 수단을 창조해 내는 사람이었다.

레오나르도는 예술적·과학적 연구를 통해, 근대 과학의 방법론을 연상시키는 기법을 직접 개발하고 실습했다. 그는 신중하게 실험하고, 꼼꼼하게 관찰하고 자세하게 자료를 기록하면서 이들을 종합적으로 해석하여 이론을 세웠다. 그는 이것을 발표하지는 않았다. 하지만 그가 남긴 노트들을 보면 그가 놀라운 포용력으로 모든 분야에 접근했음을 알 수 있다. 종교적인 것이든 세속적인 것이든 그의 작품은 직선원근법, 수학, 광학, 역학, 해부학, 지질학, 심리학까지 다양한 과학적 연구의 결실로 채워졌다. 그의 모델들은 사진처럼 실물과 꼭 닮게 묘사되었을 뿐만 아니라, 심리학적인 함축 의미들을 가득 담고 캔버스와 하나가 되었다. 1인 초상화에 그려진 인물들은 관찰자에게 말을 건네며, 군상화에 그려진 인물들은 서로 대화를 나눈다.

인간이 행하는 모든 과학적·예술적 탐구는 실험 없이 발전할 수 없지만, 실험은 때로 빗나가는 경우도 있다. 한번은 레오나르도가 유채물감으로 돌벽에 그림을 그린 일이 있었다. 그는 물감을 굳히기 위해 벽에 열을 가했다. 그러자 오히려 물감이 녹아 내려 그림이 망가지고 말았다.[6] 〈최후의 만찬〉의 경우, 실험 실패는 더 심각했다. 검증된 벽화 제작기법 대신 그가 사용한 새로운 방법이 방과 건물의 환경적 조건에 맞지 않아서, 이 위대한 벽화는 완성된 시점부터 진행되기 시작한 퇴색현상을 피할 수 없었다.

우리가 다시 살펴봐야 할 레오나르도의 작품이 또 하나 있다. 우피치 미술관의 귀중한 소장품 가운데 하나로서 오랫동안 명예로운 자리에 당당히 걸려 있던 〈동방박사의 예배〉다. 미완성인 채로 남아 있는 그림이긴 하지만 이 작품에서는 완성 준비 단계에서 레오나르도가 원근법을 연구한 흔적이 나타난다. 2002년 봄, 이 작품을 복원하고 보존하기 위해 미술관의 연구실로 옮겼을 때 한 가지 비극적인 사실이 밝혀졌다. 정밀한 과학적 분석을 거친 결과, 밑그림은 실제로 레오나르도가 그린 것이 맞지만, 아마도 1세기쯤 후에 한 평범한 화가가 그 위에 덧칠을 했다는 놀라운 사실이 밝혀진 것이다. 이에 미술관 관계자들은 이 그림을 다시 높은 곳으로 되돌려 놓지 않고 저장소에 보관하겠다는 안타깝지만 불가피한 결정을 내렸고, 그때부터 그림은 이곳에 보관되었다. 어쩌면 머지않아 덧칠이 제거되고 레오나르도의 작품으로서 다시 전시될 수도 있다.

첨단 기술을 이용한 모조품 식별

첨단 기술을 레오나르도의 그림에 적용한 것은 의미 깊은 일이었다. 색상과 구도, 기법, 출처 등 많은 문제들이 기술적인 분석을 통해 한층 분명해졌다. 레오나르도에 대한 억측이나 어림짐작, 비난들도 사라졌다. 르네상스 시대에 예술가들이 먼저 과학자들에게 자연을 주의 깊게 관찰하는 법을 가르쳐 줌으로써 궁극적으로 근대 과학의 발전에 도움을 주었으니, 첨단 기술은 예술가들에 대한 과학자들의 보답이라 할 수 있다.

현대의 수많은 기술적 도구들은, 다른 시대에서였다면 지적인 선입관에 따라 수용되거나 거부되었을 법한 문제들을 해결해 준다. 방사성탄소 (C-14) 연대측정법으로 해결된 의문 가운데 '예수의 수의(壽衣, the Shroud of Turin)'에 관한 분석은 매우 신빙성 있었다(이 수의는 1,000년이 채 안 된 것으로 밝혀졌다). 컴퓨터 단층촬영(CAT, computer-assisted tomography)과 MRI 같은 첨단 의료영상기술을 이용해 이집트의 미라들을 조사한 결과, 여러 파라오를 죽음으로 몰고 간 질병들이 밝혀졌다. 우주 복사(cosmic radiation)는 피라미드의 숨겨진 방을 찾는 데 이용되어 마침내 카프레왕 피라미드의 내부 구조를 그릴 수 있게 해 주었다(이 피라미드에 숨겨진 방은 없었다).[7] 높은 침투력을 보이는 감마 방사선 (gamma radiation)을 이용한 방사선사진법(radiography)을 통해서는 그리스 기마상에서 내부 철골 구조의 연대가 맞지 않는다는 사실이 드러났다. 이 기마상은 모조품이었던 것이다! 세례요한의 것이라 알려져 있는 후두골과 오른팔 뼈의 연대는 아직 풀리지 않은 문제들 가운데 하나다 (헤아릴 수 없을 만큼 막대한 자산을 소유하고 있던 비잔틴제국의 유스티니아누스Justinian 황제는 6세기에 콘스탄티노플을 그 어디와도 비교할 수 없는 기독교 성지로 변화시키면서 이 뼈들을 입수했다). 현재 토프카피궁 박물관(Topkapi Museum)에 전시되어 있는 이 뼈들은 아직 검사를 거치지 않았다.

위와 같은 첨단 기술 도구들이 존재함으로써 방패 역할을 하지 않았다면 예술작품 및 인공구조물과 관련된 모조품 제작은 훨씬 활발하게 진행되었을 것이다.

약 60년 전 초기 단계에서도 기술이 교묘한 속임수를 가려 냈던 예를 하나 제시하고자 한다. 모조품을 그린 화가 자신은 그 그림이 모조품이라 주장하고 오히려 의심 많은 권위자들은 그의 주장을 기각했던 아이러니컬한 사건이 있었다. 전쟁 전의 네덜란드 화가 한 반 미게렌(Han van Meegeren)은 재능이 아주 보잘것없지만은 않았는데, 예술가로서보다는 모조품 제작자로서 훨씬 뛰어난 재능을 보였다. 반 미게렌은 베르메르의 인생 중 지금까지 알려지지 않은 시기의 작품들까지 포함하여 그의 작품과 '똑같은' 그림들을 만들어 냈다. 그는 기존의 그림에서 긁어 낸 물감을 섞고, 낮은 명암으로 채색한 뒤 단계적으로 덧칠하고, 교묘하게 버석거리는 느낌을 내는 등의 수법으로 매우 그럴싸한 그림들을 제작해 대부분의 예술전문가들을 감쪽같이 속였다.

전쟁이 끝난 후 미게렌은 체포되었다. 그런데 혐의는 모조품 제작이 아니라 적과의 부정거래였다. 국보급 미술품을 나치에게, 특히 독일군 사령관 헤르만 괴링(Hermann Göring)에게 팔아넘겼다는 이유로 재판을 받는 동안, 그는 그 작품들이 모두 자신이 그린 것이라는 사실을 밝혀야 했다. 반 미게렌은 이 그림들의 X-선 촬영을 요청하면서 우선 세부적인 밑그림을 보여 주었다. 그리고 자신의 주장을 뒷받침하기 위해 여섯 명의 증인과 한 명의 무장 감시인 앞에 이젤을 세우고 아홉 번째이자 마지막으로 베르메르의 모조품을 그렸다. 반 미게렌은 '베르메르의 대표작'으로 격찬받으며 로테르담미술관의 명예로운 자리에 걸려 있는 〈엠마오의 그리스도와 제자들Christ with His Disciples at Emmaus〉마저도 자신이 그린 그림이라고 주장했다.

정확한 출처 조사는 그로부터 20년 후 정교한 방사성동위원소(radioisotope) 기술이 개발되고 나서 이루어졌다. 물감에서 방사성동위원소 Ra-226과 Pb-210의 비율을 정밀하게 조사한 결과 이 그림은 17세기가 아닌 20세기에 그려진 것으로 밝혀졌다.

반 미게렌과 베르메르의 그림과 관련된 이 사건에서 우리는 여러 가지시적 정의(poetic justice, 문학작품에서 나타나는 권선징악 및 인과응보의 사상—옮긴이)와 아이러니를 읽을 수 있다. 먼저, 반 미게렌은 비평가들을 속이기 위해 계획적으로 모조품을 제작했지만 나중에는 반대로 이 그림들이 모조품임을 증명해야 했다. 둘째로, 반 미게렌에게 재능이 부족하다고 혹평했던 비평가는 반 미게렌이 그린 그림들을 논쟁의 여지없이 천재적인 화가 베르메르의 진품이라고 믿었다. 셋째로, 반역죄의 혐의를 벗은 반 미게렌은 베르메르의 서명 위조죄로 다시 유죄를 선고받았다. 넷째로, 유죄 선고에도 불구하고 반 미게렌은 '괴링을 속인 사람'이라는 이유로 국가적인 영웅이 되었다. 다섯째로, 징역 1년을 선고받은 반 미게렌은 형기가 시작되기 직전 심장마비로 사망했다. 마지막으로, 이 사건에서 볼 수 있는 결정적인 아이러니는, 그림을 사들였던 괴링이 지불한 돈이 위조화폐였다는 사실이다.

10 위대한 과학자의 노트
The Manuscripts of the Consummate Scientist

주변에 아는 사람이 많지 않았던 레오나르도는, 새로 왕위에 오른 프랑수아 1세의 초청으로 1516년 앙부아즈로 떠나 이곳에서 마지막 3년을 보냈다. 여행을 떠나면서 그가 가져간 것은 아끼는 책들과, 〈모나리자〉를 포함한 두세 점의 그림, 그리고 수북한 원고들이었다. 그가 쓴 원고는 1만 3,000 내지 1만 4,000장으로 추정되는데, 그 중 현재 남아 있는 분량은 3분의 1이 채 못 된다. 그는 아마도 일부 원고들을 밀라노와 피렌체에 남겨 두었을 것이다. 하지만 앙부아즈에서도 여전히 '120권'에 상당하는 책을 쓰겠다는 의욕을 갖고 있었다는 사실로 미루어 보아, 이곳에 도착했을 때에도 상당한 분량의 원고를 간직하고 있었음에 틀림없다.

노트로 엮이거나 느슨하게 묶인 그의 원고들을 보면 레오나르도의 깊은 고찰과, 과학과 수학, 기술을 비롯하여 엄청나게 다양한 분야에 걸쳐 있던 그의 관심을 엿볼 수 있다. 바로 여기에서 우리는, 자연에 관한 중대한 문제를 파악해 내는 그의 비범한 재능과, 적절한 실험을 계획하여 이 문제들의 해답을 찾아내는 본능적 직관을 확인할 수 있다. 또한 한결 같이 포용력과 지적 성실성을 중시했던 그의 모습도 볼 수 있다. 이는 과학적인 탐구에 종사하는 사람들에게 있어 본질적인 강점이라 할 수 있다. 레오나르도에게는 한정된 조건도 경계도 없었다. 이 원고들은 이전까지 알려지지 않았던 과학과 기술의 새로운 영역을 보여 주는 세부 지도라 해도 과언이 아니다.

레오나르도의 초기 스승이었던 베로키오는 제자들에게 해부학적 지식의 필요성을 가르쳤다. 하지만 레오나르도가 행했던 연구의 수준은 작품에 활용하기 위해 필요한 수준을 훨씬 뛰어넘는 것이었다. 레오나르도가 자주 그림에서 손을 떼고 연구에 매달리는 것을 그의 후원자들이 매우 못마땅해했다는 것은 잘 알려진 사실이다. 거의 숭배에 가까울 정도로 레오나르도를 찬양했던 예술가 겸 전기작가 조르조 바사리는 1550년 레오나르도와 미켈란젤로를 가장 우수하고 영향력 있는 예술가로 꼽았다. 하지만 그는 잦은 '과학으로의 외도' 때문에 레오나르도의 작품 수가 많지 않다는 사실을 설명해야 할 의무감도 느꼈다. 그는 "(과학에만 전념했다면) 레오나르도는 위대한 과학자가 되었을 것이다"라고 썼다. 바사리는 레오나르도의 과학적 재능에 관해서는 거의 아는 바가 없다고 밝혔다. 정말 그랬을까?

레오나르도의 수많은 원고를 관리하던 사람들이 자신들의 손에 있는 원고의 의미를 깨닫지 못했다면 레오나르도의 과학 및 기술적 업적은 우리에게 알려지지 않았을지도 모른다. 19세기 후반 사진술의 발달로 레오나르도의 원고들, 특히 『코덱스 아틀란티쿠스 *Codex Atlanticus*』를 복사하는 본격적인 작업이 이루어졌다. 그러나 『코덱스 윈저 *Codex*

Windsor』에 실린 해부학적 연구 자료들의 고품질 사본은 그후 100년이 지나고 나서야 등장했다.

안타깝게도 레오나르도의 발명품과 과학적 발견들은, 그의 연구 성과들이 이와 관계없이 재발명되고 한참 세월이 흐른 후에야 빛을 보게 되었다. 전 분야에 걸쳐 그가 발명한 것들은 이미 다른 사람들에 의해 재발명되어 있었다. 그가 연구한 자료와 방법들이 구전되었거나, 그의 노트에서 떨어져 나간 부분을 다른 사람이 활용했을 수도 있다는 (*계속되는*) 주장을 무시할 수만은 없다. 레오나르도의 수많은 원고가 분실된 점을 고려해 볼 때 전혀 일리가 없는 일도 아니기 때문이다.

레오나르도보다 반세기 후에 베살리우스(Vesalius)는 인체를 정밀하게 분석하여 스케치했다. 그리고 레오나르도가 노트에 남긴 '태양은 움직이지 않는다'는 주석은 코페르니쿠스가 주장한 태양중심설의 근본 원리다. 진자와 낙하 물체를 이용한 실험들 역시 1세기 후 갈릴레오에 의해 대성공을 거두었다. 『코덱스 아틀란티쿠스』의 한 페이지에는, 각도 조절이 가능한 수직으로 세워진 관 바닥에 오목거울을 설치하고 여기에서 반사되는 빛을 연구한 내용이 실려 있다. 어쩌면 이 내용이 거의 2세기 후 뉴턴이 발명한 반사망원경의 기초는 아니었을까? 레오나르도는 『코덱스 라이체스터 *Codex Leicester*』에서, 지구의 나이를 알려 주는 지층이 존재하며 이 지층에서 발견되는 화석들은 과거에 살았던 생물들을 보여 준다고 주장하기도 했다.

전통적으로 근대 과학의 탄생에 관해 얘기할 때는 1543년에 출판된 두 권의 중요한 책을 언급한다. 한 권은 코페르니쿠스가 태양중심설을 주장한 논문 『천체의 회전에 관하여』다. 그리고 같은 해에 베살리우스가 쓴 최초의 정밀한 해부학 도해서 『인체 구조에 관하여 *De humani corporis fabrica*』가 출판되었다. 17세기에 이르러 과학혁명은 갈릴레오와 하비(Harvey), 보일(Boyle), 케플러, 그리고 특히 뉴턴에 의해 전성기를 누렸다. 그러나 레오나르도의 원고들을 보면, 그가 코페르니쿠스와 베살리우스보다 50년 앞서 근대 과학의 방법론을 제시했다는 사실을 인정하지 않을 수 없다. 레오나르도는 자신이 발견한 사실들을 전혀 공개하지 않았지만 그를 최초의 근대 과학자라고 인정하기란 어려운 일이 아니다. 그리고 이러한 주제는 최근에 출판된 책의 제목에서도 나타난다.[1]

레오나르도는 두 종류의 노트를 가지고 있었다. 그 중 한 종류는 군중 속의 얼굴들을 간략히 묘사한 스케치들과 발명품 구상, 수학적 계산, 그리고 낙서들이 뒤섞인 일상적인 노트들이었다. 여기에는 산문적이고 피상적인 설명으로 뒤섞인 난해한 소견들도 담겨 있다. 이 노트들을 보면, 그의 세계를 구성하는 모든 요소들 사이에서 광범위한 이종교배가 일어나는 듯한 느낌을 받게 된다. 마치 각각의 사이트가 나머지 모든 사이트들과 연결되어 이들 사이에서 신호가 교환되다가 잠깐의 휴지기를 거쳐 최종적인 아이디어가 도출되는 회로판과도 같다. 그 다음에는 이 과정이 처음부터 다시 반복되어 또 하나의 새로운 아이디어가 나오는 것이다.

다른 한 종류의 노트들은 다각적인 해부학적 스케치와, 설계 및 작동법이 충실하게 명세된 기계 설계도, 빛의 반사 및 굴절 실험의 결과들을 보여 주는 스케치 등이 실려 있는 완성된 스케치 모음이었다. 자국어인 이탈리아어로 씌어진 본문은 비현실적인 거울문자를 이용하여 오른쪽에서 왼쪽으로 기록되었다. 물론 여기에는 한 탁월한 예술가가 탁월한 과학적 연구 결과를 묘사하고 정교하게 세부 사항을 기록해 놓은 놀라운 내용이 담겨 있다. 그런데 또 다른 관점에서 오늘날의 시각으로 보면, 원고들은 현대 편집자들의 지면 배정 솜씨가 만들어 낸 걸작을 연상시킨다. 명쾌하고 정교하게 완성된 스케치들과 이 스케치들 주변을 교묘하게 감싸고 있는 문자들로 이루어진 이 노트들은 한 장 한 장이 마치 예술작품 같다.

최초로 레오나르도의 원고들을 정리하려고 시도했던 인물은 멜치였다. 뛰어난 지성을 갖추지도 못했고 예술적 재능도 부족했던 그는 어려운 작업을 수행하는 능력이 매우 부족했다고 알려져 있다. 멜치는 50년에 걸쳐 레오나르도의 원고들을 정리하는 선의의 노력을 기울였지만 거의 성과를 보지 못했다. 셔윈 누랜드(Sherwin Nuland)에 따르면 레오나르도의 충실한 보조자였던 그가 모아서 정리한 분량은 짤막한 344개 장(章)에 불과했으며, 불행히도 이 부분들조차 뒤죽박죽인 상태였다고 한다. 결과적으로 멜치의 생전에 레오나르도의 원고 출판은 이루어지지 못했다.[2] 그러나 최악의 상황은 그후에 벌어졌다.

1570년 멜치가 세상을 떠나면서, 이 원고들은 그의 조카인 오라초(Orazio)에게 상속되었다. 변호사였던 오라초는 그의 삼촌보다 지혜가 부족한 인물이었다. 게다가 그는 삼촌이 자신의 영원한 스승에게 보였던 헌신에는 전혀 관심이 없었다. 그는 금세 흥미를 잃어 일부는 분실하고 일부는 팔아 버리고, 결국에는 원고들을 모두 흩어 없애 버렸다. 이 귀중한 원고들을 착복한 사람들 가운데는 오라초의 자식들을 가르치던 가정교사도 있었다. 그가 손에 넣었던 분량이 어느 정도였는지, 그리고 현재 남아 있는 원고들 가운데 그 중 일부라도 포함되어 있는지는 결코 알 수 없는 문제다.

16세기가 저물 무렵 조각가 폼페오 레오니(Pompeo Leoni)는 방대한 양의 원고들을 용케 되찾아 내어 그 중 일부를 나누고 연결함으로써 열 개의 묶음으로 만들었다. 그 나머지는 서로 연관 없는 원고 모음으로 남았다. 레오니는 포괄적인 주제 범위를 기준으로 페이지 순서를 정리했다. 하지만 각 페이지의 내용이 구상된 날짜의 순서는 고려하지 않았다. 이 원고들은 스페인 국왕 필리페 2세에게 팔기 위해 정리된 것이었다. 그러나 필리페는 이를 손에 넣기 전인 1598년에 세상을 떠났다. 원고들은 마드리드로 옮겨졌으나, 거래가 실패로 돌아가자 레오니는 주로 기계 장치의 발명을 다루고 있는 『코덱스 아틀란티쿠스』만 가지고 피렌체로 돌아왔다. 나머지는 스페인에 남겨 두고 온 것이다.

1,119페이지로 이루어진 『코덱스 아틀란티쿠스』는 여러 부유한 가문들 사이에서 떠돌다가 최종적으로 밀라노의 암브로시아나도서관에 소장되었다. 마드리드에 남아 있던 많은 분량의 원고는 영국으로 옮겨졌다. 그 중에는 해부학적 연구들이 실린 600페이지 분량의 『코덱스 윈저』도 있었다. 세 번째 묶음인 『코덱스 아룬델 Codex Arundel』은 영국박물관에 소장되었다. 네 번째로 단 17페이지로 구성된 『새의 비행에 관한 코덱스 Codex on the Flight of Birds』는 토리노의 왕립도서관에 소장되어 있다. 다섯 번째로 『코덱스 포스터 Codex Forster』는 런던의 빅토리아앨버트미술관 소유다. 여섯 번째 묶음은 옥스퍼드의 한 부자가 사들였다가 후에 옥스퍼드대학 교회에 유증하여, 이곳에서 정기적으로 전시되고 있다.

영국으로 옮겨진 원고들 가운데 65페이지로 구성된 일곱 번째 묶음 『코덱스 라이체스터』는 수세기 동안 라이체스터가(家)의 소유였으나, 미국인 기업가 아먼드 해머(Armand Hammer)가 사들인 이후로 '코덱스 해머 Codex Hammer'라 알려졌다. 그러나 1990년대 초에 빌 게이츠가 해머의 재산 경매에서 이 코덱스를 사들이면서 소유자가 바뀌었고, 제목은 다시 '코덱스 라이체스터'가 되었다.

피렌체의 아카데미아미술관과 베네치아의 아카데미아미술관, 피렌체의 우피치미술관, 로마의 바티칸도서관, 파리의 루브르박물관, 프랑스의 국립학술원에는 모두 레오나르도의 원고가 소장되어 있다. 그리고 이 중 프랑스 국립학술원에는 『코덱스 애쉬번햄 *Codex Ashburnham*』과 『프랑스 국립학술원 코덱스 *Codices of the Institut de France*』가 소장되어 있다.

1651년 레오나르도의 작품에 깊은 경의를 품고 있던 프랑스의 한 출판업자는 순서 없이 뒤섞인 레오나르도의 광범위한 글들 중에서 예술과 관련된 글들을 추려 냈다. 당시 한 비평가는 이 노트들을 가리켜 '지성의 혼돈'이라고 말했다. 그 출판업자는 이 혼돈에 얼마간의 구조를 부여했다. 그는 프랑스의 17세기 화가 니콜라 푸생(Nicolas Poussin)에게 이 글들의 삽화를 의뢰하여 프랑스어판과 이탈리아어판 『회화론 *Treatise on Painting*』을 동시에 출판했다. (프랑스어로는 Traité sur la peinture, 이탈리아어로는 Tratatto di pittura이다.)

1960년대에 레오나르도의 원고 두 권이 스페인에서 발견되었다. 이 원고들은 180년 동안 국립도서관에 묻혀 있었다. 관리인들은 심지어 다른 부분들을 강화하겠다고 '덜 필요한' 페이지들을 맞붙이고는 엉터리로 철해 놓았다. 1960년대 말과 70년대에 힘든 복원 작업을 거쳐 마침내 붙어 있던 페이지들이 분리되었고, 레오나르도를 연구하는 학자들이 사용할 수 있게 된 총 192페이지의 이 노트 두 권은 각각 『코덱스 마드리드 *Codex Madrid*』제1권과 제2권이라 이름붙여졌다. 제1권은 고전역학에 관한 레오나르도의 글들로 구성되어 있으며, 제2권은 수학 및 광학에 관한 좀더 광범위한 글들의 모음이다.

미래 엿보기

레오나르도가 설계한 기계들은 대체로 산업공학용 기계들로 분류할 수 있다. 여기에는 상업적 목적의 기계와 토목공학에 쓰이는 연장들도 있었고, 육상·공중·해상 교통수단, 군사적 목적의 방어 및 공격용 엔진도 있었다. 그가 구상한 발명품에는 때때로 기술의 밑바탕에 깔려 있는 기초과학의 문제들이 반영되기도 했다. 바로 자연은 어떻게 움직이며 그 이유는 무엇인가에 관한 문제들이었다.

제한된 지면을 통해 우리가 살펴볼 수 있는 레오나르도의 기술적 유산은 그가 머릿속에서 만들어 낸 발명품 중 일부에 불과할 것이다. 따라서 종합적인 목록을 제시하기보다는, 조금 다른 방식으로 그가 펼쳤던 노력들 가운데서 보다 폭넓은 연관성들을 찾아보려 한다. 이러한 접근법은 레오나르도의 광범위하고 복합적인 아이디어들이 지니는 막대한 가치와 그의 선견지명, 즉 미래의 과학 및 기술을 예견하는 천재성을 이해할 수 있도록 도와줄 것이다. 또한 우리는 근대에 이루어진 발전들을 레오나르도와 연관시켜 논해 볼 수도 있다. 이 중에는 레오나르도가 실제로 마음에 그리고 있던 부분들도 있을 것이고, 비록 예견하지는 못했지만 만약 알았다면 흥미를 느꼈을 법한 요소들도 있을 것이다.

레오나르도가 몰두했던 강물의 흐름과 지각 대변동(지진 등)의 문제는 오늘날 수문학(水文學, hydrology)과 지형학·지진학 등의 분야, 그리고 지질학의 여러 특수 분야에서 다루어지고 있다. 피렌체에서 지내던 어린 시절, 그는 박쥐들이 우글거리는 동굴에 들어간 일이 있다. 그 안에 자욱하게 낀 안개는 동굴탐험가들도 질색할 만큼 고약한 냄새를 풍기고 있었다. 이 시기에 그는 멸종한 생물들의 화석을 발견하기도 했다. 이처럼 일찍이 접했던 경험들은 평생 그의 기억 속에 남아 있었다. 그는 지구의 나이에 관해 곰곰이 생각하다가, 교회에서 배운 지구 연대에 강한 의심을 품게 되었다. 그리고 실제 지구는 훨씬 더 오래되었다는 결론에 도달했다. 또한 그는 산의 어마어마한 무게가 아래로 전달됨에 따라 일어나는 대규모 지형 변화에도 의문을 가졌다.

이러한 그의 경험들은 〈암굴의 성모〉 등 몇몇 그림에 반영되어 있다. 〈암굴의 성모〉에서는 종유석과 석순이 자란 동굴이 배경을 이루고 있으며 여기에 짙은 안개가 끼어 있다. 그가 품었던 지질학적 관심의 흔적은 〈모나리자〉에도 남아 있다. 이 그림의 원경에는 굽이진 언덕과 골짜기를 따라 흐르는 냇물이 그려져 있는데, 이 또한 자연의 힘이 만들어 낸 풍경이다.

레오나르도는 물의 소용돌이를 일으키는 원동력에 관해 연구했다. 그가 노트에 스케치한 원, 나선, 폭포 물결 등의 패턴은 그의 그림 속에서 모델의 머리카락이 형성하는 부드러운 곡선 형태로 다시 나타났다. 또한 그는 유체정역학(hydrostatics) 및 유체역학(hydrodynamics)과 관련된 문제들에 열중하여 수심과 수압의 관계를 연구하기도 했다. 실제로 이탈리아의 과학자 토리첼리(Torricelli)와 스위스의 위대한 과학자 및 수학자 가문 베르누이(Bernoullis) 일가 사람들이 이룩한 발견들을 그가 앞지른 흔적들이 남아 있다.[3] 그는 물의 깊이 차이에 따라 수압이 변화하는 이유를 물의 무게 때문이라고 설명했다. 실험을 위해 그는 원기둥 모양 물병의 각각 다른 높이에 같은 크기의 구멍을 뚫었다. 다른 높이의 구멍에서 제각기 다른 속도로 흘러나온 물줄기가 그리는 궤적은 모두 달랐고, 이는 높이에 따른 수압 차이에 기인한 것이었다. 그는 이 아이디어를 발전시켜, 고도에 따라 기압이 다르게 나타나는 현상은 대기 자체에 무게가 있다는 증거라고 설명했다. 레오나르도는 다양한 수중펌프를 고안하면서 헤론(Heron fo Alexandria, AD 1세기)이 설계한 수력장치를 상당히 개선시키기도 했다.

레오나르도가 설계한 장치 가운데는 기선의 추진장치인 외륜도 있었다. 그리고 이를 변형하여, 속도 조절용 무거운 바퀴로 각운동량(angular momentum)을 늘리고 외륜으로 힘을 고르게 전달하는 장치도 고안했다. 이 기선은 한 명 이상의 사람이 손잡이를 돌림으로써 추진력을 얻는다. 19세기에 들어 증기로 동력을 공급하게 되면서 선미(船尾)와 외륜은 항로를 바로잡는 데 이용되었고, 그 역할은 특히 미시시피강에서 두드러졌다. 레오나르도는 이중 구조의 선체(船體)를 설계하기도 했는데 이는 20세기 유조선 구조의 표준이 되었다.

1860년대 미국 남북전쟁 당시 연방 해군에서 건조한 잠수함 헌리호(CSS H. L. Hunley)는 레오나르도의 기선 설계를 연상시키는 수동 외륜 추진 잠수함이었다. 20세기 초에 디젤엔진이 개발됨으로써 잠수함은 압도적인 전쟁 무기가 되었다.

레오나르도는 물에 뜨는 바퀴를 이용하면 사람이 물 위를 걸을 수 있을 거라고 생각하고 '물 위를 걷는 신발'을 구상했다. 그리고 물 속에서 사람이 숨을 쉴 수 있도록 호스를 부착한 잠수복도 디자인했다. 그는 또한 침적물로 인해 막힌 항로를 뚫는 장치를 그린 스케치도 남겼다. 그 중 하나의 장치는 회전삽들이 수직으로 설치된 이중 평저선(平底船)으로 이루어져 있는데, 삽들이 침적물을 퍼내어 평저선들 사이에 매인 짐배에 싣도록 고안되었다. 이 설계도는 20세기 파나마운하 준설에 사용된 장치와 닮았는데, 차이점이 하나 있다면 파나마운하 준설기에는 증기기관이 사용되었다는 점이다.

레오나르도는 수력학적 힘을 동력으로 이용하기 위한 터빈(turbine)을 구상하기도 했다. 높은 곳에서 흘러내리는 물이 터빈을 회전시키면 이 터빈이 제분기나 드릴, 절단기 등을 작동시키도록 설계된 장치다. 19세기에 전기를 동력으로 이용할 수 있게 되면서 터빈은 발전기에 동력을 공급하는 장치가 되었다. 터빈에서 동력을 얻은 발전기가 제분기나 드릴, 절단기 등에 전력을 공급하여 작동시키고 넓게는 가정, 도시, 공장을 움직이게 된 것이다.

레오나르도의 스케치들 중에는 그가 최초로 설계한 수많은 장치들 외에 '파생된 도구들'의 설계도도 있다. 타인의 발명품에서 영향을 받았다는 사실에는 틀림이 없지만, 레오나르도가 설계를 변형하면서 기존의 장치를 개량하지 않은 경우는 거의 없었다. 일례로 아르키메데스의 스크루(screw)펌프를 변형한 장치들이 있는데, 이 중 하나는 단일 나선 배관을 이용한 것이고, 또 하나는 두 개의 나선 배관이 서로 얽혀 있는 형태다.[4] 손잡이를 돌리면 나선 배관이 돌아가면서 물을 위로 올려 보낸다. 또 다른 형태로, 손잡이를 돌리면 중심축에 나선형으로 감긴 배관이 회전하는 구조인 것도 있다.

방아쇠와 개머리판, 그리고 총신

『코덱스 아틀란티쿠스』에는 다량의 포탄을 발사하는 박격포와 곡사포에 대한 착상이 담겨 있다. 군사공학적인 측면과는 별도로, 이 장치들을 자세히 살펴보면 그 안에 존재하는 고유의 물리학을 발견할 수 있다. 레오나르도가 사실적으로 묘사해 놓은 포탄들은 곡선이동을 하며 부드러운 아치형 궤적을 그리고 있는데, 이 그림을 보면 포탄이 공간적·시간적으로 고정된 상태가 아니라 움직이는 과정에서 이러한 궤적이 나타남을 알 수 있다. (호스 끝에서 흘러나오는 물줄기의 경우도 마찬가지다. 공간적·시간적으로 고정된 물방울에서는 흐르는 물에서 볼 수 있는 궤도가 나타나지 않는다.) 레오나르도가 발사체의 궤적에 관해 이미 자연철학(물리학)계의 지도자들보다 한층 현실적으로 이해하고 있었음은 분명한 사실이다. 그들은 여전히 교육기관에서 아리스토텔레스 물리학을 가르치고 있었다. 17세기에 널리 퍼져 있던 시각은, 탄도가 비스듬한 각도를 이루며 직선으로 상승하다가 에너지를 잃으면서 갑자기 수직으로 떨어지고, 이때 상승직선과 하강직선은 반원형 곡선으로 연결된다는 것이었다. 레오나르도는 다양한 각도에서 발사된 탄도들의 궤적을 한 면에 그려 놓았다. 그의 그림에서 이 궤적들은 포물선 모양으로 나타난다.[5] 포물선은 중심선 부근에서 좌우 대칭을 이루는데, 아리스토텔레스학파 학자들이 묘사한 궤적에서는 이러한 대칭이 나타나지 않는다(그림 10-1).

곡선 형태에 관한 수학적인 설명(해석기하학)은 1세기 후 데카르트(Descartes)가 이를 공식화하면서 가능해졌다. 레오나르도는 포물선 궤적을 수학적으로 정확하게 증명하지는 못했다. 레오나르도가 세상을 떠난 후 거의 1세기가 지나고 나서야 갈릴레오가 발사체의 궤적을 포물선 형태로 정확하게 입증해 보였다. 이러한 측정 및 계산 결과는 갈릴레오가 1608년에 쓴 실험서적들 중 한 권에서 볼 수 있다.[6] 그리고 고등학교나 대학의 1학년 물리학 실습 과정에서 발사체가 이동하는 수직거리와 수평거리 사이의 관계를 조사할 때 이와 유사한 실험들이 정기적으로 되풀이된다.

레오나르도는 기관총같이 훨씬 강력한 효과를 내는 무기들도 생각해

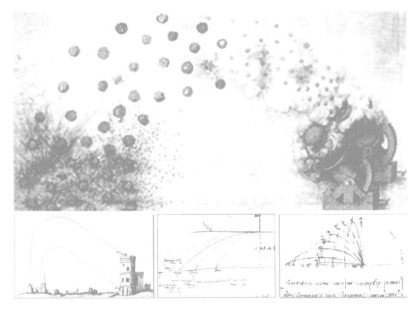

그림 10-1 박격포가 발사되는 모습을 그린 레오나르도의 스케치. 부드러운 아치형의 탄도를 볼 수 있다. 『코덱스 아틀란티쿠스』. (삽입 그림, 아래 왼쪽) 17세기 초에 출판된 군사 전문서적의 삽화. 발사체의 궤적에 관해서는 아리스토텔레스학파의 견해가 지배적이었음을 반영하고 있다. (삽입 그림, 아래 가운데) 갈릴레오가 발견한 포물선 궤적(1608). (삽입 그림, 아래 오른쪽) 다양한 각도에서 발사된 포탄의 궤적을 그린 레오나르도의 스케치.

냈다. 이 기관총에는 여러 개의 포구가 가장자리 쪽으로 넓게 배열되어, 총을 발사하면 넓은 범위의 수평면에 포탄을 뿌리도록 설계되었다. 『코덱스 아틀란티쿠스』에 묘사되어 있는 이러한 무기로는 정확한 조준을 거의 할 수 없다. 하지만 무차별적인 사격에는 효과가 있다. 레오나르도의 생전에 이 무기가 만들어졌던 흔적은 없으나, 19세기 후반에 포구가 중심축 주변으로 둥글게 배열된 개틀링 기관총(Gatling gun)이 발명된 바 있다.

레오나르도의 정확하고 세부적인 스케치들, 특히 그 기능의 투명성은 실로 놀랍다. 그는 온갖 종류의 용수철과 다양한 기어들, 즉 웜기어

(worm gear)와 감속기어, 변속기, 그리고 왕복운동을 순환운동으로 변환하는 (또한 반대로 순환운동을 왕복운동으로 변환하는) 장치들을 구상하여 기막힌 솜씨로 묘사해 놓았는데, 이 장치들은 모두 특수한 문제에 대비한 종합적인 해결 수단이라 할 수 있다.

그의 스케치 중에는 이와 달리 용도가 뚜렷한 장치들도 있다. 예를 들어 주행기록계는 거리를 측정하기 위해 설계된 것이다. 레오나르도는 일륜차를 연상시키는 장치를 굴려 거리를 측정하는 방식의 다양한 주행기록계를 구상했다. 이 주행기록계는 앞바퀴가 30번 회전하면 중간바퀴가 한 번 회전하게 되어 있다. 또 중간바퀴가 30번 회전하면 마지막 바퀴가 한 번 회전하게 되고, 그 즉시 구슬 하나가 수집기로 들어간다. 이 수집기 혹은 계수장치도 구슬들이 규칙적으로 배열되도록 설계되었기 때문에 총 주행거리는 한눈에 확인할 수 있다. 예를 들어 구슬들이 가로 4, 세로 5의 배열을 보이면 일정한 둘레의 앞바퀴가 $30 \times 30 \times 20 = 18,000$번 회전한 것이다. 이 장치는 매우 단순하면서도 실용적이기 때문에, 레오나르도가 이 장치를 실제로 제작하여 토목공학 작업에 활용했을 가능성이 크다.

레오나르도가 질병의 전염성을 예견하면서 이와 관련하여 도시 설계에 깊은 관심을 보였던 것은, 주로 1482~1500년 밀라노에서 지내던 시기의 일이다. 레오나르도는 이 도시의 특정 구역들이 너무나 지저분한 나머지 '전염병과 죽음의 씨앗'이 확산될 조짐이 있다고 보았으며, 따라서 인구가 좀더 고르게 분포되어야 할 필요가 있다고 생각했다. 이러한 결론에 이른 그는 도시를 동심원 형태의 10개 구역으로 구분하고, 이 10개 구역에 30만 명의 인구를 고르게 분포시키는 계획을 세웠다. 그러나 불행히도 그의 고용주였던 루도비코 스포르차는 이러한 계획 실행의 필요성을 전혀 느끼지 못했다. 셔윈 누랜드는, 이 계획이 실행되었다면 역시 극심한 인구 과잉으로 어려움을 겪던 유럽 여러 도시들에 모범을 제시해 줄 수도 있었다고 말한다. 그는 인간거주공학(ekistics)이 등장하기 수 세기 전부터 인간의 정주(定住) 문제에 관해 생각하고 있었던 것이다.

레오나르도는 스포르차에게 일자리를 구하는 편지를 쓸 때, 군사공학자로서 성벽 방어를 위한 장치는 물론 적을 무찌르기 위한 여러 가지 장치들도 고안하겠다고 제안했다. 이 시기에 그의 노트에는 설계 단계에 있는 많은 전쟁 도구들이 그려졌는데, 제작에 들어간 것은 거의 없었다. 그가 설계한 전쟁 도구들 가운데는, 적진으로 쳐들어가거나 반대로 적진에서 후퇴할 때 사용하기 위한 방탄 사다리와 가반교(可搬橋)도 있다. 엄청난 효력을 지닌 대포들도 있었는데, 이 중에는 증기 압력을 이용해 포탄을 발사하는 장치도 있다. 전차에 큰 낫을 장착하고 진격하여 적군 병사들을 벨 수 있도록 설계한 무시무시한 기계도 있다. (그러나 이 장치는 공격당하는 사람뿐만 아니라 공격하는 사람에게도 위험한 것이었다.) 그는 튼튼한 성벽을 돌파할 수 있는 거대한 활을 구상하기도 했다. 큰 낫은 초기 르네상스 발명가들의 영향일 가능성이 크며, 거대한 석궁은 실제로 고대 로마인들이 고안했던 무기다.

마지막으로, 레오나르도가 설계한 무기들 중에는 투석기를 개량한 장치도 있는데, 투석기는 중세 시대에 무게가 수백 킬로그램에 달하는 둥근 돌이나 대리석 포탄을 적진의 성벽으로 발사하기 위해 고안된 무기다. 몽골 군대는 투석기를 이용해 짐승의 시체를 (심지어 전염병으로 죽은 사람의 시체도) 적의 성벽에 던진 것으로 알려져 있다. 불행히도 레오나르도는 이처럼 생물전(戰)에 투석기가 응용된 사례 또한 그냥 지나치지 않았다. 그의 노트에는 말의 시체를 포탄으로 사용한 투석기도 그려져 있다.

전쟁에서 누구도 대항할 수 없는 장비를 갖추고 적군을 공격한다는 것은 전쟁이라는 개념 자체만큼이나 오래 전부터 존재했던 환상이다. 이에 대한 방책으로 레오나르도가 고안한 장갑차는 20세기의 탱크를 4세기 이상 앞서 보여 준 것이라 할 수 있다. 네 명이 수동으로 손잡이를 돌려 동력을 공급하는 장치는 효과적인 이동에 도움이 된다고 볼 수 없지만, 그는 이를 개선하여 황소를 동력원으로 이용하는 장치도 고안했다. 19세기 후반에 디젤엔진을 동력으로 이용할 수 있게 되자 탱크의 실용성은 제1차 세계대전에 때맞추어 빛을 발했다. 20세기를 통틀어 탱크는 전쟁에서 가장 압도적인 공격 수단이었다.

레오나르도가 설계한 장치들 가운데 그의 생전에 제작된 것으로는 바퀴식 방아쇠(wheel lock)가 있다. 부싯돌식 발화장치(flintlock)의 전(前) 형태인 바퀴식 방아쇠는 무기 역사에서 엄청난 발전을 보여 주었다. 권총이나 머스킷(musket, 양손으로 조작할 수 있는 구식 소총―옮긴이), 나팔총(blunderbuss, 17~18세기의 총구가 넓은 단총―옮긴이), 그리고 근대의 소총에 이르기까지 휴대용 총들은 바퀴식 방아쇠 덕분에 탄생할 수 있었다. 레오나르도의 잠금장치 및 바퀴식 방아쇠 설계도들은 『코덱스 마드리드』에 실려 있으며, 판용수철(leaf spring)과 코일용수철(coil spring)의 설계도들은 『코덱스 아틀란티쿠스』에서 찾아볼 수 있다.[7] 용수철과 작은 연결사슬들은 특정 부속품을 당기고 늦추는 데 사용된다. 방아쇠가 당겨지면 이에 따라 수축된 용수철이 금속으로 된 회전속도 조절장치(flywheel)를 돌아가게 한다. 그러면 작은 고정장치에 의해 제자리에 놓인 황철광(黃鐵鑛, pyrite), 즉 부싯돌이 회전하는 바퀴 테두리에 접촉하면서 불꽃을 일으킨다. 이렇게 일어난 불꽃이 방아쇠와 총알 사이의 총신에 끼워진 화약에 불을 붙이는 것이다.

사격수의 어깨에 놓이는 개머리판은 반동을 줄여 줄 수 있을 만큼 무거워야 사격수가 이 무기를 안전하고 편안하게 들고 쉽게 조준할 수 있다. 영어에서 '전체'를 뜻하는 일반적인 표현 '방아쇠, 개머리판, 그리고 총신(the lock, stock, and barrel)'은 소총을 구성하는 필수 요소들의 명칭에서 나온 것이다.

에너지를 동력으로 사용하기 위해 다양한 장치를 구상했던 레오나르도가 용수철을 이용하여 말 없는 마차를 설계하는 데 시간을 투자했다는 것은 전혀 놀라운 일이 아니다. 레오나르도의 용수철 동력 마차 스케치는 『코덱스 아틀란티쿠스』에 실려 있다. 이 마차가 실제로 제작되었다면, 그가 묘사한 대로 짧은 거리를 이동할 수 있었을 것이다. 400년 후 오토사이클(Otto cycle, 가솔린엔진의 열효율 및 출력을 생각할 때 기본이 되는 주기—옮긴이)이 발견되고 가솔린 동력 엔진과 디젤엔진이 발명되면서 차는 단순히 운송에 편리한 수단이라기보다 없어서는 안 될 필수품이 되었다. 21세기로 접어든 지금, 이러한 운송수단들이 먼 미래에도 존재할 것인가 하는 문제보다는 미래의 동력으로 무엇이 사용될 것인가 하는 문제가 더욱 중요해졌다. 전지나 연료전지 자동차? 혹은 엔진과 전기 모터를 모두 동력으로 하는 하이브리드 차(hybrid car)가 이용될까?

라디슬라오 레티(Ladislao Reti)는 『미지의 레오나르도Unknown Leonardo』에서 『코덱스 마드리드』를 소개한다. 이것은 레오나르도의 발명 절정기인 1491~1505년에 기록된 두 권의 노트다. 이 시기는 그의 위대한 예술작품 〈흰 담비를 안고 있는 여인〉과 〈모나리자〉, 〈최후의 만찬〉이 그려진 때이기도 하다.

19세기 동안 자전거는, 페달이 없고 사람이 양쪽 발로 번갈아 땅을 차야 나아가는 두발자전거에서부터 외발자전거, 두 바퀴의 크기가 각각 다른 자전거 등에 이르기까지 진화의 단계를 거쳤다. 작은 바퀴를 앞에 달고 큰 바퀴를 뒤에 달았다가 다시 반대로 배치하는 등의 실험이 거듭되다가 19세기 말에 이르러 마침내 가장 알맞은 보편적인 형태의 자전거가 등장했다. 똑같은 크기의 두 바퀴와 손잡이, 의자, 페달, 두 개의 기어, 그리고 이 기어들을 연결하는 체인 구동장치 등이 완비된 현대의 자전거는 1890년대에 고안되었는데, 그 발명가가 누구인지에 관해서는 정확한 자료가 남아 있지 않아 각국의 주장이 저마다 다르다. 프랑스에서는 파리의 대장장이 에르네스트 미쇼(Ernest Michaux)가 처음으로 자전거를 고안했다고 보며, 독일에서는 드라이스(Drais) 남작이 최초의 자전거 발명가로 통하고 있다. 현재로서는 이 논쟁을 해결할 방도가 없다. 하지만 어쩌면 해결할 수도 있지 않을까?

레오나르도의 『코덱스 마드리드』에는 자전거를 구상한 그림도 그려져 있는데, 이 자전거에는 크기가 같은 두 바퀴와 손잡이, 의자, 페달, 두 개의 기어, 체인 구동장치 등이 모두 갖춰져 있다.[9] 이 그림을 보면, 작은 기어를 뒤에 장착하고 큰 기어를 앞에 장착함으로써 얻을 수 있는 기계적 확대율(mechanical advantage, 지레나 도르래 등의 기계에 의한 힘의 확대율―옮긴이)을 레오나르도가 잠재적으로 이해하고 있었음을 알 수 있다. 이 코덱스에서 볼 수 있는 또 다른 그림에는 사슬톱니를 이용한 자전거 체인이 세부적으로 묘사되어 있다. 레오나르도의 이러한 구상은 산업혁명의 전체 기간을 포함하여 4세기 동안 발전한 기술을 뛰어넘는 것이었다.

인간의 비행

새가 하는 일을 인간이 하지 못하라는 법이 있는가!
— 레오나르도 다 빈치

레오나르도는 자연의 모든 면면을 사랑했지만 그 중에서도 특히 새를 숭배했다. 그는 새를 자연이 만들어 낸 근사한 비행기라고 생각했다. 새의 형태는 그 기능을 더없이 훌륭하게 따르고 있었다. 그는 새와 박쥐, 곤충 등 분명히 공기보다 무거운 모든 생물체들의 비행역학에서 평생 동안 거의 눈을 떼지 않았다. 그리고 인간의 비행을 꿈꾸었다. 그는 새가 하늘을 날 수 있으니 인간도 약간의 도움만 있으면 날 수 있을 거라고 생각했다. 그의 노트는 새와 그 해부학적 구조, 날개의 움직임, 그리고 그가 직접 고안한 다양한 **오니솝터**(ornithopter, 날개를 위아래로 흔들며 날던 초기 비행기—옮긴이)들을 묘사한 스케치로 채워졌다. 이 오니솝터에 부착된 한 쌍의 날개는 박쥐의 날개와 흡사했다. 어쩌면 그의 조수들은 어느 날 아침 그가 작업장에 나와 자신들 중 한 명에게 시험비행을 시킬 수도 있다는 생각에 괴로워했을지도 모른다.

결국 새처럼 날개를 퍼덕거림으로써 하늘을 난다는 것은 거의 불가능하다는 결론에 도달하자, 레오나르도는 나선형 날개를 회전시켜 기구를 공중에 띄우는 방법을 구상하기 시작했다. 그의 예술작품, 특히 초상화에서 나선 형태는 인물에 역동성을 불어넣는 데 사용되었다. 그리고 아르키메데스의 스크루펌프에서는 물을 끌어올리는 기계장치에 이 형태가 이용되었다. 그가 이 형태를 떠올린 것은 분명 나무에서 떨어지는 **시과**(翅果, samara, 물푸레나무나 단풍나무 등의 날개가 있는 열매—옮긴이)들이 회전하면서 천천히 내려오는 모습을 본 기억 때문이었을 것이다.[10] 나선형 추진기를 돌리면 물체를 공중으로 띄울 수 있을까? 레오나르도가 설계한 헬리콥터에는 커다란 나선형 날개, 즉 거대한 나선형 추진기가 사용되었고, 두 명의 사람이 (또 다른 형태에서는 네 명이) 이 추진기를 돌려 동력을 공급하게 되어 있었다. 손잡이를 돌림으로써 발생되는 수평 회전우력(廻轉偶力, torque)은 그의 노트에 그려진 기어 조합에 의해 수직 회전우력으로 변환되어 자동차의 차동장치(差動裝置)와 비슷한 작용을 한다.

사람들이 일반적으로 믿는 것처럼, 레오나르도는 『신성 비례』에 그려 넣었던 정다면체들의 모형을 제작했을 것이다. 마찬가지로 그는 자신이 상상한 발명품들의 축소 모형 또한 제작했을 것이다. 그러나 현재 남아 있는 것은 없다. 그가 설계한 기계들이 제작되었다면 대부분은 그가 묘사한 대로 작동했을 것이다. 그러나 원칙적으로는 문제가 없지만 실제로는 잘 작동하지 않는 기계들도 있었을 것이다. 또한 어떤 장치들은 상상했던 것과 다르게 작동하기도 했을 것이다. 외륜으로 움직이는 배나 잠수함, 차는 인간이 근육을 움직여 만들어 내는 힘에만 의존했다면 충분한 동력을 공급받지 못했을 것이다. 그리고 나선형 추진기 역시 인간의 힘만으로는 '비트는 힘'을 충분히 끌어낼 수 없었을 것이다. 러시아 태생의 미국 항공기술자 이고르 시코르스키(Igor Sikorsky)는, 레오나르도가 설계한 나선형 추진기에서 영감을 얻어 1930년대에 최초로 성공적인 헬리콥터를 만들 수 있었다고 말했다. 이 헬리콥터는 가솔린엔진을 사용하고 몸체 뒤에 프로펠러를 장착한 구조였다.

레오나르도의 원고에 그려져 있는 그림들 가운데 유난히 거친 스케치가 하나 있다. 이 그림은 낙하산에 대해 스치는 생각을 스케치한 것으로,

피라미드처럼 네 개의 모서리를 지닌 구조의 천이 그려져 있고, 한 사람이 각 모서리로부터 이어진 줄에 매달려 있다. 레오나르도는 이 천의 용도에 관해 다음과 같은 주석을 달아 놓았다. "구멍이 하나도 없고 직경과 깊이가 팔 길이의 열두 배인 리넨(linen) 소재의 천막을 만들면, 아무리 높은 곳에서 몸을 날려도 전혀 다치지 않고 내려올 수 있을 것이다." 지금 보아도 그의 설계는 고려해 볼 여지가 있고 흥미롭기도 하지만, 그가 설명한 효과를 낼 수 있을 것처럼 보이지는 않는다. 부풀린 반구형 천 꼭대기에 균형 유지를 위한 작은 구멍이 뚫려 있고 이 천에 가벼운 나일론 소재의 줄이 달려 있는, 우리에게 익숙한 낙하산과는 확실히 다른 모습이다. 그런데 레오나르도가 낙하산을 스케치한 후 500여 년이 지난 2000년, 내셔널지오그래픽협회의 한 사진가가 찍은 사진에는 한 남자가 레오나르도의 스케치를 활용하여 만든 낙하산을 타고 남아프리카 상공에서 내려오는 놀라운 장면이 담겨 있었다.

술탄을 위해 설계한 다리

1500년, 레오나르도는 피렌체로 가서 짧은 시간을 보냈다. 그는 이곳에서 특별한 대접을 받기는 했지만 미켈란젤로만큼 추앙을 받지는 못했다. 미켈란젤로는 그보다 젊고 재능도 뛰어난 조각가이자 화가였으며 작품도 정해진 시간에 완성해 냈다. 레오나르도는 콘스탄티노플(현재의 이스탄불)로 거처를 옮겨 표면상 밀라노에서와 같이 궁정 기술자로 일하면서 오스만제국의 술탄인 바예지드 2세의 초상화를 그릴 수도 있었다. 그는 술탄에게 지원서를 보내면서 골든혼에 세울 다리와 그보다 훨씬 넓은 보스포루스해협에 걸쳐질 부교(浮橋)의 예비 설계도들을 첨부했다. 그러나 바예지드는 그의 지원을 받아들이지 않았고, 레오나르도는 대신 우르비노로 가서 그곳의 새로운 군주 체사레 보르자의 후원을 받으며 일하게 되었다.

이스탄불 사람들 사이에서 전해지는 얘기에 따르면, 바예지드의 아버지인 전설의 '정복왕 메흐메드(Mehmed the Conqueror)'가 이전에 레오나르도를 콘스탄티노플로 초청해 초상화를 의뢰한 일이 있었다고 한다. 그러나 제시간에 그림을 완성하지 못하는 레오나르도의 습관 때문에 의뢰는 그보다 연장자인 베네치아파 화가 젠틸레 벨리니(Gentile Bellini)에게 넘어갔다는 것이다. 벨리니는 오스만제국의 수도로 건너가 전설적인 정복왕의 초상화를 그렸고, 이 그림은 메흐메드의 유일한 초상화로 알려져 있다. 술탄이 세상을 떠나기 1년 전인 1480년에 그려진 이 그림은 현재 런던 국립미술관에 소장되어 있다. 물론 당시 28세였던 레오나르도가 그런 제안을 받았을 가능성은 있다. 하지만 이 이야기의 진실성을 인정하기에는 사실상 근거가 충분치 않다.[11]

골든혼에는 350년 후에 마침내 부교가 놓였고, 보스포루스해협을 잇는 두 개의 다리는 500여 년 후에 세워졌다(각각 1973년과 1982년). 그러나 기능과 구조적 강점, 예술적 우아함을 겸비한 레오나르도의 본래 설계도는 비율이 다소 축소되어 2001년 훨씬 북쪽인 노르웨이에서 실제로 모습을 드러냈다.

'정신적 발명품'의 복제

레오나르도가 구상한 발명품들을 실제로 제작한 복제품들은 궁극적으로 그의 노트에 남겨진 스케치를 바탕으로 한 것이었다. 가장 잘 알려진 복제품들은 1930년대 후반에 만들어졌다. 베니토 무솔리니(Benito Mussolini)가 이탈리아의 모형 제작자이자 공학자인 로베르토 구아텔리(Roberto Guatelli)에게 레오나르도의 스케치들을 바탕으로 축소 모형을 제작하라고 요청한 것이다. 복제품들은 완성된 후 곧 도쿄로 옮겨져 전시되었다. 그러나 이 도시에 폭탄이 투하되면서, 다른 많은 것들과 마찬가지로 전쟁의 희생양이 되고 말았다. 1951년 IBM에서 구아텔리를 고용하여 새로운 복제품들을 제작하게 했고 1950년대 후반 마침내 완성품이 탄생했다. 이 복제품들은 현재 뉴욕 미술관협회(GANYS, Gallery Association of New York State)에 소장되어 있으며, 박물관 및 여타 기관들에서 이를 대여하여 전시하기도 한다. 구아텔리가 레오나르도의 스케치들을 바탕으로 제작한 작품들 중에는 오니숍터와 낙하산, 나선형 항공추진기도 포함되어 있다. 이 밖에 선체가 두 겹인 배나, 외륜식 배에 쓰이는 외륜장치, 수력 터빈의 연동장치, 변속기, 여러 가지 주행기록계, 레오나르도의 탱크 축소 모형, 인쇄기, 용수철을 동력으로 한 마차(레오나르도가 고안한 자동차), 바람의 속도를 측정하는 풍속계, 수분의 양을 측정하는 액체비중계(hydrometer) 등도 찾아볼 수 있다.

　1967년 두 권의 『코덱스 마드리드』가 발견된 후 이 책들을 연구하던 구아텔리는 여기에 실려 있는 한 기계의 설계도가 『코덱스 아틀란티쿠스』에 실려 있는 또 다른 스케치와 매우 흡사하다는 사실을 발견했다. 그는 두 설계도를 연관시켜 하나의 기계를 만들었는데, 이 기계는 기계식 계산기의 초기 형태라 할 만한 것이었다. 구아텔리는, 13개의 톱니바퀴를 연속적으로 연결하고 각각의 톱니바퀴 사이에 차례로 10:1의 비율을 적용한 이 기계로 10^{12}까지 (즉 $10^{0} \sim 10^{12}$) 기록이 가능하다는 추측을 하게 되었다. 이 기계를 연구한 MIT 공학부의 한 연구진은, 일렬로 연결된 수많은 톱니바퀴들 사이의 마찰 때문에 레오나르도의 설명대로 작동하지는 않겠지만, 이 기계가 '비율계산기'의 용도로 설계된 것이라는 확신을 갖게 되었다. 1971년 구아텔리와 그의 의붓아들이자 최고의 조력자인 조제프 미라벨라(Joseph Mirabella)는 레오나르도가 구상한 발명품들을 계속 제작하기 위해 IBM을 떠나 독자적으로 뉴욕에 연구실을 설립했다.

레오나르도의 시계

시간의 본질에 관한 문제는 고대로부터 철학자들과 물리학자들을 괴롭혀 왔다. 레오나르도가 이 문제에 관해 고심하지 않았다면 이는 그야말로 놀라운 사건이었을 것이다. 시간의 본질에 관한 그의 관심이 정확한 기계식 시계를 만들고자 하는 욕구로 인해 더욱 증폭된 것은 틀림없는 사실일 것이다. 그러나 그의 관심이 생겨난 것도 이와 같은 순서였는지, 혹은 그 반대였는지(즉 시간의 본질에 관해 깊이 생각하다 보니 시계의 설계라는 공학적인 문제로 관심이 향하게 된 것인지)는 알 수 없다.

오랜 옛날부터 학자들은 시간이 순환적으로 움직이며 우주의 역사 자체도 반복된다는 견해와, 시간은 한 방향으로만 직선적으로 진행한다는 견해를 끊임없이 펼쳐 왔다. 1장 처음에 실린 인용문에서 레오나르도는 시간의 경과를 흐르는 강물에 비유하고 있는데, 여기에는 자연의 불가사의한 현상에 대한 레오나르도의 관심이 반영되어 있다. 레오나르도의 은유적 표현에서 우리는 시간의 진행에 대한 그의 관점이 후자의 견해와 같았다는 사실을 알 수 있다. 위의 견해들은 20세기에 일어난, 우주에는 시작도 끝도 없다는 정상우주론과 특정 시기에 우주가 생성되었다는 팽창우주론(우주대폭발설big bang theory과 함께) 사이의 논쟁을 예고한 것이라 할 수 있다. 후자가 사실이라면 우주는 끊임없이 팽창을 계속하거나(즉 우주는 단 한 번만 존재하는 셈이다), 혹은 그 팽창 속도가 점점 늦춰지다가 언젠가는 멈출 것이다. 그리고 이 경우라면 언젠가 우주는 무너지고(대붕괴big crunch) 이어서 같은 과정이 끝없이 반복될 것이다. 이 주제에 관해서는 후에 다시 살펴보기로 하자.

레오나르도는 시간을 연구하고 기록하면서 단진자(simple pendulum)의 움직임을 관찰했다. 무게추를 줄에 매달고 한쪽으로 가져갔다가 놓음으로써 진동을 일으키는 방식이었다. 이렇게 하면 무게추 혹은 진자는 한쪽 최대 변위(진폭)와 반대쪽 최대 변위 사이를 오가며 진동한다. 진자의 주기란, 한쪽 진폭에서 반대쪽 진폭으로 옮아갔다가 다시 원래 위치로 돌아오는 데 걸리는 시간을 말한다. 진자는 최대 변위에서 반대쪽으로 움직이기 직전에 순간적으로 정지하며, 이동 속도는 진동 도중 가장 낮은 지점에 위치했을 때 최대가 된다. 공기저항이 없다고 가정하면 진폭은 언제까지나 줄어들지 않을 것이다. 그러나 실제로는 공기저항으로 인해 마찰이 일어나기 때문에 진자는 결국 진동을 멈추게 된다. 단진자의 움직임에서 알 수 있는 놀라운 사실은, 진폭이 감소해도 진동 주기에는 거의 변함이 없다는 점이다.

레오나르도가 남긴 스케치 중에는 단진자를 거칠게 묘사해 놓은 그림이 하나 있다. 그러나『코덱스 아틀란티쿠스』에서도 그렇듯, 이 그림은 알아보기가 다소 어렵다. 레오나르도는 진자의 움직임을 연속적으로 그려 놓았는데, 가장 낮은 위치 부근에서 움직임이 특히 조밀하게 그려져 있다. 현대의 섬광등(strobe light)을 이 진동하는 진자 그림에 비춘다면 이미지의 조밀도는 진자가 가장 낮게 내려간 위치에서 가장 높게 나타날 것이다. 즉, 레오나르도는 이미지들을 훨씬 조밀하게 표현함으로써, 속도가 가장 빠른 부분을 나타낸 것이다.

레오나르도의 노트에 그려져 있는 어떤 기계의 스케치를 보면, 두 개의 판용수철이 마치 물소의 뿔처럼 휘어져 있고 기계의 양 옆에 부착된 꺾쇠에는 무게추가 매달려 있다. 레오나르도가 어떤 생각으로 이 기계를 구상했는지는 줄곧 의문으로 남아 있었는데, 최근 독일의 한 공학자가 그 용도를 밝히기 위해 이 기계를 복제하면서 마침내 의문이 풀렸다. 이 그림은, 용수철로 작동시키고 무게추를 조절하여 미세하게 조정하는 기계식 시계의 설계도로 판명되었다.

구아텔리의 복제품들 가운데 둥근 지구의 표면 곡률(curvature)을 측정하는 기구가 있는데, 이 기구에는 고대 알렉산드리아의 천문학자 에라토스테네스(Eratosthenes)가 사용했던 체계를 연상시키는 장치가 들어 있다. 에라토스테네스는 상당히 떨어진 지구상의 두 지점에서 천체를 관측하는 방법으로 지구의 반지름과 둘레를 측정했다. 사실 레오나르도에게 있어 지구가 편평하다는 견해는 지구중심설보다도 터무니없는 얘기였다. 태양중심설에 관한 고찰에서 레오나르도는 또 한 명의 고대 천문학자 (사모스의) 아리스타르코스가 제시했던 견해를 보여 주었다. (그러나 이러한 견해는 1543년 코페르니쿠스가 책으로 발표하기 전까지는 표면으로 다시 떠오르지 않았다.) 아리스타르코스와 에라토스테네스의 관점은 레오나르도가 보기에 타당했을 수도 그렇지 않았을 수도 있다. 그러나 1492년 콜럼버스의 성공적인 항해로 인해 지구의 형태에 관한 두 과학자의 주장에 힘이 실렸다고는 해도, 결코 교회의 승인을 얻을 수 없었던 이 관점이 이탈리아에서 받아들여졌을 가능성은 희박하다.

해부학적 연구

레오나르도가 기술적인 연구들을 행한 시기는 폼페오 레오니의 미심쩍은 분류 솜씨로 인해 정확히 알 수 없게 되어 버렸지만, 그의 해부학적 스케치들이 그려진 시기는 더듬어 볼 수 있다. 그는 인생에서 두 번의 시기에 걸쳐 해부학 연구에 몰두했던 것으로 알려져 있기 때문이다.

그가 밀라노에서 보낸 첫 번째 시기(1482~1500)에 남긴 스케치들 가운데는 사람의 시체를 해부한 그림도 일부 있긴 하지만, 사람보다는 동물의 시체를 해부한 그림이 더 많다. 레오나르도의 초기 견해는 AD 2세기 그리스의 의학자 갈레노스(Galen)가 남긴 저서의 영향으로 형성되었다. 그는, 혈액이 간에서 생성되며 신체의 건강을 위해서는 혈액과 흑담즙(黑膽汁), 황담즙(黃膽汁), 점액(粘液)이라는 네 가지 체액의 균형과 더불어 열기와 냉기, 수분과 건조 상태의 적절한 조합이 필수적이라는 갈레노스의 학설을 수용하고 있었다. 그가 그린 송아지의 심장과 암소의 태아는 세부 묘사가 매우 정교하지만, 인간이나 여타 포유류의 체내 기관을 이해하는 데 큰 도움이 될 만한 그림이라고 볼 수는 없다. 이 시기에 그는 인간의 시체를 거의 접하지 못했기 때문에 그의 지식에는 오류가 많았다.

밀라노에서 보낸 두 번째 시기(1506~13)에 레오나르도는 해부학 연구를 활발히 진행하면서 예술작품 창작에는 거의 손을 대지 않았다. 〈모나리자〉가 1507년 무렵 완성되기는 했지만 그 밖에 이 시기에 그려진 것으로 알려진 작품은 거의 없다. 밀라노에서 그의 새로운 후원자는 프랑스 왕 루이 12세였는데, 그는 당시 밀라노까지 지배권을 넓혀 레오나르도보다 조금 늦은 1507년 이 도시에 직접 들어왔다. 침략에 대한 두려움이 끊임없이 이어지던 당시, 프랑스 군대의 이탈리아 주둔은 밀라노 사람들에게 침략으로부터 비교적 안전한 삶을 누릴 수 있게 해 주었다.

루이는 레오나르도의 재능을 인정하고 정규적인 보수를 제공함으로써 그가 자신의 '싱크탱크(Think Tank)'를 마음껏 가동할 수 있도록 도와주었다. 실제로 무언가를 만들라는 요구는 전혀 없었던 것으로 보인다. 생애 최초로 레오나르도는 후원금을 얻어 내야 한다는 걸림돌 없이 자신이 사랑하는 과학에 열중할 수 있는 기회를 얻은 것이다.

레오나르도가 해부학적 지식에 통달하는 데 촉매가 된 것은, 파도바대학에서 파비아대학으로 막 옮겨 온 매우 유능하고 젊은 해부학자 마르칸토니오 델라 토레(Marcantonio della Torre)와의 만남이었다. 파도바대학은 교회에서 해부 실험을 포함한 해부학 연구를 승인한 흔치 않은 기관 중 하나였고, 파비아대학은 해부학 과정 개설을 희망하고 있던 학교였다. 레오나르도는 나이가 자신의 절반밖에 안 되는 델라 토레와의 공동 연구를 통해 더욱 활기차게 지식 탐구에 몰두하게 되었다. 레오나르도를 연구하는 학자들 사이에서는, 델라 토레가 레오나르도의 해부 과정을 지도하는 감독 역할을 했는지 아니면 동등한 입장에서 서로 지식을 주고받았는지에 대해 의견이 분분하다. 500여 년이 지난 지금 정당한 평가를 내려 보자면, 델라 토레는 실제로 레오나르도에게 얼마간의 해부학적 구조 조사 방법들을 제공했을 것이다. 그러나 레오나르도는 혁신을 창조하는 뛰어난 재능과 탁월한 예술가의 솜씨, 그리고 무엇보다 자주적인 사고력으로 이를 소화하여 더욱 발전시켰을 것이다. 레오나르도는 예술을 행하는 과학자였던 것과 마찬가지로, 이번에는 과학을 행하는 예술가였다. 그러나 델라 토레와의 공동 연구는 3~4년 이상 지속되지 못했다. 1512년 이 젊은 의사가 전염병으로 세상을 떠났기 때문이다.

해부학자로서의 레오나르도에 관해서라면 모든 학자들이 마음놓고 그의 견해를 따라도 될 만큼 권위자인 외과교수 셔윈 누랜드는 레오나르도가 연달아 행했던 두 번의 해부에 관해 자세히 언급하고 있다. 첫 번째는 막 세상을 떠난 100세 가량의 노인을 해부한 경우였는데, 레오나르도는 노인이 숨을 거둔 직후에 부검을 할 수 있었다. 레오나르도가 판단한 사망 원인은 '동맥 손상과 혈액 공급 부족으로 인한 심장 및 하부 조직의 위축, 괴사'였다.[12] 그가 이어서 검시한 2세 유아의 동일한 혈관은 확실히 폐쇄되었지만 혈관 내벽은 유연한 상태였다. 레오나르도는 노인의 관상동맥 상태를 설명하면서 "대동맥경화 및 동맥 폐쇄로, 수백 년 전 내과의들도 인지하고 있던 증상이다"라고 언급했다.[13]

사망 직후 시신을 해부한 이 두 경우와는 확연히 다르게, 그 밖에 그가 해부한 시신들은 정도의 차이만 있을 뿐 모두 부패 상태에 있었고, 따라서 해부는 대부분 악취가 나는 실험실에서 진행되었다. 그럼에도 그는 해부 결과들을 자세하게 기록해 놓았다. 그러나 글로 묘사한 초기의 경우, 다양한 각도에서 세부적으로 묘사한 해부 스케치들에 비하면 큰 의의를 지니지는 못한다. 레오나르도가 살던 당시 문헌에 수록된 여성 신체 해부 스케치들은 개구리를 해부한 그림과 혼동될 법한 것들이었다(그림 10-2).

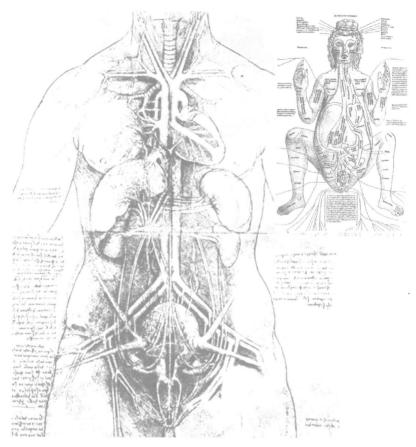

그림 10-2 〈여성 해부도*The Great Lady*〉, 「코덱스 윈저」. 레오나르도가 그린 여성 몸체 해부 스케치. (삽입 그림, 위 오른쪽) 동시대의 「해부학*Fasciculus Medicinae*」에 실린 여성 신체 해부 .

　인체기관 가운데 무엇보다도 레오나르도의 흥미를 자극한 기관이 하나 있었다. 그는 자신이 '마음의 창'이라 표현한 눈이 시각기관으로서 어떤 구조를 지니는지, 다른 기관들과는 어떤 관계가 있는지, 빛이 들어왔을 때 눈은 정확히 어떻게 작용하는지 등등 모든 각도에서 이해하고자 했다. 습기를 머금고 있는 이 눈이라는 불가사의한 기관을 해부학적으로 이해하기 위해서는 세밀한 해부가 필요했다. 그러나 이 기관은 유동적인 내부 구조 때문에 정확하게 절단하기가 매우 어려웠다. 이에 레오나르도는 삶은 달걀에서 형성되는 글루타민산염(glutamate)으로 안구를 고정시키는 기술을 개발했다(안구를 달걀 흰자위에 담그고 가열하여 굳히는 방법이었다). 정확한 절단을 위해 파라핀 같은 응고물로 안구를 고정시키는 방법은 오늘날에도 일상적으로 사용되고 있다.[14]

해부학적인 눈의 구조와 관련하여 그는 빛의 성질 자체도 파악해야 했다. 즉 눈을 이해하는 데 있어서 눈의 구조(생물학)는 반쪽에 불과하며 여기에 나머지 반쪽인 광학(물리학)이 결합되어야 했고, 그러기 위해서는 근본적인 고찰이 필요했다. 레오나르도는 광학의 본질과 연결되는 원근법의 원리를 연구하고 결과적으로 중요한 업적을 남겼다. 그는 명암의 미묘한 차이와 빛의 분산을 이해하기 위해 다면체의 각 면에 내리쬐는 빛을 관찰하여 기록했다. 이 관찰 결과는 그의 그림들, 특히 초상화들을 특징짓는 데 매우 귀중한 역할을 했다. 〈암굴의 성모〉에 그려진 성모와 천사의 얼굴에서 신비롭고 신성한 느낌이 스며 나오게 된 것은 레오나르도가 꼭 알맞은 빛으로 그들의 얼굴을 비출 수 있었기 때문이다. 〈모나리자〉의 수수께끼 같은 얼굴에서도 마찬가지로 레오나르도의 뛰어난 광학적 지식을 엿볼 수 있다.

빛의 반사와 굴절에 관한 연구는 『코덱스 아틀란티쿠스』와 『코덱스 아룬델』『코덱스 마드리드(제2권)』에서 찾아볼 수 있다. 『코덱스 아틀란티쿠스』(c. 1490)에서 그는 "유리를 이용하면 달을 확대시켜서 볼 수 있다"는 언급을 통해 굴절망원경에 관한 아이디어를 제시하고 있는데, 1608년에 독일 태생 네덜란드 안경사 한스 리페르스하이(Hans Lippershey)가 이 굴절망원경으로 특허를 취득했다. 굴절망원경에서는 관찰 대상을 확대하는 데 두 개의 볼록렌즈(접안렌즈와 대물렌즈)가 이용되며, 실질적인 확대는 둘 중 더 큰 접안렌즈를 통해 이루어진다. 1년이 채 지나지 않아 갈릴레오는 친구를 통해 리페르스하이의 놀라운 발명품에 관한 대략적인 설명을 전해 듣고 독자적인 굴절망원경을 만들었다(화보16, 아래 왼쪽).

몇 년 전 나는 레오나르도가 오목거울을 통해 반사된 광선에 관해 연구한 스케치를『코덱스 아틀란티쿠스』에서 처음 보고 반하지 않을 수 없었다. 같은 페이지에는 오목반사경(거울)을 끼우기 위한 것으로 보이는 원통형 관과, 이 관의 방향을 조절하기 위한 경첩 달린 구조물도 그려져 있었다. 이 기구들에 관해서는 아무런 주석도 실려 있지 않지만, 나는 레오나르도가 반사망원경의 기초적인 설계를 그려 놓은 것이 아닌가 하는 생각을 떨쳐 버릴 수 없다(화보16, 위 왼쪽). 그리고 내가 이 오목반사경의 기능적 용도에 관해 더욱 심증을 굳히게 된 것은, 보다 최근에 한 기록을 접하게 되면서였다.[15] 『코덱스 아틀란티쿠스』에서 굴절망원경의 실현성에 관해 언급한 후 약 25년이 지난 시기에 레오나르도는 다음과 같은 글을 남겼다. "행성의 특징을 관찰하려면 지붕을 열고 행성의 상이 오목거울 위에 비치게 하면 된다. 이 거울에 반사된 행성의 상을 통해 행성 표면을 더욱 확대시켜서 볼 수 있다."(『코덱스 아룬델』, c.1513)

반사망원경이 제대로 기능하기 위해서는 반사면(거울)이 원보다는 포물선 형태여야 한다. 그래야만 관으로 들어오는 평행 광선들이 모두 이 포물선 반사경의 초점으로 반사되기 때문이다. 그 다음에는 초점에 위치한 작고 비스듬한 거울이 이 광선들을 모아 접안렌즈로 반사한다. 1633년 제임스 그레고리(James Gregory)는 최초로 반사망원경의 올바른 구조를 설명했지만 실제 기구로 제작하지는 않았다. 그후 1668년 아이작 뉴턴이 독자적으로 관련 수학을 접목시켜 최초의 실용적인 반사망원경을 만들었다. 300여 년 뒤에는 훨씬 정교한 형태의 반사망원경인 허블우주망원경(HST, Hubble Space Telescope)이 우주왕복선에 의해 천체 궤도에 띄워졌다. 이로써 우리는 지구 대기의 방해를 받지 않는 허블망원경을 통해 먼 우주를 관찰할 수 있게 되었다(화보 16, 위 오른쪽).

망원경과 진자뿐만 아니라, 움직이는 물체들의 표면 간 마찰에 관한 문제나 무게중심의 개념, 자유낙하 물체의 운동 등 레오나르도의 다른 관심사들도 물리학과 관련된 것이 많았다. 레오나르도는 마찰현상을 중점적으로 연구하기 위한 기계를 설계하기도 했다. 마찰현상은 실제적인 문제이기는 하나, 기본적인 물리학의 수준은 아니다. 『코덱스 라이체스터』에 있는 한 스케치에는 두 명의 남자가 시소를 타고 있는 모습이 그려져 있는데, 이 그림을 보면 그가 회전우력의 균형에 관해 잠재적으로 이해하고 있었음을 알 수 있다. 다른 한 그림에서는 천장에 박힌 못에 크기가 다양한 여러 쌍의 구체(球體)들이 매달려 있는 것을 볼 수 있다. 그리고 여기에 크기 차이에 따라(무게의 차이라 추정할 수 있다) 무게중심이 수직선으로 각각 다르게 표시되어 있다. 즉 두 구체의 크기가 같을 때 이 선은 두 구체의 접점을 지나며, 한 구체가 더 클 때(나머지 하나보다 질량이 더 클 때) 선은 큰 구체 내부의 한 점을 지난다. 접점은 무게중심선을 기준으로 작은 구체 쪽에 위치한다.

또 다른 그림에서 레오나르도는 구형의 지구를 동일 중심의 껍질 구조로 묘사하고, 질량이 더 큰 물질이 지구의 중심 쪽으로 더 끌려간다는 설명을 덧붙였다. 그는 현대적인 시각으로 20세기 지구물리학을 이해하고 있었던 것이다. 레오나르도는 물체의 낙하현상에 관한 최초의 씨앗을 뿌렸지만 이를 끝까지 전개시켜 결실을 맺지는 못했다. 그로부터 100년 후 갈릴레오는 자유낙하운동에서 가속도의 불변성을 확실하게 입증했다. 레오나르도에게서 시작된 이 문제는 뉴턴의 만유인력의 법칙, 그리고 궁극적으로 아인슈타인의 일반상대성이론에까지 이어졌다. 갈릴레오와 뉴턴, 아인슈타인을 적극적으로 참여시키고 물리학과 수학에서 전혀 새로운 분야를 탄생시킴으로써 우리의 지식을 현재 수준으로 끌어올렸다는 점을 생각해 보면 이 문제의 중요성은 두말할 나위 없이 명백하다. 레오나르도가 의문을 제기한 이래로 500여 년간 물리학은 놀랍도록 발전했다. 물리학의 성배(Holy Grail)라 할 수 있는 거시적 물리학과 미시적 물리학의 궁극적인 통합은 여전히 미결 문제로 남아 있지만, '만물이론(TOE, theory of everything)'의 공식화는 최초로 가능성이라는 범위 내에 들어온 것으로 보인다. 이어지는 두 장(章)에서는 우리의 지식을 현 위치에 이르게 한 극적인 사건을 짚어 보도록 하자.

별에 시선이 고정된 사람은 마음을 바꾸지 않는다.
— 레오나르도 다 빈치

11 천체물리학과 지구물리학의 통합
Unifying the Physics of Heaven and Earth

어떤 면에서 보면 위에 인용된 진술은 단지 인간의 운명을 알려 주는 점
성학에 대해 레오나르도가 부정적인 생각을 표현한 것으로 보일 수도
있다. 하지만 이 말 속에는 분명 편견 없는 태도를 유지해야 한다는 그
의 소견이 담겨 있다. 당시 다른 해부학자들과 마찬가지로 레오나르도
는 갈레노스가 남긴 기준 틀을 바탕으로 연구를 진행시켜 나갔다. 그러
나 그들과 달리 레오나르도는 자신의 소견이 그 분야의 지배적인 견해
와 상반될 때 훨씬 열린 마음으로 자신의 생각을 수정할 줄 아는 사람이
었다.

천문학을 연구할 때 그는 지구중심설을 주장하는 프톨레마이오스의
관점에서 출발했지만, 지적 정직성을 위해 보편적인 이론의 수정이 필
요하다고 생각될 때는 자연에서 그 근거를 찾으려 애썼다. 물리학에서
는 아리스토텔레스의 학설이 이어지고 있었다. 그러나 여기에서도 레오

나르도는 확실한 증명을 거친 후에만 그 견해를 수용할 수 있었다. 콜리지(Coleridge)의 "억지로 수긍한 사람은 자신의 생각을 여전히 고수하고 있는 셈이다"라는 말은 누구보다도 레오나르도가 진리로 받아들였을 법한 말이다.

BC 4세기에 가장 영향력 있는 철학자였던 아리스토텔레스는 무거운 물체가 가벼운 물체보다 빨리 떨어진다고 가르쳤다.[1] 레오나르도는 한때 이 소견을 그대로 따르기도 했다. 그러나 그는 체계적인 실험과 관찰, 그리고 편견 없는 사고를 통해, 낙하 물체의 가속도는 변하지 않으며 물체 자체의 무게도 가속도에 영향을 미치지 않는다는 사실을 스스로 입증했다. 레오나르도가 자연의 비밀을 밝혀 내는 놀라운 능력을 지닐 수 있었던 것은, 그 자신의 탁월한 지적 정직성, 즉 자연에 대해 올바른 질문을 던질 줄 아는 능력 때문이었다.

태양이 지구의 주위를 돈다는 천동설에 입각하여 레오나르도가 그린 태양계 그림을 보면, 그가 가장 논리적인 그림을 얻어 내기 위해 끊임없이 몰두했다는 사실이 확연히 드러난다. 그가 기하학적으로 묘사한 한 스케치에서는, 지구의 주위를 달이 선회하고 그보다 훨씬 더 먼 거리에서 태양 역시 선회하고 있는 모습을 볼 수 있다. 즉 그는 지구중심 체계를 묘사해 놓은 것이다.

그러나 또 다른 경우 그는 프톨레마이오스의 견해에 정면으로 맞서서 태양은 "움직이지 않는다"라고 언급하고 있다. 그는 태양중심설을 주장하며 다음과 같이 말한다. "지구는 태양 순회의 중심이 아니며, 물론 우주의 중심도 아니다." 불행히도 그는 이 문제에 관해서 그 이상의 견해를 남기지는 않았다. 그러나 현재는 남아 있지 않은 그의 수많은 원고들 속에 또 어떤 보물들이 숨겨져 있었을지는 알 수 없는 일이다. 어쩌면 태양

중심 체계에 관해 보다 깊은 숙고의 결과를 기록해 두었을 수도 있다. 아니면 달을 영원한 궤도에 묶어 두는 요인이 무엇인지에 관한 생각들을 남겼을 수도 있다. 그러나 우리는 단지 추측만 해 볼 수 있을 뿐이다.

레오나르도의 원고들 중 3분의 2 가량이 완전히 분실된 것만큼이나 우리에게 안타까움과 상실감을 안기는 것은, 알렉산드리아도서관에 보관되어 있던 저작들이 AD 4세기 후반 큰 화재로 불타 버린 사건이다. 당시 불타 버린 문헌들 중에는 고전 고대의 수많은 두루마리 책들도 있었는데, 여기에는 아리스타르코스와 아르키메데스, 에라토스테네스, 그리고 알렉산드리아의 생리학자로서 지성은 심장이 아닌 뇌에서 나온다는 사실을 밝힌 헤로필루스(Herophilus) 등이 남긴 원문들도 포함되어 있었다. 또한 바빌로니아의 사학자 바라수스(Barasus)의 기록도 있었는데, 여기에는 원시 시대의 홍수는 물론 약 10만 년 전에 일어난 사건들도 언급되어 있었다. 지구구형설이나 태양중심설, 원자, 원소, 민주주의 등에 대한 발상, 그리고 지성을 관장하는 기관이 뇌라는 인식 등 수많은 추상 개념 및 발견들이 고대에 기원을 두고 있었으나 근대에 와서 다시 새롭게 발견되어야 했던 것이다.

레오나르도의 원고들 역시 이러한 문헌들만큼이나 귀중한 의미를 지닌다. 그가 노트에 남긴 대부분의 식견과 발명품들이 이후 300여 년에 걸친 발전 및 발견들을 이미 보여 주고 있기 때문이다. 당시 사람들이 레오나르도의 원고를 활용할 수 있었다면 과학 및 기술의 진보는 엄청나게 가속화되었을 것이다.

레오나르도 이후 갈릴레오가 낙하 물체에 관한 법칙을 체계화하고 수학적으로 설명하기까지는 약 1세기 이상이 소요되었다.[2] 그리고 또 1세기가 지난 후에야 아이작 뉴턴이 하늘과 땅의 물리학을 통합했다. 알베르트 아인슈타인이 우주의 역학을 종합하여 일반상대성이론으로 정리한 것은 그로부터 다시 2세기가 더 지난 후의 일이었다.

레오나르도가 자유낙하와 관련된 실험들을 행한 이유는 아마도 이 실험들이 인간의 비행이라는 문제와 연결되기 때문이었을 것이다. 그가 내린 결론은 부분적으로만 옳았던 것으로 판명되었다. 그러나 매우 유용한 접근법을 보여 주었다는 점에 있어서 그는 이 문제의 궁극적인 해답을 이끌어 낸 인물들과 동일선상에 있었던 셈이다. 바로 그 때문에 레오나르도를 갈릴레오나 뉴턴, 아인슈타인과 같은 위대한 물리학자 대열에 포함시킬 수 있는 것이다.

이제 이러한 탐구의 역사를 되짚어 보고 주로 질적인 관점에서 분석해 보고자 한다. 그러나 수학적인 원리들을 완전히 배제한다면, 물리법칙으로서의 본질을 해치고 독단적인 주장만 늘어놓는 격이 될 것이다. 따라서 몇 가지 간단한 공식들을 소개하되, 권말의 「주(註)」에 따로 싣도록 하겠다.

이 책 전반에 걸쳐 자주 등장한 메시지를 다시 언급하자면, 우주는 수학적이다. 그리고 이는 우리가 음미해야 할 특징이다. 그러나 이 특징을 깊이 이해하려면 우리는 위대한 수학적 발견이라 할 수 있는 미분학에 정통해야 할 것이다. 미분학은 17세기 후반 뉴턴이 공식화한 (그리고 이와는 별개로 라이프니츠Leibniz가 공식화한) 이론인데, 이 책에서는 다루지 않았다.

이 책에서 역시 자주 반복되는 두 번째 메시지는, 자연에 아름다움이 존재한다는 것, 즉 우주에 아름다움이 존재한다는 것이다. 과학자들에게 있어 자연의 불가사의를 벗길 수 있을지도 모른다는 기대는 마치 최면에 빠지게 하는 유혹과도 같다. 물리적 현상들을 가시적으로 나타낼 수 있도록 도와주는 수학적 모형들이 만들어지고 시험을 거친다. 정립된 이론들은 그 사실이 입증됨으로써 받아들여지거나 오류가 밝혀짐으로써 버려진다. 혹은 (더 일반적으로는) 관찰 결과들과 더욱 일치하도록 수정된다. 그 중에서 일반론을 변화시킬 만큼의 힘을 지니는 이론들은 드물다.

조지 버나드 쇼(George Bernard Shaw)는 공식 연회에서 아인슈타인을 소개할 때 이러한 수정 과정을 염두에 두고 다음과 같이 재치 있게 표현했다. "뉴턴이 창조한 우주는 200년간 지속되었습니다. 그리고 이제 아인슈타인이 새로운 우주를 창조했습니다. 이 우주가 얼마나 오래 지속될지는 아무도 알 수 없는 일이죠." 우리가 우주의 뒤에 감춰진 논리에 관해 현재와 같은 수준의 지식을 얻게 된 과정과 이 지식이 갖는 의의를 살펴보기 위해서는 먼저 공간과 시간의 혼란스러운 기준을 이해해야 한다.

공간과 시간의 기준

지구는 지름이 1만 2,800킬로미터(8,000마일)인 구체(球體)로, 엄밀히 말하면 완전한 구체라기보다는 적도 부근이 조금 더 불룩한 타원체다. BC 2세기 초 키레네의 천문학자이자 수학자인 에라토스테네스가 지구의 둘레와 반지름을 놀랍도록 정확하게 측정했다. 에라토스테네스는 알렉산드리아도서관을 관할하면서 일련의 수치들을 측정했다. 선조를 통해 그는 1년 중 낮이 가장 긴 날(하지) 정오에 시에네(Syene, 현재의 아스완Aswan)에서 태양이 정확히 머리 위에 위치한다는 사실을 알고 있었다. 따라서 시에네에 수직으로 세운 막대에는 이때 그림자가 생기지 않고, 시에네에서 북쪽으로 800킬로미터(500마일) 떨어진 알렉산드리아에 세운 막대에는 그림자가 생기게 되는 것이다. 이날 에라토스테네스가 정확하게 측정한 수치가 바로 알렉산드리아에서 막대 끝을 지나는 태양선과 막대 사이의 각도였다. 이렇게 해서 알아낸 두 막대 축의 각도 차이는 7도였다. 그는 이 축들을 밑으로 연장하면 구형인 지구의 중심에서 만날 것이라고 추론했다. 7도는 원의 약 50분의 1에 해당한다. 두 기둥 사이의 거리인 800킬로미터에 50을 곱함으로써 에라토스테네스는 지구의 둘레가 4만 킬로미터(2만 5,000마일)라는 결론을 얻었다. 그리고 이 둘레를 π로 나누어 그가 산출한 지구의 지름은 1만 2,800킬로미터였다. 만약 에라토스테네스가 측정한 값을 1492년에 콜럼버스가 알고 있었다면, 자신이 도착한 곳이 인도나 아시아라는 그릇된 믿음을 갖지는 않았을 것이고, 또한 카리브해의 섬들을 '서인도제도'라 명명하는 일도 없었을 것이다. 그는 자신이 발견한 대륙의 서쪽에 훨씬 광활한 태평양이 있다는 사실을 알지 못했다.

에라토스테네스가 살던 당시 그보다 연장자였던 사모스의 아리스타르코스(c. BC 320~250)는 꼭 한 세대 전에 지구가 구형(球形)이라는 학설을 세우면서 그 근거로 세 가지 이유를 들었다. 첫째는, 관찰자가 어느 지방에 있느냐에 따라 눈에 보이는 별들의 범위가 달라진다는 것이다. 둘째는, 배가 먼 거리로부터 해안으로 들어올 때 배의 돛대가 선체보다 먼저 보인다는 것이다. 그리고 셋째는, 월식이 일어날 때 달에 비치는 지구의 그림자가 언제나 둥글다는 것이다. 그러나 아리스타르코스는 지구의 치수를 측정하는 시도는 하지 않았던 것으로 알려져 있다.

또 다른 연구 과제로, 아리스타르코스는 지구에서 달까지의 거리와 지구에서 태양까지의 거리를 비교해 보기로 했다. 그는 태양이 달을 비추는 부분이 반원형으로 나타날 때 지구와 달을 잇는 선과 달과 태양을 잇는 선이 이루는 각도가 정확히 90도일 거라고 추론했다. 그리고 이 추론에 따라 비슷한 형태의 삼각형 두 개를 그리자, 두 선의 상대적 거리 비율은 1:19로 나타났다. 방법은 옳았지만 그가 사용한 도구들은 너무 허술했다. 정확한 비율은 1:395이다.

1:395는 달의 지름과 태양의 지름 사이의 비율과도 거의 일치한다. 이 우연의 일치 때문에, 우리가 개기일식을 관찰할 때 달의 표면이 태양의 표면에 거의 정확하게 겹쳐지는 것이다. 태양과 달의 크기와 거리 비율은 레오나르도 역시 알고 있던 것으로 나타났다. 그는 『코덱스 라이체스터』에 이 비율을 기하학적으로 묘사해 놓았다. 빛을 나타내는 수직 원뿔 모양에서, 태양은 이 원뿔이 시작되는 위치에 그려진 구이고 달은 원뿔 안에 위치하며 원뿔의 꼭대기는 지구 표면 위의 한 점으로 표시되어 있다. 실제로 이러한 병렬 상태는 기하학적으로 비슷한 삼각형들을 만들어 낸다.

그러나 우리가 아리스타르코스를 생각할 때, 지구가 구형이라는 주장과 지구에서 두 천체까지의 상대적 거리를 측정하고자 한 시도보다 더 놀라운 것은, 그의 태양중심설이다. 그는 코페르니쿠스보다 1,800년 앞서, 지구가 다른 행성들과 더불어 태양 주위를 선회한다는 가정하에 태양계의 모델을 제시했다. 그러나 아리스타르코스와 에라토스테네스가 후세에 전한 학식의 대부분을 몇 세기 후 초대교회(early Church)에서는 좋게 받아들이지 않았다. 자연히 인류를 우주의 중심에 두는 지구중심설이 채택되었고, 실제로 당시에 태양중심설을 주장하는 사람은 사형으로 처벌해야 마땅한 이단으로 여겨졌다.

그후 태양중심설은 제기되지 않다가, 1543년 코페르니쿠스에 의해,[3]

그리고 17세기 초 갈릴레오와 케플러에 의해 다시 수면 위로 떠올랐다. 그러나 이 이론이 최종적으로 수용된 것은 뉴턴이 『자연철학의 수학적 원리(프린키피아)』를 발표한 17세기 후반에 이르러서였다.

천문학적인 거리들은 각각 편의에 따라 선택된 다양한 단위로 표현된다. 지구와 태양 사이의 거리는 약 1억 5,000만 킬로미터(9,300만 마일)이며, 이 거리는 천문 단위(AU)로 정의되기도 한다. 태양에서 가까운 순서로 몇 개 행성들의 거리를 살펴보면, 0.4AU(수성), 0.7AU(금성), 1.0AU(지구), 1.6AU(화성), 5.2AU(목성), 10AU(토성) 등과 같이 나타낼 수 있다.⁴ 태양계 내에서 볼 수 있는 것보다 더 먼 거리를 측정할 때 특히 편리한 단위로 '광행차(light-time)'가 있다. 태양빛이 지구에 도달하는 데 걸리는 시간은 약 500초 혹은 약 8분이며, 이 거리를 '8광분'이라고 한다. 이러한 기준으로 토성까지의 거리는 80광분, 가장 먼 행성인 명왕성까지의 거리는 5.3광시이다. 지구에서 가장 가까운 별인 켄타우루스자리 알파별(Alpha Centauri)은 4.3광년 거리에 있다.

18세기의 철학자 이마누엘 칸트(Immanuel Kant)는 밤하늘 곳곳에서 보이는 희미한 빛덩어리들을 수많은 별의 무리라 생각하고 '섬우주(island universe)'라고 표현했다. 그리고 당시 프랑스의 천문학자 메시에(Messier)가 최초로 이 별 무리들의 목록을 작성했다. 은하들은 현재 메시에의 이름을 따서 M51(또는 메시에51) 등과 같은 명칭으로 표현되는데, M51은 유명한 소용돌이은하(Whirlpool galaxy)다. 그리고 M100은 남반구에서 볼 수 있는 장대한 나선은하다(화보4, 아래 오른쪽). 우리 은하는 약 400억 개의 별들로 이루어져 있으며 직경이 약 12만 광년이고, 나선은하로서 M100과 닮아 있다. 태양은 그 주위에 늘어선 행성들과 함께 은하 중심에서 밖으로 조금(2만 8,000광년) 떨어져 은하의 나선팔 중

하나에 위치한다.

은하는 딱딱한 바람개비처럼 전체가 일정하게 회전하는 것이 아니라 안쪽 부분이 바깥쪽보다 훨씬 빠르게 회전한다. 은하수 중심으로부터 반경 방향으로 우리 태양계가 위치한 지점에서는 한 바퀴 회전하는 데 2억만 광년이 걸린다. 태양계가 (지구와 함께) 현재까지 45억만 광년 동안 선회했으니, 거대한 은하계의 궤도를 대략 22~23번 돈 것이다. 태양계가 바로 전번에 현재의 위치에 왔을 때가 공룡이 막 출현한 시기였다. 이때 나타난 공룡은 약 6,500만 년 전(백악기가 끝날 무렵) 멸종했다. 즉 공룡 시대 전체는 은하계 궤도의 3분의 2에 해당하는 기간에 걸쳐 있었던 셈이다.

은하수는 서로의 중력장에 의해 한데 묶인 소규모 은하단에 속하며, 이 은하들은 모두 공통된 질량중심 주변을 선회한다. 우리 은하에서 가까운 은하들 가운데 220만 광년 거리에 있는 거대한 안드로메다은하(M31)는 1조 이상의 별들로 이루어져 있다. 우주는 팽창하고 있고 대부분의 은하들과 은하단들은 점점 흩어지고 있지만, 어떤 은하들은 서로 계속해서 끌어당기고 있기도 하다. 예컨대 100억 년 후에는 은하수와 안드로메다은하가 충돌하고 통합되어 훨씬 큰 은하로 탄생할 것이다. 우주에는 수백억 개의 은하가 있고 각각의 은하에는 수천억 개의 별들이 있으므로, 전체 우주에는 어림잡아 10^{23}개의 별들이 있다고 볼 수 있다. 우주의 크기는 약 140억 광년이며 나이는 140억 년이다. 이 두 숫자는 우연히 일치하게 된 것이 아니다. 현재 가장 일반적인 우주대폭발설에 따르면 공간과 시간은 동시에 생겨났고 우주는 지난 140억 년 동안 광속으로 자라났기 때문이다.

코페르니쿠스적 전환

코페르니쿠스는 1543년 세상을 떠나기 직전에 출판된 논문『천체의 회전에 관하여』에서, 오랫동안 묻혀 있던 태양중심설을 되살리고 교회에서 내세우던 프톨레마이오스의 이론(지구중심설)을 부인했다. 이 견해가 인류를 우주의 중심에서 밀어내는 것이라고는 해도, 그가 교회의 권위에 도전할 마음으로 이러한 주장을 펼친 것은 아니었다. 그는 단지 천문학적인 문제들을 바로잡고자 했을 뿐이다.

그의 체계는 오늘날 우리가 보기에도 명백하고 반론의 여지가 없어 보이지만 그렇다고 해서 완전히 옳은 것은 아니다. 앞으로 살펴보겠지만, 행성들이 태양을 중심으로 완벽한 원 궤도를 그리고 있는 코페르니쿠스의 태양계에서 예측되는 행성들의 위치는, 프톨레마이오스의 이론에 기초한 알폰소항성목록(Alphonsine table)[5]의 측정치들보다도 정확도가 떨어진다. 그러므로 코페르니쿠스의 견해는 단순히 북유럽의 과학적 오지에서 나온 빈약한 이론으로 치부될 수도 있었을 것이다.

또한 코페르니쿠스는 종교재판의 중심지라 할 수 있는 이탈리아와 스페인으로부터 멀리 떨어진 폴란드에 살고 있었기 때문에, 혹자는 그가 어느 정도 안전한 입장이었다고 생각했을 수도 있다. 더욱이 한 익명의 저자는 자신의 저서 서두에서, 코페르니쿠스의 이론은, 물질적 진실을 설명하는 패러다임의 근본적인 전환을 가져왔다기보다는 행성들의 위치를 측정하는 데 있어서 대안적인 방법을 제시했을 뿐이라고 설명하기도 했다. 결정적으로 그가 사제였기 때문에, 하늘에 관한 견해를 피력한 여타의 세속 학자들에 비해 좀더 보호받고 있었다고 생각하는 사람도 있을 것이다. 그러나 사실은 그렇지 않았다. 당시 교회는 훨씬 더 이단적인 독일 사제 마르틴 루터에 의해 중심까지 흔들리고 있었다. 그렇다고는 해도 종교적 박해라는 위험 요소를 제거해야 했기에 코페르니쿠스는 두 가지 예방 절차를 밟았다. 우선 자신의 책을 교황에게 바치고, 임종을 맞이할 때까지 책을 출판하지 않은 것이다.

코페르니쿠스의 재능이나 통찰력과는 거리가 먼 또 한 명의 사제 조르다노 브루노(Giordano Bruno)는 도미니쿠스수도회 수도사로, 1547년 나폴리(Naples) 근방에서 태어났다. 브루노의 과학적 공헌은 부차적으로 언급될 만한 수준에도 못 미쳤지만, 이탈리아의 과학적 진보를 정지시키는 촉매로서 그의 부정적인 역할은 그야말로 대단한 것이었다. 1584년 발표된 그의 최초이자 최대의 저작 『성회(聖灰) 수요일 만찬 *La cena de le ceneri*』은 최후의 만찬과 가톨릭의 성체성사인 영성체(Eucharist)에 관한 것이었다.

브루노는 코페르니쿠스학파였지만 숨겨진 아젠다를 가지고 있었다. 그는 스스로의 태도만큼이나 후원자들이 자주 바뀌는 불유쾌한 인물이었다. 게다가 그는 코페르니쿠스의 수학을 완전히 이해하지도 못하면서 자신의 주장을 내세우는 도구로 과학적인 용어나 유추 등을 이용했으며, 실제로 교회의 권위를 표적으로 삼고 있었다. 그는 지구를 하나의 행성이라 믿고, 이에 따라 지구와 그 안에 살고 있는 인간들을 우주의 중심이라는 신성한 위치에서 밀어냈다. 그러고는 인간과 행성, 별 사이에 구별을 두지 않고 모두에게 영혼을 부여했다. 그는 '고대의 진정한 철학' 신비주의(Hermeticism)⁶의 지지자였다. 그리고 이 철학을 자기 나름대로 해석한 미심쩍은 교리에 입각하여 가톨릭과 신교를 동등하다고 생각했다. 그러나 그의 믿음 중에서도 가장 악명 높고 괘씸하게 받아들여졌던 부분은 그리스도의 신성을 부인한 것이었다.

교회는 그의 엉터리 과학에 대해서는 단지 그를 내쫓는 선에서 그쳤지만, 이단적인 주장만큼은 너그러이 봐줄 수가 없었다. 브루노는 옥스퍼드와 런던에서 이러한 자신의 생각을 정리하여 처음으로 발표했다. 그러나 1592년 베네치아를 방문했을 때 날조 혐의로 체포되어 1년형을 선고받았다. 이듬해에 옮겨 간 로마에서는 이단적인 사상을 유포한 죄로 종교재판관들의 심문을 받았다.

재판에서나 7년의 수감 기간 동안 그는 이단적인 주장들을 철회하기만 하면 풀려날 수 있었다. 그러나 그는 끝까지 타협하지 않았다. 이단 혐의를 벗을 수 있는 마지막 기회를 얻고도 그는 또다시 교회의 권위를 부정했다. 그는 다른 행성들에도 생명체가 존재한다면서 "그 생명체들이 우리를 내려다보며 비웃고 있다"라고 외쳤다고 한다. 불행히도 최후의 승자는 교회였고 브루노는 다른 이단자들에 대한 본보기로 화형(火刑)에 처해졌다. 즉 그는 이설(異說)을 주장하면 죽음을 면치 못한다는 본보기가 된 것이다. 아이러니컬하게도, 1600년 2월 브루노가 죽음을 맞았던 로마의 캄포 데이 피오리 광장(Piazza Campo dei Fiori)에는 현재 이 불운한 도미니쿠스수도회 수도사의 동상이 수도복을 갖춰 입고 서 있다.

한편 발트해의 벤(Hven, 현재는 Ven) 섬에서는 덴마크의 천문학자 티코 브라헤(Tycho Brahe)가 지구중심설을 확증하기 위해 행성의 운동에 관한 자료들을 수집하고 있었다. 덴마크 왕은 그에게 이 섬에 대한 소유권과 함께, 거주민들(소작인들)을 마음대로 지휘할 수 있는 권한을 부여했다. 이에 따라 소작인들은 그의 하인이 되어 관측소 건설 및 관측을 돕는 조수 역할을 했다. 망원경이 없던 이 시대에 그가 주로 사용한 관측 도구들은, 구멍 뚫린 놋쇠 원반을 이용한 큼직한 아스트롤라베(astrolabe)들이었다. 이 구멍들을 통해 그는 행성들의 움직임을 좇을 수 있었다. 하인들은 그를 의자와 함께 통째로 들어올려 한 원반에서 다른 원반으로 옮기는 작업을 반복했다.

귀족 출신인 티코는 젊은 시절 수학 문제를 두고 결투를 벌이다가 상대의 칼에 코를 베었다. 이 때문에 그는 베네치아 사람들이 카니발에서 쓰는 마스크와 비슷하게 황금코를 끈으로 연결하여 귀에 걸고 다녀야 했다. 다행히도 천문학자로서의 재능은 검술가로서의 재능보다는 훨씬 뛰어났다. 티코는 거의 40년 넘게 하늘에 관한 방대한 자료들을 수집했다. 꾸준한 노력에도 불구하고 지구중심설을 입증할 만한 자료를 얻을 수 없었지만, 정직한 과학자로서 그는 결코 자료들을 꾸며 내지 않았다. 그가 기록한 숫자들이 행성운동을 지배하는 올바른 규칙으로 거듭나기 위해서는 훨씬 현명하고 편견 없는 수학자가 필요했다.

그 수학자는 바로 요하네스 케플러(1571~1630)였다. 독일에서 태어난 그는 왕실 수학자이자 천문학자, 그리고 점성가로서 프라하에서 다양한 활동을 펼쳤다. 행성운동의 법칙을 밝히기 위해, 그는 수학적인 구상을 활용하여 여섯 개 행성의 궤도 사이 간격을 띄우는 도구로 다섯 가지 정다면체를 이용했다(그림 5-2). 그러나 이 방법은 거의 성과가 없었다. 당시 티코는 가장 정확한 관측 자료들을 가지고 있었다. 하지만 케플러가 자신보다 훨씬 뛰어난 수학자임을 깨달은 그는 자신이 모은 행성 관측 자료들이 어떻게든 이 젊은 수학자의 손에 들어가지 않도록 하겠다고 결심했다.

티코와 그 가족들에게는 불행한 일이지만, 과학 발전의 측면에서 보면 다행이라 할 만한 일이 일어났는데, 덴마크 왕을 알현하기 위해 만찬에 참석했던 티코가 만찬 내내 배뇨 욕구를 참다가 방광이 터지는 바람에 얼마 못 가 목숨을 잃고 만 것이다. 그후로도 티코의 가족은 그의 귀중한 자료들을 케플러의 손에 넘겨주어서는 안 된다는 의무감을 느꼈다. 좌절한 케플러는 자료들을 훔쳐서 곧바로 분류하기 시작했다. 그의 관심은 화성에 집중되었다. 지구에서 볼 때 역행하는 것처럼 보이는 화성을 관찰한 것은 좋은 선택이었다. 자료들을 분석하면서 그는 지구를 포함한 행성들이 코페르니쿠스의 주장처럼 원 궤도를 그리는 것이 아니라 타원을 그리며 움직인다는 사실을 알아냈다. 그리고 태양은 이 타원의 중심점 혹은 초점에 위치하고 있었다. 이 사실을 토대로 그가 발표한 행성운동에 관한 제1법칙은 지구중심설과 태양중심설을 둘러싼 논쟁을 완전히 종식시켰다.

티코의 자료들을 이용하여 케플러가 세운 제2법칙은, 태양과 행성을 잇는 가상의 직선이 같은 시간 동안 쓸고 가는 면적은 항상 같다는 내용이다. 즉 지구 주위를 타원 궤도로 도는 동안, 행성은 태양과 멀리 떨어져 있을 때보다 가까이 있을 때 더 빠르게 이동한다는 것이다. 수학적으로 말하면, 면적의 변화율이 언제나 일정한 셈이다. 케플러는 1608년 자신의 논문 『신 천문학 *New Astronomy*』을 통해 이 두 법칙을 발표했다.

케플러가 행성운동에 관한 제3법칙을 발견한 것은 위의 두 법칙을 발견한 후 약 10년이 지나서였다. 그는 각 행성의 공전 주기(즉 태양 주위를 일주하는 데 걸리는 시간)가 실제로 태양과의 거리와 관계가 있지만 이것이 1차원적인 관계는 아님을 알게 되었다. 결론적으로 행성의 공전 주기의 제곱은 행성과 태양 사이 평균 거리의 세제곱에 비례한다는 것이었다. 따라서 다음과 같은 관계가 성립한다. $T^2 \propto R^3$ 또는 $T^2/R^3 = C$(상수, 일정).

제3법칙을 적용한 간단한 예로, 목성의 공전 주기를 구해 볼 수 있다. 목성 공전 궤도의 평균 반지름은 약 5.2AU이며, 지구의 공전 궤도 반지름은 1.0AU이다. 지구의 공전 주기 T가 1년이므로 케플러의 제3법칙을 적용하면 목성의 공전 주기는 12년이 된다.[7] 태양 주위를 10AU 거리에서 공전하는 토성의 공전 주기는 약 $\sqrt{(10^3)}$, 즉 약 31.6년이다. 돌이켜 보면 케플러가 티코의 자료들을 훔친 일은, 나쁜 짓이 때로 좋은 결과를 가져 오기도 한다는 사실을 보여 준 한 예라 할 수 있다. 하지만 이 경우 케플러의 행동을 그리 나쁘게만 볼 일은 아니다. 숨을 거두기 직전 티코는 자신의 과학적 자료들을 케플러에게 넘긴다고 유언하면서 이렇게 말했기 때문이다. "내 삶을 헛되게 하지 말게."

코페르니쿠스와 티코, 케플러가 남긴 과학적 성과들은 모두 천체와 그 움직임에 관한 것이었다. 한편 케플러와 동시대인이자 확고한 코페르니쿠스학파였던 갈릴레오는 남유럽에서 과학의 두 주요 분야인 지상 실험과 천체 관측을 모두 수행했다. 갈릴레오에 관해 전해 내려오는 이야기들은 주로 그의 고향인 피사에서 있었던 일들이다. 일례로 갈릴레오가 성당에서 지진으로 인해 흔들리는 샹들리에를 보고 영감을 얻어 진자의 운동 실험을 하게 되었다는 이야기가 있다.

얼마 후 갈릴레오는 경사면에서 공을 굴리는 사고 실험을 통해 한층 더 근본적인 법칙을 세웠는데, 바로 "운동하는 물체는 그 물체를 정지시키기 위해 힘을 가하지 않는 한 영원히 운동을 계속한다"라는 병진평형(translational equilibrium)에 관한 법칙이었다. 그는 한 경사면에 각도 조절이 가능한 다른 경사면을 매끄럽게 연결하고 첫 번째 경사면에서 공을 굴리는 경우를 가정했다. 첫 번째 경사면에 대한 두 번째 경사면의 상대적인 각도 차이와 관계없이 공은 두 번째 경사면을 타고 올라가 정확히 처음 위치와 같은 높이에 도달한다는 것이 그의 생각이었다. 즉 처음 공을 놓은 지점과 마지막에 공이 도달한 지점을 연결한 선은 항상 바닥에 평행한 수평선이 되는 것이다. 갈릴레오는, 두 번째 경사면을 수평 상태로 낮추면 공이 처음 높이에 이르기 위해 끝없이 구르기를 계속할 것이라고 결론 내렸다. 기하학에서 '평행선은 무한대에서 만난다'라는 이론 역시 이러한 개념이다. (공이 굴러 내려가면서 속력이 증가하다가 굴러 올라가면서 속력이 감소하는 현상은 역학적 에너지의 불변 혹은 '보존'이라는 용어로 설명된다. 운동에 의해 생기는 에너지에, 물체가 각 위치에 따라 잠재적으로 가지고 있는 에너지를 더한 값은 늘 일정하다는 뜻이다.) 운동에 관한 갈릴레오의 견해는, 운동하고 있는 물체는 이 물체에 계속해서 힘이 가해지지 않는 한 자연히 멈추게 된다는 아리스토텔레스의 '법칙'을 부정하는 것이었다. 아리스토텔레스의 법칙은 언뜻 보면 우리가 일상에서 경험하는 사실들에 더 가깝게 느껴지지만, 움직이는 물체의 속력이 감소하는 이유가 바로 마찰력이라는 힘 때문이라는 사실을 깨닫고 나면 얘기는 달라진다. 이 법칙을 처음 공식적으로 발표한 인물은 갈릴레오였지만 오늘날 이 법칙은 일반적으로 뉴턴의 제1법칙이라 불린다. 이보다 더욱 일반적인 법칙이 '힘은 질량에 가속도를 곱한 값과 같다'라는 뉴턴의 제2법칙이다. 제2법칙은 제1법칙을 내포하는데, 즉 제1법칙은 제2법칙에서 물체에 작용하는 알짜힘(net force)이 0인 특수한 경우에 해당되는 것이다.

그러나 가속도 측정에 완만한 경사면을 이용한다는 것은 레오나르도조차 생각하지 못한 독창적인 발상이었으며, 바로 이 때문에 갈릴레오가 가속도운동을 하는 물체에 관해 레오나르도보다 우수한 자료들을 모을 수 있었던 것이다. 물체는 거의 정지 상태에 이를 때까지 감속운동을 하며, 이때 가속도와 속도의 관계, 그리고 속도와 변위의 관계는 일정하게 유지된다.

물체의 낙하법칙 – 직선운동

10장에서 우리는 2차원 공간에서 발사체가 그리는 궤적을 통해 '곡선운동'을 접할 수 있었다. 여기에서는 물체가 직선을 그리며 이동하는 '직선운동'을 살펴보도록 하자. 16세기 후반 자연철학자들은 가벼운 물체가 떨어질 때보다 무거운 물체가 떨어질 때 가속도가 더 크다고 믿었다. 갈릴레오 이전에도 학자들은 가속도에 관한 설명을 시도했지만 이 현상을 정확하게 설명할 수 있는 사람은 없었다.

　레오나르도 다 빈치는 갈릴레오보다 100년 전에 이 문제를 연구했다. 그는 물체의 낙하 속도보다는, 순차적인 시간간격마다 물체가 이동하는 거리를 알아내고자 했다. 그의 결론은, 물체의 이동 거리를 연속하는 정수들로 나타낼 수 있다는 것이었다. 다시 말해 이동 거리는 첫 번째 시간간격에서 1거리단위, 두 번째 간격에서는 2거리단위, 세 번째 간격에서는 3거리단위와 같은 식으로 나타난다는 것이다. 예를 들어 레오나르도의 이론에 따르면 열 번째 시간간격까지 지났을 때 물체의 총 낙하 거리는 $1+2+3+4+\cdots\cdots+10$(55거리단위)로 나타나게 된다. 낙체(落體) 실험에서 t라는 시간이 경과한 후 레오나르도가 얻은 값들의 총합, 즉 $1+2+3+\cdots\cdots+t$는 평균값 $\frac{1}{2}(1+t)$에 t항의 수를 곱한 값, 또는 $s(t)=\frac{1}{2t}+\frac{1}{2t^2}$ 거리단위이다.[8]

　1세기 후 자유낙하 문제에 몰두하기 시작한 갈릴레오는 레오나르도가 사용했던 것과 정확히 똑같은 방법으로 순차적인 시간간격에 따라 물체가 낙하하는 거리를 측정했다. 피사에서 전해 내려오는 이야기에 따르면, 젊은 갈릴레오는 자유낙하 실험을 하기에 편리한 형태의 종탑 꼭대기에서 물체들을 떨어뜨렸다고 한다(그림 11-1). 이 이야기에 역사적인 근거

그림 11-1 (왼쪽) 갈릴레오가 진자의 운동을 연구하는 계기가 된 피사 대성당의 상들리에. (오른쪽) 대성당 옆에는 그 부속 종탑인 유명한 피사의 사탑이 서 있다. 이 탑 사진은, 낙하 물체의 법칙을 연구한 두 과학자 레오나르도와 갈릴레오가 얻은 자료들을 설명하기 위한 배경으로 제시한 것이다.

는 없으며, 갈릴레오는 파도바대학에서 교수로 일하는 동안(1592~1610) 이 실험을 했을 가능성이 높다. 하지만 실제로 이 탑을 이용하면 자유낙하에서의 이동 거리를 연속적으로 표시할 수 있다. 레오나르도가 설명한 이동 거리는 그림에서 눈금 L, 갈릴레오가 설명한 이동 거리는 눈금 G와 같이 나타난다. 두 눈금에서 수평선들 사이의 시간간격은 모두 같다. 레오나르도는 순차적인 시간간격에 따라 물체가 이동하는 거리를 연속하는 정수들(1, 2, 3, 4, ……)로 나타냈지만, 갈릴레오는 이와 달리 이동 거리를 기수들(1, 3, 5, 7, ……)로만 나타냈는데, 이것이 바로 그의 유명한 기수원칙(odd numbers rule)이다. 첫 번째 시간간격이 지나면 이동 거리는 1거리단위가 된다. 두 번째 시간간격까지 지나면 총 이동 거리는

1+3=4거리단위(또는 2^2)가 된다. 마찬가지로 세 번째 시간간격이 지나면 이동 거리는 1+3+5=9거리단위(또는 3^2)가 되고, 네 번째 시간간격이 지나면 16거리단위(또는 4^2)가 된다. 갈릴레오가 도달한 결론은, t초 후 자유낙하 물체의 총 이동 거리는 $s(t)=t^2$ 거리단위로 나타낼 수 있다는 것이었다. 이 공식은 레오나르도가 자유낙하를 설명한 방식과는 차이가 있다.

1604년 갈릴레오는 밤하늘에서 한순간 보이지 않았다가 다음 순간 밝게 빛나는 새로운 별을 관측했다(이러한 별은 현재 우리에게 초신성超新星으로 알려져 있다). 초신성을 기계의 도움 없이 육안으로 관측한다는 것은 매우 드문 일이며 일반적으로 망원경을 사용할 때 관측할 수 있다. 실제로 1604년 이래 초신성이 육안으로 관측된 것을 1987년 남반구에서 단 한 번 있었다. 시차(視差) 효과를 파악한 후 갈릴레오는, 아리스토텔레스의 우주관에서 볼 때 현상들이 쉽게 변화한다는 달 아래 세계가 아니라, 불변의 세계라는 달 위 세계에 이 별이 속해 있음을 알 수 있었다. 그는 파도바대학에서 초신성에 관한 특별 강연을 하면서 아리스토텔레스가 오류를 범했다는 놀라운 사실을 밝혔다.

1609년 갈릴레오는 독일계 네덜란드인 안경사 한스 리페르스하이가 불과 몇 개월 전 망원경을 발명했다는 소식을 접했다. 그는 곧바로 자신의 목적에 좀더 유용한 기구를 제작하기 시작했다. 직접 망원경을 만들면서 그는 피렌체 유리(Florentine glass)와 베네치아의 무라노 유리(Murano glass)를 모두 시험해 보았다. 그 결과 피렌체 유리의 광학적 특성이 더 뛰어난 것으로 나타났다. 그는 베네치아의 종탑 꼭대기에 이 망원경을 설치함으로써 통치자들에게는 적군 군함의 접근을 파악할 수 있는 도구를, 그리고 상인들에게는 들어오는 화물들을 더 잘 볼 수 있는 수단을 제공해 주었다. 이 기구를 통해 하늘을 바라보면서 그는 밤하늘에 지금까지 보지 못했던 별들이 무수히 많다는 사실, 태양의 흑점(태양의 표면에 나타나는 검은 반점들), 그리고 아리스토텔레스의 우주관이 잘못되었다는 보다 확실한 증거 등 예상치 못한 놀라운 사실들을 발견하게 되었다. 달에 있는 산과 계곡들, 그리고 목성 주변에 있는 네 개의 위성도 볼 수 있었다. 갈릴레오는 이러한 관측 자료들을 1610년 자신의 논문 『별의 전령 *Sidereal Messenger*』에 실었다. 이 책은 그의 새로운 피렌체 후원자 메디치에게 헌정되었고, 실제로 그는 목성의 네 위성들을 '메디치의 별'이라 명명하기도 했다(그림 11-2).

1613년 갈릴레오는 금성이 태양 주위를 공전한다는 증거인 금성의 위상 변화를 관측하고 이 내용을 곧바로 발표했다. 1615년 그는 로마의 종교재판소로 소환되었다. 이곳에서 그는 "부디…… 제 망원경을 한번 들여다봐 주십시오" 하고 간청했다. 그러나 교회에서는 그의 말을 들어주지 않았다. "그럴 필요 없소. 당신의 생각은 틀렸소! 위성을 가질 수 있는 건 지구뿐이오." 그리고 달에서 산을 보았다는 그의 주장에 대해서는 "천체인 달이 매끄러운 구형인 것은 너무나 당연한 사실이오!"라고 일축했다. 갈릴레오는 "이단적인 주장들을 포기하고…… 앞으로는 이처럼 불경한 생각들을 저주하고 혐오할 것을 맹세하시오!"라는 명령을 받았다. 조르다노 브루노가 남긴 비극적인 교훈을 너무나 잘 알고 있던 그는 자신의 오류를 인정하고, 사실상 태양이 고정된 지구 주위를 공전한다고 선언했다. 그는 신랄한 비난을 받으며 풀려났지만 영향력 있는 측근들, 특히 메디치의 중재로 투옥이나 물리적인 고문은 면할 수 있었다.

1623년 오랜 친구이며 또한 후원자인 추기경 마페오 바르베리니(Mafeo Barberini)가 교황 우르바누스 8세(Urban VIII)로 선출되었을 때

SIDEREVS
NVNCIVS
MAGNA, LONGEQVE ADMIRABILIA
Spectacula pandens, suspiciendaque proponens
vnicuique, praesertim vero
PHILOSOPHIS, atq. ASTRONOMIS, quae à
GALILEO GALILEO
PATRITIO FLORENTINO
Patauini Gymnasij Publico Mathematico
PERSPICILLI
Nuper à se reperti beneficio sunt observata in LVNAE FACIE, FIXIS IN-
NVMERIS, LACTEO CIRCVLO, STELLIS NEBVLOSIS,
Apprime vero in
QVATVOR PLANETIS
Circa IOVIS Stellam disparibus interuallis, atque periodis, celeritate
mirabili circumuolutis; quos, nemini in hanc vsque
diem cognitos, nouissime Author depre-
hendit primus; atque
MEDICEA SIDERA
NVNCVPANDOS DECREVIT.

VENETIIS, Apud Thomam Baglionum. M D C X.
Superiorum Permissu, & Privilegio.

+SIMPL. Ma credete
voi forse che quelle gran
macchie che si ueggono
nella faccia della Luna
sieno Mari, e l'resto piu
chiaro et tempo terra, o
cosa tale ?

92
Dialogo primo
ferio terrestre, che si oppone alla Luna c
re, & asaisima terra, hauendo tutta l'
ella è in Occidente, riguarda grandisi
Oceano Atlantico sino alle Americhe...
babile del mostrarsi meno splendida la
che quella della Terra.
SALV. Questo che voi domandate è il princ
ze, ch'io stimo esser tra la Luna, e la T
tempo che noi ci sbrighiamo, che pur ti
in questa Luna. Dico dunque, che
fuse altro che vn modo solo per far'
illustrate dal Sole vna piu chiara dell'
per esser vna di terra, e l'altra di acqu.
riamête dire, che la superficie della La

그림 11-2 (위) 갈릴레오의 『별의 전령』(1610) 표제지. 이 희귀 증정본에는 '누구보다 빛나는 가브리엘 키아브레라 (Gabriel Chiabrera)님께' 라고 적혀 있으며 '갈릴레오 갈릴레이' 라고 서명되어 있다. (아래) 갈릴레오가 『두 우주체계에 관한 대화』 개인 원고에 달아 놓은 주석을 볼 수 있는 발췌 인쇄본. (노먼 소재 오클라호마대학 과 학사컬렉션 허가에 의함.)

갈릴레오는 상황이 훨씬 나아지리라 기대했을 것이다. 실제로 그는 1624년 교황을 여섯 차례 알현하고, 코페르니쿠스적 우주체계의 가능성에 관해 책을 써도 된다는 암묵적인 허가를 받기도 했다. 단, "이 주제를 가설적이고 수학적인 가능성으로만 다루고…… 아리스토텔레스의 관점을 공격해서는 안 된다"는 조건이 붙었다.

그러나 그가 첫 번째 종교재판을 받은 후 20여 년이 지난 1632년, 갈릴레오는 물의를 일으키기에 충분한 책 『두 우주체계에 관한 대화 *Dialogue on the Two Chief World Systems*』를 발표했다. 이 책에서 그가 코페르니쿠스적 관점을 우월하게 다루고 있음은 너무나 명백하게 드러났다. 게다가 그는 권두 삽화에 직접 세 인물을 묘사해 놓았는데, 이들은 각각 아리스토텔레스학파를 대표하는 우둔한 심플리치오(Simplicio)와 현명하고 생각이 깊은 사색가 살비아티(Salviati), 중립적인 입장의 지성인 사그레도(Sagredo)였다. 예술적인 재능이 뛰어났던 갈릴레오는 심플리치오를 교황과 닮은 모습으로 그렸다. 어쩌면 교황이 주변 사람들의 말 때문에 그렇게 믿게 된 것인지도 모른다. 사실 교황은 이 책을 본 적조차 없을 수도 있다.

갈릴레오는 또다시 로마로 불려가 종교재판관들의 심문을 받았다. 이번에 그는 즉시 주장을 철회했지만 아무리 사죄하고 참회해도 구원받을 수 없었다. 긴 재판이 끝난 후 당시 69세였던 갈릴레오는, 다행히 브루노와 같은 운명은 피할 수 있었지만 유죄를 선고받고 가택에 연금되었다. 그는 결코 또 다른 책을 쓰지 못하게 되었고, 어떤 출판업자도 그의 이단적인 책들은 출판해서는 안 되었다. 교황은 그를 원조해 줄 만한 인내심도 정치적인 용기도 보이지 않았고, 오로지 자신의 중대사인 30년전쟁에만 관심을 쏟았다. 이 해는 갈릴레오에게 있어 그야말로 공포의 해(annus horribilis)였다.

1638년 그가 가택에 연금되어 몇 가지 질병으로 고생하고 있을 때, 그의 가장 유명한 책 『새로운 두 과학 *Two New Sciences*』이 출판되었다. 이 책에는 갈릴레오가 물질의 강도와 물리학에 관해 수년간 실험하고 분석한 내용들이 실렸다. 원고는 그의 친구인 네덜란드 라이덴(Leyden)의 출판업자 루이스 엘제비어(Louis Elzevir)에게 비밀리에 전달되었다. 그의 다른 책들과 마찬가지로 이 책도 학자풍의 라틴어보다는 이탈리아어로 씌어졌고, 『두 우주체계에 관한 대화』에서처럼 세 인물이 철학적인 대화를 나누는 형식으로 구성되었다. 그 전형적인 예로 심플리치오가 먼저 이렇게 단언한다. "무게가 다른 두 물체를 동시에 떨어뜨리면 무거운 물체가 가벼운 물체보다 먼저 땅에 떨어지게 되어 있어. 가속도도 더 크지." 그러면 살비아티가 이렇게 반론을 제기한다. "두 물체를 서로 연결해서 떨어뜨리면 연결된 물체는 더 빨리 떨어질까? 아니면 가벼운 쪽이 무거운 쪽의 운동을 방해할까?" 심플리치오는 매우 당황한다. 그리고 중립자는 누가 제시한 결론이 더 설득력 있는지는 개의치 않고 경박하게 말한다. "아, 그렇구나."

갈릴레오는 자신이 주장한 물리학 이론 때문에 교회로부터 엄청난 곤란을 겪었다. 그러나 궁극적으로 그가 곤란에 빠지게 된 것은 자유낙하 이론 때문도, 아리스토텔레스의 역학을 부정하는 고전역학 때문도 아니었다. 그보다는 코페르니쿠스적 관점을 지지하는 태양중심설이 교회에서 결코 허용할 수 없는 것이었기 때문이다.

다바 소벨(Dava Sobel)이 쓴 최근의 어떤 책에는 갈릴레오와 그의 맏딸 사이의 관계가 보기 드물게 돈독했다는 이야기가 실려 있다. 교회와 다소 삐걱거렸던 배경과는 상반되는 모습이다.[9] 갈릴레오가 딸을 대할 때

따뜻하고 인간적이었다는 것은 분명한 사실이다. 그러나 그가 우둔한 사람들을 쉽게 참아내지 못했다는 점에는 거의 의심의 여지가 없다. 관찰과 논증보다는 기존의 가르침과 교리를 따르던 인문주의자들과 신학자들의 태도는 그를 미치게 만들었다. 그는 이런 글을 쓰기도 했다. "우리에게 판단력과 이성, 사고력을 주신 주님께서 우리가 이러한 능력들을 사용하지 못하도록 하셨다는 믿음에는 따를 수 없다." 그러나 교회에서는 그를 보고 마치 조르다노 브루노가 다시 태어난 것 같다고 생각했다. 비난을 한몸에 받고 성직에서 쫓겨난 그 신부와 완전히 똑같다고 할 수는 없었다 해도 말이다. 교회의 입장에서 그는 눈엣가시였다. 야심으로 가득 차 언쟁만 일으키는 무례한 사람이며 후원자나 친구들에게 끊임없이 반감을 사는 고약한 취미의 소유자라는 평판이 언제나 그를 따라다녔다.

갈릴레오는 망원경을 통해 태양 관측을 거듭하다가 황반(fovea, 망막의 일부분)에 손상을 입어 실명했고 1642년 세상을 떠났다. 말년에 그는 이탈리아를 방문한 그의 열렬한 숭배자 존 밀턴(John Milton)과 깊은 우정을 나눴는데, 갈릴레오가 죽고 몇 년 후 밀턴 역시 시력을 잃게 된다. 밀턴은 자신의 위대한 서사시에서 갈릴레오의 망원경이 보여 주는 경이로움에 관해 언급했다.

> 그의 무거운 방패,
> 육중하고 커다랗고 둥근 천상의 강철은
> 그가 가는 길 뒤에 넓은 원주를 드리우고
> 어깨에 걸려 있는 달과 같은 그 방패는
> 토스카나의 명인이 망원경을 통해
> 저녁에 페솔레 산꼭대기나 발다르노에서

반점투성이 구면에 나타나는 새로운 땅이나 강이나 산들을
찾아내려고 바라본 천체와도 같다.

— 『실락원Paradise Lost』, 1667, I : 284~91

'토스카나의 명인!' 위대한 시인이 위대한 과학자를 자신과 같은 예술가로 표현하며 그에 대한 경의와 숭배의 마음을 전한 것이다.

갈릴레오가 직접 갈아 만든 일부 렌즈들과 그가 제작해서 사용하던 몇몇 망원경들은 피렌체의 과학사박물관에 전시되어 있다. 1737년 갈릴레오의 시신이 이장(移葬)을 위해 성 코스마와 다미아누스 교회(chapel of Saint Cosmas and Damian)에서 산타크로체 교회(chapel of Santa Croce)로 옮겨질 때 그를 추앙하던 어떤 이가 그의 오른손 가운뎃손가락을 가져갔는데, 현재는 유골로서 유리상자 안에 담겨 망원경이 전시된 같은 방에 보관되어 있다. 그리고 그가 발견한 목성의 4대 위성은 오늘날 천문학자들에게 갈릴레오위성으로 알려져 있다.

이탈리아 르네상스의 마지막 발명가는 근대 과학자들에게 영속적인 연구 방식을 제시해 준 과학자였다. 그리고 실제로 갈릴레오의 과학적 탐구 방식은 레오나르도의 방식과 거의 다르지 않았다. 그런데 한 가지 중요한 차이점이 있다. 레오나르도와 달리 갈릴레오는 자신이 발견한 사실들을 하루라도 빨리 널리 알려야 한다고 생각했고, 그 결과가 곧바로 이후의 연구 과정에 영향을 미쳤다. 아이러니컬하게도 출판된 결과물, 특히 교회에서 잘못 이해하고 있는 사실들을 지적한 책들은 그에게 끔찍한 결말을 가져다주었다. 그리고 사실상 갈릴레오가 박해를 당하고 또 이후에 죽음을 맞음으로써, 이탈리아를 비롯한 유럽 대부분의 가톨릭 국가에서 진지한 과학적 탐구는 종말을 맞았고 과학 탐구의 무게중심은 북

쪽으로 옮겨 갔다.

갈릴레오의 『두 우주체계에 관한 대화』는 1633년 금서목록(Index librorum prohibitorum)에 올라 1821년까지 지워지지 않았다. 그러다가 마침내 1992년 교황 요한 바오로 2세(John Paul II)가 갈릴레오에 대한 교회의 박해를 재검토하기 위해 용기 있게 위원회를 소집했다. 이때 도마에 오른 것은 교황 무류설(papal infallibility)과 관련된 문제였다. 즉, 약 360년 전 재판을 집행한 전임 교황이 잘못된 판결을 내렸을 가능성이 제기된 것이다.

위원회에서 최종 결론이 나왔을 때, 교회 측을 대표한 사죄가 있었던 것도 아니며 갈릴레오가 부당한 대우를 받았다는 판정이 있었던 것도 아니다. 그러나 최종적으로 공표된 "갈릴레오는 대단한 사람이었소!"라는 말은, 갈릴레오 갈릴레이를 암묵적으로 옹호하면서 그동안 확실히 매듭지어지지 않았던 결말에 종지부를 찍는 발언이었다. 이 마지막 발언의 내용은 다음과 같았다. "갈릴레오는 과학적인 연구를 수행하면서, 그의 영혼 깊숙한 곳에서 격려하시고 그의 직관을 미리 아시어 원조해 주시는 창조주의 존재를 느꼈던 것이오."

1564년이 미켈란젤로가 세상을 떠나고 갈릴레오와 셰익스피어가 태어나면서 과도적인 해가 되었던 것처럼, 1642년 역시 마찬가지였다. 갈릴레오가 1월 8일 세상을 떠나고 아이작 뉴턴이 크리스마스에 영국 링컨셔(Lincolnshire)에 있는 마을 울스트로프(Woolsthorpe)에서 태어난 것이다. 이러한 우연의 일치에 중요한 의미를 부여하는 사람은 수비학자(numerologist)들뿐일 것이다. 하지만 이러한 시기적 일치로 인해 이들을 보다 쉽게 기억할 수 있다는 것은 분명한 사실이다. 자연에는 운동량 보존, 각운동량 보존, 에너지·질량 보존, 전하량 보존 등 여러 가지 보존법칙들이 적용된다. 그러나 천재 보존의 법칙은 어디에도 없다. 위대한 천재가 죽는다고 해서 그와 비슷한 수준의 천재가 뒤이어 태어나는 것은 아니다. 하지만 사회 전반에 스며 있는 지적인 분위기는 언제나 개인이 잠재적인 재능을 발전시킬 수 있도록 도와준다. 갈릴레오는 평생 과거의 편견, 즉 2,000년 동안 견고히 지켜져 오던 교리와 지적 전통에 맞서 투쟁해야 했다. 반면 뉴턴은 이런 부분들을 모두 무시하고 철저히 미래에만 초점을 맞출 수 있었다.

만유인력의 법칙, 천체물리학과 지구물리학의 통합

어린 시절 농부로서 그다지 자질이 보이지 않았던 아이작 뉴턴은 1661년 케임브리지대학으로 보내졌다. 그가 1661년 당시 수학에 관해서 남들보다 잘 알고 있었던 흔적은 보이지 않지만, 불과 4년 후 그는 수학 및 분석적 사고 면에서 뛰어난 재능을 드러냈다. 케임브리지대학 학부 마지막 해였던 1665년 그는 이미 이항정리(binomial theorem)를 전개시켰다. 이항정리는, 두 항의 합을 거듭제곱하여 전개하는 수학식이며 여기에서 승수는 양수나 음수일 수도 있고 정수나 분수일 수도 있다. 그가 케임브리지에서 막 학업을 마칠 무렵 유럽대륙을 휩쓴 대역병(bubonic plague)이 영국해협을 건너와 수많은 사람들을 희생시키기 시작했다. 때문에 대학에는 휴교령이 내려졌고 학자들은 고향으로 돌아갔다.

16개월 후 역병이 가라앉자 학자들은 다시 대학으로 돌아왔고 학문 활동 역시 재개되었다. 케임브리지로 돌아온 뉴턴은 지도교수인 아이작 배로(Issac Barrow)에게 자신의 '정신적 발명품(이론)'들을 목록으로 정리해서 제출했다. 이 목록에는 다음과 같은 내용들이 포함되어 있었다. ① 이어진 곡선 경사면 실험에 이항정리 적용 ② '유율법(method of fluxions)'의 공식화 ③ 광학 실험 및 반사망원경 발명 ④ '역유율법 (inverse method of fluxions)'의 공식화 ⑤ 운동의 3법칙(현재 뉴턴법칙으로 알려져 있다.) ⑥ 만유인력의 법칙 공식화. 이 16개월이라는 기간 동안 그는 광학과 고전역학의 기초를 세우고 고전역학과 천문학을 통합하는 토대를 마련한 것이다.

'유율'과 '역유율', 즉 미분과 적분의 고안은 그에게 역사적으로 위대한 수학자라는 명예를 안겨 주었다. 아인슈타인이 말하는 뉴턴의 가장 큰 공헌은 미분법을 전개한 것, 혹은 우주의 법칙을 미분방정식으로 나타낼 수 있음을 보여 준 것이다. 1665년에서 66년 사이의 기간은 뉴턴에게 있어서 경이로운 해(annus mirabilis)였다고 할 수 있다.

아이작 뉴턴의 지도교수이자 케임브리지대학 초대 루카스 석좌교수 (Lucasian Chair of Mathematics, 수학에 공헌한 교수에게 주어지는 명예직으로 당시 하원의원 헨리 루카스Henry Lucas가 기금을 내어 만든 것 — 옮긴이)였던 아이작 배로는 2년 후 신학교수직을 맡기 위해 이 자리에서 물러났다. 그리고 그는 후임자로 뉴턴을 추천했다. 이 이야기는, 레오나르도의 스승 베로키오가 〈그리스도의 세례〉에서 레오나르도가 그린 천사를 보고 다시는 붓을 들지 않았다는 일화를 상기시킨다. 배로와 베로키오 두 사람 모두 훌륭한 스승으로서 놀라운 재능을 지닌 수수께끼 같은 천재를 알아본 것이다.

뉴턴은 1687년이 되어서야 친구인 에드먼드 핼리(Edmund Halley, 유명한 핼리혜성을 발견한 인물)의 강력한 권고로 『자연철학의 수학적 원리 *Philosophia naturalis principia mathematica*』 혹은 간단히 줄여 『프린키피아』를 발표했다. 고전역학과 천문학을 종합적으로 다루고 있는 이 책은 지상과 하늘에서 일어나는 현상들을 통합적으로 설명해 준다. 과학사를 통틀어 이러한 업적에 필적할 만한 연구는 다시 이루어지지 않았다. 이 책에서 빼놓을 수 없는 주제인 뉴턴의 만유인력의 법칙을 가리켜, 20세기의 위대한 이론물리학자 리처드 파인먼은 "인간의 지성이 이루어 낸 가장 위대한 성과"라고 말했다.[10]

뉴턴은 "달이 궤도에서 벗어나지 않는 이유는 무엇일까?"라는 의문을 품었다. 당시 수도사들의 보편적인 설명은 다음과 같았다. "천사들이 엄청난 힘으로 날개를 퍼덕이고 있기 때문이다." 뉴턴이 만유인력의 법칙을 발견한 일을 이야기할 때는 대개 "뉴턴이 떨어지는 사과를 보았다"라거나 "뉴턴이 사과에 맞았다"는 등의 사과 얘기가 나온다. 뉴턴이 세상을 떠나고 1세기 후 바이런은 『돈 주안 *Don Juan*』에서 다음과 같이 사과를 언급했다. "아담이 타락한 이래로 혹은 사과를 베어문 이래로 / 인간은 고독하고 유한한 존재일 뿐." 뉴턴에게 실제로 사과와 관련된 일이 있었을 수도 있고 그렇지 않을 수도 있다. 그러나 뉴턴의 실험에서 사과는 질량의 예로서만 중요한 역할을 한다.

뉴턴은 사과가 처음 1초 동안 떨어지는 거리와, 같은 시간에 달이 '떨어지는' 거리를 비교하고자 했다. 그가 이용할 수 있는 정보는 다음의 네 가지였다. ① 지구 중심에서 달 중심까지의 거리는 약 38만 킬로미터(24만 마일)다. ② 지구의 반지름은 약 6,400킬로미터(4,000마일)다. ③ 달의 공전 주기는 약 28일이다. ④ 사과를 떨어뜨렸을 때 처음 1초간 낙하한 거리는 4.9미터(16피트)다. 뉴턴에게는 이 정도의 자료만 있으면 충분했다. 자신이 세운 운동의 제2법칙에서 그는 이미 물체의 가속도가 물체에 가해진 힘에 비례한다는 사실을 알고 있었다. 그리고 여기에서 비례상수는 물체의 질량이라는 것도 알고 있었다. 그러나 물체의 이동 거리는 가속도(그리고 시간)에 의해 좌우되기 때문에, 뉴턴의 과제는 달이 지구를 향해 떨어지는(혹은 직선에서 벗어나는) 거리와 같은 시간에 사과가 떨어지는 거리를 비교하는 것으로 수정되었다.

　비슷한 삼각형들을 이용하여 뉴턴은 처음 1초 동안 사과가 4.9미터 떨어질 때 달은 0.135센티미터 ($\frac{1}{19}$인치) 떨어진다는 것을 보여 주었다. 두 거리의 비율은 약 3,600이다. 한편 사과와 지구 사이의 거리(중심에서 중심까지를 잰 거리)와, 달과 지구 사이의 거리 비율은 $\frac{1}{60}$이다. 이 둘을 연관시킴으로써 뉴턴은, 거리에 대한 중력의 의존도가 $\frac{1}{60^2} \left(= \frac{1}{3,600}\right)$이라는 결론에 도달했다. 결국 전체적인 관계, 즉 질량을 가진 물체들 사이에 작용하는 인력을 설명해 주는 만유인력의 법칙은 역제곱법칙으로 나타나는 것이다. 구체적으로 말하자면, 힘은 두 물체의 질량 m과 m′의 곱을 두 물체 간 거리의 제곱으로 나눈 값이다(비례상수, 즉 만유인력의 상수 G는 이 식에서 곱수로 나타난다).[11] G의 값은 18세기 말 케임브리지의 물리학자 헨리 캐번디시(Henry Cavendish)가 실험을 통해 측정했고, 그는 '지구의 무게 측정(Weighing the Earth)'이라는 제목으로 논문을 발표했다.

　뉴턴의 제3법칙은 "한 물체가 다른 물체에 힘을 미치면(작용) 반드시 크기가 같고 방향이 반대인 힘을 되받는다(반작용)"는 간결한 말로 설명된다. 이 법칙을 사과와 지구에 적용하면, 지구가 사과에 미치는 힘(작용)은 사과가 지구에 미치는 힘(반작용)과 크기가 정확히 일치한다. 두 힘의 크기가 같으므로 우리는 뉴턴의 제2법칙을 떠올려 볼 수 있다. (사과의) 질량에 사과의 하향 가속도(g)를 곱한 값은, 지구의 질량에 지구의 상향 가속도(a)를 곱한 값과 일치하는 것이다. 따라서 사과를 팔 길이만큼 뻗은 상태에서 놓으면 사과는 법선가속도(normal acceleration) g=9.8 m/sec^{2}으로 떨어지고, 동시에 지구는 사과와 만나기 위해 9.8×10^{-25} m/sec^2(대략 백만 분의 백만 분의 백만 분의 백만 분의 1 m/sec/sec)의 가속도로 올라간다.

이 결과를 천체에 적용하면, 뉴턴의 제2법칙에서 힘을 중력으로 볼 수 있다. 그리고 가속도는 구심력(중심을 향해 작용하는 힘)이 된다. 그러면 궤도 위에 있는 천체의 속도를 구할 수 있다. 『프린키피아』의 권두 삽화에는, 산꼭대기의 V지점에서 수평으로 발사된 포탄이 그려져 있다. 여기에서 궤적의 범위는 속도에 의해 좌우된다(그림 11-3). 30,000 km/hr(18,000 mi/hr 또는 5 mi/sec)로 발사되면 포탄은 저궤도(low-earth orbit)에 이르게 된다. 약 3,700 km/hr(2,300 mi/hr)의 속도는 달의 궤도를 유지시키기에 충분하다. 포탄이 그리는 궤적은 모두 타원형이며, 레오나르도가 묘사하고 갈릴레오가 수학적으로 설명한 포물선 궤적은 실제로 뉴턴과 케플러가 제시한 포물선 궤적을 근사치로 축소해 놓은 것과 같다.[12] 뉴턴의 공식에서 또 한 가지 알 수 있는 사실은, 포탄이 42,000 km/hr(25,000 mi/hr 또는 7 mi/sec)로 발사되면 '탈출 속도(escape velocity, 물체가 천체의 표면에서 탈출할 수 있는 최소한의 속도—옮긴이)'를 지니게 되어 달에 도달할 수도 있다는 것이다. 최초의 인공위성 스푸트니크가 발사되기 270년 전, 뉴턴은 이미 궤도를 얻거나 달과 외행성에 도달하는 데 필요한 속도를 산출해 낸 것이다.

뉴턴의 중력 실험은 단지 사과나 달, 지구에 적용할 수 있는 수준을 훨씬 뛰어넘는 것이었다. 이 법칙은 질량을 갖고 있는 우주의 모든 입자들에 적용되며, 그렇기 때문에 '만유인력의 법칙'이라는 표현이 나온 것이다. 이제 위성이 공전하는 거리를 위성의 공전 주기로 나눈 값을 궤도 속도(orbital velocity)라 정하면, 위성의 공전 주기의 제곱은 궤도 반지름의

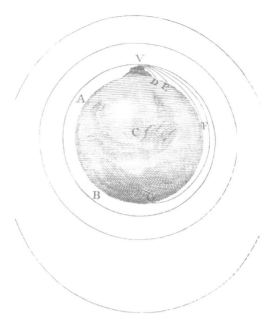

그림 11-3 뉴턴의 『프린키피아』 권두 삽화의 세부도. 산꼭대기 V지점에서 발사된 포탄들의 타원 궤적을 보여 준다. (노먼 소재 오클라호마대학 과학사컬렉션 허가에 의함.)

세제곱에 비례한다는 케플러의 제3법칙을 확인할 수 있다.

『프린키피아』는 천문학과 고전역학을 종합적으로 설명함으로써 결과적으로 하늘과 땅의 물리학을 통합했다. 이 책은 수학적인 정밀함을 바탕으로 우주의 작용에 관해 일관된 역학체계를 제공해 주었다. 계산법은 초기에 물리학적인 문제들을 해결하기 위해 발전되었지만, 수량과 관련하여 지적인 노력이 요구되는 모든 분야에서 가장 효과적인 도구임이 입증되었다.

1687년 무렵 뉴턴은 과학적인 의문들과 근본적으로 인연을 끊고 과학과 대립되는 두 분야, 즉 연금술과 종교에 관심을 쏟았다. 이 두 분야를 연구하는 데 있어서 그는 과학이나 수학에 임할 때보다 더 강한 끈기를 보였다.

1693년 그는 신경쇠약에 걸렸는데, 늘 그랬던 것처럼 은둔적이고 말 없고 성 잘 내는 모습으로 돌아오기 위해서는 수년간의 회복기를 거쳐야 했다. 그가 신경쇠약에 걸리게 된 원인은 수세대 동안 심리학자들과 역사가들, 물리학자들 사이에서 풀 수 없는 문제였다. 그에게 일신상의 위기를 가져다준 요인은 무엇이었을까? 당시 그가 기록한 노트에서 단서를 찾아보면 나쁜 실험 습관이 원인이 되었음을 짐작할 수 있다.

1980년대 초 연구원들은 왕립학회 박물관에 보관되어 있던 그의 머리카락을 가지고 중성자 방사화 분석(neutron activation analysis, 중성자 방사화 분석은 머리카락이나 손톱 샘플을 원자로에 넣고 중성자를 조사照射하여 감마선 스펙트럼을 분석하는 방법)을 실시했다. 분석 결과 마침내 죄인이 모습을 드러냈다. 뉴턴은 연금술 실험을 하면서 다량의 화학 성분, 특히 수은을 들이마셔 뇌에 손상을 입은 것이었다. 여기에서 우리는 두 가지 아이러니를 보게 된다. 역사상 두뇌가 가장 뛰어난 인물 가운데 한 명이 스스로 그 두뇌를 손상시켰다는 것, 그리고 누구보다도 그가 많은 업적을 남긴 분야인 과학이 바로 그의 발병 원인을 밝혀 주었다는 것이다. 그러나 원인이 밝혀진 것은 이미 3세기나 지난 후였기 때문에 그에게는 아무런 도움도 될 수 없었다.

뉴턴은 처음에 자국민들 사이에서 명예를 얻었다. 그리고 18세기 계몽운동이 시작되면서부터는 과학자, 철학자, 깨어 있는 군주 등 모든 지식인들로부터 존경을 받았다. 윌리엄 워즈워스는 모교인 케임브리지대학 자신의 방에서 바라보이던 경치를 떠올리며 그의 서사시 『서곡 Prelude』에 이렇게 썼다.

저만치 트리니티칼리지의 수다스러운 시계가 있었지.

밤이나 낮이나 결코 15분을 놓치지 않고

남성과 여성의 목소리를 동시에 내어

시간을 알려 주던 시계.

울려 퍼지던 오르간 소리 또한 나의 이웃이었지.

베개를 베고 누워 밖을 내다보면

달과 친절한 별들이 비춰 주는 빛을 통해

뉴턴의 동상이 서 있는 예배당 전실(前室)이 보였지.

고요한 표정으로 프리즘을 손에 쥐고

차가운 이성을 가슴에 품은 채

끝없는 생각의 바다를 홀로 항해하던……

— 『서곡』, 1850, III : 53~63

　서구문명 형성에 있어서 케임브리지대학은 다른 학문기관들이 필적할 수 없는 중요한 역할을 수행했다. 오랜 역사를 지닌 이 대학에서는 거의 모든 지적 분야에서 기념비적인 업적을 남긴 학자들이 다수 배출되었다. 둔스 스코투스(Duns Scotus), 로저 베이컨(Roger Bacon), 크리스토퍼 말로(Christopher Marlowe), 존 밀턴, 존 하버드(John Harvard), 윌리엄 하비(William Harvey), 올리버 크롬웰(Oliver Cromwell), 헨리 캐번디시, 윌리엄 워즈워스, 새뮤얼 테일러 콜리지(Samuel Taylor Coleridge), 바이런 경, 찰스 배비지(Charles Babbage), 찰스 다윈(Charles Darwin), 테니슨 경(Lord Tennyson), 루퍼트 브룩(Rupert Brooke), 제임스 클러크 맥스웰(James Clerk Maxwell), 로버트 월폴(Robert Walpole), 켈빈 경(Lord Kelvin), 스리니바스 라마누잔(Srinivasa Ramanujan), 버트런드 러셀

(Bertrand Russell), 루트비히 비트겐슈타인(Ludwig Wittgenstein), 존 케인스(John Keynes), 폴 디랙, 루이스(C. S. Lewis), 앨런 튜링(Alan Turing), 루이스 리키(Louis Leakey), 제임스 왓슨(James Watson), 프랜시스 크릭(Francis Crick), 제인 구달(Jane Goodall), 프리먼 다이슨(Freeman Dyson), 스티븐 호킹(Steven Hawking) 등이 모두 케임브리지 대학을 거쳐 간 사람들이며, 이 대학에서 배출된 노벨상 수상자만 해도 79명에 이른다(그 중 29명은 모두 캐번디시연구소 출신이다).[13]

1930년대 케임브리지대학의 한 단과대학에서는 "프랑스보다 더 많은 노벨상 수상자를 배출했다"고 주장했다. 트리니티칼리지 예배당 전실의 마주보는 긴 벽에는 케임브리지 출신 위대한 학자들의 흉상이 줄지어 서 있는데, 전실 끝을 향해 늘어선 이 흉상들이 일제히 존경의 눈빛으로 바라보고 있는 실물 크기의 동상은 창밖을 응시하고 있는 뉴턴의 동상이다. 이 동상에는 다음과 같은 글귀가 새겨져 있다. '뉴턴, 인간의 재능을 넘어선 인물(Newton, qui genus humanum ingenio superavit).'

프랑스인들은 좀처럼 영국인들을 칭찬하지 않는다. 그런데 뛰어난 지혜와 지적 청렴성의 소유자 볼테르(Voltaire)는 프랑스의 과학자들을 이렇게 비난한 일이 있다. "당신들은 뉴턴이 방을 떠나지 않고도 발견한 원리들을 지겹도록 확인만 하고 있을 뿐이오." 1727년 85세의 나이로 세상을 떠난 뉴턴은 웨스트민스터사원에 묻힌 최초의 과학자가 되었다. 그리고 이 의식과 더불어 그의 묘비에 새겨질 가장 적절한 묘비명을 뽑는 경연회가 열렸다. 최종적으로 선발된 묘비명은 장황하고 그다지 인상적이지도 않은 내용이었다. 그보다는 알렉산더 포프(Alexander Pope)의 『인간론Essay on Man』에 실려 있는 2행시가 가장 널리 알려져 있다.

자연과 자연법칙은 어둠 속에 묻혀 있었다.

주님께서 '뉴턴이 있으라!' 하시니 만물이 광명을 얻었다.

1987년 세계 전역의 과학단체들은 『프린키피아』 출판 300주년을 맞아 기념식을 거행했다. 당시 나는 몇몇 제자들과 함께 워싱턴 D.C.에서 뉴턴 기념물 전시회를 관람하고 있었다. 그의 원고와 안경들, 머리카락 한 줌, 그리고 귀중한 『프린키피아』 초판이 모두 국립 미국사박물관에 전시되었다. 나는 벽에 전시된 기하학 증명을 보며 그 간결함과 정밀함에 감탄하고 있다가, 한 안내인이 관람객들을 이끌고 전시실을 가로질러 지나가는 것을 언뜻 보게 되었다.

안내인은 뉴턴의 원고들이 전시되어 있는 곳에서 잠시 걸음을 멈추고 관람객들을 향해 말했다. 안내인이라는 입장 때문인지 그 사람의 목소리에는 힘이 실려 있었다. "이 소장품은 정확히 300년 전 출판된 유명한 책의 저자 아이작 뉴턴 경의 업적을 기념하기 위한 것입니다. 뉴턴 경은 뛰어난 영국의 과학자입니다. 그가 동성애자였다는 설도 있는데 확실한 근거는 없습니다."

뉴턴은 미분법을 고안하고, 만유인력의 법칙을 세우고, 지구물리학과 천체역학을 통합했으며, 어떻게 보면 산업혁명의 씨앗을 뿌리는 데 공헌했다고도 할 수 있는 인물이다. "……그가 동성애자였다는 설도 있는데 확실한 근거는 없습니다"라니! 안내인이 지나가는 얘기로 흘린 그 말은 전시실 안에서 끝없이 울려 퍼지는 듯했다. 안내인이라는 사람이 아이작 뉴턴에 관해 할 수 있는 말이 고작 그뿐이었던 것이다.

몰(the Mall)이라 부르는 녹음이 우거진 직사각형 구역에는 대형 박물관들이 줄지어 서 있는데, 국립 자연사박물관 바로 맞은편에 국립 항공

우주박물관이 있다. 이 박물관에는 지구 주위를 공전하는 위성들과 우주 캡슐들, 우주비행사들을 달에 데려다 주는 우주항공기 복제물, 그리고 이 우주비행사들이 가지고 돌아온 월석 표본들이 전시되어 있다. 이곳이 야말로 아이작 뉴턴을 기리는 진정한 기념관이라 할 수 있다.

레오나르도는 일찍이 과학을 받쳐 주는 초석이 수학에 있다는 사실을 인지하고 있었다. 그는 "학생들이여 수학을 공부하라, 토대도 없이 집을 짓지 말라"는 글을 남겼다. 이 직관적인 신념에서 우리는 그의 선견지명을 읽을 수 있다. 그러나 궁극적으로 우주의 수학적 본질을 밝히고 수학과 물리학을 융합한 인물은 뉴턴일 것이다. 18~19세기 물리학자들은 뉴턴 고전역학의 공식을 다듬어 열과 빛, 전기, 자기에 관한 과학적 체계를 발전시켜 나갔다.

1864년 미국에서 남북전쟁이 한창일 때 케임브리지대학 교수로 활동하고 있던 스코틀랜드의 위대한 물리학자 제임스 클러크 맥스웰은 전기학과 자기학의 이론들을 통합하여 네 개의 공식으로 압축하는 데 성공했다. 뉴턴 이후 아인슈타인이 등장하기 전까지 맥스웰이 가장 훌륭한 물리학자였다는 사실에 이의를 제기하는 물리학자는 거의 없을 것이다. 맥스웰과 동시대에 살았던 한 유명인사는 그를 가리켜 "물리학적인 문제를 해결하는 데 있어서 한 치의 실수도 허용하지 않는 사람"이라고 평했다.

19세기 말 켈빈 경을 중심으로 많은 물리학자들은, 물리학에서 중대한 의문들은 대부분 풀렸으며 이제 남은 일은 여기저기 세세한 부분들을 조정하고 몇몇 수치들을 다듬는 것뿐이라고 확신했다. 그러나 아이러니컬하게도 당시 물리학은 두 가지 대변혁으로 이어지는 문턱에 자리하고 있었다. 하나는 상대성이론이었고, 다른 하나는 양자역학이었다.

12 20세기 최고의 종합예술
The Greatest Collective Piece of Art
of the Twentieth Century

안타깝게도 레오나르도는 단 몇 점의 그림밖에 그리지 않았다. 물론 그 몇 점이 모두 놀라울 만큼 훌륭한 작품들이기는 하지만 말이다. 레오나르도는 가장 위대한 화가였다고 할 수 있지만 그가 그림이라는 분야를 가장 아꼈던 것은 아니다. 그동안 많은 미술사학자들이 추측한 것처럼 그림은 그에게 너무 쉬운 과제였을 것이다. 그가 가장 애정을 쏟은 분야는 과학이었으며, 그에게는 자연을 이해하고자 하는 식지 않는 열정이 있었다. 그러므로 지난 500년간 진행되어 온 변화 가운데 그가 가장 깊은 관심을 보였을 법한 사건은 아마도 과학 및 기술의 발전일 것이다. 그는 종종 그림이 과학이라고 주장하곤 했다. 적어도 한 측면에서 보면 레오나르도의 주장과 반대되는 진리(과학이 예술의 한 형태라는)가 존재하며, 레오나르도 역시 과학에서 드러나는 아름다움은 인정할 것이다.

우아한 아름다움은 과학뿐만 아니라 일반인들이라면 좀처럼 경험하기 어려운 과학자의 우주관에도 존재한다. 여기에서 진실은 난해한 공식을 풀어내는 추상적인 해법으로서 나타난다. 예술적인 발전과 마찬가지로 20세기 근대 물리학에서 이루어진 자연에 대한 해석은 이전 시대를 지배하던 이론적 체계들보다 추상적인 형태로 나타났다. 레너드 쉴레인은 이렇게 말한다. "『예술과 물리학*Art and Physics*』이라는 책을 탄생시킨 요인은 예술의 불가사의와 신 물리학(new physics)의 불가해성(不可解性) 사이에 존재하는 연관성, 즉 예술과 과학에서 동시에 나타난 현상이었다."[1]

나의 개인적인 소견을 말하자면, 예술과 과학은 한층 추상적인 어쩌면 비직관적이라 할 만한 성격을 띠게 되었다. 그러나 쉴레인이 물리학에 관해 말한 수학적 '불가해성(지성을 갖춘 일반인들조차 이해하기 어려운)'은 뉴턴의 시대로부터 이어져 온 것이다. 18세기 라그랑주(Lagrange)와 해밀턴(Hamilton)이 뉴턴의 고전역학을 해석한 공식들이나 19세기에 이루어진 전기와 자기에 관한 수학적 설명들은, 오늘날 현대 물리학의 수학적 수법들이 그런 것처럼 일반인들에게는 도저히 이해할 수 없는 이론들이었다. 비록 우주의 수학적 아름다움은 여전히 난해하고 가까이하기 힘든 대상으로 남아 있을지 모르지만, 과학자들이 만든 복잡한 기구나 여러 훌륭한 과학자들의 상세한 설명 덕분에 몇몇 물리적인 아름다움은 누구나 접근하기 쉬운 대상이 되었다.[2] 안타깝게도 로렌스(D. H. Lawrence)가 「팬지*Pansies*」라는 시를 쓸 당시에는 이러한 설명이 이루어지지 않은 상태였다.

나는 상대성이론과 양자론을 좋아한다.
내가 이해할 수 없는 이론이기 때문에.

그들의 말을 듣다 보면 우주가 마치 쉴 수 없는 백조처럼
이리저리 옮겨 다니는 것만 같다.
가만히 앉아 평가되기를 거부한 채.
그리고 원자들은 마치 시시각각 마음이 변하는
충동적인 물질처럼 느껴진다.

신의 의도 읽기

알베르트 아인슈타인은 자연법칙의 수학적 기반과 자신이 전개한 수학
이론의 내적 일관성에 믿음을 갖고 있었기 때문에, 처음부터 상대성이론
의 타당성에 깊은 확신을 보였다. 그러나 1922년 민족주의가 과학계에
까지 손을 뻗치자 그는 현실을 딱하게 여겨 다음과 같이 말했다. "나의
상대성이론이 성공적으로 증명된다면 독일에서는 나를 독일인이라 할
것이고 프랑스에서는 나를 세계시민이라 할 것이다. 그러나 만약 이 이
론이 합당하지 않다고 판명된다면 프랑스에서는 나를 독일인이라 할 것
이고 독일에서는 나를 유대인이라 할 것이다."[3]

　1905년은 아인슈타인에게 있어 경이로운 해였다. 그는 다섯 편의 논문
을 발표했고, 이 중 세 편은 노벨상을 수상할 만한 수준이었다. 바로 이
해에 특수상대성이론이 '운동하는 물체의 전기역학에 관하여 *The
Electrodynamics of Moving Bodies*'라는 난해한 제목으로 발표되었다.
아인슈타인은 관성계(inertial frame), 혹은 등속도운동의 기준틀(frame
of reference in uniform motion)에 대한 일반적이고 보편적인 물리법칙
의 확립을 시도하면서 비교적 간단한 두 가지 원리를 주장했다.

상대성원리라고도 알려져 있는 첫 번째 가정은 17세기부터 수용되고 있던 원리로, 관성계 내에 있는 모든 관측자는 전적으로 자신이 속해 있는 계(系)에서만 행한 실험을 통해서는 그 계의 움직임을 알 수 없다는 가정이었다.

두 번째는 직관에 반하는 특성 때문에 한층 모험적인 가정이었는데, 그 내용은 "모든 관성계에서 빛의 속력은 관측자의 상대 속도와 관계없이 일정하다"는 것이었다. 이 두 가지 가정은 동등한 계가 무한히 존재한다는 사실을 암시한다. 이 이론의 결론은, 물리학에서 길이와 질량, 시간 등은 모두 상대적으로 나타나는 개념이며 빛의 속력 c만이 절대적이라는 것이다. 물론 길이나 질량, 시간은 이들이 속해 있는 관성계에서 각각 고유의 정확한 값을 지니지만, 다른 계에 있는 관측자들이 자신들의 측정 수단으로 측정을 하면, 서로 다르면서도 한편으로 정확한 값들이 무한히 생겨나게 되는 것이다.

구체적으로 말하자면, 속도가 증가함에 따라 길이(혹은 거리)는 줄어들고 시간은 팽창하고(혹은 느려지고) 질량은 증가한다는 것이다. 물체의 길이가 짧아짐과 동시에 질량이 증가하게 되면 결과적으로 밀도는 이 두 가지가 복합된 비율로 증가한다. 광속의 87퍼센트 속력에서 물체의 길이는 반으로 줄어들고 질량은 두 배로 증가하며 밀도는 네 배가 되는 셈이다. 이처럼 놀라운 몇 가지 상대론적 효과들과 더불어 나타나는 것이, 바로 에너지와 질량이 등가(等價)관계에 있음을 간단하게 표현한 $E = mc^2$이라는 공식이다.

특수상대성이론을 발표함으로써, 아인슈타인은 모든 이론물리학자들과 수학자들에게 도전장을 던지고, 관성계뿐만 아니라 가속계(accelerated frame)에도 적용되는 일반이론을 세우기 위해 이 이론을 발전시켜 나갔다. 1915년 마침내 일반상대성이론이 공식화되었고, 이를 통해 아인슈타인이야말로 아이작 뉴턴의 명성을 이어받을 자격이 있는 탁월한 재능의 소유자라는 사실이 입증되었다. 또한 일반상대성이론은 중력과 가속도의 등가관계도 확립시켜 주었다.

일반상대성이론의 기반에 깔려 있는 가정은, 국부적으로 보면 중력에 의해 나타나는 효과와 가속계에서 나타나는 효과가 동일하게 보인다는 것으로, 이는 '등가원리(equivalence principle)'라고 알려져 있는 내용이다. 두 가지 폐쇄공간이 있다고 가정해 보자. 하나는 지구에 있는 정지된 엘리베이터이고, 다른 하나는 성간공간(천체들의 인력으로부터 멀리 떨어진 공간)에서 가속운동을 하는 우주선 안의 동등한 폐쇄공간이다.

이제 몇 가지 간단한 사고실험(Gedankenexperimenten)을 해 보자. 우선 우주선의 가속도는 지구에서 자유낙하하는 물체와 마찬가지로 정확히 $9.8\,\mathrm{m/sec^2}$이라고 가정한다. 정지된 엘리베이터 안에 있는 사람은 욕실만한 공간에 서서 자신의 무게를 느낄 수 있다. 1G의 가속도로 비행하는 우주선 안에 있는 사람 역시, 지상의 정지된 엘리베이터 안에 있는 경우와 동일한 무게를 느끼게 된다.

두 번째 사고실험에서는 정지된 엘리베이터 안에 있는 관측자가 양손에 사과를 들고 있는 경우를 떠올려 보자. 양팔을 앞으로 뻗어 손을 펴면 사과들이 $9.8\,\mathrm{m/sec^2}$의 가속도로 떨어지는 것을 볼 수 있다. 그리고 우주선 안의 폐쇄공간에 있는 사람 역시 양손에 사과를 쥐고 있다가 놓으면 사과들이 $9.8\,\mathrm{m/sec^2}$의 가속도로 '떨어지는' 것을 볼 수 있다(실제로는 바닥이 올라오는 것을 보게 되는 것이다). 이 사람의 관점 혹은 '기준틀'에서 보이는 효과는 동일하거나 거의 동일할 것이다. 그런데 미묘한 차이점이 하나 있다. 우주선 안에서는 사과들이 줄곧 평행한 궤적을 그리며 떨어지는 반면, 중력장 안에서 사과들이 떨어지며 그리는 '평행선'들을 연장해 보면 바닥으로부터 6,400킬로미터 아래 있는 지구의 중심에서 한 점에 모이게 된다는 것이다(에라토스테네스가 지구 반지름을 측정하는 데 사용했던 막대들의 경우와 같다).

아인슈타인은 장(場) 방정식을 통해, 만곡 혹은 '휨(warping)' 현상의 원인인 질량에 따라 공간-시간 곡률이 나타난다는 사실을 예측했다. 천체 부근을 지나는 빛은 공간-시간의 곡률에 따라 곡선 궤적을 그리며 이 구역을 가로지르게 되고,⁴ 빛이 지나는 길은 최단 경로로 나타난다는 것이 그의 예측이었다. 아인슈타인의 일반상대성이론이 발표되고 2년이 채 지나지 않아 영국과 독일의 과학자들은 케임브리지대학의 천체물리학자 아서 에딩턴 경(Sir Arthur Eddington)의 지휘 아래 남아프리카로 가서 일반상대성이론의 예측들을 검증하는 실험에 착수했다. 이 지역에서는 개기일식이 일어날 예정이었다.

상대성이론에 따르면 태양의 중력장에서 일어나는 빛의 만곡현상의 결과로, 태양 표면에 가려져 있던 별이 눈에 보이게 될 터였다. 예정대로 달이 태양 표면을 가렸고, 태양 바로 뒤에 있던 별이 태양 주변에서 모습을 드러냈다. 태양 옆을 지나는 별의 광선이 휘어지면서, 일식이 일어난 남아프리카 상공의 예측된 지점 쪽으로 방향을 튼 것이다. 물론 관측 사진을 통해 추정한 별의 위치는 실제로 알려져 있는 별의 위치와 엄청난 거리 차이가 있었다. 거대한 천체는 이처럼 빛을 휘어지게 만드는 '중력 렌즈(gravitational lens)'로 작용하는 것이다.

1986년 프린스턴대학의 천체물리학자들이 촬영한 사진에서는 한 은하가 서로 조금 떨어진 두 지점에서 모습을 드러냈다. 지구와 이 은하 사이에 보이지 않는 질량이 존재함으로 인해 나타난 현상이었다. (사실, 실제 은하는 중력렌즈 역할을 하는 보이지 않는 거대한 천체 바로 뒤에 있는 것이었다.) 10년 후 허블우주망원경은 중력렌즈 현상을 완전한 원형의 이미지로 포착해 냈다. 은하는 그 빛이 방사상으로 퍼져 나가 원의 형태를 띠고 있었다. 지구와 은하를 잇는 일직선상에 끼어 있는 거대한 천체가 망원경에 모습을 드러내지 않은 상태에서 은하로부터 광선들을 모아 한 지점, 즉 지구로 보낸 것이다.

일반상대성이론은 가속운동을 하는 로켓(가짜 중력장pseudogravitational field) 내의 시간이 꼬리 부분보다 머리 부분에서 더 빠르게 흐른다는 사실도 예측했다. 그렇다면 비슷한 경우로 중력장 내에 있는 고층 건물에서 시간은 지하실에서보다 꼭대기 층에서 더 빨리 흐르게 되고, 따라서 지하실에 있는 사람보다 꼭대기 층에 있는 사람이 더 빨리 나이를 먹게 될 것이다. 1960년 하버드대학의 로버트 파운드(Robert Pound)와 한스 레브카(Hans Rebka)는 실험을 통해 중력이 시간의 흐름에 미치는 영향을 확인했다.[5]

일반상대성이론을 발표하고 2년 후 아인슈타인은 이 이론을 우주론 (cosmology)에 적용하여 연구하기 시작했다. 아인슈타인 방정식을 푸는 정밀한 해법은 35세의 러시아 수학자 알렉산더 프리드만(Alexander Friedman)이 세상을 떠나기 1년 전인 1924년에 처음으로 제시했는데, 그의 방법에 따르면 방정식의 해(解)는 고정적이지 않았다. 이 풀이를 통해 그는 우주가 결코 정지해 있지 않고 팽창하거나 수축한다는 사실을 예언했다.

그러나 당시에는 우주가 안정적이지 않을 수도 있다는 사실을 뒷받침 하는 물리학적 근거가 없었기 때문에 아인슈타인은 자신의 방정식에 오차 범위(fudge factor)를 도입해야 할 필요성을 느꼈다. 이것이 바로 그

유명한 우주상수(cosmological constant)다. 방정식에 우주상수를 도입함으로써 아인슈타인은 정적인 우주론을 만족시킬 수 있었다. 어떤 심술궂은 사람은 이렇게 말할지도 모르겠다. "의사는 실수를 매장하고 건축가는 담쟁이덩굴로 덮어버리고 이론물리학자는 상수를 도입한다."

1929년 허블은 은하와 은하 사이의 간격이 점점 벌어지고 있으며 그 간격이 멀면 멀수록 더 빠르게 벌어진다는 사실을 발견했다. 간단히 말해 우주는 팽창하고 있었던 것이다. 이에 아인슈타인은 처음의 방정식을 있는 그대로 받아들였어야 했음을 깨닫고 상수를 삭제했다.

그 이후로도 수십 년 동안 어떤 과학자들은 팽창우주론에 대해 회의적인 입장을 취했다. 우주 팽창은 일반상대성이론에서 예측된 태초 폭발의 결과라 할 수 있다. 팽창우주론에 대해 가장 소리 높여 이의를 제기한 사람은 영국의 천체물리학자 프레드 호일(Fred Hoyle)로, 그는 우주가 안정된 상태를 유지하거나 스스로 끊임없이 물질을 다시 생성한다는 견해를 지지했다. 그런데 아이러니컬하게도, 호일이 팽창우주론을 조롱하는 의미로 썼던 표현이 바로 현재까지 사용되고 있는 '대폭발(big bag)'이라는 표현이다.

1965년 미국 뉴저지주 머레이힐의 벨연구소(Bell Laboratories)에서 일하던 아노 펜지어스(Arno Penzias)와 로버트 윌슨(Robert Wilson)은 태초 폭발의 흔적으로 여기저기 남아 있는 마이크로파 배경복사선(background microwave radiation)을 탐지했다. 마이크로파 배경복사선은 시적인 표현으로 '창조의 속삭임(whisper of creation)'이라고 불리기도 한다. 이 배경복사선의 발견은 대폭발설에 대한 부인할 수 없는 증거를 제시해 주었지만, 한편으로는 논쟁의 여지가 있는 새로운 문제를 초래했다. 배경복사의 균질성에서 나타난 초기의 균일한 우주가 어떻게

'울퉁불퉁한 우주'로 진화할 수 있었을까?

균일한 우주로부터 주름이나 반점 등이 형성되어 결과적으로 현재의 울퉁불퉁한 우주가 되었다는 사실이 밝혀지기까지는 27년이라는 시간이 걸렸다. 1992년 우주 배경복사 탐사선(COBE, Cosmic Background Explorer)이 배경복사에서 나타나는 약 10^{-5}, 즉 10만 분의 1 정도의 미세한 변이를 발견한 것이다. 우주를 울퉁불퉁하게 만드는 '덩어리' 가운데 가장 가까운 예를 들어 보자. 태양과 주변 행성들, 그리고 지구와 그 안에 있는 생물 및 미생물들, 당신이 지금 읽고 있는 이 책까지 포함한 우리의 태양계는 한때 커다란 하나의 별을 구성하는 물질이었다. 이 별이 폭발하면서 (약 47억 년 전) 구성 물질들을 분산시켰고, 약 45억 년 전 중력을 매개로 하여 이 물질들이 마침내 태양계로 고착된 것이다. 하나의 별을 구성하는 물질들이 재생되어 탄생한 우리들은 모두 이 별의 후손이라 할 수 있다.

지난 40여 년 동안 축적된 자료들은 주요한 의문점들을 해결해 주었다. 그러나 동시에 새로운 의문들을 낳기도 했다. 이 우주는 시작과 끝이 있는 일회적인 우주일까, 아니면 팽창하고 수축하면서 끊임없이 물질을 재생하는 반복적인 우주일까? (최근까지 수집된 증거들은 우주가 끝없이 팽창한다는 견해를 뒷받침한다. 그러나 이 또한 간단하지가 않다. 이 증거들에 따르면 우주의 팽창 속도가 잠시 느려졌다가 어느 순간 빨라지기 시작했다는 것이다. 현재 우리는 팽창 속도가 점점 가속화되고 있는 우주에 살고 있는 셈이다.) 자연의 상수(constant)들은 영원불변한 것일까, 아니면 변할 수도 있을까? (이 문제가 해결되면 과거에 우주가 감속 팽창하다가 어느 순간부터 가속 팽창하기 시작했다는 관측 결과를 설명할 수 있을 것이다.)

또 다른 의문들도 제기될 수 있다. 대폭발 이전에도 무언가 존재하고 있다가 이 격변의 사건으로 인해 이전에 우주가 존재했던 흔적들은 모두 파괴된 것일까? 어딘가에 이 우주와 동등한 다른 우주가 존재할 수도 있을까? 지구 밖에도 생명체가 존재할까? 만약 그렇다면 그 생명체들에게도 지능이 있을까? 다른 태양계가 탐지된 일은 있었지만, 현재까지 지구 밖에 생명체가 존재한다는 흔적이 발견된 적은 없다.

허블우주망원경과 여타 유인우주실험실(space laboratory)들이 발사되면서, 그리고 눈에 보이지 않는 스펙트럼 영역(spectral region)을 망원경으로 조사할 수 있게 되면서, 처음으로 관측상의 증거들이 수리물리학에서 제시되는 이론적인 모형들을 따라잡을 수 있게 되었다.[6] 행성이나 별, 은하들, 그리고 성간기체들까지 거대한 물질들은 모두 근본적으로 원자와 분자, 원자핵, 핵입자(양성자와 중성자)들로 구성되어 있으며, 핵입자는 쿼크(quark)들로 이루어져 있다. 이 물질들의 내부 구조를 이해하려면 분광학(spectroscopy)의 도움을 받아야 한다. 다양한 전자기 스펙트럼 영역에서 빛의 복사 연구를 기반으로 하는 분광학은 굉장히 효과적인 조사 방법의 표본이라 할 수 있지만, 이와 같은 조사는 어디까지나 간접적으로 이루어진다. 한 가지 비유를 들어 보자면, 지붕에서 피아노가 바닥으로 떨어져 부서질 때 나는 소리를 듣고 피아노의 구조를 연구하는 것과 같다고 할 수 있다.

아인슈타인의 특수상대성이론과 일반상대성이론은 뉴턴의 역학과 맥스웰의 전기역학 사이에서 나타나는 수학적인 부조화를 해결해 주었으며, 그 과정에서 시간의 차원과 3차원 공간이 빠져나갈 수 없이 얽혀 있는 4차원 공간-시간이 제시되었다. 특수상대성이론은 자연을 해석하는 이론적 틀의 전환을 불러왔다. 그리고 일반상대성이론은 전체적인 이론적 틀의 대변동을 의미하는 것이었다. 아인슈타인이 묘사한 세계는 뉴턴이 설명한 세계와는 확연히 달랐고, 때문에 아인슈타인은 엄청난 대선배에게 이런 사과의 글을 남겼다. "뉴턴, 나를 용서하시오. 당신은 그 당시 가장 뛰어난 사고력과 창조력을 지닌 사람만이 발견할 수 있는 유일한 길을 찾아냈소."[7]

스콰이어(J. C. Squire)는 알렉산더 포프가 뉴턴에게 존경을 표하며 쓴 2행시를 비틀어 다음과 같이 아인슈타인의 공헌을 알리는 2행시를 썼다. "그러나 오래가지 않았다. 악마가 '호!' 하고 외치며 / '아인슈타인이 있으라!' 하니 모든 것이 원상태로 되돌아갔다."

아인슈타인이 특수상대성이론과 일반상대성이론을 발표한 후 벌써 한 세기의 대부분이 흘러갔지만, 이 이론들의 영향력과 탄력성은 계속해서 입증되고 있다. 두 이론은 모두 확립된 자연의 법칙이다. '이론(theory)'이라는 그릇된 명칭의 사용은 과학자들의 잘못된 관습을 반영한다. 반대로 '법칙(law)'으로 분류되는 빈(Wien)의 법칙과 레일리-진스(Rayleigh-Jeans)의 법칙은 둘 다 독창적인 가설이기는 하지만 정확한 이론은 아니다. 이 두 가설의 장점이 결합되어 플랑크(Planck)의 흑체복사법칙(blackbody law) 공식 설계에 영향을 미침으로써 마침내 양자역학이 탄생하게 되었다.

20세기 물리학의 발전은 이탈리아 르네상스 예술의 발전을 상기시킨다. 1900~32년 물리학은 르네상스를 맞았고, 1924~28년이라는 단기간 동안 양자역학이 공식화되면서 물리학의 르네상스는 절정기에 이르게 되었다. 야콥 브로노프스키는 〈인간 등정의 발자취〉에서 이 시기에 이루어진 과학적인 발견들을 가리켜 '20세기 최고의 종합예술'이라고 표현했다. 현대 물리학자 프랭크 윌첵(Frank Wilczek)은 그의 저서 『양자역학이란 무엇인가 What is Quantum Mechanics』에서 이렇게 말하고 있다.

"양자역학을 세운 인물들은 유추와 미학의 도움을 받았으며, 궁극적으로는 실험을 거치는 동안 자연과 심오한 대화를 나눔으로써 길을 찾을 수 있었다."[8] 그는 폴 디랙이 양자역학의 수학 연산자들을 공식화할 때, 그리고 그 이론의 기반에 깔린 원리들을 소개할 때 품었던 생각들을 배경으로 이렇게 말한 것이다. 폴 디랙이야말로 그 어떤 물리학자보다도 수학에 내재된 아름다움이 자연법칙의 탐구에 비옥한 토양을 제공한다는 사실을 믿은 인물일 것이다.

양자역학을 발전시킨 주인공들

> 나이는 모든 물리학자들이 두려워해야 할
> 무시무시한 공포다.
> 삼십대가 지나서도 진전이 없다면
> 차라리 죽는 편이 낫다.
> ― 디랙(1902~1984)

이 글은 수학자들과 물리학자들 사이에 퍼져 있는 생각을 반영하고 있다. 대부분의 다른 과학자들과 달리 수학자들과 물리학자들의 창조적인 절정기는 일찍 나타난다. 알베르트 아인슈타인 역시 이와 비슷한 말을 한 일이 있다. "삼십대 이전에 과학적인 업적을 달성하지 못한 사람은 그 후로도 결코 성공할 수 없다." 아이작 뉴턴의 경이로운 해는 23~24세 때였고 아인슈타인의 경우 26세 때였다. (이러한 패턴이 나타나는 또 다른 분야는 음악이다. 그리고 소설과는 대조적으로 서정시 분야에서도 이런 패턴이 나타난다.) 폴 에이드리언 모리스 디랙(Paul Adrien Maurice Dirac)이 남긴 시적 유산은 그의 과학적 업적에 결코 비길 만한 수준이 못 되었지만, 수리적인 과학에 관해 그가 남긴 이 말은 그야말로 완벽한 표현이었다. 그가 이룩한 과학적 업적들은 그를 역사상 가장 위대한 과학자들의 대열에 올려놓았다.

1902년 영국 브리스틀에서 태어난 디랙은 21세 때 상대성이론의 최신 분야를 연구할 계획으로 케임브리지대학 대학원에 입학했다. 그러나 이 유서 깊은 학술기관에 도착한 후 그는 새로운 지도교수 파울러(Ralph H. Fowler)의 조언에 따라 양자론의 새로운 분야를 연구하기로 마음을 바꿨다. 이 이론은 1900년 막스 플랑크(Max Planck)가 발열체에서 나오는 복사열의 특성을 설명하여 발표한 논문에 뿌리를 두고 있었다. 논문의 내용은, 빛을 포함하여 전자기 방사선(electromagnetic radiation)이 '광양자(quantum of radiation)' 혹은 '광자(photon)'라 불리는 다발에서 방사된다는 것이었다. 플랑크의 이론은 그 중요성에도 불구하고 좀처럼 받아들여지지 않다가 아인슈타인에 의해 그 타당성이 입증되었다. 아인슈타인은 1905년 광전효과(photoelectric effect)를 설명하는 데 이 아이디어를 적용했고, 이 수학적 해석을 통해 1921년 노벨상을 수상했다. (한편 플랑크는 1918년에 노벨상을 수상했다.)

1913년 닐스 보어(Niels Bohr)는 양자론을 도입하여 원자모형을 제시했다. 그의 견해에 따르면 전자들은 원자핵 주변에서 동심원 궤도를 그리며 돌고, 각각의 궤도 반지름은 정확하게 정해져 있다. 전자가 한 궤도에서 더 낮은 궤도로 떨어질 때는 원자가 광자 형태의 에너지를 방출한다. 반대로 원자가 광자를 흡수하면 전자가 낮은 궤도에서 높은 궤도로 이동하여 원자는 '들뜬 상태'가 된다.

1915년 아르놀트 좀머펠트(Arnold Sommerfeld)는 보어가 제시한 원궤도 이외에 타원 궤도를 도입하여 보어의 원자모형을 재정비했다. 재정비된 원자모형은 가장 단순한 원자, 즉 수소의 구조를 설명하는 데 더할 나위 없이 효과적이었다. 뉴턴역학이나 맥스웰의 전기역학에서는 불가능했던 일이다. 1917년 아인슈타인은 플랑크의 에너지양자화(quantization of energy)가설과 보어의 이론을 활용하여 유도 방사에 의한 빛의 증폭현상을 설명했다. 이러한 추측을 통해 그는 MASER와 LASER[9]에 관한 아이디어를 40년이나 앞서 제시한 것이다. 실질적인 장치가 처음으로 등장한 것은 1950년대에 이르러서였다. 보어는 아인슈타인보다 1년 뒤인 1922년 노벨물리학상을 수상했다.

그러나 이미 1915년 무렵부터, 가장 유력한 이론에 심각한 결점들이 있다는 증거가 드러나기 시작했다. 소위 '구양자론(old quantum theory)'이라 불리는 이 이론으로는 수소 이상의 원자들은 물론 분자와 원자핵들도 설명할 수 없었다. 이러한 난국은 거의 10년 가까이 해결되지 않았다.

1924년 소르본대학의 젊은 과학도 루이 드 브로이(Louis de Broglie)는 흥미로운 가설을 바탕으로 박사학위 논문을 제출했다. 미립자 형태의 '물질'이 빛과 마찬가지로 입자와 파동의 이중성을 지닌다는 가설이었다. 실제적인 물리학적 혹은 수학적 근거가 없는 이 논문은 과학자들로부터 인정받지 못했고, 자유분방한 파리에서 틈만 나면 튀어나오는 신빙성 없는 의사과학(擬似科學) 이론들처럼 하마터면 수북한 서류더미 속에 묻혀 버려질 뻔했다. 드 브로이의 가설이 다시 검토될 수 있었던 것은 그가 귀족 출신이라는 사실 덕분이었다. 루이 드 브로이의 집안은 세습 귀족이었다. 그는 내향적이고 숫기없는 공작이었지만, 역시 물리학자였던 그의 형은 전혀 그렇지 않았다. 물리학과의 주임교수 랑주뱅(Langevin)에게 루이의 가설을 신중히 검토해 달라고 압력을 넣은 것은 바로 외향적이고 말주변 좋은 그의 형이었다.

랑주뱅은 골치 아픈 딜레마에 빠졌다. 드 브로이의 이론이 틀렸다면 이를 받아들인 물리학과는 소르본대학을 국제 물리학계의 웃음거리로 만들었다고 비난받을 것이 뻔했다. 반대로 드 브로이의 이론이 옳다고 판명이 난다면 이를 퇴짜 놓았던 그들은 마찬가지로 어리석게 보일 터였다. 그런데 랑주뱅에게도 그리고 물리학의 미래에도 다행스럽게, 그와 친분이 있는 알베르트 아인슈타인이 이곳을 방문했고 랑주뱅은 이 딜레마를 풀 수 있는 기회를 얻게 되었다. 그는 아인슈타인에게 이렇게 설명했다. "물론 이 논문에 대해서는 우리 나름대로 판단하고 있지만 자네가 한번 검토해 보고 의견을 준다면 고맙겠네."

아무리 훌륭한 학자라 해도 당장 대답하기 어려운 문제에는 부담을 느낄 수밖에 없다. 아인슈타인 역시 얼마간의 시간을 달라고 요청했다. "하룻밤 자며 생각해 보지요." 이렇게 말하면서 그는 혹시 뒤늦게라도 식견이 떠오르기를, 아니면 문제가 사라져 버리기를 바랐다. 그러나 아인슈타인은 잠을 잘 수도 없었고 이 문제를 없애 버릴 수도 없었다. 다음날 그는 랑주뱅에게 이 논문이 굉장히 '흥미로운 가설'이며 시간이 더 필요하다고 말했다.

아인슈타인은 드 브로이의 논문을 취리히대학 물리학과 교수인 피터 디바이(Peter Debye)에게 보냈다. 실험물리학자인 디바이는 이 논문을 해결하지 못하고, 교수재직 심의를 앞둔 오스트리아 출신 젊은 물리학자 에르빈 슈뢰딩거(Erwin Schrödinger)에게 넘겼다. "이 논문을 읽고 한번 평가해 보게. 다음 달에 있을 학과 세미나에서 이 내용을 논의해 보는 것도 좋겠지." 디바이가 자리를 떠나고 나서 그는 당황한 표정으로 잠시 굳어 있었다. 그러고는 두 손을 들고 단념하듯 중얼거렸다. "이런 파동설은 들어 보지도 못했는걸. 방정식도 없잖아." 그러나 잠시 후 그는 다시 제자리로 돌아왔다. "어디 방정식을 유도할 수 있는지 한번 보자." 슈뢰딩거가 이 연구에 특별히 큰 관심이 있었던 것은 아니다. 그러나 이 작업은 학과의 주임교수가 요청한 것이고, 그는 교수재직 심의를 앞두고 있었다.

수학적 재능이 뛰어났던 슈뢰딩거는 2주 동안 스위스 아로자(Arosa) 지방의 휴양지에 있는 산장으로 떠나 있었다고 한다. 그는 어린 정부와 함께 이곳에 갔다가 2주 후 해법을 가지고 돌아왔다. 드 브로이의 가설에는 아무런 문제가 없었다. 슈뢰딩거는 산정에서 내려올 때 디바이를 안심시켜 줄 두 가지 '계율(Commandment)', 즉 두 가지 파동방정식도 가져왔다.[10] 이상하게도 이 이론이 막상 학과 세미나에서 발표될 때는 특별히 열광적인 반응이 없었다. 하지만 곧 슈뢰딩거의 시간의존방정식 (time-dependent equation)과 시간독립방정식(time-independent equation)으로 알려지게 된 이 방정식들은, 뉴턴의 제2법칙이 고전역학의 전반적인 문제들을 해결하는 출발점이 되었던 것처럼, 양자론의 수많은 문제들을 풀어나가는 데 있어서 출발점이 되었다. 슈뢰딩거가 드 브로이의 가설을 인정했다는 소식은 곧바로 아인슈타인에게 전해졌다. 그리고 아인슈타인은 소르본에 있는 랑주뱅에게 이런 메시지를 보냈다. "그 젊은이에게 박사학위를 주십시오. 그에게 박사학위를 주어도 물리학에 해가 될 일은 하나도 없습니다!"

1925년 슈뢰딩거는 파동역학이론을 발표했다. 드 브로이의 가설은 매우 장래성 있는 이론임이 판명되었고, 아인슈타인은 그의 논문 승인을

추천한 다음해인 1925년 이번에는 그를 노벨상 후보로 추천했다.[11]

이와 같은 해에 23세의 독일 물리학자 베르너 하이젠베르크(Werner Heisenberg)는 다른 관점에서 물리학에 접근하여 '불확정성원리(uncertainty principle)'를 세우고, 두 젊은 물리학자 막스 보른(Max Born)과 파스쿠알 요르단(Pasqual Jordan)의 도움으로 이듬해 '행렬역학(matrix mechanics)'을 완성했다.

하이젠베르크의 불확정성원리는, 아주 작은 물질 범위에서는 위치와 운동량이 불확정한 관계에 있음을 수학적으로 정확하게 설명한 원리이다. (운동량은 질량에 속도를 곱한 값이다.) 간단히 말하자면 위치와 운동량을 동시에 정확하게 측정할 수 없다는 것이다. 이 원리에서는 다음과 같은 선택적인 표현들이 등장한다. "원자나 입자, 광자 등과 같은 미세한 물질들은 인지되고 측정되기 전까지는 존재하는 것이 아니다. 그리고 하나의 측정을 거쳐 값이 얻어지면, 그 다음 측정에서는 이전 측정에서와 같은 값이 산출되지 않는다."

측정에 사용되는 도구가 영향을 미쳐 측정을 오히려 방해한다는 의미에서, 불확정성원리라는 말은 정량적인 표현과는 관계가 없더라도 다른 분야에서 역시 사용되는 어휘다. 사회과학자들, 특히 여론조사원들 사이에서 불확정성원리는 자주 언급되고 이해하기 쉬운 개념이다. 그러나 사회학적인 해석은 물리학적인 해석과 똑같지는 않다. 사회학에서 불확정성원리는 예컨대 여론조사가 행해지기 전에 조성되어 있던 여론이, 조사 결과가 알려지면서 그 결과로 인해 오히려 반대로 흐르는 현상을 설명할 때 사용되는 개념이다. 그러나 물리학에서 불확정성원리는 근본적으로 극히 미세한 영역에서 물질의 입자와 파동 이중성을 설명할 때 사용된다.

1926년에 이르러 드라마는 고조되었다. 당시 원자 규모에서 일어나는 현상들을 연구하는 물리학에는 두 가지 접근법이 있었다. 두 가지 모두 수소원자보다 복잡한 구조를 설명하는 방법이었다. 두 접근법은 전혀 다른 기본 원리를 토대로 하고 있었지만, 결과적으로 각각의 성과는 공통된 분야에 토양을 제공했다. 두 접근법이 모두 유효했던 것은 단지 우연이었을까?

　1년이 채 안 되어, 말수 적고 은둔적이며 대륙의 핵심 물리학자들과 관계없이 독립적으로 연구를 수행하던 24세의 디랙은, 근본적이고 자명한 이론을 전개하는 데 있어서 이 두 가지 유형의 양자역학이 수학적으로 동등함을 입증했다. 그 전에 과학사에서 이처럼 두 분야의 통합이 이루어진 경우는 서너 번에 불과했다. 우선 17세기에 뉴턴이 천체물리학과 지구물리학을 통합한 예가 있었다(1687). 19세기에는 맥스웰이 전기학과 자기학, 그리고 광학을 통합했다(1864). 그리고 같은 세기 말 볼츠만(Boltzmann)과 깁스(Gibbs)가 각자 고전역학과 열역학을 통합하여 통계역학(statistical mechanics)을 세웠다. 마지막으로 20세기 초 아인슈타인이 민코프스키(Minkowski)의 수학을 적용한 특수상대성이론으로 3차원 공간과 1차원 시간을 연결했다. 그리고 10년 후 그는 비유클리드 기하학을 이용하여 중력에 관한 이론을 보다 발전시킨 일반상대성이론을 제시했다.

　역사상 가장 위대한 과학 이론이라 불리는 양자역학은 물리학의 르네상스에서 최절정기를 상징하는 표본이었다. 이 이론의 간결한 이치들과 내적 일관성, 수학적인 정확함, 그리고 결과적으로 놀라운 성과가 모두 결합되어 인간의 아름다운 순수 창조물, 즉 하나의 예술 걸작품을 이루고 있다. 양자역학의 형식적인 부분을 살펴보면 에너지나 운동량, 위치 등의 물리량(observable)들은 모두 수학적 연산(고유값방정식eigenvalue equation)에 쓰이는 연산자(그 자체는 측정 불가능한)와 밀접한 관계가 있다. 고유값방정식은 물리량들을 고유하고 측정 가능한 고유값의 형태로 산출한다. 또한 고유값방정식은 또다시 측정 불가능한 파동함수(wave function), 즉 고유함수(eigenfunction)들을 산출해 내기도 한다. 그러나 이러한 고유함수들은 입자들의 위치나 운동량 등의 확률적 수치를 산출하는 데 이용될 수 있다.

입자들이 이중성을 지니고 파동처럼 운동한다는 드 브로이의 가설은 부분적으로만 옳았다. 하지만 바로 이 가설로 인해 양자역학이 시작되었다고 해도 과언이 아니다. 이 이론에는 마치 낙타가 바늘구멍을 뚫고 지나간다는 말을 상기시키듯, 에너지가 부족한 입자들이 에너지를 잃지 않고도 에너지장벽을 통과하는 '터널링효과(tunneling)'나, 심지어 하나의 입자가 동시에 두 위치에 존재하는 현상 등 혼란스러운 내용들이 가득하다. 파동함수가 확률 진폭(probability amplitude)의 역할을 한다는 사실은 드 브로이의 물질파이론에서 먼저 등장했지만, 보른의 연구로부터 영향을 받은 바가 크다. 보른은 1925년 처음으로 '양자역학'이라는 표현을 소개한 인물이다. 그는 케임브리지대학 물리학 교수로 있던 시절 양자역학 이론 발전의 공헌자로서 노벨상을 수상했다(1954). 현대 물리학의 선구자 중 한 사람임에도 우리에게는 그의 손녀인 배우 겸 가수 올리비아 뉴튼존(Olivia Newton-John)만큼 그의 이름이 익숙하지는 않다.

고전역학의 특징을 이루던 결정론적 인과율과 대조되는 양자역학의 확률적 본질은 고전역학 옹호자들에게 받아들여지지 않았다. 사실 불확정성원리에 기초한 새로운 이론에 가장 소리 높여 반대한 인물은 아인슈타인이었다. 그는 이 이론을 비판하며 "신은 주사위놀이를 하지 않는다"

라는 유명한 말을 남겼다. 이 말에 아인슈타인과 매우 가까웠던 보어는 양자역학을 옹호하며 이렇게 반격했다. "신이 주사위놀이를 하든 말든 당신이 상관할 바가 아니오." 양자역학이 등장한 후 4분의 3세기가 지난 지금은 물리학자들 사이에서 '우월한 이론'은 존재하지 않는다는 전반적인 합의가 이루어졌다.

1928년 디랙은 그의 걸작, 상대론적인 파동방정식을 발표했다. 이 방정식을 통해 그는 물질과 대립되는 반물질(antimatter)의 존재를 예견했다. 전자의 반립자(反粒子)로서 양(+)으로 대전된 양전자(positron) 혹은 반전자(antielectron), 그리고 양성자가 음(-)으로 대전된 반양자(antiproton) 등이 대표적인 반물질들이다.

이 이론이 발표되고 4년 후 칼텍(Caltech, 캘리포니아공대)의 젊은 물리학자 칼 데이비드 앤더슨(Carl David Anderson)이 양전자를 발견했다. 그는 단순 에너지(우주복사로 지구에 내리쬐는 감마방사선 형태)가 금속판을 통과할 때 갑자기 '물질화(materialize)' 하면서, 음전자와 양전자로 이루어진 전자쌍으로 변환되는 것을 볼 수 있었다. 반대로 음전자와 양전자가 충돌했을 때는 '쌍소멸(pair annihilation)' 과정을 통해 서로를 파괴하면서 총 에너지가 $E = 2mc^2$인 한 쌍의 (반대 방향의) 감마선 광자를 방출하는 것으로 나타났다. 디랙의 예견을 입증한 이 발견으로 앤더슨은 1938년 노벨물리학상을 수상했다. 그러나 충분한 가속 에너지를 공급할 수 있는 입자가속기(particle accelerator)가 개발되어 반양자와 반중성자(antineutron)를 발생시킬 수 있게 된 것은 1950년대 중반에 이르러서였다.

이 이론은 수학적으로 매우 어렵기 때문에 학부 과정에 있는 물리학도라면 디랙의 이름조차 접하는 일이 없을 수도 있다. 하지만 대학원 이상의 과정에서는 그의 이름을 빼놓을 수 없다. 이토록 중대한 업적을 남긴 인물이 그 분야의 전문가들에게만 알려져 있다는 사실은 매우 의아한 일이지만, 수수께끼 같은 성격의 그에게 이러한 사실은 아무런 문제가 되지 않았다. 내향적이고 앞에 나서기를 꺼려 하는 그는 노벨상 수상을 거절하려 했다. 상을 수락하면 훨씬 더 위대한 학자로서 자리 잡을 수 있을 거라는 주위의 조언을 듣고 나서야 그는 마음을 바꿔 상을 받아들였다.

위대한 물리학자들의 이름은 특정 단위의 명칭으로 사용되는 경우가 많다. 힘의 단위인 뉴턴(newton), 에너지의 단위인 줄(joule), 압력의 단위인 파스칼(pascal), 전류의 단위인 암페어(ampere) 등이 그 대표적인 예다. 극히 말수가 적었던 디랙의 이름은 '1년에 한 마디'라는 특이한 단위의 명칭이 되었다. 물론 킬로디랙(KiloDiracs)이나 메가디랙(MegaDiracs)과 같은 더 큰 단위들도 있지만 디랙 자신은 이처럼 큰 단위들은 거의 사용하지 않았다. 케임브리지대학에서 보낸 40년 가까운 세월 동안 디랙은 루카스 석좌교수 자리에 있었다. 한때 아이작 뉴턴이 지냈고 현재는 스티븐 호킹이 맡고 있는 자리다.

1927년 벨기에 솔베이연구소(Solvay Institute)에서 열린 학회에서 학자들은 난해하고 추상적이며 반직관적인, 그러나 매우 성공적인 이 이론의 기초에 어떤 원리가 깔려 있는지에 관해 논의했다. 그리고 회의 막바지에 참가자들은 한자리에 모여 일종의 '가족사진'을 촬영했다(그림 12-1). 이 사진 속에는 드 브로이와 슈뢰딩거, 하이젠베르크, 디랙 등 양자역학을 일으킨 젊고 유능한 이론물리학자들의 모습도 담겨 있다. 또한 대표적인 반혁명주의자 알베르트 아인슈타인과, 닐스 보어도 젊은 물리학자들의 '면담자(Father Confessor)'[12]로서 함께 자리하고 있다. 현대 물리학(자연철학)의 선구자들을 담은 단체사진으로서, 이 사진은 라파엘로가

그림 12-1 1927년 솔베이학회 참가자들. 앞줄에 앉아 있는 사람들은 대부분 보수주의적인 학자들이다. 왼쪽 두 번째부
터 막스 플랑크, 마리 퀴리, 헨드리크 로렌츠, 알베르트 아인슈타인, 폴 랑주뱅. 둘째 줄에서 왼쪽 첫 번째는
피터 디바이, 다섯 번째는 디랙, 일곱 번째는 드 브로이, 그 옆은 막스 보른, 마지막은 닐스 보어. 셋째 줄 왼
쪽에서 여섯 번째는 에르빈 슈뢰딩거, 여덟 번째는 볼프강 파울리, 아홉 번째는 베르너 하이젠베르크. (1927
년 벤저민 쿠페리Benjamin Couperie 촬영, 솔베이 국제 물리학회. 에밀리오 세그레 기록사진Emilio Segré
Archives.)

그린 〈아테네학당〉에 대한 20세기의 회답이라 할 수 있다. 사진 속에 있
는 29명이 받은 노벨상은 총 20회에 이른다. 퀴리 부인(Madame Curie)
은 물리학과 화학에서 각각 한 번씩 두 번 수상했다.

21세기로 들어선 현재까지도 물리법칙의 재정비는 계속되고 있다. 완
전한 결론은 아직도 내려지지 않았다. 물리학자들은 우주가 네 가지 기
본적인 힘으로 이루어져 있다고 생각한다. 중력과 전자기력, 그리고 강
력(강한 핵력)과 약력(약한 핵력)이 바로 그것이다. 우주 역사가 시작될
때(물리학자들이 말하는 최초의 시간은 '플랑크 시간Planck time'이라 알려
져 있는 10^{-43}초이다) 세상에는 한 가지 근원적인 힘만이 존재했고, 여기
에서 개별적인 네 가지 힘이 분리되어 나왔다는 것이 일반적인 믿음이

다. 대폭발설에 따르면 우주가 (하나의 점으로부터 광속으로) 팽창하면서 온도가 급격히 떨어졌다고 한다. '창조의 속삭임'이라는 시적 표현은 대폭발 이후 남은 복사열을 가리키며, 현재는 약 $3°K(-270°C$ 또는 $-454°F)$로 냉각되었다.

아인슈타인은 프린스턴고등연구소에서 보낸 25년을 포함하여 생의 마지막 30년 동안, 이 네 가지 힘을 통합하는 통일장이론(unified field theory)을 세우는 데 몰두했다. 그러나 1955년 생을 마감할 때까지 그는 이 꿈을 실현할 수 없었다. 앞서 언급했던, 그리고 자주 인용되곤 하는 "신은 짓궂은 장난을 치기도 하지만 악의는 없다!"는 말은 아인슈타인이 프린스턴대학의 한 강의에서 한 말인데, 후에 이 말은 조금 변형되었다. 아인슈타인이 방정식들을 풀다가 얻은 결과에 좌절하여 친구인 발렌틴 바르그만(Valentine Bargmann)에게 보낸 편지에 이렇게 쓴 것이다. "생각이 바뀌었네. 어쩌면 신은 악의를 품고 있을지도 몰라!" 여기서 그의 말이 의미하는 바는, 우리가 마침내 근본적이고 중요한 문제를 풀어냈다고 생각할 때 사실은 전혀 해결점에 다가가지 못하고 있는 경우가 많다는 점이다.[13]

자연의 기본적인 네 가지 힘 가운데 두 가지인 전자기력과 약력은 셸던 글래쇼(Sheldon Glashow)와 압두스 살람(Abdus Salam), 스티븐 와인버그(Steven Weinberg)가 발표한 표준모형을 통해 '전자기약력(electroweak force)'으로 통합되었다. 이들은 1979년 공동으로 노벨물리학상을 수상했다. 현재 네 가지 힘 중 세 가지는 사실상 거의 통합되었다고 볼 수 있으나 중력이라는 엄청난 장애물은 여전히 통합을 거부한 채 진보를 방해하고 있다.

원자 규모의 미시적 현상들을 매우 성공적으로 설명한 양자역학과, 우주 규모의 거시적 현상들을 설명하는 데 있어서 눈부신 활약을 보인 일반상대성이론은 서로 융합할 수 없는 성격을 지니고 있다. 물리학자들은 초끈이론(superstring theory)이나 그 변형 이론들을 통해, 만물이론 (TOE) 완성의 최대 과제인 이 두 이론의 조화로운 융합이 이루어지기를 기대하고 있다. 그렇게 되면 중력이 나머지 세 힘과 통합됨으로써, 네 가지 힘을 파생시킨 근원적인 힘이 재현될 것이다. 레오나르도가 진자의 운동과 낙하 물체의 운동을 관찰하면서 시작한 과학적 탐구는 불과 500여 년 만에 현 위치에 도달한 것이다. 레오나르도보다 100년 후에 갈릴레오가 같은 실험을 수행하여 결과를 발표한 바 있다.

역학적 구조에 관한 일반원리는 과학뿐만 아니라 예술에도 적용된다. 누군가는 이렇게 말할지도 모른다. "오늘의 물리학은 내일의 물리학사 (史)이다." 현실세계를 설명하는 이론이 현재 어떤 형태를 지니고 있든 이 이론은 계속해서 재정비되어야 할 것이다. 아인슈타인의 상대성이론은 매우 진보된 이론임에 틀림없지만, 그럼에도 이 이론을 최종적인 결론이라고 말할 수는 없다. 중력을 나머지 세 힘과 통합시키기 위해서는 양자역학을 수용해야 하며 따라서 아인슈타인의 이론은 수정되어야 한다. 레오나르도가 살아 있다면 분명 근본적인 과학 문제에 여전히 관심을 쏟고 있을 것이다.

프린스턴고등연구소에 관한 에피소드

1930년 뱀버거(Bamberger) 가문(백화점 사업으로 유명했던)에서 설립한 뉴저지의 프린스턴고등연구소는 미국 최고의 두뇌집단 가운데 하나로 자리 잡았다. 존스홉킨스대학병원을 최고의 기관으로 성장시키는 데 주요한 역할을 했던 에이브러햄 플렉스너(Abraham Flexner)는 1920년대 후반 옥스퍼드대학을 방문했다. 옥스퍼드대학은 30여 개 대학들로 구성된 연합 대학이며, 플렉스너는 그 중 한 대학인 (15세기에 세워진) 올소울스칼리지(All Souls)를 방문하게 되었다. 이곳에는 학생들은 없고 학자들만 있었다. 그는 학자들이 수업 진행이나 집무 시간 혹은 일상적인 잡무 등의 부담에서 해방되면 최첨단 학문을 수행할 수 있다는 이곳의 방침에 깊은 인상을 받았다. 미국으로 돌아온 플렉스너는 미국에 이와 비슷한 기관을 세움으로써 얻을 수 있는 이익들에 대해 뱀버거 가문 사람들을 납득시켰다. 뱀버거 가문에서도 이 제안에 열의를 보였고 플렉스너에게 500만 달러를 제공하여, 이 사업을 진행하고 프린스턴에서 엄선된 약 85만 평(700에이커)의 부지를 살 수 있게 해 주었다(그림 12-2).[14]

그림 12-2 아인슈타인거리. 아인슈타인거리와 맥스웰골목 교차점에서 바라본 프린스턴고등연구소. (저자의 석판화, 1987.)

플렉스너는 이 연구소의 초대 소장으로 임명되었고, 그의 초기 계획 중 하나는 당시 가장 유명한 과학자로 이미 명성을 얻고 있던 아인슈타인을 맞아들이는 일이었다. 플렉스너는 곧바로 다시 옥스퍼드를 방문하여 '여러 자리를 두고 고민중인'[15] 아인슈타인에게 신설 연구소에 합류해줄 것을 제안했다. 아인슈타인의 대답은 "프린스턴대학과 옥스퍼드대학, 그리고 칼텍에서 교수직을 제안받았는데 아직 결정을 내리지 못했다"는 것이었다. 그러면서 그는 "프린스턴대학으로 마음이 기울고 있다"고 덧붙였다. (프린스턴대학은 상대성이론을 맨 처음 수용한 학술기관이다.) 그러고는 이렇게 물었다. "(프린스턴에 세워질) 그곳에서는 강의를 하지 않아도 되는 거요?" 강의를 할 필요가 없다는 사실을 확인한 그는 (아인슈타인은 강의를 못하는 교수로 악명이 높았다) 제안을 수락했다.

다음에 결정해야 할 것은 사례 문제였다. "어느 정도를 원하십니까?" 플렉스너가 물었다. 아인슈타인은 상당히 무모한 액수를 제시했다. "1년에 3,000달러면 적당하겠소." "그건 곤란합니다." 플렉스너는 그의 요청을 받아들이지 않았다. "다른 분들께는 모두 1만 6,000달러씩 지급하고 있습니다. 적어도 그 이하로는 드릴 수가 없습니다." 아인슈타인은 생각을 굽히지 않았다. "3,000달러면 충분합니다." 플렉스너는 어쩔 수 없이 아인슈타인에게 1년에 3,000달러만 지급하기로 동의했다. 하지만 다행스럽게도 아인슈타인의 부인이 재협상하여 아인슈타인은 평균 수준인 1만 6,000달러를 받게 되었다.

아인슈타인은 연구소에 들어가는 순간부터 당대의 우수한 이론물리학자들과 수학자들을 끌어들이는 자석과 같은 역할을 했다. 보어(아버지인 닐스와 아들 오게Aage), 슈뢰딩거, 디랙, 볼프강 파울리(Wolfgang Pauli), 살람, 겔만(Gell-Mann), 양(Yang), 리(Lee) 등 수많은 노벨물리학상 수상자들을 포함하여 물리학계의 독창적인 학자들 대부분이 프린스턴고등 연구소에서 활동했다. 20세기 최고의 수학자들 가운데 폰 노이만(Janesh 'Johnny' von Neumann)과 쿠르트 괴델(Kurt Gödel), 앤드루 와일스 (Andrew Wiles)도 이 연구소에서 상당히 오랜 기간을 보냈다. (앤드루 와일스는 수학계에서 가장 오래된 미해결 문제들 가운데 하나였던 '페르마 의 마지막 정리Fermat's last theorem'를 1990년대에 증명해 냈다.)

설립된 지 80년 가까이 되어 가는 프린스턴고등연구소는 지금도 학계 의 유능한 인재들이 상호 교류하는 이상적인 환경으로서 그 역할을 수 행하고 있다. '물리학계의 마이클 조던'이라 불리는 끈이론(string theory, 우주의 최소 단위는 점 입자가 아니라 진동하는 끈이라는 이론—옮 긴이) 학자 에드워드 위튼(Edward Witten)이 현재 이 연구소에서 활동 하고 있으며, 최근에 퇴직한 사람으로 '물리학자 중의 물리학자' 프리먼 다이슨도 있다.

나는 신중한 이론물리학 연구를 위해 1974~75년, 그리고 1982~83 년 두 차례에 걸쳐 이 연구소에 있었다. 그곳에서 나는 수년간 아인슈타 인의 비서로 일했던 헬렌 두카스(Helen Dukas)를 알게 되었다. 그리고 그녀를 통해 귀중한 '아인슈타인의 옛이야기들'을 맘껏 들을 수 있었다. 그녀는 내가 접하지 못했던 일화들을 얘기해 주었고, 내가 다른 곳에서 들었던 이야기들에 대해서는 그 진위 여부를 가려 주었다. 그녀는 한때 아인슈타인의 조수였던 바네슈 호프만(Banesh Hoffman)과 함께 이 위 대한 과학자에 관한 매우 훌륭한 책을 집필하기도 했다.[16] 이 책을 여는 인용문에는 아인슈타인의 겸손하고 신중한 성격이 그대로 담겨 있다. 그 러나 이 발언은 모든 현대 과학자들이 공감할 만한 일종의 의미심장한 체념 선언이기도 하다. "내가 오랜 세월을 통해 배운 한 가지는, 실제와 다르게 나타나는 과학적 지식은 모두 원시적이고 천진난만한 지식이라는 점이다. 또한 그럼에도 그것이 바로 우리가 지닌 가장 귀중한 보물이라는 점이다."

300여 년 전 자신만만하던 뉴턴은 평소와 달리 한 걸음 뒤로 물러선 자세로 이렇게 말한 일이 있다. "내가 세상에 어떻게 비칠지 나는 알지 못한다. 그러나 내 자신의 눈에 비친 나는 단지 바닷가에서 노는 어린아이 같다. 때때로 더 부드러운 조약돌이나 더 예쁜 조개껍질을 발견하고 즐거워하지만, 진리의 대양은 미지의 상태로 내 눈앞에 펼쳐져 있다." 그는 또 보기 드물게 겸손한 태도로 이렇게 말하기도 했다. "내가 남들보다 멀리 볼 수 있었다면 그것은 내가 거인들의 어깨 위에 서 있었기 때문이다."[17] 과학이 본질적으로 누적의 과정이라는 의견에는 모든 과학자들이 동의할 것이다. 그리고 우주라는 거대한 체계 안에서 자신이 상대적으로 하찮은 존재임을 인정하지 않는 과학자는 거의 없을 것이다.

자연을 이해하기 위한 이론적 체계로서 그동안 여러 가지 다양한 모형들이 제시되어 왔다. 각각의 모형들은 한 가지 혹은 또 다른 한 가지 물리적 현상을 설명하는 데는 유용할지 모른다. 하지만 모든 물리적 현상들을 설명할 수 있을 만큼 일반적인 모형은 아직 탄생하지 않았다. 전부인 동시에 최종적인 모형을 세우는 일은 여전히 탐구과제로 남아 있다. 그러나 만약 언젠가 그러한 모형이나 이론이 완성된다 할지라도 그것은 단지 자연을 설명하기 위한 이론일 뿐 자연 그 자체는 될 수 없다. 그러니 우리는 탐구의 길을 걷는 동안 우리의 경험 지식을 바탕으로 하여, 깊이를 헤아릴 수 없을 만큼 거대한 시공간과 극히 미세한 아원자(亞原子) 세계, 즉 우리의 신체적 지각능력이 도달할 수 없는 세계에 접근해 보도록 하자.

아인슈타인은 이런 말을 남겼다. "먼저 인간의 지성이 자주적으로 형태를 만들어야 물질 속에서 그 형태를 발견할 수 있다." 시인 윌리엄 블레이크(William Blake)는 이러한 생각을 누구보다 훌륭하게 표현했는데, 아이러니컬하게도 그는 과학을 잘 알지도 못했고 과학에 별다른 관심을 보이지도 않았던 인본주의자였다. 그럼에도 그의 시 「순수의 전조 *Auguries of Innocence*」에서 발췌한 다음의 글귀는 시간을 초월하는 신조로서 과학자들뿐만 아니라 예술가들에게도 적용된다.

> 한 알의 모래에서 세계를 보고
> 한 송이 들꽃에서 천국을 본다.
> 손바닥 안에 무한을 쥐고
> 순간 속에서 영원을 보라.

알고자 하는 욕구는 **훌륭**한 사람들의 본능이다.
— 레오나르도 다 빈치

13 분리된 문화들 사이의 연결고리
Bridging the Cultural Divide

레오나르도가 남긴 과학적·예술적 유산을 살펴보는 과정에서 발견되는 변함없는 메시지가 있다면, 그것은 만족할 줄 모르는 호기심 즉 그의 삶을 특징짓던 끊임없는 문제제기일 것이다. 그는 일상적인 문제들뿐만 아니라 자연의 운용과 관련된 대규모 문제들에도 꾸준한 관심을 보였다. 관찰과 숙고를 거치면 평범한 일들도 놀라운 사건이 되었고 놀라운 발견도 단순한 진리가 되었다. 레오나르도가 남긴 말 중에 이런 표현이 있다. "자연은 최고의 스승이다. 서로를 통해 배우지 말고 자연에서 배워라." 그의 호기심은 기술적인 분야와 기술 외적인 분야, 과학과 예술에 이르기까지 다양한 지적 세계에 걸쳐 있었다. 그리고 레오나르도가 그처럼 눈부시고 다양한 업적을 남길 수 있었던 것은 바로 이러한 지적 세계들을 결합할 수 있었기 때문이다.

미국의 학부교육 체계에 포함되어 있는 전형적인 교양학부 교과과정은 학생들이 다양한 지적 교양을 쌓을 수 있도록 도와준다. 그러나 그 이후로는 한 분야에서 전문적인 능력을 개발해야 한다는 필요성이 중시되기 때문에, 문화적인 분리를 뛰어넘어 다른 분야로 진출하는 일은 좀처럼 쉽지 않다. 다른 여러 나라의 고등교육 체계에서는 훨씬 전부터 이러한 특수화 교육이 시작된다. 정규교육 과정을 넘어서면 정상적인 성숙이나 숙성만 이루어지는 것이 아니라 안타깝게도 호기심의 퇴색이 뒤따르게 된다. 일단 특수화 과정이 시작되면, 기술적인 분야에 몸담고 있는 사람들은 역시 기술적인 분야의 사람들과 대화하는 일이 훨씬 편해지고, 예술 분야나 혹은 기술과 관련이 적은 분야의 사람들은 마찬가지로 자신들과 비슷한 재능이나 관심사를 가진 사람들과 어울릴 때 더 편하다고 느끼게 된다. 간단히 말해 비슷한 관심사를 가진 사람들끼리 모여 그들만의 언어로 대화한다는 것이다.

1940년 인디애나주 고속도로관리국의 기술자들은 입법부 의원들에게 사무실에 전자계산기를 비치해 달라고 요청했다. 그러자 한 의원이 물었다. "계산기가 왜 필요합니까? 당신은 수학자가 아니잖소." 기술자는 이렇게 대답했다. "안전한 도로 건설을 위해서는 도로 만곡부와 제방의 각도를 정확하게 계산해야 합니다. 그러려면 π를 계산에 넣어야 하는데, 3.141592……로 끊임없이 이어지는 무리수입니다." 의원은 수학적이고 명쾌한 반격에 당황했다. 그는 머리를 가로젓고 국회로 들어가면서 기술자의 설명을 세출에 대한 '정당화' 수단으로 이용해야겠다고 생각했다. 잠시 후 의원은 다시 나타나서 이렇게 대답했다. "계산기를 제공할 만한 경제적 여유는 없습니다. 대신 π를 4로 고쳐도 좋다는 결정이 내려졌습니다."

기술적인 문화와 기술 외적인 문화 사이의 소통 불능은 어떤 수준의 사회에서나 전반적으로 나타나는 현상이다. 60년 후 미국의 한 문과대학 (liberal arts college) 교수회의에서는 대학의 자연과학적 요구를 충족시키기 위해 단과대학 지리학과에서 가르치는 과정을 개설하자는 의견을 두고 투표가 진행되었다. 회의 참가자들 가운데 과학 외 분야의 교수들은 모두 '찬성'에 표를 던졌고, 과학 분야의 교수들은 모두 '반대'에 표를 던졌다. 교수회의에서 투표가 있기까지는 분명 지리학이 자연과학으로 분류되고 있었다. 이처럼 소속이 불분명한 지리학 같은 분야를 보면 문화의 분리현상이 계속 이어지고 있음을 알 수 있다.

이 책의 서문에서 나는 두 가지 전혀 다른 지적 문화와 두 문화 간의 소통 부족에 관한 C.P. 스노우의 유명한 강연(1950년대 후반)을 언급한 바 있다. 그러나 두 문화보다 더 복잡한 상황을 연출할 또 다른 지적 혁명의 씨앗이 이미 뿌려져 있었다는 사실은 스노우조차 깨닫지 못하고 있었다. 그보다 20여 년 전 유능한 영국의 수학자이자 프린스턴고등연구소의 연구원이기도 했던 앨런 튜링은 계산에 관한 일반이론을 발표했다.[1] 그리고 1940년대 후반부터 미국의 공학자들과 수학자, 물리학자들은 초기 메인프레임 컴퓨터인 에니악(ENIAC)과 유니박(UNIVAC) 등 디지털 컴퓨터를 생산하기 시작했다. 그리고 포트란(FORTRAN), 코볼(COBOL), 알골(ALGOL) 등의 컴퓨터언어도 개발했다.[2]

1960년대 후반, 나는 이론물리학 박사과정을 밟고 있었다. 그때까지만 해도 균형잡힌 교양과목 교육을 중시하던 흔적이 남아 있었기 때문에 박사학위 지원자들은 모국어 외에 2개 국어에 능통해야 했다. 나는 일반적으로 사용되는 컴퓨터언어로 프로그램을 작성하고 덤으로 프랑스어와 독일어 능력 시험도 준비해야 했다. 게다가 가장 중요한 일은 필수적인 물리학 이론들을 모두 완벽하게 이해하는 것이었다. 내가 박사과정을 마치고 1～2년이 지나자 외국어 능력 심사는 폐지되었다. 반대로 컴퓨터과학 학사학위 취득에는 자연과학적 지식이 더 이상 필요하지 않게 되었다. 물론 '일반교육'이라는 범주 안에 이러한 과정들이 제도상의 필수과목으로 포함되어 있을 수는 있다.

1970년대 후반에는 '컴퓨터과학자'라는 새로운 인물들이 대거 등장하기 시작했다. 그들은 프로그램 작성 능력뿐만 아니라, 내가 알고 있던 그 어떤 프로그램보다 능률적인 작업을 수행하는 정교한 범용(汎用) 소프트웨어들을 제작하는 능력도 갖추고 있었다. 그리고 거의 같은 시기에 퍼스널 컴퓨터가 탄생했다. 데스크톱 컴퓨터와 그 뒤를 이은 랩톱 컴퓨터 등 퍼스널 컴퓨터들은 메인프레임 컴퓨터를 대신한 것이 아니라 이들의 세계에 합류하여 서로 소통하면서 급속도로 보편화되었다. 최초의 퍼스널 컴퓨터는 1975년에 등장했다. 세계 인구가 62억으로 추정되던 2002년 7월 퍼스널 컴퓨터 판매량은 10억에 달했다.

21세기가 시작된 지금 우리는 스노우가 말한 두 문화의 깊은 단절뿐만 아니라, 자연과학자도 인본주의자도 아닌 '테키(techie, 첨단 기술 인력을 지칭하는 말—옮긴이)'들에 의해 형성된 세 번째 지적 문화도 접하고 있다. 나머지(종전의) 두 지적 문화의 구성원들은 컴퓨터과학자들이 개발한 워드프로세싱, 수학 계산, 사이버스페이스 등의 응용프로그램들을 통해 혜택을 누리고 있다. 그러나 실제 프로그램의 세부적인 부분들은 이 두 문화의 구성원들에게는 여전히 이해할 수 없고 당혹스럽고 멀기만 한 영역으로 남아 있다. 두 문화의 요소들이 서로 동떨어진 것과 마찬가지다. 종전의 두 문화 사이의 단절을 설명하던 '문화의 분리(cultural divide)'라는 개념은 이제 더 나아가 세 번째 문화의 분리를 설명하는 '정보 격차(digital divide)'의 개념을 도입하여 재구성되어야 한다.

'레오나르도의 방식'이라는 제목으로 이 책에서는 과학과 예술 모두의 밑바탕에 깔려 있는 수학적·과학적 기초, 그리고 자연법칙을 구성하는 원리들을 질적인 관점에서나마 소개해 보았다. 여러 분야에 걸친 접근 과정에서, 과학과 예술을 행하는 사람들의 인간적인 측면에 대한 논의도 제기되었다. 누구보다 창조적인 예술가와 과학자들 중에는 일반인들에 비해 매우 특이한 자신만의 개성을 발휘하지 못하고 고통받은 영혼들도 있었다. 해당 분야를 지배하고 있던 기존의 질서에 대변혁을 일으킨 인물들의 경우는 물론 말할 것도 없었다. 반면 이처럼 보기 드물게 창조적인 개인들이 역사적·사회적 상황을 발판으로 도약하여 발자취를 남길 수 있었던 경우도 있었다.

전하는 바에 따르면 베토벤은 임종을 앞둔 병상에서 주먹을 치켜들고 밖에서 으르렁대는 천둥소리에 대항하듯 "나는 알아! 나는 예술가야!"라고 큰 소리로 외쳤다고 한다. 레오나르도는 죽음이 가까워지자 쓸쓸히 체념하는 듯한 목소리로 제자에게 이렇게 말했다. "말해 보게, 내가 이루어 낸 것이 있는가?" 역사상 가장 위대한 두 창조자들이 이처럼 안도의 확인을 간청했다는 사실은, 우리로서는 다소 어리둥절하고 한편으로 안타깝게 느껴진다.

레오나르도의 말에서는, 실현하지 못한 아이디어들과 완성하지 못한 과업에 대한 좌절감도 배어 나온다. 예술적 추론과 정신적인 발명품들, 그 중에서도 과학 및 기술과 관련한 이론들이 레오나르도에게는 그 아이디어들을 실제로 구체화하는 일보다 중요했다는 사실을 부인할 수는 없다. 즉, 그는 실제로 호기심의 대상이 끊임없이 옮겨 가는 고질적인 문제를 안고 있었다. 또한 계획이나 의뢰를 완수하지 못한다는 좋지 않은 평판 역시 당연한 결과였다. 그러나 이 모든 사실에도 불구하고 그가 언제나 전혀 새로운 분야를 개척해 냈다는 사실에는 변함이 없다. 21세기의 출발점에서 우리는 현기증이 날 만큼 방대하고 훌륭한 그의 업적들을 볼 수 있다. 그리고 이렇게 의심해 볼 수도 있다. "엄청난 재능을 가진 열두 명의 개개인이 모두 레오나르도 다 빈치라는 이름으로 활동했던 것은 아닐까?"

포괄적이고 방대한 업적들을 포함하여 레오나르도에 관한 사실들을 검토해 볼 때는 그가 보였던 여러 가지 특성들을 염두에 두어야 한다. 그는 방대한 관심사나 누구와도 견줄 수 없는 독창성, 초인적인 추진력, 남다른 개성 등에 있어서 상당히 다양한 면모를 보였다. 그리고 이런 점들은 모두 모순되고 상반되며 아이러니로 가득하다. 그러나 "원인은 무엇이고 결과는 무엇인가?" 혹은 "어떤 것이 필연이었고 어떤 것이 우연이었나?" 하는 문제들은 모두 추론으로서만 고려되어야 한다. 레오나르도와 관련하여 쉬운 문제는 없다. 어떤 문제들은 매우 중요하게 생각되지만 또 어떤 문제들은 오늘날의 시각으로 볼 때 그다지 중요하게 보이지 않는다. 그러나 레오나르도는 당시 사회를 지배하던 불경함이나 악마성에 대한 편견들과 싸워야만 했고, 우리는 그로부터 5세기나 떨어져 있음을 상기해야 한다.

레오나르도는 서자로 태어났고 당시 사회에서 이런 신분의 사람에게는 거의 기회가 제공되지 않았다. 그는 인간의 몸이 '죽은 동물의 우리'가 된다는 사실을 끔찍하게 생각하던 채식주의자였다. 또한 동물보호운동가로서 새들을 단지 놓아주기 위해 시장에서 구입하곤 했다. 그는 왼손잡이를 불길하다고 생각하던 시대에 왼손잡이로 살았다. 게다가 교회의 주도로 사회에서 동성애를 죄악시하던 시대에 그는 동성애자의 삶을 살았을 가능성이 크다. 레오나르도는 여성들과 성적인 관계는 전혀 맺지 않았던 것으로 보인다. 그럼에도 그는 서양미술사에서 가장 불가사의하고 매혹적이며 시간을 초월한 여성 초상화를 그렸다.

인간의 시체를 해부하는 일이 법적으로 금지되어 있던 시기에 그는 시체들을 연구하며 무수한 시간을 보냈다. 견딜 수 없을 만큼 악취가 진동하는 해부실에서 그는 부패 상태가 각기 다른 인간 시체들을 해부하여 다량의 해부 스케치를 그렸다. 그는 전쟁을 혐오하는 평화주의자였지만, 군사공학자로 고용되어 성을 방어하는 장치와 성벽을 돌파하는 기계, 적을 위협하는 동시에 아군을 보호할 수 있는 방어물, 그리고 당시에는 누구도 상상하지 못했을 만큼 치명적인 무기들을 설계했다.

그의 초조감을 더욱 가중시켰던 악담들, 즉 일을 제때 끝내지 못한다는 세평을 생각해 볼 때, 변덕스럽고 급한 성미가 '집중력 결핍 활동 항진 장애'와 같은 더 심각한 수준의 심리적 문제로 이어졌던 것일까? 아니면 단지 유한한 일생 동안 너무 많은 아이디어들이 떠올랐던 것일까? 꼬리표는 현상을 지나치게 단순화하는 경향이 있다. 그리고 레오나르도를 그처럼 단순화한다는 것은 불합리하기 그지없는 일이다.

이 책 초반에 나는 예술을 통해 과학을 설명하고 과학을 통해 예술을 설명한다는 말을 꺼냄으로써, 레오나르도의 정신을 이해할 수 있다는 믿음을 조심스럽게 표한 바 있다. 레오나르도와 같이 복잡한 인물의 머릿속을 감히 짐작한다고 하면 혹자는 주제넘은 태도라고 말할 수도 있다. 분명 그는 복잡한 인물이었다. 하지만 그의 정신을 이루고 있는 어떤 요소들은 실제로 놀랍도록 단순한 것으로 나타났다.

현재 남아 있는 그림과 노트들 여기저기에 바로 그 실마리들이 흩어져 있다. 레오나르도의 생애는 일종의 만화경과 같다고 할 수 있다. 그는 숭고한 아름다움과 장엄한 힘을 지닌 예술작품들을 창조하고, 흰 거품을 일으키는 난류(turbulent flow)나, 다면체 기하학 도형들, 서로의 모습으로 변태하는 인간과 짐승의 해부 연구, 인간의 비행, 용수철을 동력으로 한 운송수단 등 다양한 분야들을 탐구하다가 다시 예술로 돌아와 경이로운 작품을 창조했다. 그러나 그 모든 요소들의 한복판에는 완성되지 않은 그림들이 드문드문 흩어져 충실한 후원자들을 끊임없이 실망시키고 있었다.

레오나르도의 독특한 스타일, 즉 어지러울 정도의 속도와 다양성이 그의 진정한 작업 방식을 특징짓고 있다. 그의 일상적인 노트에 묘사되던 난류는 초상화에서 인물의 빛나는 곱슬머리로 나타났다. 수학적인 묵상에서 나온 부드럽게 비틀어진 나선은 역시 그의 초상화에서 인물들이 취하고 있는 자세를 연상시킨다. 그림에 관해 그는 이렇게 쓴 바 있다. "그림은 자연에서 발견되는 형태와 발견되지 않는 형태를 모두 받아들인다." 그의 건축 설계도에서 볼 수 있는 플라톤의 입체들은 그의 코덱스에는 대략적인 스케치로 그려져 있고 『신성 비례』에는 정식으로 소개되어 있다. 황금피라미드는 그가 과거 문명과 관계없이 독자적으로 발견한 것으로, 〈암굴의 성모〉에서 인물들의 구도를 이루고 있다. (또한 미완성 상태로 소실된 벽화 〈앙기아리 전투〉에서도 사용되었을 가능성이 크다).

새들의 비행을 연구하면서 그는 자연주의자이자 공기역학 기술자, 그리고 예술가로서 날개의 움직임을 연속적으로 생생하게 포착하여 그림 속에 표현해 냈다. 하지만 궁극적으로 그가 생각했던 것은 인간의 비행이었다. 그림 속 인물들에게 활력을 부여하기 위해 사용되었던 나선은 레오나르도의 헬리콥터를 띄우는 프로펠러가 되었다. 유인 비행에 완전히 몰두해 있던 그는 물리학의 중요한 기본 주제인 자유낙하와 중력을 연구하기도 했다. 그는 잘 짜여진 틀을 바탕으로 실험들을 수행하여 낙하 물체의 무게와 상관없이 일정한 가속도가 유지된다는 결론에 도달했다.

레오나르도의 전체적인 연구 과정 속에는 완전한 공생관계, 완전한 협력 작용이 있었다. 그의 창조성이 발휘된 모든 분야들을 통해 우리는 그의 개인적인 성장을 볼 수 있다. 그러나 그뿐만 아니라 신중하고 체계적인 노력, 즉 이러한 성장을 이루기 위해 그가 행한 정신적인 훈련의 흔적 또한 엿볼 수 있다. 그는 마치 '글을 모르는 사람'처럼, 독학자가 자기 개선을 위해 애쓰듯 날마다 익혀야 할 글들을 노트에 남겼다.

뉴욕 메트로폴리탄미술관에서 열린 〈설계의 명인 레오나르도 다 빈치 *Leonardo da Vinci : Master Draftsman*〉 전시회를 기념한 인터뷰에서 카르멘 밤바흐(Carmen Bambach)는 이렇게 말했다. "건축가로서 그는 평면도, 단면도, 정면도, 3차원 투시도 등 건물의 다양한 모습들을 생각하기 시작합니다. 현재 우리의 입장에서는 당연한 얘기처럼 들리지만, 그건 바로 레오나르도가 이러한 유산을 남겼기 때문에 가능한 일입니다! 그는 1490년까지 이러한 방식을 건축에 이용하다가, 인간의 두개골을 연구하기 시작한 바로 그 시점부터…… 단면도와 투시도, 정면도 등 똑같은 기법을 해부학에 적용하여 인체 묘사의 일관된 표현 형식을 창조하게 됩니다."[3]

이 한 사람이 남긴 기록 속에는 여러 지적 세계로부터 얻은 아이디어들이 결합되어 있는데, 이 아이디어들은 수세대에 걸쳐 여러 분야의 전문가들이 남긴 것보다도 많다. 바로 여기에 시간을 초월하는 교훈이 담겨 있다. 어떤 분야에서든 극적인 진보는 다른 분야들과의 상호 교류를 통해 가장 효과적으로 촉진된다. 상호 교류는 진보를 이룰 수 있는 유일한 길일 뿐만 아니라 굉장히 효과적인 길이기도 하다. 레오나르도는 언제나 다른 분야와의 교류를 시도했으며, 이러한 시도의 원동력이 된 것은 바로 어린아이처럼 풍부한 호기심을 결코 버리지 않는 그의 독특한 성격이었다. 이런 성격은 과학자인 뉴턴과 아인슈타인, 그리고 작곡가인 모차르트 역시 특징적으로 지니고 있었고, 이들은 각자의 분야에서 정상의 자리에 올랐다. 아인슈타인의 평생에 걸친 호기심은 그가 남긴 다음의 말에서도 나타난다. "우리가 경험할 수 있는 가장 아름다운 일은 바로 수수께끼 같은 일이다. 수수께끼는 모든 진정한 예술과 과학의 원천이다."

우리는 어린아이들의 엄청난 학습 속도에 감동을 금치 못한다. 심리학 용어로 말하자면, 어린아이들은 가파른 학습곡선을 그리며 순식간에 두세 배의 지식을 습득하는 놀라운 능력을 보인다. 그러나 이러한 능력은 확실히 나이를 먹어 감에 따라 점차 떨어진다. 만족할 줄 모르는 호기심과 더불어 레오나르도는 일생 전반에 걸쳐 어린아이처럼 거의 수직적인 학습곡선을 계속 유지했으며, 여러 분야들과 교류하고자 하는 열정 또한 잃지 않았다. 50대 후반에 그는 유능한 수학자와 공동으로 연구를 진행하고, 또 이와는 별개로 세계적인 해부학자와도 함께 연구했다. 그들이 각자의 분야에 관해 알고 있는 지식들을 배우고 연구의 질을 훨씬 높은 수준으로 끌어올리기 위해서였다.

레오나르도의 지적 능력 중에는 초자연적인 통찰력, 즉 머릿속에서 스냅사진을 찍어 마음의 눈으로 움직임을 거의 고정시키는 능력이 있었다. 이러한 능력은 그가 그린 포탄의 포물선 궤적과 퍼덕이는 새의 날개, 그리고 소용돌이치는 물결에서 분명히 나타난다. 레오나르도의 업적을 가능케 한 요인이 단지 초자연적인 능력과 무한한 지식이라는 관점은 경계해야 하지만, 그렇다 해도 천부적으로 타고난 예리한 통찰력은 결코 무시할 수 있는 부분이 아니다. 뛰어난 타자로서 명성이 자자했던 전설적인 야구선수 테드 윌리엄스(Ted Williams)는 날아오는 야구공의 봉합선을 볼 수 있다고 말하곤 했다.

1세기 전 지그문트 프로이트는 동성애자였던 레오나르도의 성적 에너지가 초인적인 추진력으로 승화되었다는 추측을 내놓았다. 그러나 이후의 정신분석학자들은 이러한 해석에 동의하지 않았다. 셔윈 누랜드는 프로이트의 해석을 무시해서는 안 된다고 강력히 주장했는데, 만약 프로이트와 누랜드의 견해가 옳다면, 억압된 성적 에너지와 탁월한 지성을 결부시키는 가설은 아이작 뉴턴이 수학 및 물리학 분야에서 보인 누구도 따를 수 없는 생산성을 설명하는 데에도 큰 도움이 될 것이다. 그러나 이는 모두 정확한 검증을 거치지 않은 추측일 따름이다. 우리가 레오나르도의 정신을 과연 얼마나 꿰뚫어볼 수 있을까?

오랜 세월을 거쳐 오면서 시각예술 및 문학을 포함한 예술 분야와, 자연과학 및 수학을 포함한 과학 분야는 모두 점차 이로운 방향으로 발전했다. 그러나 드물게는 보편적인 질서에 근본적인 변화가 일어나기도 했다. 이 변화들은 정도의 변화라기보다는 기체와 액체 혹은 액체와 고체 사이에서 일어나는 상태 변화와 같은 성질의 변화에 가까웠다. 그리고 이러한 '혁명'을 일으킨 인물들은 제한된 소수의 예술적·지적 혁명론자들로, 변화의 힘을 지닌 천재들 혹은 '마술사들'이라는 표현이 더 어울리는 사람들이었다.⁴

이들의 추론 방식은 통속적인 논리 지형도, 즉 경사지와 골짜기들을 품고 있는 지형도에 속박되지 않았다. 이들은 산꼭대기에서 산꼭대기로 껑충껑충 뛰듯이 결론을 이끌어 냈다. 그러면서도 한 분야에서 축적된 지식들을 주기적으로 통합하는 역할을 했다. 이들은 인간의 한계를 밝히고 인간의 정신을 드높임으로써 성공을 거두었다. 레오나르도와 미켈란젤로, 셰익스피어, 뉴턴, 베토벤, 그리고 그 외 서너 명[5]의 인물들(이들은 모두 마술사였고, 우뚝 솟은 지성인이었으며, 내부에서 타오르는 불길에 마음을 바친 사람들이었다)은 한 가지 공통적인 특성을 지니고 있다. 이들의 정신세계를 깊이 꿰뚫어볼 수 있는 사람은 거의 없다는 점이 바로 그것이다. 이들의 창조 과정은 영원한 신비에 싸여 있다. 그러나 한 가지는 분명하다. 마술사의 마음을 이해하기 위해 시간을 쏟으면 쏟을수록 그는 짙은 안개 속으로 더 깊이 들어가게 될 것이다.[6] 이는 평범한 천재를 포함한 일반인들과 마술사의 차이를 보여 주는 기이한 현상이다.

"창조력이라는 문제들과 싸운다"라는 표현은 심리학자들에게는 꼭 들어맞는 주제지만 마술사들에게는 전혀 어울리지 않는다. 마술사는 창조의 과정을 직접 연구하지 않고도 자연적으로 창조할 수 있으며, 이 과정은 대개 설명이 불가능하다. 창조의 과정에서는 우선 영감이 작용하고, 또 직관이 작용한다.

그리고 전자공학적인 표현을 빌리자면, 뇌의 조밀한 배선 구조도 하나의 요인으로서 작용할지 모른다. 아인슈타인의 뇌를 예로 들어 보면, 그의 뇌는 크기로 봐서는 전적으로 정상이었지만 왼쪽 두정피질(頭頂被質)이 없었다. 그리고 이 결여된 부분을 메우기 위해 아래쪽 두정엽(頭頂葉)이 일반인에 비해 15퍼센트 정도 넓어졌다.[7] 아래쪽 두정엽은 분석적 추론과 수학적 활동이 이루어지는 곳이라고 알려져 있다. 아인슈타인의 뇌에서 주목할 만한 또 한 가지 특징은 뇌의 갈라진 홈, 즉 실비우스 열구(Sylvian fissure)가 유난히 얕다는 점이다. 연구원들은 이 특징으로 인해 그 부근의 뇌세포들이 더욱 밀집되어 상호 연결도 용이해지고, 따라서 기능적으로 정보와 아이디어들의 상호 참조도 한층 활발히 이루어졌을 거라고 말한다. 이러한 상호 작용은 분석적인 정보처리 과정에서 매우 중요한 부분이다.

레오나르도는 당시 알려져 있던 거의 모든 원리들을 이해하고 있었으며, 그가 개척한 분야들은 수백 년이 흐른 후에야 다시 개척될 수 있었다 (대표적인 예로 지질학과 항공공학, 자동차공학 등). 따라서 '창조력'이라는 문제에 관한 고민은 그와는 먼 얘기다. 그런데 아이러니컬하게도 '세 여인'의 초상화(〈지네브라 데 벤치〉, 〈체칠리아 갈레라니〉, 〈모나리자〉), 그리고 열세 명의 인물이 그려져 있는 〈최후의 만찬〉을 포함하여 레오나르도가 그린 초상화들은 모두 탁월한 심리 묘사가 돋보이는 작품들이다. 그림 속 인물들은 표정으로 말을 한다. 미켈란젤로가 경직된 근육으로 표현했던 절박한 느낌을 레오나르도는 심리를 통해 표현했다. 레오나르도가 사상 최고의 해부학자로 인정되는 게 당연하듯이, 레오나르도와 셰익스피어가 사상 최고의 응용심리학자로 인정되는 것도 당연한 일이다. 레오나르도를 최고의 해부학자라고 말한 사람은 월터 페이터(Walter Pater)였고 이후에 누랜드 역시 그와 같은 생각을 표한 바 있다.

셔윈 누랜드는 앞서 몇 차례 언급했던 레오나르도 전기에 다음과 같이 절묘한 글을 실었다.

> 케네스 클라크 경의 표현처럼 그가 '역사상 가장 왕성한 호기심의 소유자'라면 그는 또한 우리에게 가장 왕성한 호기심을 불러일으키는 인물이기도 하다…… 어떻게 그런 인물이 존재할 수 있었는지 우리가 이해하기에는, 현재 우리가 알고 있는 시기적 정보나 사실, 사건들이 너무나도 적다. 〈모나리자〉의 불가해한 미소는 그녀를 창조한 작가의 불가해한 생명력과도 같다. 혹은 어쩌면 이 미소는 그 자체로서 레오나르도가 후대에 길이 남기고자 했던 다음과 같은 메시지일 수도 있다.

"나는 그대들보다 훨씬 많은 것을 포착해 낼 수 있다. 나의 노트들을 통해 이미 간접적인 충고들을 전한 바 있지만, 나의 영혼 깊숙이 숨겨진 비밀과, 그 모든 과업을 가능하게 했던 알 수 없는 원천에 관한 마지막 조언만은 남겨 두었다. 가능한 한 모든 것을 탐구하라. 그래야만 우리는 대화를 나눌 수 있다. 그대들이 결코 알 수 없는 사실들을 아는 것이 나의 운명이므로."[8]

마술사들에 관한 지식은, 어떤 면에서는 외향적이고 친밀감이 느껴지지만 또 다른 면에서는 철저히 내향적이고 가까이하기 어려운 개인을 이해하고 싶어하는 우리의 마음에서 나온다. 천재는 바로 그 재능 때문에 완전히 고립된다는 가장 단순한 설명이 아마도 가장 적절한 설명일 것이다.[9] 전형적인 예술가 겸 과학자 겸 공학자로서 이탈리아 르네상스의 길잡이 역할을 했던 레오나르도는 이러한 재능을 보였던 그 어떤 마술사보다도 위의 설명에 부합했던 인물이다.

만약 레오나르도가 단지 파트타임 예술가로서 예술의 축도(縮圖)를 낳은 신비스럽고 신화적인 인물로 언제까지나 남아 있는다면 문제가 될까? 그가 남긴 작품은 극소수에 불과하기 때문에, 사실상 '파트타임 예술가'라는 표현도 어찌 보면 과장일 수 있다. 그러나 중요한 것은 양이 아니다. 괴테가 넌지시 흘린 "예술에서는, 최고라면 그것으로 충분하다"라는 말이 이 점을 요약해 준다.

레오나르도는 갈릴레오보다 1세기 앞서 과학적인 방법론을 전개하기도 했으며, 아직 실현되지 않은 미래의 기술을 수세기 전부터 내다보기도 했다. 정말 중요한 사실은 그가 가장 효과적인 방식을 입증해 보임으로써 후대를 위한 교훈을 남겼다는 점이다. 바로, 다양한 지적 세계들을 결합하는 연결점을 찾는 일이야말로 그 중 한 세계 혹은 모든 세계를 깊이 이해하고 판단할 수 있는 길이라는 교훈 말이다.

그가 어떻게 이처럼 탁월한 재능을 지닐 수 있었는지에 관한 정확한 설명은 결코 이루어지지 않을 가능성이 높다. 그를 가리켜 타고난 능력과 교육, 다시 말해 부모의 유전자와 르네상스 시대 피렌체를 지배하던 사회적·정치적·지적 환경의 영향으로 탄생한 행운의 인물이라고 말하기 쉽다. 하지만 레오나르도는 독학으로 지식을 습득하는 일이 많았다. 우리는 그가 받은 교육에 관해서는 그다지 아는 바가 없다. 그는 예술가들과 과학자들에게 한결같이 "서로에게서 배우지 말고 자연에서 배워라"라고 여러 차례 충고했다.

그의 가르침에는 다소 어긋나지만, 우리는 우선 그에게서 배워야 한다. 그 다음에는 관찰하고 숙고해야 한다. 무엇이든 당연하게 받아들이지 않고 반드시 시험을 거친 후 수용해야 한다. 인생이라는 무대에서 어떤 장면이 펼쳐지든, 성장하고자 하는 꿈을 포기해서는 안 된다. 끊임없이 읽고, 면밀히 읽고, 어휘력을 향상시킨다는 자세로 모르는 말들도 찾아보자. 작은 노트를 가지고 다니면서 스케치를 하자. (그림을 못 그린다는 생각은 접어 두자). 스케치를 하다 보면 관찰력이 향상된다.[10] 과학자처럼 관찰하고 예술가처럼 음미하자. 관찰한 사실들을 기록하자. 실패할 것이 뻔한 실험이라도 직접 해 보자. 그렇게 함으로써 더 깊은 이해를 얻을 수 있다.

호기심을 갖고 다양한 지적 세계를 탐구하는 일은 물론 매우 중요하다. 그러나 그보다 더 필수적인 사항은, 그 세계들을 잇는 연결고리를 찾아내는 일이다. 레오나르도가 취했던 가장 효과적인 방식을 따른다고 해서, 수많은 학자들이 '역사상 가장 뛰어난 천재'라고 불렀던 레오나르도와 동등해질 수 있는 것은 아니다. 하지만 이러한 과정을 통해 우리가 속

해 있는 지적 세계 안에서 한층 더 창조적이고 유능한 존재로 거듭날 수
있음은 분명한 사실이다.

감사의 글
Acknowledgments

이 책이 만들어지기까지는 수많은 사람들의 도움이 있었다. 먼저, 내가 이 책을 집필할 수 있도록 부드러우면서도 꾸준한 자극을 주고 원고의 교정을 봐 준 미 해군 대령(현재는 퇴역) 칼 케스케(Carl Keske)와 부인 캐럴(Carol)에게 감사의 뜻을 전한다. 이들은 내가 수년간 강의해 온 내용을 책으로 엮어 내는 데 무엇보다 강한 촉진제 역할을 해 주었다. 다양한 현장에서 강의할 수 있는 기회를 제공해 준 크리스탈크루즈(Crystal Cruises)의 데이비드 스튜어드슨(David Stewardson), 실버시크루즈(Silversea Cruises)의 패트 히긴스(Pat Higgins), 내셔널지오그래픽협회(National Geographic Society)와 로열바이킹라인(Royal Viking line)에서 근무했던 마르타 마샬코(Marta Marschalko), 테네시주 멤피스의 레스터(Lester)와 브렌다 크레인(Brenda Crain), 존(John)과 린다 셰어(Lynda Shea), 몬트리올의 하비(Harvey)와 브렌다 블래트(Brenda Blatt), 플로리다주 탬파의 로버트(Robert)와 베티 앤 조던(Betty Ann Jordan), 캘리포니아주 비벌리힐스의 버니(Bernie)와 주디 프랭클린(Judy Franklin), 델러웨어주 미들타운 소재 성 앤드루스고교(St. Andrew's School)의 명예교장 조나단 오브라이언(Jonathan O'Brien)과 명예학장 로버트 스티지먼(Robert Stegeman)에게도 감사를 표한다. 또한, 나의 30년 친구인 주미 터키 대사 파룩 로고글루(Faruk Loğoğlu)에게도 고마운 마음을 전하고 싶다. 프린스턴대학에서 박사 학위를 받은 그는 워싱턴 외교단(Washington Diplomatic Corps)에서 가장 학력이 높은 외교사절 가운데 한 명이기도 하다.

그 밖에도 이 책의 제작에 도움을 준 사람들은 셀 수 없이 많다. 워싱턴 국립미술관의 이탈리아 르네상스 미술 담당자인 데이비드 앨런 브라운(David Alan Brown)과 전시 책임자 앤 비글리 로버트슨(Ann Bigley Robertson), 국립미술관 보존 및 관리인을 지내고 현재는 미술품보호재단(Art Conservation Foundation) 대표를 맡고 있는 데이비드 불(David Bull)의 조언에 특히 감사한다. 뉴욕 메트로폴리탄미술관 디자인 및 판화 부문 담당자 카르멘 밤바흐(Carmen Bambach), 그리고 메리워싱턴대학 미술관 관장 토머스 소마(Thomas Somma)와 그의 훌륭한 보조자 사라 트라이블(Sarah Trible)에게도 깊은 감사의 뜻을 표한다. 나의 좋은 친구 린디 하트(Lindy Hart)는 일류 조각가 프레드릭 하트(Frederick Hart)의 미망인으로서 남편의 작품에 관한 정보를 제공해 주었고, 굉장한 재능을 지닌 두 현대예술가 제이미 와이어스(Jamie Wyeth)와 비벌리 두리틀(Beverly Doolittle)은 자신들의 작품을 이 책에 실을 수 있도록 기꺼이 허락해 주었다. 특히 와이어스는 시간을 할애하여 원고를 읽고 격려의 말도 잊지 않는 친절함을 보여 주었다.

희귀 서적 컬렉션 관리자들 가운데 귀한 자료를 조사할 수 있도록 허락해 준 매우 고마운 두 사람이 있다. 오클라호마대학 과학사컬렉션 담당자 메릴린 오길비(Marilyn Ogilvie)는 갈릴레오가 쓴 두 권의 책,『별의 전령 *Sidereal Messenger*』과『두 우주체계에 관한 대화 *Dialogue on the Two Chief World Systems*』의 원고를 사진에 담을 수 있도록 허락해 주었고, 국립미술관 문헌 책임자 닐 터틀(Neal Turtell)은 레오나르도의 원고 사본은 물론『신성 비례 *De divina proportione*』와『회화론 *Trattato di pittura*』도 검토하고 사진도 찍을 수 있게 허락해 주었다. 친절하게 시간과 기술을 제공해 준 컴퓨터공학자 앤드루 러시(Andrew Rush)와 케이트 쿡(Kate Cooke), 중요한 정보 및 참고자료들을 찾을 수 있게 도와준 교육 및 과학·경영 분야 문헌관리자 로리 프레스턴(Laurie Preston)에게도 감사의 마음을 전한다.

메리워싱턴대학 물리학과 동료인 니콜라 니콜릭(Nikola Nikolic)과 조지 킹(George King), 공동 집필자이자 옥스퍼드대학, 이스라엘 테크니온공대(Technion), 프린스턴고등연구소 동료인 에이디 만(Ady Mann)은 다양한 주제에 관해 나와 의견을 교환해 준 훌륭한 물리학자 친구들이다. 세 사람 모두 대단한 학식의 소유자로서 예술과 과학에 정통한 인물들이다. 대칭의 여러 가지 양상에 관한 심포지엄(1997년, 워싱턴 D.C.)에 참여하는 동안 이스라엘의 저명한 두 과학자 유발 니만(Yuval Ne'eman)과 대니 슈트만(Danny Shechtman)은 소립자물리학 차원에서 볼 수 있는 대칭과 준결정(quasicrystal)의 구조에 관한 식견을 제공해 주었다. 캘리포니아공대(Caltech) 물리학 교수 겸 부교무처장인 데이비드 구드슈타인(David Goodstein), 비엔나대학 볼츠만연구소 명예교수 겸 소장인 마이클 히가츠버거(Michael Higattsberger), 하버드대학 물리학과 명예교수인 노먼 램지(Norman Ramsey), 미국 표준기술연구소(NIST) 레이저 포획 및 냉각 분야 책임자인 (그리고 현재 옥스퍼드대학에서 조지 이스트먼 George Eastman 교수로 불리는) 윌리엄 필립스(William Phillips), NIST 물리학분과 부책임자 윌리엄 오트(William Ott) 역시 크나큰 도움을 준 사람들이다. 모두 뛰어난 물리학자들이며 램지와 필립스는 노벨상 수상자이기도 하다. 램지 교수는 오랜 경력을 통해 접해 온 물리학자들에 관한 흥미로운 일화들을 제공해 주었으며, 학식만큼이나 인품도 훌륭한 필립스 교수는 특유의 빈틈없는 꼼꼼함을 발휘하여 원고 전체를 읽고 귀중한 의견을 제시해 주었다. 그리고 다른 사람들은 각자의 기관에서 내가 강연하거나 대화를 나눌 수 있도록 초대해 주었다.

레오나르도의 방식을 검토하는 과정에서, 물리학 외의 분야에 종사하는 여러 학자 친구들의 조언이 큰 도움이 되었다. 종교학 교수 메디 아민라자비(Mehdi Aminrazavi)는 이슬람 문화에 관한 식견을 나눠주었고, 고전학 교수 리안 후탈린(Liane Houghtalin)은 초기 그리스 철학자들에 관한 정보를 제공해 주었다. 이탈리아어학 교수 클라비오 아스카리(Clavio Ascari)는 이탈리아 르네상스에 관해 귀중한 의견을 교환해 주었고, 또한 근대 초기 이탈리아어를 능숙하게 번역해 주기도 했다. 경영학 교수 다니엘 허바드(Daniel Hubbard)는 루카 파치올리(Luca Pacioli)가 복식부기(double-entry accounting) 발달에 미친 영향에 관해 정보를 제공해 주었고, 미술학 교수 조셉 디벨라(Joseph Dibella)는 회화의 기법과 관련해서 여러 가지 조언을 해 주었다.

심리학과 생리학이라는 주제에서는 크리스토퍼 타일러(Christopher Tyler), 마이클 니콜스(Michael Nicholls), 로버트 리케츠(Robert 'Rick' Ricketts), 그리고 마이클 아탈레이(Michael Atalay)의 도움이 컸다. 2000

년 2월 우리는 한국 서울에서 열린 심포지엄에 함께 참여하여 '대칭의 여러 가지 양상 : 우주의 질서를 찾아서(Symmetry in its Various Aspects : Search for Order in the Universe)'라는 주제로 논문을 발표했다. 이 심포지엄에서 네 사람은 각자의 분야에 기초한 독창적인 견해들을 보여 주었고, 그 내용은 이 책의 몇몇 부분에도 실려 있다.

성형외과 의사인 스티븐 마쿼트(Steven Marquardt)는 얼굴에 대한 미학적 탐구와 리케츠 박사에 필적하는 신성 비례 연구를 통해 인간의 마스크를 고안했다. 그는 내가 이 책에서 '자연 속의 예술'이라는 주제를 다룰 때 이 마스크를 사용할 수 있도록 기꺼이 허락해 주었다. 제8장에 예술가의 뇌와 일반인의 뇌를 비교 연구한 결과들을 실을 수 있었던 것은 예술가 험프리 오션(Humphrey Ocean)과 과학자 존 찰렌코(John Tchalenko), 크리스토퍼 마이얼(Christopher Miall), 로버트 솔사(Robert Solsa) 덕분이다. 또한 이처럼 중요한 연구에 관심을 갖게 해 준 나의 조카 빌러 탠슬(Billur Tansel)과 그녀의 어머니 길세린 탠슬(Gulseren Tansel), 그리고 이 책의 많은 부분에 관해 여러 각도로 조언을 해 준 고모부 제프 코크데마이어(Jeff Kokdemir)에게도 고마움을 표한다.

존스홉킨스대학 영재청소년센터(Johns Hopkins Center for Talented Youth, JHCTY)의 설립자인 줄리안 스탠리(Julian Stanley) 교수는 재능 있는 청소년들에 관한 귀중한 자료를 제공해 주었다. 지난 몇 년간 나는 JHCTY와 토머스제퍼슨 과학기술고(Thomas Jefferson High School for Science and Technology), 오클라호마 과학수학고(Oklahoma School of Science and Math)의 재능 있는 학생들을 만나볼 수 있었다. 그리고 몇몇 학생들과의 대화는 내게 영감을 주었다. 로스앤젤레스의 저명한 정신분석학자 제럴드 애론슨(Gerald Aronson)에게도 감사의 뜻을 전한다. 그와는 지속적으로 서로의 관심 분야, 특히 물리학과 인간의 뇌에 관해 의견을 교환해 왔다. 애론슨 박사는 또한 이 책의 원고를 읽고 '고통받는 천재'라는 주제와 관련하여 조언을 주기도 했다.

나의 옛 제자들 가운데 몇 명은 지난 몇 년간의 프로젝트에 꾸준히 관심을 가져 주었고, 귀중한 아이디어들을 제공해 주기도 했다. 길버트 쇼어(Gilbert Schor)는 피보나치수열에 관한 그의 졸업논문을 읽어 볼 수 있도록 허락해 주었다. 그리고 애비 델크(Abbey Delk)는 국립미술관에 있는 레오나르도의 스케치 사본들을 선별하는 작업을 도와주었다. 흥미롭고 유익한 의견들을 아낌없이 나누어준 베티 W. 존스(Betty W. Jones), 리사 L. 우(Lisa L. Wu), 로쳴 허시(Rochele Hirsch, 구성舊姓 베티 스탠슬 Betty Stansell), 데이비스 리(Davis Lee), 보니 노리스(Bonnie Norris), 모하메드 차카드(Mohamed Chakhad), 그리고 매튜 웰츠(Matthew Welz)도 내게는 모두 고마운 사람들이다.

키스 웜슬리(Keith Wamsley)에게는 특별히 따로 감사의 마음을 전하고 싶다. 2000년 여름 그가 물리법칙에 관한 내 대학원 강의를 듣는 동안 나는 그의 지칠 줄 모르는 호기심과 작가로서의 소질, 그리고 편집자로서의 잠재능력을 알게 되었다. 나의 비공식적인 원고 교열 편집자 역할을 처음 수락한 이후로 그는 내가 앞뒤 순서 없이 주는 원고들을 검토해야 했다. 그럼에도 그는 이처럼 불편한 상황에 대해 결코 불평 한마디 하지 않았다. 대신 필요한 모든 점에 관해서는 지적을 아끼지 않았고, 우리는 모든 아이디어들이 명확히 설명되었다고 서로가 만족할 때까지, 그리고 지성 있는 일반인들이 이해하기 쉬운 수준이라고 판단될 때까지 한 문장 한 구절을 수정했다. 키스 본인이야말로 예술가도 과학자도 아니지만 예술과 과학에 깊은 관심을 가지고 있는 일반인이기 때문에 적절한 편집이 이루어질 수 있었다.

　비공식적인 편집자라는 점에서는 닉 머레이(Nick Murray)에게도 감사의 뜻을 전하지 않을 수 없다. 탁월한 문장가인 그는 원고 전체를 읽고 수많은 유익한 의견들을 제시해 주었다. 역시 원고를 읽고 조언해 준 예일대학 외과 명예교수 셔윈 누랜드(Sherwin Nuland)에게도 깊은 감사를 표하고 싶다. 그는 1994년 전미도서상(National Book Award)을 수상했으며 최근에는 '펭귄' 인물시리즈 중 레오나르도 다 빈치에 관한 간략한 전기를 쓰기도 했다.

　스미스소니언북스(Smithsonian Books)의 과학 부문 편집자를 지낸 빈센트 버크(Vincent Burke)는 레오나르도가 취했던 방식에 관한 책의 가치를 일찍부터 인지하고 있었다. 엄청난 인내심과 뛰어난 편집능력의 소유자 빈센트는 구성이 치밀한 책을 만들 수 있도록 나를 인도해 주었다. 그는 유능한 보조편집자 니콜 슬로언(Nicole Sloan)과 함께, 내가 주제와 관계 없는 내용을 언급할 때마다 지적해 주었다. 그런 내용은 비공식적인 강연에서는 유용할지 모르나 일관된 구성으로 책을 쓸 때는 적절하지 못하기 때문이다. 이 책은 그들의 심사숙고에 힘입은 바가 크다.

　이 책의 제작과 관련하여 마지막으로, 원고 교열 편집자 메리 크리스찬(Mary Christian)과 탈고 편집자 로버트 포치(Robert Poarch), 그리고 초고 편집자이자 빈센트 버크의 후임인 스코트 말러(Scott Mahler)에게 깊은 감사의 뜻을 전한다. 특히 미술사학자인 메리는 편집자로서의 능력뿐만 아니라 예술적인 지식도 발휘해 주었다.

　친지들에게도 많은 신세를 졌다. 30년 친구인 로이(Roy)와 롤리 웨인스토크(Lolly Weinstock)는 끝없는 토론을 참아 주었고 또한 확고한 지지자가 되어 주었다. 마지막으로 나의 가족에게 고맙다는 말을 꼭 전하고 싶다. 아내인 캐럴 진(Carol Jean)과 딸 지닌(Jeannine), 아들 마이클(Michael), 그리고 사위 마이크 하비(Mike Harvey)와 며느리 엘리자베스 아탈레이(Elizabeth Atalay) 모두 이 책의 수많은 주제에 관해 의견을 제시해 주고 무한한 인내심을 베풀어 주었다. 딸아이는 예술을, 아들은 과학을 공부한 덕택에, 예술과 과학에 관한 다양한 주제를 다룰 때 큰 도움이 되었다.

지혜로운 친구들(그리고 편집자들)이 내게 이제 그만 쓰라고 충고해 주지 않았다면 이 책을 내는 데 아마도 훨씬 많은 시간이 걸렸을 것이다. 이들의 충고는 〈고등교육신문*the Chronicle of Higher Education*〉에 실린 한 만화를 떠올리게 했다. 만화 속에서는 한 편집자가 유명한 작가에게 편지를 쓰고 있다. "도스토예프스키 귀하, 새 작품 '죄와 벌 그리고 후회(Crime, Punishment, and Repentance)' 원고가 너무 늦어지고 있는 것 같습니다. 3분의 1만 쓰시지요."

참고문헌

레오나르도에 관한 신뢰할 만한 기록들은 케네스 클라크(Kenneth Clark)의 *Leonardo da Vince: An Account of His Development as an Artist*(1952)와 월터 페이터(Walter Pater)의 *The Renaissance: Studies in Art and Poetry*(1917)에서 찾을 수 있다. 물론 조르조 바사리(Giorgio Vasari)가 16세기에 기록한 권위 있는 전기도 빼놓을 수 없다. 이 기록은 *Lives of the Most Excellent Italian Architects, Painters, and Sculptors*(1550)에 실려 있으며 여러 개정판, 번역본, 요약본, 재판 등을 통해 접할 수 있다.

최근에는 데이비드 앨런 브라운(David Alan Brown)의 *Leonardo da Vinci : Origins of a Genius*(1998)를 비롯하여 레오나르도에 관한 무수한 책들이 출판되었다. 레오나르도의 예술과 과학 사이의 관계를 다룬 훌륭한 책들도 많이 있는데, 대표적으로 마틴 켐프(Martin Kemp)의 *The Science of Art : Optical Themes in Western Art from Brunelleschi to Seurat*(1990)를 들 수 있다. 내가 가장 아끼는 책은 셔윈 누랜드(Sherwin B. Nuland)의 작고 알찬 책 *Leonardo da Vinci*(2000)다. 예일대학 외과 교수인 그는 레오나르도의 해부학 연구에 관해 굉장히 신뢰할 만한 설명을 제공해 준다. 끝으로, 레오나르도를 중점적으로 다루고 있지는 않지만 근대 물리학과 근대 미술이 나란히 발전해 온 과정을 외과의사의 눈을 통해 보여 주는 레너드 쉴레인(Leonard Shlain)의 *Art and Physics: Parallel Visions in Space, Time, and Light*(1992)도 매우 훌륭한 책이다.

신성 비례와 예술의 연관성을 다룬 책들도 있는데, 이 책들은 비례와 대칭의 기반으로서 과학보다는 수학(특히 기하학)에 관해 얘기하고 있다. 이런 측면에서는 제이 햄브리지(Jay Hambidge)의 *Dynamic Symmetry in the Greek Vase*(1920)나 *The Elements of Dynamic Symmetry*(1967)와 같은 책이 유용하다. 수학자 헌틀리(H. E. Huntley)가 쓴 *The Divine Proportion : A Study in Mathematical Beauty*(1970)와 예술가 마틸라 기카(Matila Ghyka)가 쓴 *Geometrical Composition and Desig*n(1952), *The Geometry of Art and Life*(1946)는 세부적인 설명이 뛰어난 책들이다.

이 책의 각 장을 시작할 때 인용된 레오나르도의 말들은 주로 다음의 책들로부터 발췌한 것이다. 장 폴 리히터(Jean Paul Richter)의 *The Notebooks of Leonardo da Vinci*(전2권, 1970) — *The Literary Works of Leonardo da Vinci*(1883)라는 제목으로 출판되었던 책의 완본. 켐프가 엮은 *Leonardo on Painting : An Anthology of Writings by Leonardo da Vinci, with a Selection of Documents Relating to His Career as an Artist*. 켐프와 마거릿 워커(Margaret Walker) 공역(1989).

이탈리아 르네상스 예술의 전반적인 역사에 관심 있는 독자에게는 함께 읽으면 좋을 만한 다음의 두 책을 추천한다. 프레드릭 하트(Frederick Hartt)의 *History of Italian Renaissance Art : Painting, Sculpture, Architecture*, 데이비드 윌킨스(David G. Wilkins)가 엮은 5판(2003). 에블린 웰치(Evelyn Welch)의 *Art and Society in Italy, 1350~1500*(1997). 마지막으로, 전반적인 미술사에 관해 다루고 있는 믿을 만한 책들은 무수히 많지만 그 중에서도 프레드 클리너(Fred S. Kliner), 크리스틴 마미야(Christin J. Mamiya), 리처드 탠지(Richard G. Tansey)가 함께 엮은 헬렌 가드너(Helen Gardner)의 *Gardner's Art through the Ages* 11판(2001)을 추천한다.

서문

1. C. P. Snow, *The Two Cultures and the Scientific Revolution*
   (Cambridge : Cambridge University Press, 1959)

1 피렌체의 레오나르도, 가치 있게 보낸 삶

1. 활판인쇄술은 구텐베르크보다 훨씬 이전에 한국과 중국에서 도입되었던 방법이다. 그러나 이 활판은 다루기 까다로운 도예 재료로 만들어진 데다가 엄청나게 많은 활자들을 모두 찍어 내야 했기 때문에, 책보다는 벽보 인쇄에 사용되었다. 구텐베르크 이전에 유럽 인쇄공들은 목판을 사용해야 했다. 한 장 전체를 한 번에 찍어 내야 했기 때문에 이 방법으로는 여러 장을 인쇄하기가 힘들었다.

2. 최초의 대학이 유럽에 세워질 무렵(1088년 볼로냐) 북아프리카에는 이미 두 개의 대학이 있었다. (모로코 페즈Fez의 al-Qarawiyin(879)과 카이로의 al-Azhar(970).) 그리고 11세기 중반 살레르노에는 실제로 볼로냐보다 먼저 설립된 대학이 있었다. 이 대학은 전문적인 의과대학이었다.

3. 로저 베이컨(Roger Bacon, 1220~1292)과 윌리엄 오컴(William of Ockham, c. 1300~1349)은 모두 옥스퍼드대학과 관련된 인물로, 종교적인 교의보다 논리적 근거를 더 중시하여 교회에서는 천대를 받았다. 이들은 철학자로서 북유럽에서 활약했으며, 근대 과학에 크게 기여하기도 했다. 그러나 만약 베이컨과 오컴이 이탈리아의 대학에서 활동했다면 이들은 큰 곤란을 겪었을 것이다. 이탈리아의 대학들 가운데 법과대학

으로 설립된 볼로냐대학은, 자유로운 지적 담화를 반대하던 성직자들의 압력으로부터 자유로울 수 있었다. 다른 두 대학, 즉 의과대학 및 법과대학으로 특히 유명한 파도바대학과 의과대학으로 유명한 파비아대학에서는 모두 해부학 연구를 허용했다.

4. Martin Kemp 가 엮은 *Leonardo on Painting*.

5. Marco Rosci, *The Hidden Leonardo*, John Gilbert가 영어로 옮김 (Chicago : Rand McNally, 1977).

2 과학과 예술의 합류점

1. 예술가의 도구와 수학자의 도구를 대조한 이 설명은 Leonard Shlain이 소개한 것이다.

2. Richard Feynman, *Character of Physical Law*(Cambridge, Mass. : MIT Press, 1964), p. 34.

3. Eugene P. Wigner, *Symmetries and Reflections : Scientific Essays* (Cambridge, Mass. : MIT Press, 1967), pp. 222-37.

4. Eugene Wigner(1902~1995)는 지적 다양성이라는 정신을 물려받은 근대인 가운데 한 사람이다. 1930년 무렵 그와 또 다른 여섯 명의 젊은 헝가리인들은 해외로 이주했다. 다섯 명은 미국으로, 한 명은 캐나다로, 또 한 명은 영국으로 옮겨 갔다. 이들은 모두 부다페스트에서 고등학교를 마쳤고(몇 명은 1920년 Evangelicus Gimnazium에서 공부했다), 또한 모두 부다페스트대학에서 학사학위를 받았다. 그리고 독일에서 모두 박사학위도 받았다. Wigner를 포함하여 국외로 이주한 인재들 가운데는 그의 동창생들도 있었다. 이들 중 Leo Szilard는 원자폭탄 제조를 위한 맨해튼계획(Manhattan Project) 추진에 일조한 인물이었다. Edward Teller는 '수소폭탄의 아버지'로 알려져 있으며, Janesh 'Johnny' von Neumann은 역사상 가장 중요한 수학자 가운데 한 사람으로 프린스턴

고등연구소에서 아인슈타인과 함께 활동하기도 했다. Denis Gabor는 홀로그래피 개발로 노벨물리학상을 수상했다. Albert Szent-Gyorgi는 노벨생리의학상 수상자이며, Eugene Ormandy는 필라델피아 교향악단 전성기의 지휘자였다.

5. 고대 로마인들은 알프스산맥을 단지 이방인들을 막기 위한 방어벽으로만 생각했다. 셰익스피어의 문학에서 이 산맥이 낭만적인 비유로 등장하는 일도 없었다. 17~8세기가 되어서야 알프스산맥은 지구를 부드러운 구형에서 벗어나게 만드는 요인으로 인정받게 되었다. 그리고 낭만주의 시대가 열리면서 산맥은 아름다움과 심오한 정신의 상징이 되었다.

6. Stephen Jay Gould, *Rocks of Ages*(New York : Ballantine, 1999), p. 6.

7. 최근 출판된 한 책은 레오나르도가 과학적 방법론을 처음 소개했다는 견해를 제목에서부터 표현하고 있다. Michael White, *Leonardo : The First Scientist*(New York : Saint Martin's Press, 2000).

8. Jacob Bronowski, "The Creative Process", *Scientific American 199*, no. 8(1958. 9), pp. 5-11.

9. Jacob Bronowski, *The Ascent of Man*(New York : Little, Brown, 1973), p. 113.

10. 프린스턴대학 물리학과의 명성은, 프린스턴고등연구소의 일원이기도 했던 아인슈타인이 남긴 것이라기보다 조셉 헨리가 남긴 것이라고 봐야 한다. 1832년부터 1846년까지 프린스턴대학 물리학 교수로 있었던 그는 Michael Faraday가 1830년에 발견한 것과는 상관없이 발전기의 근원적인 법칙을 발견했으나 이를 발표하지는 않았다. 그는 절연 전선을 코일 형태로 감아 전자석의 전류를 증폭했다. 또한 그는 현재까지 우리가 다양하게 변형하여 활용하고 있는 전동기를 설계하기도 했다.

11. Gould, *Rocks of Ages*, p. 6.

3 수를 이용한 그림

1. Christopher Tyler의 의견(사적인 대화).

2. Carl Boyer, *A History of Mathematics*, U. Merzbach 개정, 2판(New York : Wiley, 1991). p. 4.

3. Robert Kaplan, *The Nothing That Is*(Oxford and New York : Oxford University Press, 1999).

4. Seyyed Hossein Nasr, *Islamic Science : An Illustrated Study* (Westerham, Kent, England : World of Islam Festival Publishing Company, 1976).

5. Edward Fitzgerald가 번역한 4행시 24번, Omar Khayyam의 *The Rubaiyyat* 5판. M. H. Abrams가 엮은 *The Norton Anthology of English Literature* 7판 제2권에 실려 있다(New York : W. W. Norton, 2000), p. 1308.

6. 짤막하고 재미있는 사건을 읽고 싶다면 추천한다. Dennis Overbye, "How Islam Won, and Lost, the Lead in Science," *New York Times*, "Science Times," 2001. 10. 30, D, pp. 1, 3.

7. 무리수는 정수나 분수로 나타낼 수 없는 수이다. $\sqrt{2}=1.41421356\cdots\cdots$ 그리고 $\pi(=3.14159265)$는 일반적인 무리수로서, 여기에는 정확히 소수점 이하 여덟 자리까지만 제시했다. 하지만 분수를 이용하여 어느 정도까지 정확하게 나타내 볼 수는 있다. 예컨대 학교에서는 종종 π를 22/7로 가르치는데, 이 값은 $3.14285714\cdots\cdots$로 세 자리까지는 일치한다. 소수점 이하 여섯 자리까지 맞춰 보면 $355/113=3.1415929\cdots\cdots$가 된다. π를 15자리까지 기억할 수 있게 해 주는 유용한 기억법을 하나 소개한다. "How I need a drink, alcoholic of course, after the heavy lectures involving quantum mechanics." (양자역학에 관한 지루한 강의를 듣고 나면 갈증이 나서 술이라도 한잔 마시고 싶어진다.) 이 문장에서 각 단어의

알파벳 개수는 π의 자릿값과 일치한다. 즉 'How'는 3, 'I'는 1, 'need'는 4와 같은 식으로 이어진다.

8. 피보나치수열의 기본 원리는 다음의 세 줄로 요약된다.

$u_1, u_2, u_3, \cdots\cdots u_n$

$u_1 = u_2 = 1,$

$u_n = u_{n-1} + u_{n-2}$

여기에서 $n = 1, 2, 3\cdots\cdots$이다.

그러므로 수열은 1, 1, 2, 3, 5, 8, 13, 21, 34, 55, 89, 144, 233, 377, 610, 987······과 같이 진행되고, R_n의 비율이

$R_n = u_{n+1}/u_n$ 로 정의되면,

$R_1, R_2, R_3\cdots\cdots$에서 각각의 값들은

1, 2, 1.5, 1.67, 1.60, 1.63, 1.615······와 같이 나타난다. 이를 무한대로 발산하면 다음과 같다.

$$\lim_{n \to \infty} R_n = \frac{1+\sqrt{5}}{2}$$

이를 소수점 이하 여섯 자리까지 나타내면 1.618034로, $\emptyset$가 의미하는 수와 일치한다.

수열의 각 항은 점화관계(recursion relation)를 통해 계산할 수 있다.

즉 n번째 항의 값은 다음 공식을 이용하면 바로 얻을 수 있다.

$$u_n = \frac{(1.618034\cdots)^n - (-0.618034\cdots)^n}{\sqrt{5}}$$

피보나치수열에서 n번째 항을 유도해 보자.

$a_{n+2} = a_{n+1} + a_n$, 이면 $a_{n+2} - a_{n+1} - a_n = 0$. 특성방정식

$\emptyset^2 - \emptyset - 1 = 0$은 2차방정식으로, 해를 구해 보면 $\emptyset = (1\pm\sqrt{5})/2$.

$a_n = c_1(\emptyset_1)^n + c_2(\emptyset_2)^n$ (1)

$a_0 = c_1(\emptyset_1)^0 + c_2(\emptyset_2)^0 = 1$ (2)

$a_1 = c_1(\emptyset_1)^1 + c_2(\emptyset_2)^1 = 1$ (3)

(2)에서 $c_1 + c_2 = 1$을 얻을 수 있다. $c_2 = 1 - c_1$을 (3)에 대입하면

$c_1 = (1+5)/(2+5)$ 그리고 $c_2 = (5-1)/(2\sqrt{5})$가 된다.

그러면 (1)은 다음과 같이 나타낼 수 있다.

$a_n = (1/\sqrt{5})\{[(1+\sqrt{5})/2]^{n+1} - [(1-\sqrt{5})/2]^{n+1}\}$ (4)

위에서 말한 수열의 항들 $u_1, u_2, u_3, \cdots$를 $a_0, a_1, a_2 \cdots$와 연관시키면 $u_{n+1} = a_n$과 같이 유도된다.

따라서

$u_n = (1/\sqrt{5})\{[(1+\sqrt{5})/2]^n - [(1-\sqrt{5})/2]^n\}$ (5)

이 결과는 위에 제시한 공식과 일치한다.

9. 황금분할과 관련된 일반적인 값들

$\emptyset = (1+\sqrt{5})/2 = 1.618034$ $\emptyset^{-1} = 1/\emptyset = 0.618034$ $\emptyset^2 = 2.618034$

$1/\emptyset^2 = 0.381966$ $[1+(1/\emptyset^2)] = 1.381966$ $(1/2\emptyset)+1 = 1.309017$

$(1+\emptyset/4) = 1.404508$ $\sqrt{2} = 1.414214$ $\sqrt{3} = 1.732051$

$\sqrt{5} = 2.236068$ $\sqrt{5}-1 = 1.236068$

10. 대수나선은 극좌표 지수방정식으로 나타낼 수 있다. 먼저 X축에 단위 거리가 표시된다. 그후 반시계 방향으로 진행하면서 90°(혹은 $\pi/2$라디안)에 이르면 이 거리는 $\emptyset^{-1} = 1/\emptyset = 0.618034$를 인수로 줄어들고 180°(혹은 π라디안)에 이르면 이 인수가 $\emptyset^{-2} = 1/\emptyset^2 = 0.381966$, 270°에서는 $\emptyset^{-3} = 1/\emptyset^3 = 0.236069$, 그리고 360°에서는 $\emptyset^{-4} = 1/\emptyset^4 = 0.145898$이 된다. 이렇게 해서 그려진 곡선은 대수나선이 된다.

$$r(\theta) = r_0\, e^{-\left(\frac{\ln\emptyset}{\pi/2}\right)\theta}$$

$$N(t) = N_0\, e^{-\left(\frac{\ln 2}{T^{1/2}}\right)t}$$

이 식은 방사성 핵종 붕괴를 나타내는 식과 거의 똑같다.

11. H. F. R. Adams, *The SI-Metric Units*, 개정판 (Montreal : McGraw-Hill Ryerson, 1974), pp. 9-10.

4 과학 속의 자연

1. 우리는 프로타고라스의 학설을 단편적으로밖에 알 수 없지만, 이 단편들을 살펴보면 그는 신들의 존재에 의심을 품고 있었던 듯하다. 그가 아테네에서 추방당한 것도 바로 이처럼 불경하고 무신론적인 발언 때문이었을 것이다.

2. Reviel Netz, "The Origins of Mathematical Physics : New Light on an Old Questions," *Physics Today*, 2000. 6, pp. 43-37. 바로 최근까지 수학자들은 무한대라는 개념이 근대에 와서야 수학자들의 관심사가 되었다고 믿었다. 그러나 현대 고전학자들은, 1,000년 전 아르키메데스의 저작 원본에서 처음에 쓰였다가 지워지고 다시 기록된 부분들을 판독하는 과정에서, 그가 두 가지 무한집합(infinite set)을 비교해 놓은 흔적을 발견할 수 있었다.

5 예술 속의 자연

1. A. P. McMahon, *Treatise on Painting. Codex Urbinus Latinus 1270* (Princeton, N. J. : Princeton University Press, 1956).

2. Kurt Mendelssohn, "A Scientist looks at the Pyramids," *American Scientist 89*(1971. 3~4월), pp. 210-20 ; Kurt Mendelssohn, *The Riddle of the Pyramids*(New York : Praeger, 1974).

3. Kurt Mendelssohn, 사적인 대화.

4. Issac Asimov, *Asimov's Biographical Encyclopedia of Science and Technology*, 2차 개정판(New York : Doubleday, 1982).

5. Mendelssohn, 사적인 대화.

6. David H. Koch, "Dating the Pyramids," *Archaeology 52*, no. 5 (1999. 9~10월), pp. 26-33.

7. Farouk El-Baz, "Gifts of the Desert," *Archaeology 54*, no.2(2001. 3~

4월), pp. 42-45.

8. 대학 학장이었던 이 친구는 후에 세상을 떠났다. 그 친구는 한동안 이 에피소드를 재미있는 추억거리로 떠올리며 웃곤 했지만, 그의 이름은 공개하지 않는 편이 좋으리라 생각된다.

9. Jay Hambidge, *Dynamic Symmetry in the Greek Vase*(New Haven, Conn. : Yale University Press, 1920) ; Jay Hambidge, *The Elements of Dynamic Symmetry* (New York : Dover, 1967).

10. 조지타운대학 신입생 시절이었던 1959~60년 사이에 나는 동기생인 Anil Nehru로부터 만찬 초대를 받은 일이 있다. 그는 워싱턴 주재 인도 재무 대사 B. K. Nehru의 아들이자 인도 수상 Jahawarlal Nehru의 조카였다. 이 만찬의 주빈 중에는 Salvador Dali도 있었다. 안타깝게도 당시 나는 피타고라스학파 학자들에게 정십이면체가 어떤 의미를 지니는지 알지 못했고, 따라서 그가 그림을 그릴 때 그러한 의미를 인지하고 있었는지도 묻지 못했다.

6 자연 속의 예술

1. Christopher Tyler가 사적인 대화에서 한 말이다. 그는 초상화에서 주된 특징으로 나타나는 중심선 원리를 발견한 인물이다.

2. Stephen Jay Gould, *Ever Since Darwin: Reflections in Natural History* (New York : W. W. Norton, 1977), p. 201.

3. Leonard Shlain, *Art and Physics : Parallel Visions in Space, Time, and Light*(New York : William Morrow, 1991). Shlain은 샌프란시스코에서 외과의사로 활동하고 있다.

4. 모든 지적 노력은 그 실증적인 면과 본질적인 면들이 상보적으로 결합할 때 이롭게 작용한다. 형태와 감정이 바로 이러한 상보적 관계를 보여주는 한 예라 할 수 있다. Samuel Johnson(1709~1784)은 이 원리를 또

다른 표현으로 설명했다. "지식 없는 청렴은 나약하고 무가치하며, 청렴 없는 지식은 무시무시하고 위험하다."

5. 이 표현은 대수나선을 광범위하게 연구한 17세기 스위스 수학자 Jacob Bernoulli가 쓴 책의 제목이다. Mario Livio, *The Golden Ratio*(New York, Broadway Books, 2002), pp. 116-17 참조.

6. D. Harel, R. Unger, J. L. Sussman, "Beauty is in the Genes of the Beholder," *Trends in Biological Sciences 11*(1986. 4. 4).

7. Peter S. Stevens, *Patterns in Nature*(Boston : Atlantic Monthly Press, 1974), pp. 136-66.

8. 같은 출처, pp. 160-61.

9. 같은 출처, p. 164.

10. Livio, *The Golden Ratio*, p. 120. Livio의 설명은 Vance Tucker 외 몇 명의 발견에 기초를 두고 있다. "Curved Flight Path and Sideways Vision in Peregrine Falcons," *Journal of Experimental Biology 203*, no. 24(2000. 12. 15), pp. 3755-63.

11. Kemp 엮음, *Leonardo on Painting*, pp. 123-29.

12. Robert Ricketts, 서던캘리포니아대학 치과교정학 명예교수이자 캘리포니아 로마린다대학 치과교정학 명예교수. "Divine Proportion in Facial Esthetics," *Clinics in Plastic Surgery 9*, no.4(1982. 10). 또 다른 저서로, *Provocation and Perception in Cranio-Facial Orthopedics*(1989)가 있다. 크게 셋으로 분류되는 총 9권 가운데 특히 관심을 끄는 부분은, "Facial Art, the Divine Proportion and Esthetics," part I, section 1, chapter 6, pp. 169-202.

13. 오랜 친구이자 매리워싱턴대학 학생이기도 했던 Rochele Hc Hirsch(구성舊姓 Elizabeth Stansell)를 묘사한 연필 스케치.

14. 심미치과 의사들의 '아름다운 미소' 연출을 위한 공식은 플로리다주 마이애미의 Dr. Arthur Sitrin이 제공해 주었다.

15. Marquardt, 사적인 대화.

16. Marquardt의 웹페이지는 http://goldennumber.net/beauty.html. 배우 John Cleese와 Elizabeth Hurley는 2001년 8월 디스커버리 채널에서 방영했던 한 프로그램에 함께 출연한 일이 있다. 이 에피소드에 관해서는 http://tlc.discovery.com/convergence/humanface.html 참조.

7 예술 속의 과학

1. Kemp 엮음, *Leonardo on Painting*, pp. 17, 52.

2. Tyler는 폼페이 벽화에서 원근법이 시도되었음을 처음으로 지적했다. 폼페이 벽화의 원근법이 실패한 이유는 수평선이 하나 이상이었기 때문이다. 부가적인 정보를 얻을 수 있는 곳은, http://www.ski.org/CWTyler_lab/CWT;yler/PrePublications/ index.html 그리고 http://www.ski.org/CWTyler/Art%20Investigations/PerspectiveHistory/Perspective.BriefHistory.html.

3. A. P. McMahon, *Treatise on Painting. Codex Urbinus Latinus 1270* (Princeton, N. J. : Princeton University Press, 1956).

4. 이러한 주장에 대한 신빙성 있는 근거를 제시하고 있는 책은 Kemp, *The Science of Art*, pp. 44-52.

5. Morris Kline, "Projective Geometry," *Scientific American*, 1955. 1, *Science and the Arts*에 전재(New York : Scientific American), pp. 30-35.

6. Sanford Schwarts, "Camera Work," *New York Review of Books 48*, no.9(2001. 5. 31), pp. 6-12.

7. Van Hoogstraten의 원근법 상자에 관해서는 Lisa Jardin의 *Ingenious Pursuits: Building the Scientific Revolution*(New York : Doubleday, 1999), pp. 107-11. 참조.

8. Walter Liedtke는 메트로폴리탄미술관에서 유럽 미술 관리자 겸 네덜란드와 플랑드르 미술전문가로 활동하고 있다. 그가 주요 저자로 참여한 전시 카탈로그 *Vermeer and the Delft School*(New Haven, Conn. : Yale University Press, 2001), p. 156. 참조.

9. Bülent Atalay, *Oxford and the English Countryside : Impressions in Ink*(London : Eton House, 1974).

10. H. E. Huntley, *The Divine Proportion*(New York : Dover , 1970), pp. 60-69.

11. 같은 출처, pp. 62-65. Huntley는 Fechner 외에도 Adolf Zeising의 *Der Goldene Schnitt*(1884)를 비롯하여 Witmar(1894), Thorndike(1917)의 연구도 언급하고 있다.

12. Helen Hedian, "The Golden Section and the Artist," *Fibonacci Quarterly 14*, no. 5(1976), p. 406-18.

13. Seurat의 〈Circus Side Show〉를 황금 비율과 연관시켜 소개하고 있는 두 권의 책을 추천한다. David Bergamini, *Mathematics*(New York : Life Science Library, 1963). 그리고 Livio, *Golden Ratio*.

14. 이와 비슷한 형태와 대칭을 보여 주는 Raphael의 또 한 작품은 〈*Madonna della Seggiola*〉(Madonna of the Chair), 1514. (Galleria Palatino, Florence 소장. 그리고 개작된 또 한 점은 Dubrovnik Cathedral, Croatia 소장).

15. 독자들 가운데, 물리학자라면 잘 알고 있겠지만 여기에 사용된 '동적 대칭'이라는 표현은 물리학에서 말하는 동역학적인 대칭군과는 관계가 없다.

16. crypto는 '숨겨진' 또는 '비밀의'라는 의미이며, techne는 '기술' 또는 '기법'을 뜻한다. 즉 이 표현은 무언가 조작이 가해졌음을 의미하는 말이다.

17. Elise Maclay, *The Art of Bev Doolittle*(New York : Bantam Books). 작품을 실을 수 있도록 허가해 준 점에 대해 Doolittle과 그녀의 판매대리인 The Greenwich Workshop, http://www.greenwichworkshop.com 측에 감사한다.

18. Fred Leeman, *Hidden Images*(New York : Harry N. Abrams, 1976), p. 10.(*Codex Atlanticus*, fol. 35 verso a. c. 1485), Biblioteca Ambrosiana, Milan.

19. Tom Wolfe 외, *Frederick Hart : Sculptor*(New York : Hudson Hills, 1994). Hart의 작품 특색을 다룬 이 책에는 전(前) 국립미술관장 J. Carter Brown을 비롯하여 걸출한 문학자들 및 미술평론가들이 쓴 여러 평론들이 실려 있다. 나도 이 책 한 권을 소중히 간직하고 있는데, 이 책은 나와 함께 고전예술 양식을 애호했던 Hart 본인이 내게 선물한 것이다. 예술 서적을 수집하는 사람이라면, 그리고 (근대 미술의 폐해를 보여주듯) 진실만을 담고 있는 예술보다는 진실과 아름다움이 융합된 예술을 선호하는 사람이라면 이 책을 필히 읽어 보기 바란다. 이런 측면에서 나는 위대한 두 영국인 필자의 의견에 동감하지 않을 수 없다. 간단히 소개하자면, 해외 통신원 Alistair Cooke은 몇몇 현대 작품들을 가리켜 "독창성이라는 이름의 방종"이라 평했고, 영국 극작가 Tom Stoppard는 "현대 예술에는 상상력만 있고 노련미는 없다"라고 꼬집었다.

20. 나는 1984년 처음으로 〈Ex Nihilo〉에서 대수나선을 발견하고 이후 1980년대와 1990년대에 걸쳐 여러 강의에서 이에 대해 논의했다. 사실 나는 1998년 10월 스미스소니언협회에서 강연할 때 화보 5에 실려 있는 사진을 제시하여 Hart를 깜짝 놀라게 해 주려고 했다. 그러나 그는 이 강연에 참석할 수 없었다. 2000년에서 2003년에 걸쳐 나선 형태에 관한 내

용을 이 책에 실은 후에야, 나는 또 다른 저자가 이에 관해 언급했다는 사실을 알게 되었다. 매우 날카로운 평론 〈Evolution out of Chaos : The Creation Sculptures〉에서 Frederick Turner는 나선뿐만 아니라 피보나치수열, 앵무조개 등등 내가 이 책에 제시한 것과 실제로 거의 같은 맥락에서 이러한 요소들의 연관성을 보여 주고 있다(*Frederick Hart : Sculptor*, p. 60 참조).

21. 개인적으로 나의 좋은 친구이기도 한 Lindy Hart는 이 조각가의 경험과 관련된 많은 정보를 제공해 주었다.

22. 비판자의 입장에서 쓴 논문은, 수학자 George Markowsky의 "황금비율에 관한 오해(Misconceptions about the Golden Ratio)" *College Mathematics Jounal* 23, no. 1(1992. 1), pp. 2-19 참조.

23. Joseph Schillinger(1895~1943)가 작곡에 황금비율을 적용했다는 사실을 내가 알게 된 것은 최근에 Livio의 황금 비율을 접하게 되면서였다.

8 관찰자의 눈과 피관찰자의 눈

1. 이 나이는 외국어를 처음 배울 때 본래 지니고 있던 억양의 영향을 피할 수 있는 상한선과도 일치한다. Betty Edwards, *Drawing on the Right Side of the Brain*(New York : Houghton Mifflin, 1979) 참조.

2. 같은 출처.

3. 1999년 4월부터 6월까지 런던 국립초상화관에서 열렸던 소규모 전시회 제목.

4. Alan Riding, "Hypothesis : The Artist Does See Things Differently," *New York Times*, 1999. 5. 4, B, p. 1.

5. 같은 출처.

6. Robert L. Solso, "The Cognitive Neuroscience of Art : A Preliminary

ƒMRI Observation," *Journal of Consciousness Studies* 7, no. 8–9(2000. 8~9월), pp. 75–85.

7. Robert L. Solso, 사적인 대화.

8. 국립초상화관에 걸려 있는 Humphrey Ocean의 초상화 다섯 점 가운데 는 1983년 Sir Paul McCartney의 모습을 담은 초상화도 있다.

9. Riding, "Hypothesis."

10. Sonnet XVII : 5–8.

11. Guy Gugliotta, "Why Art Connects with a Left," *Washington Post*, 1999. 10. 18, A, p. 9. 1483년에 태어난 라파엘로는 레오나르도가 〈모나 리자〉를 그릴 당시 적어도 23세 이상이었을 것이다. 그는 어쩌면 음악가 들이 적절한 분위기를 조성하는 가운데 초상화를 그리고 있는 레오나르 도의 모습을 지켜보았을 수도 있다. 그러나 바로 옆에 앉아서 그림 그리 는 과정을 주시하고 있었다는 것은 다소 과장일 수 있다.

12. C. W. Tyler, "The Human Expression of Symmetry : Art and Neuroscience," 2000년 2월 한국 서울에서 열린 국제과학통일회의 (Icus, International Conference on the Unity of the Sciences), 주제 : 대 칭의 여러 가지 양상— 우주의 질서를 찾아서(Symmetry in its Various Aspects: Search for Order in the Universe).
http://www.ski.org/CWTyler_lab/CWTyler/PrePublications/ARVO /1998/Portraits/index.html 그리고 http://www.ski.org/CWTyler_lab/ CWTyler/Art%20investigations/Symmetry/Symmetry.html 참조.

13. Wyeth가 그린 몇몇 다른 초상화에서는 한쪽 눈이 중심선과 만나는 것 으로 나타났지만, 나머지 대부분의 경우 Tyler가 제시한 정규분포와 비 슷한 것으로 나타났다.

14. 저자와의 사적인 대화.

15. I. C. McManus, N. K. Humphrey, "Turning the Left Cheek," *Nature* *243*(1973), pp. 271-72.

16. I. E. Gordon, "Left and Right in Goya's Portraits," *Nature 249*(1974), pp. 197-98.

17. N. H. Robinson, *The Royal Society Catalogue of Portraits*(London : Royal Society, 1980).

18. P. R. Coles, "Profile Orientations and Social Distance in Portrait painting," *Perception 3*(1974), pp. 303-8. O. Grüsser 외, "Cerebral Lateralisation and Some Implications for Art, Aesthetics, Perception and Artistic Creativity," *Beauty and the Brain : Biological Aspects of Aesthetics*, Ingo Rentschler 외 엮음(Basel : Birkhäuser, 1988), pp. 257-93.

19. Michael E. R. Nicholls, "Asymmetries in Portraits : Insight from Neuropsychology," *in Side Bias : A Neuropsychological Perspective*, M. Mandal 외 엮음 (Dordreckt : Kluwer, 2000), pp. 313-29. Michael E. R. Nicholls 외, "Laterality of Expression in Portraiture : Putting Your Best Cheek Forward," *Proceedings of the Royal Society London* B 266(1999), pp. 1517-22.

20. 나머지 여덟 점의 초상화들은 중심선 원리에 위배되므로 제외되었다.

9 파트타임 예술가 레오나르도

1. Kemp 엮음, *Leonardo on Painting*, pp. 13-46.

2. 같은 출처, pp. 268, 270.

3. 워싱턴 국립미술관 이탈리아 르네상스 미술 관리자 David Alan Brown 은 자신이 쓴 책 *Leonardo da Vinci : Origins of Genius*에 이 작품에 관

한 역사적 설명과 예술적 분석을 실어 놓았다. 비디오로 제작된 〈The Story of Ginevra〉(워싱턴 국립미술관 제작)도 참고할 만한 자료. Brown 이 국립미술관의 관리자 David Bull, 그리고 옥스퍼드대학 미술사학자 Martin Kemp와 함께 제작했다.

4. Bull은 〈Ginevra de' Benci〉에서 레오나르도의 지문을 발견하기도 했다. 그의 연구에 따르면 레오나르도는 손가락으로 물감을 문질러 가장자리를 부드럽게 만들고 미묘하게 혼합된 색감을 표현한 최초의 인물이라고 한다. 레오나르도 이후로 Bellini와 Titian을 포함한 여러 화가도 이처럼 물감을 칠한 후 손가락으로 문지르는 방법을 사용했다.

5. Daniel Glick, "The Case of the Polish Leonardo," *Washington Post Magazine*, 1992. 3. 15, pp. 16-29.

6. M. J. Gelb, "Lessons in Thinking From the Inspiring Leonardo da Vinci," *Bottom Line*(1999. 1. 1), p. 13 ; M. J. Gelb, *How to Think Like Leonardo da Vinci*(New York : Delacorte, 1998).

7. 뮤온(muon)과 전자는 경(輕)입자라 알려져 있는 소립자에 속한다. 뮤온은 전자와 같은 전하량을 지니지만 질량은 207배에 달한다. 안정한 전자와 달리 뮤온은 생성된 지 평균 2.2마이크로초 만에 붕괴되어 다른 입자들로 변한다.

10 위대한 과학자의 노트

1. Michael White, *Leonardo : The First Scientist*(New York : Saint Martin's Press, 2000).

2. Nuland, *Leonardo da Vinci*, p. 114.

3. 토리첼리(Evangelista Torricelli, 1608~1647)는 이탈리아의 물리학자이며, 베르누이(Daniel Bernoulli, 1700~1782)는 스위스의 수학자다. 바젤

의 베르누이 가문에서는 열두 명의 뛰어난 수학자가 나왔는데, 아마도 가장 탁월한 인물은 야콥(Jacob)과 장(Jean) 형제일 것이다. 이들은 다양한 계산법을 전개시켰으며, 렘니스케이트(lemniscate)나 미분방정식의 형태와 같이 곡선을 수학적으로 설명하기도 했다.

4. 알렉산드리아에서 수학한 아르키메데스는 그곳에서 이 장치를 발명했을 것이다. 이 장치는 지금도 나일강의 제방에서 사용되고 있다. 이처럼 꾸준히 사용될 수 있는 것은 바로 장치의 단순성과 효율성 때문이다.

5. Ladislao Reti 엮음, *The Unknown Leonardo*(New York : McGraw-Hill, 1974), p. 181.

6. Stillman Drake and James MacLachlan, "Galileo's Discovery of the Parabolic Trajectory," *Scientific American*, 1975. 3, pp. 102-10.

7. Vernard Folley, "Leonardo and the Invention of the Wheellock," *Scientific American 278*(1998. 1), pp.74-79.

8. Ladislao Reti, *The Unknown Leonardo*, pp. 291-92.

9. 레오나르도의 자전거에 관해서는 의견이 분분하다. 몇몇 학자들은 레오나르도의 설계도가 근대에 제작된 위조품이라고 주장한다. 이 그림에서는 레오나르도가 일반적으로 보여 주던 제도 솜씨를 느낄 수 없기 때문이다. 그러나 또 다른 학자들은 견습생이 현재는 분실된 레오나르도의 스케치를 바탕으로 이 설계도를 그렸을 거라 말하기도 한다.

10. 시과(samara)의 방식으로 씨를 뿌리는 나무들로는 단풍과 가죽나무(ailanthus), 튤립포플러 등이 있는데 모두 이탈리아가 원산지다. 씨앗에 날개가 달려 있는 듯한 모양의 시과는 헬리콥터를 연상시킨다.

11. 터키 상류층 사람들과 이탈리아 화가들 사이의 교류는 세 번째 세대까지 계속 이어졌다. 바예지드의 아들 셀림(Yavuz Sultan Selim)은 1517년 미켈란젤로를 터키의 수도로 초대하여 얼마간의 작품 활동과 기술자 역할을 요청했다. 셀림은 아버지보다 할아버지의 선례를 따른 깨어 있는

군주였으며, 미켈란젤로를 초빙함으로써 오스만제국 문화에 이탈리아 르네상스의 에너지를 불어넣을 수 있으리라 생각했다. 그러나 미켈란젤로는 시스티나성당 천장화 작업으로 바빠서 이 의뢰에 관심을 보이지 않았고 결국 제안은 취소되었다.

12. Nuland, *Leonardo da Vinci*, p. 148.

13. 같은 출처.

14. 같은 출처, p. 131.

15. J. J. O'Connor and E. F. Robertson, http://www-groups.dcs.st-and.ac.uk/~history/Mathematicians/Bernoulli_Jacob.html

11 천체물리학과 지구물리학의 통합

1. 과학에 있어서 아리스토텔레스의 가르침 중 일부는 더욱 불합리한 경우도 있었다. 그는 여성보다 남성의 치아가 더 많다고 주장했다. 생명의 기원을 자연 발생적인 현상으로 설명하기도 했다. 또한 그는 52세를 인생의 정점이라 주장하기도 했다. (그가 '정점'이라 일컬은 정확한 시기는 알 수 없으나 이 말을 할 때 그가 52세였다.)

2. 물리학자들에게 있어 '낙하 물체'라는 표현은 떨어지는 모든 물체를 의미한다. 그리고 '자유낙하'는 공기의 저항이 없는 환경 안에서 떨어지는 경우를 말한다. 니콜로 마키아벨리와 체사레 보르자가 활약하던 당시 레오나르도에게 있어서 '낙하 물체'라는 표현은 시체나 혹은 곧 시체가 될 사람의 모습을 떠올리게 만들었을 수도 있다.

3. 코페르니쿠스는 아리스타르코스의 이론을 확실히 이해하고 있었으며, 자신의 걸작 *De revolutionibus orbeum coelestium*(1543)의 원고에 이 이론을 싣기도 했으나, 결국 출판할 때는 이를 삭제하기로 결심했다.

4. 태양에서 가까운 여섯 개 행성의 거리를 기억하는 데 편리한 암기법이

있는데, 이 방법은 보데의 법칙(Bode's law)이라 알려져 있다. '법칙'이라 불리기는 하지만 이는 물리법칙도 아니며, 보데가 이를 발견한 것도 아니다. 우선 0, 3, 6, 12, 24, 48, 96의 수열로 시작한다(첫 항을 0으로 정한 후에 둘째 항을 3으로 정하고, 셋째 항은 3의 두 배로 정한다. 그 다음에도 계속 다음 항을 두 배 값으로 정한다). 그리고 이렇게 만들어진 수열의 각 항에 4를 더한다. 그러면 수열은 4, 7, 10, 16, 28, 52, 100이 된다. 끝으로, 각 항을 10으로 나누면 0.4, 0.7, 1.0, 1.6, 2.8, 5.2, 10이 된다. 여기서 2.8을 제외한 나머지 값들에 AU단위를 붙이면 이것이 행성들의 거리다. 2.8AU 거리에는 행성이 존재하지 않지만, 대신 소행성벨트(Asteroid Belt)가 있다.

5. 알폰소항성목록이라는 이름은 이 목록 작성을 요청한 포르투갈의 왕 알폰소(Alphonse)의 이름을 따서 지어졌다.

6. 헤르메스주의(Hermeticism)는 모세와 동시대인으로 여겨지곤 하는 헤르메스 트리메기토스(Hermes Trismegistus)의 신비주의적인 가르침을 기초로 한다. 피타고라스와 플라톤을 포함한 여러 고대 철학자들이 그의 가르침을 물려받았다고 믿는 사람들도 있었으며, AD 2~3세기 신플라톤주의자(Neoplatonist)들은 그의 가르침을 정식으로 기록하기도 했다. 연금술사들이 금속을 금으로 바꿔 주는 주요 수단이라 여겼던 '마법사의 돌(sorcerer's stone), (미국에는 철학자의 돌philosopher's stone로 알려져 있다)'도 헤르메스 트리메기토스가 창조했다고 알려져 있다. 물론 연금술이 화학을 탄생시키는 데 이로운 역할을 했음은 분명한 사실이지만, 화학자들이 밀봉 방법을 개발했을 때 '헤르메스의 봉인(hermetically sealed)'이라고 표현한 것을 보면 헤르메스가 얼마나 신비로운 존재로 여겨졌는지 짐작할 수 있다.

7. 케플러의 제3법칙을 이용하면 목성의 공전 주기를 구할 수 있다.

$$T_{목성} = \sqrt{(R_{목성}/R_{지구})^3}\, T_{지구} = \sqrt{5.2^3}\,(1년) \approx 12년$$

8. 자유낙하를 설명하는 갈릴레오의 공식은 다음과 같다.

$$s(t) = \frac{1}{2}gt^2 + v_0 t + s_0$$

$$v(t) = gt + v_0$$

$$a(t) = g$$

$s(t)$는 특정한 시간 t에서 물체의 높이 혹은 고도를 나타내며, $v(t)$는 시간 t에서 물체의 속도, $a(t)$는 가속도를 나타낸다. 가속도는 시간과 질량의 영향을 받지 않는 상수이다.

9. Dava Sobel, *'Galileo's Daughter'* (New York : Walker and Co., 1999). 이 책에서는 맏딸에게 깊은 애정을 쏟는 아버지로서 갈릴레오를 묘사하고 있다. 그는 딸이 아직 어린 십대였을 때 수녀원으로 보냈다. 지성이 뛰어난 마리 셀레스테(Marie Celeste) 수녀(어릴 때 이름은 '버지니아 Virginia'였다)는 일생의 대부분을 수녀로서 보냈다. 그녀는 정규적으로 아버지와 소식을 주고받았으며, 갈릴레오가 그녀에게 보낸 편지는 현재 존재하지 않지만 그녀가 갈릴레오에게 보낸 편지는 아직까지 남아 있다. 이 편지들을 소벨이 한데 모아 애정 어린 이야기를 엮어 낸 것이다.

10. 전설적인 20세기 물리학자 Richard Feynman은 그 자신도 결코 시시한 인물이 아니었다. 그는 40년 가까이 칼텍 교수진에 속해 있었으며, 프린스턴에서 박사 과정을 밟고 있던 당시 최초의 원자폭탄 제조를 위한 맨해튼계획에 참여하기도 했다. 1940년대에 그는 양자전기역학(QED)을 창시하여 그 공로로 1965년 노벨상을 수상했다.

11. 만유인력의 법칙 공식은 $F = Gmm'/r^2$이다. m과 m'는 두 물체의 질량을 나타내며, r은 두 질량 사이의 (중심에서 중심까지) 거리를 의미한다. 그리고 G는 만유인력상수다.

12. '발사체'는 한 지점(x_0, y_0)에서 발사되어 최초 속력 v_0와 $\theta_0 \pi$ 각도로(수평선에 대해) 날아간다. 중력 가속도 $g = -9.8\text{m}/\text{sec}^2 (-32\text{ft.}/\text{sec}^2)$. 공기의 저항을 무시하고 고전역학에 따라 x, y, θ_0를 좌표로 하여 식으로 나타내면 다음과 같다.

$$y(x) = \frac{1}{2} g \left[\frac{(x-x_0)}{v_0 \cos\theta_0} \right]^2 + v_0 \sin\theta \left[\frac{(x-x_0)}{v_0 \cos\theta_0} \right] + y_0$$

$$x(\theta_0) = - \frac{v_0^2 \sin\theta(2\theta_0)}{g} + x_0$$

첫 번째 방정식은 아래로 방향을 트는, 혹은 '물을 뿌리는 듯한' 포물선을 설명한다. 동일한 초기 속력 v_0로 발사되었을 때 궤적이 최고점에 도달하려면 초기 발사각도가 $90°$여야 한다. 두 번째 방정식에서 나타나는 수평 거리, 즉 사정 거리는 초기 발사각도가 $\theta_0 = 45°$일 때 가장 길어진다. 풋볼 게임에서 쿼터백이라면 직관적으로 알고 있는 각도다.

13. 노벨상을 수상한 케임브리지대학 졸업생 명단은 다음의 웹페이지에서 볼 수 있다.

http://www.damtp.cam.ac.uk/user/smb1001/camnobel.html

12 20세기 최고의 종합예술

1. Shlain, L., *Art and Physics*, p. 306.

2. 일종의 견본으로 네 권의 책을 추천한다. Richard Feynman, *The Character of Physical Law*(Cambridge, Mass. : MIT Press, 1965) ; Steven Weinberg, *First Three Minutes*(New York : Basic Books, 1977) ; Leon Lederman, *The God Particle*(Houghton Mifflin, 1993) ; Brian Greene, *The Elegant Universe*(New York : W. W. Norton, 1999).

3. 1922년 4월 7일 프랑스 보도 자료에서 발췌. 아인슈타인이 소르본에서 프랑스의 철학자 집단을 향해 연설한 내용을 다루고 있다. *Einstein Archive* 35-378. 그리고 *Berliner Tageblatt*, 1922. 4. 8, *Einstein Archive* 79-535. Alice Calaprice가 엮은 *The Quotable Einstein*(Princeton, N. J.

: Princeton University Press, 1996), pp. 7-8 참조.

4. 2차원에서 거리를 '예측한' 값과 '측정한' 값이 어긋남으로 인해 공간
   이 휘어 보이는 현상과 비슷하다. 예를 들어, 컴퍼스로 원을 그리고 원
   주를 측정한 후 이 원주를 2p로 나누면 반지름을 '예측'할 수 있다. 평
   면상에서는, 측정한 값에서 예측한 값을 뺀 수치로 정의되는 '잉여반경
   (excess radius)'이 0이다. 이것이 바로 유클리드 기하학 또는 평면기하
   학의 한 예다. 반면 굽은 표면에서는, 측정한 반지름과 예측한 반지름
   사이에 차이가 있을 것이다. 구면에서 잉여반경은 양의 값으로 나타난
   다. 즉, 측정한 반지름이 예측한 반지름보다 긴 것이다. 안장 모양의 표
   면에서는 잉여반경이 음의 값으로 나타난다(측정한 반지름이 예측한 반
   지름보다 짧다). 일반상대성이론에서는 4차원에서 잉여반경을 구하는
   수학식을 제시한다.

$$r_{excess} = GM/3c^2$$

   G는 뉴턴의 만유인력의 법칙에서 말하는 만유인력상수다. M은 공간을
   휘게 만드는 물질의 질량, 그리고 c는 광속이다.

5. 1950년대 후반 뫼스바우어 효과(Mössbauer effect)가 발견됨으로써 하
   버드대학의 물리학자 Robert Vivian Pound와 Hans Rebka는 중력장 내
   에서 높이가 다르면 시간이 흐르는 비율도 다르다는 사실을 입증할 수
   있었다. '시계'의 역할을 한 도구는 철의 방사성동위원소 표본 한 쌍이
   었다. 탑 윗부분에 놓은 표본의 방사 빈도를 탑 아래서 측정하자, 탑 아
   래 놓은 표본보다 훨씬 높은 빈도를 보였다. 이와 같은 시간 흐름의 차
   이는 일반상대성이론으로 설명되는 효과다. 물론 상대적인 속력으로 균
   일하게 움직이는 계(系)에서는 특수상대성이론으로도 시간 팽창을 예측
   할 수 있다. 1970년대 초 워싱턴 해군연구소(Naval Research Lab)의 두
   물리학자는 원자시계(atomic clock)를 가지고 팬아메리칸 항공기로 세
   계일주를 했다. 그리고 그 다음에는 반대 방향으로 다시 일주를 했다.
   연구실에 남겨둔 동일한 원자시계를 가지고 동쪽 비행 경과 시간과 서

쪽 비행 경과 시간을 비교해 본 결과 실제로 시간의 팽창현상이 입증되었다.

6. 가시 영역(optical region)은 전자기 스펙트럼(electromagnetic spectrum)에서 우리가 보통의 시각으로 볼 수 있는 부분이다. 나머지 영역들로는 무선, 감마선, X-선, 자외선, 적외선이 있다.

7. 인용문 전체를 찾아볼 수 있는 책은, Shlain, *Art and Physics*, p. 306.

8. Frank Wilczek, *Physics Today* (2000.6), p. 11. Wilczek은 뉴저지 프린스턴고등연구소의 자연과학부에서 J. Robert Oppenheimer의 이름을 물려받아 연구 활동을 하고 있다.

9. LASER는 Light Amplification by Stimulated Emission of Radiation의 두문자어다. 마찬가지로 MASER는 Microwave Amplification by Stimulated Emission of Radiation의 머리글자를 딴 것이다. 대부분의 원자들은 바닥 상태에 있지만, 어떤 원소의 원자들은 외부 에너지원의 영향을 받으면 높은 에너지 준위, 혹은 '들뜬 상태'로 가려는 성질을 띤다. 이처럼 반전분포(population inversion)가 이루어졌을 때 이 원자들에 적절한 에너지의 광자를 조사하면 '유도 방출(stimulated emission)'이 일어나는데(흡수되는 광자의 두 배 가량이 방출) 이때 방출되는 광자들은 모두 위상이 같다. 그러나 흡수 및 방출 과정을 충분히 설명하기 위해서는 '구(舊)양자론'보다는 근대의 양자역학을 적용해야 한다.

10. 슈뢰딩거의 시간의존방정식과 시간독립방정식은 다음과 같다.

$$H\boldsymbol{\varPsi} = i\hbar \ \frac{\partial \boldsymbol{\varPsi}}{\partial t}$$

$$H\psi = E\psi$$

H는 헤밀토니안(Hamiltonian) 또는 총에너지 연산자를 나타낸다. 첫 번째 방정식에서 분수에 있는 $\boldsymbol{\varPsi}$는 상태함수(state function)이며 두 번째 방정식에 소문자로 표기된 ψ는 고유함수다. 슈뢰딩거 방정식의 시간의존 형태와 시간독립 형태에서 H는 헤밀토니안 또는 총 에너지 연산자

E, 즉 에너지 고유값이며 i는 허수(imaginary number)로서 −1의 제곱근
이므로,

$$\hbar = h/2\pi$$

h는 플랑크상수(Planck's constant) 6.63×10^{-34} joule · sec (그리고 "$\hbar$" = 1.05×10^{-34} joule · sec)

11. 드 브로이(1892~1987)는 1929년에 노벨물리학상을 수상했다. 하이젠
    베르크(1901~1976)는 1932년에 노벨상을 받았다. 그리고 슈뢰딩거
    (1887~1961)와 디랙(1902~1984)은 1933년에 공동 수상했다.

12. 이 비유의 출처는 Dennis Overbye, "Science Times," *New York Times*,
    2002. 10. 28, D, pp. 1, 4.

13. Calaprice, *The Quatable Einstein*.

14. 플렉스너는 미국 교육계의 위대한 혁신자 가운데 한 사람으로, 최근 그
    에 관해 신뢰할 만한 전기가 새로 발표되었다. Thomas N. Bonner,
    I*conoclast* : *Abraham Flexner and a Life in Learning* : (Baltimore :
    Johns Hopkins University Press, 2002).

15. Landon Y. Jones, Jr., "Bad Days on Mount Olympus," *Atlantic 233*
    (1974. 2), pp. 37-46. 이 기사에는 프린스턴고등연구소의 설립에 관한
    상세한 설명이 실려 있다.

16. Banesh Hoffman과 Helen Dukas 공저, *Einstein : Creator and Rebel*
    (New York : Viking Press, 1972).

17. *Brewster's Memoirs of Newton* 2: 27(1885) 참조.
    http://www.quotationspage.com/quotes/Issac_Newton/

13 분리된 문화들 사이의 연결고리

1. 케임브리지대학에서 공부한 앨런 튜링은 컴퓨터의 수학적 기초를 세웠

다. 이를 가리켜 튜링기계(Turing machine)라 한다. 2차대전 당시 튜링은 독일군의 암호를 해독하기 위해 영국 블레츨리 홀(Blechley Hall)에서 조직된 이니그마계획(Enigma Project)의 일원으로 참여했다. 튜링기계의 논리를 활용한 '콜로서스(Colossus)'라는 기계로 블레츨리 홀의 수학자들은 실제로 암호를 풀어낼 수 있었다. 그러나 전쟁이 끝나고 몇 년 후, 엄청난 재능을 지니고 있었지만 고통스런 삶을 살았던 이 수학자는 스스로 목숨을 끊었다.

2. ENIAC은 Electronic Numerical Integrator and Calculator의 줄임말이다. UNIVAC은 Universal Automatic Computer, 그리고 FORTRAN은 FORmula TRANslation, COBOL은 Common Business Oriented Language, ALGOL은 ALGOrithmic Language의 줄임말이다.

3. Hillary M. Sheets, "Portrait of Leonardo," *ARTnews*(2003. 1), pp. 100-107. *Leonardo da Vinci : Master Draftsman*, exh. cat. (Metropolitan Museum of Art, 2003. 1. 22～3. 30)은 레오나르도의 스케치들을 모든 카탈로그이다.

4. ames Gleick, *Genius : The Life and Science of Fichard Feynman* (New York : Pantheon, 1992), pp. 10-11. 이 책에서 직관력이 매우 뛰어난 지식인들을 가리키는 표현으로 사용된 '마술사'라는 말은 이들보다 직관력이 부족한, 그리고 훨씬 많은 노력을 쏟는다고 여겨지는 '평범한 천재'들과 이들을 구분하는 의미로 사용되었다.

5. 아르키메데스, 바흐, 모차르트, 아인슈타인.

6. 이 말은 유명한 뉴턴 전기작가가 뉴턴을 설명하는 데 썼던 표현을 바꾸어 말한 것이다.

7. 1955년 아인슈타인이 프린스턴에서 세상을 떠난 후 이 위대한 물리학자의 뇌를 부검하던 젊은 병리학자는 아인슈타인의 뇌를 포름알데히드에 넣어 보관했다. 그리고 이 뇌는 대뇌생리학자들이 뇌 구조에 관한 정밀

한 조사를 할 수 있게 될 때까지 약 40년간 그 상태로 보존되었다. *Lancet 9191* (1999. 11. 20)에서 캐나다의 대뇌생리학자 Sandra F. Witelson과 공동 저자들은, 아인슈타인의 뇌에서 비정상적인 특징을 발견했다고 발표했다.

8. Nuland, *Leonardo da Vinci*, p. 11.

9. 이 말에는 워즈워스가 트리니티칼리지에 있는 아이작 뉴턴의 동상을 떠올리며 썼던 시의 메시지가 반영되어 있다.

10. 예술비평가 존 러스킨(John Ruskin)은, 1850년대 초반에 이르러서는 참고 자료를 남기는 데 사진을 이용하기는 했지만, 스케치의 중요성을 강조한 바 있다.

다 빈치의 유산

1쇄 인쇄 2008년 2월 20일
개정판 1쇄 발행 2008년 2월 25일

지은이 빌렌트 아탈레이 · **옮긴이** 채은진
펴낸곳 도서출판 **말글빛냄** · **인쇄** 삼화인쇄(주)
펴낸이 박승규 · **마케팅** 최윤석 · **편집** 성혜연 · **디자인** 진미나
주소 서울시 마포구 동교동 203-4 함께 일하는 사회 빌딩 301호
전화 325-5051 · **팩스** 325-5771
등록 2004년 3월 12일 제313-2004-000062호
ISBN 978-89-92114-27-4   03320
가격 12,500원

*잘못된 책은 바꾸어 드립니다.